大国锁钥
国产替代浪潮

曾航 周廉卜 涂逸君 —— 著

浙江大学出版社
·杭州·

图书在版编目（CIP）数据

大国锁钥：国产替代浪潮 / 曾航，周廉卜，涂逸君著. -- 杭州：浙江大学出版社，2023.7
ISBN 978-7-308-23195-4

Ⅰ. ①大… Ⅱ. ①曾… ②周… ③涂… Ⅲ. ①制造工业—产业发展—概况—中国 Ⅳ. ①F426.4

中国版本图书馆 CIP 数据核字（2022）第 198635 号

大国锁钥：国产替代浪潮

曾　航　周廉卜　涂逸君　著

策　　划	杭州蓝狮子文化创意股份有限公司
责任编辑	黄兆宁
责任校对	董齐琪
封面设计	邵一峰
出版发行	浙江大学出版社 （杭州市天目山路 148 号　邮政编码 310007） （网址：http://www.zjupress.com）
排　　版	浙江时代出版服务有限公司
印　　刷	杭州钱江彩色印务有限公司
开　　本	710mm×1000mm　1/16
印　　张	26
彩　　插	8
字　　数	401 千
版 印 次	2023 年 7 月第 1 版　2023 年 7 月第 1 次印刷
书　　号	ISBN 978-7-308-23195-4
定　　价	98.00 元

版权所有　翻印必究　　印装差错　负责调换
浙江大学出版社市场运营中心联系方式：（0571）88925591;http://zjdxcbs.tmall.com

| 图1　蔚来汽车EP9电动超跑

图为蔚来EP9电动超跑，最高速度350km/h，单车价格700万元以上。自从中国汽车工业进入新能源时代，蔚来、理想、小鹏等一系列品牌开始注重高端路线，一改过去中国传统汽车低端的品牌形象，成功在过去奔驰、宝马等外资品牌垄断的中高端汽车市场中站稳脚跟。

| 图2　半导体刻蚀设备

图为上海中微半导体公司出品的一款刻蚀设备。刻蚀设备是半导体装备体系中的重要类型，其使用物理或者化学方法对衬底表面或者表面覆盖的薄膜进行选择性腐蚀或剥离。刻蚀设备是我国半导体体系中最强势的类目，有望率先实现国产替代。

| 图 3　徐工集团4000吨级起重机

图为号称"全球第一吊"的徐工4000吨级起重机。改革开放40多年来，中国工程机械行业快速崛起，从默默无闻到如今跻身全球第一梯队。中国工程机械行业得以崛起，一是因为国内旺盛的基建需求之刺激，二是因为工程机械行业看重技术性能，单车利润率较高，企业有动力攻关技术，三是工程机械行业特性使然，其市场规模小、竞争逻辑简单，中国企业可通过引进技术快速建立优势，然后再吸收消化，积累自身的技术实力。

| 图4 歼-20隐身战斗机

歼-20隐身战斗机,绰号"威龙",是我国自行设计制造的第一款第五代超音速隐身战斗机。歼-20的研制成功标志着中国成为美国、俄罗斯之后全球第三个能独立研制第五代隐身战斗机的国家。受惠于中国的电子工业发展,歼-20采用了包括先进隐身涂料、液态感温技术等多种先进科技,横向对比来看,歼-20的航电系统较之于美国的F-22战斗机更为先进。

| 图5 003型航母首舰——福建舰

福建舰是003型航母的首舰，也是我国海军的第三艘航空母舰。相比起之前的辽宁舰和山东舰，福建舰取消了舰艏的滑跃甲板，取而代之的是三台电磁弹射装置，这使得福建舰的舰载战斗机起飞效率大大提高，作战能力大增。福建舰的下水意味着中国成为继美国之后第二个能独立研发、制造航母电磁弹射装置的国家。

| 图6 苏联海军"瓦良格号"航空母舰

图为停泊在乌克兰瓦西里耶夫造船厂里未完工的"瓦良格号"航母,侧舷上的俄文"瓦良格"清晰可见。1998年,中国以2000万美元的价格购得此舰,最终于2002年才将其运回。
"瓦良格号"航母代表着苏联航母设计的最高水准,中国对"瓦良格号"航母的改造及续建工作使得中国海军吃透了苏联航母30年的发展经验。

| 图7 航空发动机涡轮叶片

图为全套飞机发动机的叶片。当前,航空发动机高压涡轮叶片的工作温度已经超过了1600摄氏度,为了保证涡轮叶片在如此高温下的工作状态,工程人员使用气膜孔技术来为叶片降温。叶片上的细密小孔即为气膜孔,用于疏通气流,为发动机叶片散热。气膜孔的布局、钻孔、测量、检测、加工一直以来都是行业中的重大难题。

| 图8　天鲲号

图为我国首艘从设计到建造都拥有完全自主知识产权的重型自航绞吸式挖泥船"天鲲号"。挖泥船不仅可以清理拦门沙、疏通航道,还可将多余泥沙填海造岛,是我国航运畅通、港口经济发展和沿海国防安全的重要保障。

| 图9　敦煌光热电站

图为甘肃省敦煌沙漠上的熔盐塔式光热电站。熔盐塔下的定日镜每面都有115平方米，通过塔顶集热器和熔盐储热系统可以做到24小时不间断发电。2021年中国可再生能源装机规模已经突破了10亿千瓦，风电、太阳能光伏、水电的累计装机规模均居全球第一。中国对新能源产业的探索已经走在世界前列。

| 图10　美国SpaceX公司"猎鹰9号"火箭

图为SpaceX公司的"猎鹰9号"火箭发射。SpaceX是全球商业航天的领军企业,该公司大胆采用工业级零部件生产、制造火箭,极大降低了火箭制造的成本,更兼有独特的可回收火箭技术,最终使得火箭发射成本一降再降。2018年,SpaceX成功地在全球发射市场上占据了65%的份额。

| 图11　特高压输电

图为新疆哈密到河南郑州的"哈郑特高压直流输电工程"。在特高压输电网络成型之前,新疆的弃光率一度高达30%,目前已经下降到了5%。特高压输电有效解决了各省(区)资源禀赋和用电需求之间的区域性错配,大大优化了我国新能源的发电成本,使我国的国家电力系统成为全球最可靠的国家电力系统。目前特高压相关国际标准基本由中国制定。

| 图12　上海外高桥第三发电厂

图为上海外高桥第三发电厂,国际能源署专家称其为"全球最清洁的火电厂",至今保持着全球平均排放指标的"最低"记录。"双碳"目标下,中国在能源领域的技术研发正进入高速发展阶段。通过技术实现火电厂的清洁低碳,是中国实现更加健康、安全、可持续发展的重要保障。

| 图13　盾构机

图为2019年中国中铁699号大直径土压平衡盾构机在郑州下线。这台机器用于巴黎地铁16号线2标隧道建设，是中国盾构机首次出口用于欧洲核心区工程建设。目前国产盾构机在国内市场的占有率超过90%，占到全球三分之二的市场份额，将国外同类产品的价格拉低了40%以上。

| 图14　贵州数据中心

图为航拍贵州贵安在建的腾讯数据中心（上图）和已经投入使用的华为数据中心（下图）。2020年我国数字经济规模达39.2万亿元，占GDP比重38.6%，增长率高达9.7%，是同期GDP名义增速的3.2倍多，成为稳定中国经济增长的关键动力。

前 言 PREFACE

十四亿中国人拒绝"卡脖子"

一

猎头的电话接二连三，那些在上海张江高科从事芯片设计的工程师，明显感觉到自己正变得炙手可热。

这些优秀的芯片设计人才，在中国加入WTO之后的很长一段时间，并不怎么"受待见"，这可以从他们的薪资当中看出端倪。虽然博士、硕士扎堆，但他们的收入大大低于从事互联网、房地产、金融这些热门行业的从业者。半导体这个行业的创业成功造富效益，也远低于其他行业，在那个飞速狂奔的年代，人们记住了马云、马化腾、王兴、王石、柳传志、许家印，但是没有多少普通人能够说出中国半导体行业涌现出来的知名企业家。

在国际上，那些强大的竞争对手，如英特尔、三星、高通等的领先地位看上去似乎不可撼动，这多少让人有些沮丧。中国生产的手机、电脑、汽车大量使用着进口的芯片，每年的进口金额高达3000亿美元，超过石油的进口额。

但现在，一个过去年薪50万元的芯片设计人才，动辄被猎头在前面加个1或者2，变成150万元或者250万元年薪挖走。他们开始和家人盘算更换更大更舒适的住宅。即使是刚刚毕业的和半导体相关的优秀硕士毕业生，年薪动辄都能涨到七八十万元。这甚至推动了上海张江高科区域的房价飞涨。

新的半导体企业融资或者上市的消息经常见诸报端。各种半导体行业的交流会议总是人满为患，来自江苏、浙江、湖北、安徽、江西、陕西的各类招商代表热情地上来和你换名片，开出各种听上去诱人的招商条件，比如土地、资金、税收优惠，邀请你去当地某个并没有多少半导体产业基础的园区投资或者创业。

短短几年之内，无数的热钱涌入半导体行业。这种"不正常"的繁荣皆源自"卡脖子"所带来的巨大不安全感。

几年前，正是因为美国对华为等中国科技企业实行了粗暴的"卡脖子"措施，触发了中国全民"大造芯片"的热潮。2014年和2019年，两期国家集成电路产业投资基金先后成立，资金规模高达3500亿元。与此同时，各个地方政府成立了数十只集成电路投资基金，总规模高达几千亿元。就连一些财政并不宽裕的地方政府，也拿出巨资来，投入这场国产替代大潮。

然而热钱的涌入并没有马上缓解中国对于芯片被"卡脖子"的担忧，某种程度上这种状况还在恶化。

大部分的新进入资金都涌向了最轻资产的芯片设计环节。中国的芯片设计公司从2022年初开始猛增到4000多家——超过了世界其他国家所有芯片设计公司的总和。其中的佼佼者，例如华为旗下的海思和紫光展锐，在部分产品的芯片设计方面已经具有国际先进水准。

而那些新成立的中小型芯片设计公司，则拿着风投的钱开始疯狂挖人。这种中国芯片设计企业之间互相挖人的恶性竞争情况，极大地抬高了行业成本。

然而最容易被"卡脖子"的芯片产业上游，却因为进入资源的不足依旧面临着极高的被继续"卡脖子"的风险。

芯片设计工程师们需要使用EDA（electronics design automation）软件作为工具，就好像美术设计师需要使用Photoshop软件一样。在这个市场上，Synopsys、Cadence与Mentor三家瓜分了绝大部分市场，这三家本质上都是美国公司。

芯片设计完成后，需要将设计好的产品送到晶圆代工厂进行流片并最终代工生产，而来自中国台湾的台积电、韩国三星等公司，垄断着高端芯片代工业务，中国大陆企业中芯国际尚只能生产中低端的芯片。

半导体加工生产需要使用数十种主要加工设备，其中最知名的是光刻机。来自荷兰的阿斯麦尔（ASML）公司垄断着高端光刻机市场。由于《瓦森纳协定》，美国禁止向中国出口光刻机，这意味着中国只能极其艰难地从许多最上游的零部件开始，自行建设整条光刻机的产业链。

生产光刻机的上游是激光源与光学系统——高端的激光源仅剩下ASML旗下的美国西盟（Cymer）公司与日本的亘福（Gigaphoton）公司；最好的光学系统来自德国的卡尔蔡司、日本的尼康和佳能。

光刻机的辅助设备包括蚀刻、研磨、等离子注入、沉积等百余种设备，绝大多数份额被美国的应用材料、泛林科技与日本的东京电子瓜分。

在半导体晶圆的生产过程中，还有一个重要的领域是晶圆的前道测试。晶圆的前道测试与制造紧紧耦合。这个领域的核心设备，是基于经典物理与量子力学的各类探针与显微镜，被美国的科天垄断。

高纯度单晶硅晶圆最重要的两个供应商是日本的信越与胜高。与光刻直接相关的材料光刻胶，几乎被日本的JSR、信越与TOK垄断。剩余的辅助材料被日本与欧美企业瓜分。

半导体行业发生的事情是中国人面临"卡脖子"现象的一个缩影。在过去40年，有太多中国的聪明人，投身到那些容易快速见钱的领域，比如VCD、组装汽车、手机、电脑、互联网应用、贸易、房地产、金融。而对于半导体产业的设备、材料、软件这样投入大、见效慢、风险高的领域，长期乏人问津。如今，中国人正在为之付出惨痛的代价。

二

从来没有一个时间点像今天这样，中国人对于"卡脖子"、国产替代有这么高的关注度。甚至，这已开始成为评判企业和企业家最重要的标准之一。

2021年底，被扣上"缺乏自主创新"帽子的联想被以司马南为代表的大批网民激烈地抨击，从而掀起了中国企业界一场声势浩大的大讨论。柳传志和杨元庆领着亿元高薪，但是联想的核心零部件却受制于国外，自主创新乏力，由此他们被广大网民扣上"不爱国"的帽子。实际上，联想的研发投入在中国企业里面一直名列前茅。

与之形成鲜明对比的是，仅仅几个月前，华为创始人任正非的女儿孟晚舟在乘坐中国政府的包机从加拿大飞返中国的时候，受到了类似民族英雄一样的待遇。她穿着一身鲜红色的衣服，在人群的夹道欢呼中走出飞机并发表演讲。数以亿计的中国人观看她回国的直播，无数人热泪盈眶。人们挥舞着国旗，高唱着爱国歌曲，迎接她的回国。孟晚舟之所以有如此高的人气，是因为华为长期以来等同于中国自主创新的一个符号。人们尊敬这家不搞房地产、不搞金融等赚快钱的企业。这家公司依靠数以万计的工程师夜以继日的研发，在通信设备、芯片设计、智能手机等尖端技术领域，达到了国际领先水平，极大地增强了中国人搞自主研发和国产替代的信心。

任正非本人极其低调，他深居简出，不爱出席各种社会活动，他也没有加入诸如江南会、华夏同学会、泰山会、中国企业家俱乐部之类的企业家社会组织，甚至推掉了为改革开放做出突出贡献的100人表彰大会活动。这种踏实做事情、扎实搞研发的作风，为华为赢得了极高的社会声望。

青年问题专家、对外经济贸易大学青年发展研究院院长廉思教授带领的一个课题组，在全国高校中开展了当代青年对民营经济的政治认知度调查，回收的7953份有效问卷显示，曹德旺、任正非、刘强东、雷军、董明珠被年轻人认为是爱国情怀浓厚的企业家，而其他很多曾经是时代宠儿的企业家，在年轻人当中的形象却很差。

其反映的中国社会的民间舆论，是非常值得深究的。那就是：中国人已经不能再容忍核心技术受制于人的窘境；作为一个人口庞大的世界第二大经济体，中国人从来没有像现在一样有深刻的危机感；我们不能接受半导体、液晶面板、航空发动机、新型材料、核电、高铁这些核心技术，在外国政府的一份文件之下，就不再让我们的企业使用。

《科技日报》在一组连续35篇的"卡脖子"系列报道中，直面中国制造的伤心一面。该系列报道指出，在光刻机、芯片、操作系统、航空发动机短舱、触觉传感器、重型燃气轮机、激光雷达、医学影像设备元器件、高端轴承钢、高端环氧树脂等关键技术和原材料上，我们面临着被国外"卡脖子"的窘境。

在中美关系日趋紧张的年代，美国和其他西方国家动辄抡起科技制裁大棒，被打中的中国企业无不叫苦不迭。包括华为、中兴、上海飞机制造厂、奇虎360、商汤科技、海康威视、大华科技、科大讯飞、美亚柏科、旷世科技、依图科技等中国企业，都接连受到美国的科技制裁，它们被禁止从美国企业采购设备和原材料，禁止使用美国企业的软件，禁止使用美国的专利技术……

在华为被美国制裁后，华为迅速跌出了手机出货量前五的榜单，海外手机出货量断崖式下滑，甚至一度被人认为有生存危机。备受瞩目的中国商飞旗下的C919客机搭载着美国公司生产的发动机——中国目前尚不具备量产这种发动机的能力。美国宣布将商飞旗下的上海飞机制造厂在内的一批中国航空企业列入制裁"实体清单"的消息，让中国本已经开始快速起飞的大飞机事业，又陷入了被"卡脖子"的境地。

这些"卡脖子"式的制裁，在中国的企业界和科技界引发了前所未有的危机感，使得国产替代再次成为每个中国人非常关注的一个议题。作为世界第二大经济体，我们有如此多的关键零部件和关键科技受制于人，随时可能被一纸文件"掐断脖子"。

中美关系日益紧张的背景下，美国视中国为最主要的竞争对手，中美"修昔底德陷阱"一说在中美都引起了广泛关注。在这样的背景下，中美两国互相的不安全感、不信任感日益加强，而那些先进制造业和高科技产业则往往成为冲突中首当其冲的方面。要知道，20世纪80年代的时候，里根政府正是通过切断对苏联广泛使用的美国通用电气公司（General Electric Company，简称GE）、法国阿尔斯通公司等西方企业生产的关键零部件，极大地打击了苏联的石油工业，从而间接促成了苏联的解体。

一个不可回避的事实是，当今的世界秩序本质上仍然是美国主导构建的，过去一个世纪当中世界上主要的科技创新，大都来自美国。中国作为后发国家，在改革开放后融入美国主导的国际分工体系，享受了巨大的红利，尤其是在科技创新领域——中国过去有相当多的技术源泉来自美国。这让中国产业界既欣喜又充满忧虑。

北京大学教授路风在他的系列研究中指出，自主创新指的是要创新就必须掌握技术，要掌握技术就必须自己干，因为世界上没有自己不进行技术研发就可以掌握的技术。他指出，中国不仅可以从引进技术中受益，更可以从国际交流和合作中受益，但前提条件是坚持自主开发，把引进当作辅助手段。他在《新火》一书中指出，世界上根本不存在所谓的"引进、消化、吸收、再创新"的创新途径或模式，因为世界上不存在不进行自主开发就可以"消化、吸收"的可能，更谈不上"再创新"。

中国在这方面的教训比比皆是，例如大飞机、汽车、家电这些产业的教训都证明，纯粹的技术引进搞不好国产替代。

但许多曾经被封锁的行业，现在被证明一样可以实现国产替代，最典型的例子就是中国军工业。

中国军工业自20世纪80年代末就被西方严密封锁，从此以后中国再也无法从西方国家获得有效的正常军事技术交流。然而30年过去了，结果是什么？

到2022年，中国军工业成功开发出了包括歼-20隐形战斗机、运-20军用运输机、"山东号"航空母舰、055型大型驱逐舰、东风-41导弹、东风-17导弹、99式主战坦克在内的具有世界先进水平的国产自主武器装备。中国在近几年来的几次重大阅兵式上展出的装备，已经实现了100%的国产化。

中国军工业在严密封锁下依旧取得如此多的突破，是因为中国军工长期坚持自主创新为主、国外技术引进为辅的理念。

这是因为中国军工在依靠国外引进技术和装备上吃过无数的亏。晚清时发动的洋务运动以引进为主结果遭遇惨败；民国时期国民政府从德国引进大量装备组建"德械师"，结果在德日联盟后中国陷入全面被动；新中国成立初期中国从苏联引进了大量的武器装备和生产线，但在中苏交恶后中国陷入被动；20世纪七八十年代中国在与西方"蜜月期"时曾经从西方引进了一大批先进武器装备和生产线，但在80年代末中西方关系变化后被全面"卡脖子"……这些血淋淋的教训使得中国军工相信，花钱买不来国防自主，所以中国军工从国外引进任何装备和技术，其首要目的永远是发展自主创新，而不是大规模国外采购。

中国军工的巨大成就有理由让中国其他工业门类感到自信。

我们对于中国制造的另外一个自信源自我们的邻居韩国。20世纪50年代，韩国是世界上最贫穷的国家之一，人均GDP只有朝鲜的三分之一。一直到80年代，韩国仍然只能生产一些附加值偏低的工业产品，核心零部件依赖于从美日欧进口。但短短二三十年过去，韩国已经在半导体、液晶面板、智能手机等高新技术工业门类上取得了全球领先地位，这绝非偶然。

笔者至今仍然对多年前前往位于首尔北面的京畿道的LG液晶显示工厂参观的场景印象深刻，这个工厂距离朝鲜咫尺之遥，站在屋顶上拿着望远镜就可以看见三八线。去工厂的道路上到处可以碰到韩国陆军的坦克、自行火炮，韩国军队的武装直升机就在头顶上低空掠过，然而就在这么差的环境下，却生产出了世界上最昂贵、品质最高的液晶面板，它广泛装载于iPhone手机、iPad平板电脑和那些世界顶级的液晶电视、笔记本电脑上。

韩国人的成功并没有多少秘密可言，无非是在美国、日本企业不看好半导体、面板投资的时候逆势下重注，可以忍受十年如一日的巨亏，政府也举全国之力扶持三星、LG、现代等大型企业，坚持自主创新。韩国人能够成功，那么为什么同属东亚文化，经济体量和国内市场体量比韩国大得多的中国不能够成功呢？

王侯将相，宁有种乎？

三

从2020年开始，笔者创办的"星海情报局"微信公众号累计写过几十个国产替代和自主创新的案例，其中有成功，也有失败。我们看到，中国在民用无人机、智能手机、军用战斗机、宇宙飞船、液晶面板、高铁、新能源汽车等领域都取得了相当突出的国产替代成绩。而在芯片、新材料、民用大飞机、操作系统、光刻机、医药、医疗设备等领域，和国外先进水平的差距依然相当大。

这些现象绝非偶然。笔者相信，发展自主创新，国产替代有其自身的客观规律。

笔者试图去回答这样一些问题：在那些落后十几年甚至几十年的工业领域，作为后发国家还有可能追赶上吗？在发展国产替代的浪潮当中，地方政府应该扮演什么样的角色？中国适合发展什么样的高新技术门类，而不适合发展哪些门类？自主创新和引进技术之间，应该是什么样的关系？基础的科学研究和技术落地之间应该是什么关系？

作为一个起步较晚的后发国家，中国从政府到民间，都有很急切地奋发追赶、弯道超车的动力，希望在较短时间内追赶国际先进水平。这样的出发点无可厚非，然而这种急躁心态所导致的违背自主创新发展规律的现象，又极大地阻碍了自主创新和国产替代的进程，这样的教训比比皆是。

笔者作为一名军事迷，非常喜欢《孙子兵法》里面的一句话："善战者，无智名，无勇功。"孙子想表达的深刻含义是，真正会用兵的人，他们打的仗看起来往往都是平淡无奇的，因为真正的战场上哪里有那么多以少胜多，以弱胜强，绝地反击，神机妙算？真正优秀的将领，都是力图不犯错误，把每一个细节做到严谨，没有留下多少名声，所以就"无智名、无勇功"了。

同样的道理，新闻媒体往往喜欢追逐那些两三年就上市的企业、五年成为世界第一的企业，追逐某些中西部城市眼光独到押中高科技大赛道咸鱼翻身这样的故事，因为它们吸引眼球，有故事，也受老百姓崇拜。

但是，科学技术的发展，产业经济的发展，都是有其客观规律的，一个产业的发展往往都是需要十几年甚至几十年的积累作为根基，哪里有那么多捷径可走？

所有希望走捷径，省事情，违背科技、产业基本发展规律的做法，最终都会付出惨痛的代价。这样的例子比比皆是。

中国汽车产业在改革初期提出"高起点、大批量、专业化"的产业政策，以合资引进技术为主，但是几十年下来合资车厂的技术积累乏善可陈。

中国的液晶面板行业早期大量采用中外合资的方式，引进技术，引进生产线，但是结局惨淡。直到以京东方为代表的国内厂商坚持自主创新，目前才在国际市场上杀出一条血路，中国液晶面板行业目前已经具备世界先进水平。

中国地方政府大规模上马光伏项目。许多没有任何产业根基的城市，在财力不丰厚的情况下举全市之力扶持龙头企业，在产业周期发生变化后结局惨淡。政府与企业双输，地方经济多年翻不了身。

中国许多地方政府希望在中国复制硅谷的成功，它们希望用强力的政府行政手段在本地区打造类似硅谷的产业园区，生长出一大批如谷歌、Facebook（脸书）这样的高科技企业来，但是实际研究表明，硅谷在崛起的过程中，美国加州当地政府在其中的作用相当有限，硅谷几乎是靠民间力量叠加一系列偶然因素发展起来的，就连美国自己都无法复制第二个硅谷。

中国长期偏重技术层面的应用级别的研发，而在科学层面的基础研发上相对薄弱，基础科学的落后到了一定程度就会制约产业技术的演进。没有物理、化学科学基础的演进，就没有高强度钢、复合金属材料的进步，也就没有民用大飞机、航空母舰、宇宙飞船、高铁、海上钻井平台、智能手机这些具体应用的进步。

……

笔者希望从过往中国国产替代的经验教训当中找到一些共同的规律，好让后来者少走弯路。

2021年底，我们和吴晓波先生创办的蓝狮子文化创意股份有限公司一拍即合，决定出版一本聚焦国产替代的专著。

这本书大致分为以下几个部分：

第一章介绍了笔者从全书几十个案例中总结出来的关于自主创新、国产替代的产业规律。从基础研发、地方政府作用、人才结构等几个方面，系统性地总结了自主创新方面的许多客观规律。

后面的章节，我们精选了包括汽车、飞机、高铁、半导体等许多产业的具体案例，力求通过许多细节，给读者提供最鲜活的信息，书中所介绍的案例均为截至发稿时的情况。

在每篇的末尾，笔者加入了扩展阅读的模块。因为在本书的写作过程当中，我们查阅了大量的文献资料，有国内专家学者、新闻媒体的，也有国外的，所以我们决定将在写作本书过程中看到的比较有价值的文献资料在每篇的末尾推荐给大家，希望抛砖引玉，使国内研究、报道自主创新和国产替代的人再多一些。

在写作方法上，笔者尽量紧紧围绕"钱"这个因素来解释一切现象，比如韩国高新技术产业的发展，是因为韩国式财阀通过某些传统产业的特权攫取利润以支撑芯片、液晶面板等需要长期投入的高新技术产业。近年来，许多学者倾向于通过文化因素来解释一些现象，比如许多文章说山东人偏保守，喜欢进体制内，是因为山东是孔孟之乡，有很强的传统文化因素。这些解释当然不无道理，但未免过于简单化了。笔者认为，在解释经济发展现象时，钱是很重要的因素，包括资金的流动、财富的分配等，这才是我们最应该去深入探讨的。

最后，笔者还是想引用《孙子兵法》里的一段话作为结尾："昔之善战者，先为不可胜，以待敌之可胜。不可胜在己，可胜在敌。"要做好自主创新，就是要扎扎实实地做好每一件正确的小事，然后耐心地等待。中国人能吃苦、能忍耐，也有足够的智慧，笔者完全相信再踏踏实实干一二十年，中国的自主创新必将取得巨大突破，在主要关键产业实现国产替代，没有人再能从技术上"卡我们的脖子"。

曾　航

2022年秋天于北京

目录
CONTENTS

第一篇　发展国产替代的基本规律　/ 001

第一章　高端制造业门槛越来越高　/ 005
大批发达国家丧失了高端制造业的发展资格　/ 006
为什么能发展高端制造业的国家越来越少　/ 011
苹果产业链与中国高端制造业的提升　/ 016
地方政府应该在新兴高科技产业当中扮演什么角色　/ 018

第二章　韩国发展先进制造业的模式值得中国借鉴吗　/ 027
韩国财阀们的主导作用　/ 029
韩国企业如何权衡"自主创新"与"技术引进"　/ 031
韩国式资本主义适合发展长周期、高投入、可预测的产业　/ 033
韩国模式对中国的启发　/ 035

第三章　自主创新与技术引进之间的关系　/ 043

汽车产业合资的教训：为什么合资带不来技术消化　/ 044
大飞机的教训：引进组装生产线，搞不好大飞机　/ 047
中国技术平台引进的成功案例：军工、高铁　/ 050

第四章　基础科研、教育与国产替代　/ 053

基础科学研究是强大工业的根基　/ 053
中美科研之间的实际差距　/ 057
中国的工程师红利　/ 061
中国职业教育的落后阻碍产业升级　/ 064

扩展阅读　/ 067

第二篇　高端制造业的国产替代　/ 071

第五章　半导体产业的国产替代　/ 076

中国半导体产业：成熟制程自给自足，先进制程依赖进口　/ 076
越发复杂的半导体设备体系　/ 081
中国半导体设备的国产替代：门类齐全但仍有技术差距　/ 085
请给国产半导体设备在市场中锻炼的机会　/ 087

目 录

第六章　中国正在新能源汽车领域实现超越　/　090
　　传统汽车时代，中国厂商优势渺茫　/　090
　　新能源汽车让中国有了赶超西方的机会　/　093
　　宁德时代和比亚迪，谁才是中国的"动力电池大王"　/　101

第七章　中国光伏：靠"补贴"砸出来一个"世界第一"　/　105
　　"碳中和"背后是大国利益博弈　/　105
　　中国光伏产业发展史　/　108
　　"光伏补贴"让中国光伏技术突飞猛进　/　112

第八章　液晶面板产业的国产替代　/　116
　　面板产业的独特性质　/　117
　　中国地方政府与京东方　/　123
　　液晶面板产业国产替代的成功秘诀　/　125

第九章　中国心脏支架行业的国产替代　/　127
　　心脏支架的 4 次技术革命　/　128
　　中国的心脏支架的"农村包围城市"　/　129
　　集中采购制度和话语权　/　130
　　国产心脏支架的未来竞争格局　/　131

扩展阅读　/　136

中国制造趣闻录

第三篇 军工与航空航天产业的国产替代 / **139**

第十章 沈飞引进苏-27生产线的案例 / **143**

中国空军急需先进战机 / 144

极度艰难的军工引进 / 144

苏-27引进始末 / 145

苏-27给中国带来了什么 / 148

第十一章 从"瓦良格号"到辽宁舰，
中国第一艘航母是怎么来的 / **154**

中国式航母的发展思路 / 155

"瓦良格号"的前世今生 / 157

中国风的"瓦良格号" / 159

引进、续建"瓦良格号"给中国带来了什么 / 165

第十二章 中国的"大飞机"：从未"下马"的大飞机运-10 / **168**

运-10上马 / 169

运-10的制造困难 / 170

麦道出现，引进合资学习 / 174

从国产运-10到C919 / 178

第十三章 中国研制优秀航空发动机的战略价值和障碍 / **182**

航空发动机的战略价值 / 182

研制航空发动机的难点 / 185

中国航空发动机的现状　　／　187
　　美国航发对我们的启示　　／　189

第十四章　民营航天，通向星辰大海的必经之路　／　192

　　为什么民营航天如此重要　　／　193
　　SpaceX 改变世界的秘密　　／　196
　　中国商业航天的发展　　／　198

第十五章　大疆，全球无人机领域的王者　／　204

　　美国的制裁对大疆并无效果　　／　205
　　大疆的技术竞争力　　／　207
　　和 GoPro 的商战，让大疆迅速成熟　　／　208
　　大疆成功的背后，是中国的无人机人才培养　　／　210

第十六章　"军转民"还是"民参军"　／　216

　　中国军工的"独立自主惯性"　　／　217
　　"军转民"是上次冷战的主流　　／　220
　　"民参军"是未来的发展趋势　　／　222

扩展阅读　／　225

第四篇　高端装备制造业的国产替代　/ 227

第十七章　中国高铁产业的国产替代　/ 231

为什么中国一定要发展高铁　/ 232

高铁前传："中华之星"　/ 236

"跨越式发展"　/ 239

中国人怎么学习"高铁技术"　/ 242

奠定地位的"超级列车"："复兴号"　/ 244

第十八章　电网系统的国产替代　/ 246

"世界上最可靠的电网系统"　/ 246

特高压输电建设的过程与经验　/ 248

能源转型过程中的阵痛　/ 251

第十九章　中国工程机械产业　/ 257

中国先后从苏联和西方引进工程机械技术　/ 258

"买买买"的胜利：通过并购升级技术　/ 260

中国工程机械产业的"翻身之路"　/ 261

第二十章　中国高端特种设备的国产替代　/ 266

中国如何布局自己的绞吸式挖泥船　/ 267

中国为什么需要国产盾构机　/ 270

中国如何布局自己的盾构机　/ 273

目 录

第二十一章　中国机床为什么落后了　/　277

中国机床产业发展沿革　/　279

黄金机遇期背后的数据陷阱　/　282

一场驾轻就熟的系统性围剿　/　284

机床技术的终极，是软件　/　287

扩展阅读　/　289

第五篇　软件与互联网　/　291

第二十二章　中国互联网产业为什么能做到全球领先　/　295

起源时代的论战——理论准备为中国互联网的发展扫清了障碍　/　295

当硅谷开始抄袭中国——世界互联网走向中美双寡头格局　/　297

14 亿人的战争——中国互联网为什么发展得这么好　/　301

道阻且长——中国互联网对其他行业的启示　/　304

第二十三章　为什么云计算成了潮流　/　307

"算力"是新时代的基础设施　/　308

高昂成本与本土需求，促使中国企业走向自主云计算　/　309

中国制造趣闻录

第二十四章　中国游戏为什么能在海外"割韭菜" / 313
　　中国错失电子游戏产业第一轮工业化 / 314
　　被迫走向互联网化的中国游戏迎来时代机遇 / 315
　　互联网时代的游戏产业逻辑 / 317
　　中国游戏的现状与未来 / 321

第二十五章　"中国制造"的短板——工业软件 / 324
　　工业软件是什么 / 325
　　中国工业软件现状 / 327

第二十六章　案例分析：中国互联网为全世界带来了什么 / 329
　　华为"鸿蒙"，一个本属于2025年的产品 / 329
　　SHEIN如何在欧美狂赚百亿美元 / 334
　　SHEIN的火爆无法掩盖其低端制造的短板 / 339
　　TikTok（抖音）有什么"武功绝学" / 341

扩展阅读 / 347

第六篇　中国的消费品行业 / **349**

第二十七章　今天，我们还在为"三鹿"还债 / 354
　　中国奶粉产业链的结构性问题 / 355
　　奶粉产业链全解析 / 357
　　"逆袭"路上，自建奶源依然存在挑战 / 359

目 录

第二十八章　国货美妆离真正崛起还有多远　/ 362

　　被战争和金钱毁灭的中国化妆品品牌　/ 362

　　渠道变革带来了复兴的机会　/ 365

　　中国化妆品产业的未来展望　/ 367

　　中国化妆品 122 年的经验与教训　/ 369

第二十九章　中国医美行业，隐藏着千亿级的市场　/ 371

　　中国医美市场的迭代发展　/ 372

　　在中国，谁在做医美？答曰：年轻人　/ 378

　　中国医美产业需要在上游实现"国产替代"　/ 380

第三十章　新消费流量退潮时，才发现有人在裸泳　/ 382

　　消费品生意的核心在于渠道　/ 383

　　中国人的注意力被谁抢走了　/ 385

　　"大而全"，还是"小而美"　/ 386

扩展阅读　/ 388

后　记　国产替代的终局：中美"双操作系统"？　/ **390**

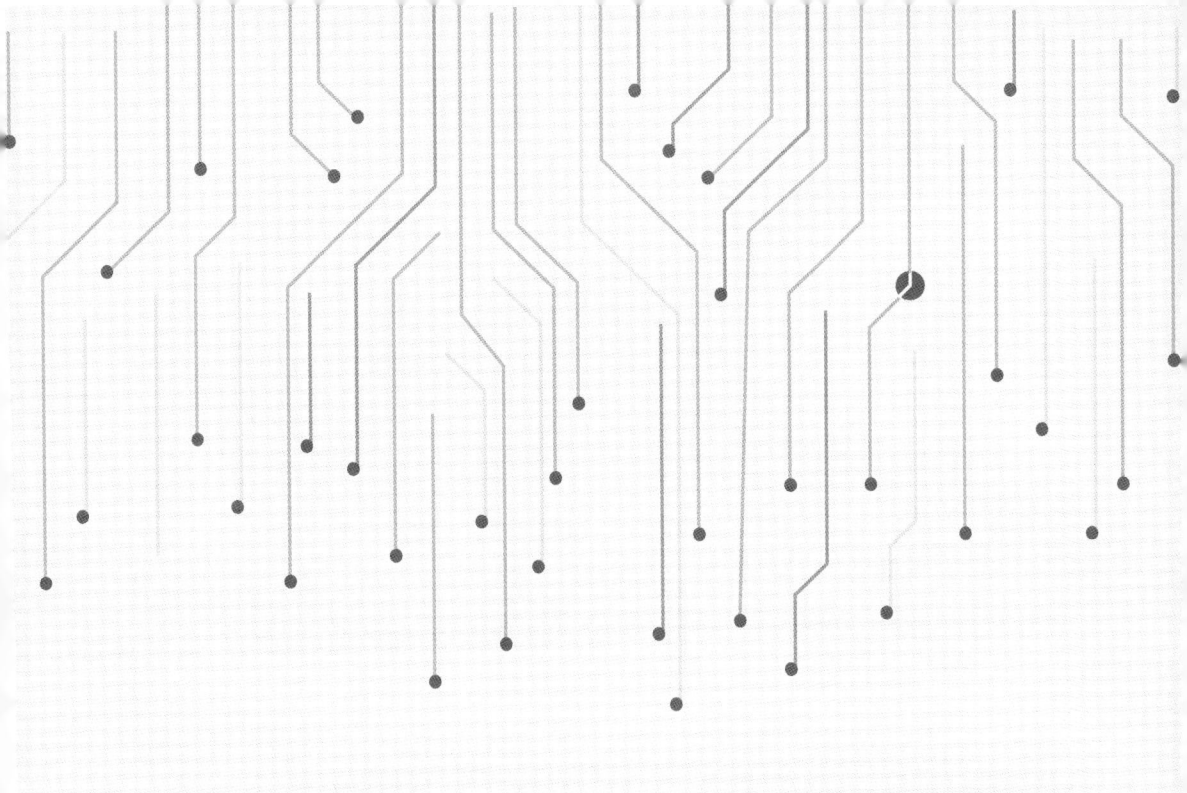

第一篇

发展国产替代的基本规律

2020年的夏天，笔者来到蔚来汽车合肥的工厂参观。

正值暑假，笔者在工厂里面碰到了几十个蔚来汽车车主的小孩，他们和我们一样，戴着白色安全帽，在家长的陪伴下在这个巨大的工厂里面参观。蔚来汽车的工程师们自豪地向我们介绍，这个工厂的自动化程度已经超过德国最先进的保时捷工厂，这些外观设计时尚的蔚来ES6、ES8电动汽车总是供不应求，车主在下单后往往需要等待几个月的时间才能拿到车。蔚来汽车的高端车型能卖到七八十万元的价格，在中国高端车市场已经开始对奔驰、宝马等过去遥不可及的国外巨头发起挑战。短短几年，中国的小鹏、蔚来、理想、比亚迪等新能源汽车公司发展非常迅猛，中国的消费者开始一改过去"崇洋媚外"的消费习惯，用脚对这些新兴的本土汽车品牌投票。这些汽车装载了1000多个芯片，其智能化程度已经远远超过传统的燃油汽车。这些蔚来汽车车主的小孩在参观完工厂后，许多人表示自己长大后也想当一名汽车设计师。

发生在安徽合肥的故事，是很多中国城市的缩影。十几年前，合肥还只是一个相对落后的中国内陆工业城市，它只能生产一些在国际市场相对缺少竞争力的纺织品、白色家电等低端工业产品。但是现在，这个城市可以生产中国最先进的新能源汽车、AI机器人、液晶面板、存储芯片等，蔚来汽车、长鑫存储、京东方、科大讯飞等众多高科技企业在这个城市迅猛发展。

要理解国产替代，我们首先要了解国产替代当中的一些共同的基本规律，例如产业政策在国产替代中扮演的角色，技术引进和自主创新的互相关系，教育、人才体制与技术创新之间的关系等。

本篇主要讲述笔者从本书后面的半导体、航空航天、军工、新能源、汽车、工业软件等案例当中总结出的国产替代方面的共同规律。

第一章将总结全球高端制造业发展的共同规律，探讨中国在其中的地位和机会。第二章重点介绍韩国的案例。韩国作为我们的邻居，是世界上为数不多的成功跨越中等收入陷阱，并且成功实现产业升级和国产替代的国家。笔者花了很多时间研究和阐述这个案例，其中有许多共同规律，尤其是对于制定产业政策的启发价值较大。第三章探讨了自主创新与技术引进之间的关系。因为在很多国产替代案例当中，技术来源都是一个绕不过去的话题。中国的各个产业，有依赖技术引进的，有主要依靠自主创新的，也有两条道路同时走的，其中成功和失败的案例都不少，系统性地总结其中的规律，有较大的价值。第四章主要总结了基础科研、教育与国产替代之间的关系。要发展科技产业，最终离不开基础科研和教育的发展；理解基础科研和教育，是理解许多新兴技术产业的起点。

第一章　高端制造业门槛越来越高

如果我们回溯过去20年全球先进制造业的发展趋势，一个很有意思的现象就是在各主要工业门类中，主要玩家越来越少，门槛越来越高。

笔者曾经和小米公司的一位高管交流，问小米为什么选择造汽车，他解释了雷军等小米核心高管对汽车市场终局的判断——未来新能源汽车在全球的主要玩家，不会超过5家。这一判断显然来自智能手机市场的经验，在华为受到美国制裁前，全球智能手机市场只剩下苹果、三星、华为、小米、OPPO/vivo5家。而在功能手机时代，全球手机市场曾经百花齐放，包括芬兰的诺基亚，美国的摩托罗拉，韩国的三星、LG，日本的索尼、松下、夏普，法国的阿尔卡特，中国的联想、金立，德国的西门子，荷兰的飞利浦，中国台湾的明基等几十个品牌，都曾经在世界范围内叱咤风云。

在燃油汽车时代，世界范围内至少有日本、美国、德国、英国、意大利、法国、韩国、捷克、中国、西班牙、瑞典、澳大利亚等十几个国家有较强的汽车工业，这些国家都有自己的代表性品牌，加起来全球共有几十个主流汽车品牌，包括日本的丰田、本田、日产、三菱、马自达、铃木，美国的通用、克莱斯勒、福特，德国的奔驰、宝马、大众、保时捷、奥迪、欧宝，英国的捷豹、路虎、劳斯莱斯、罗孚，意大利的菲亚特、法拉利、兰博基尼、阿尔法罗密欧，法国的标致、雪铁龙，韩国的现代、起亚、大宇、双龙，捷克的斯柯达，中国的红旗、奇瑞、比亚迪、荣威、长城、东风，西班牙的西雅特，瑞典的沃尔沃，澳大利亚的霍顿等。

如果真按照小米的预测，全球新能源车的终局只剩下5家，那么目前全球较领先的新能源车品牌中，美国特斯拉遥遥领先，很可能占据一个席位，中国有比亚迪、蔚来、小鹏、理想、小米等，很可能有至少 1~3 家进入最终的"决赛"。这也就意味着在世界新能源汽车工业中，最终可以继续留在牌桌上的国家，也许不会超过 3 个。一大批燃油车时代的汽车强国，很可能就此衰落。

如果我们分析世界企业研发投入分布，可以得出结论，在未来很长一段时间，世界将只剩下东亚、北美、西欧 3 个地区有可能形成先进制造业的产业带，其他地区如南美、西亚、非洲都基本出局了。

2008 年金融危机后，世界主要国家都在滥发货币，但是世界范围内大家对通胀的感受并不明显，这是为什么？因为过去十几年，以先进制造业为代表的产业生产效率大幅提升，抵消了通胀的影响，比方说十几年前售价 5000 元以上的液晶电视，现在的价格跌到了 1000 元以下，因为液晶面板的生产效率大幅提升。可以说，如果没有先进制造业的带动，在通胀压力下，全球老百姓的日子会非常难过。

大批发达国家丧失了高端制造业的发展资格

如图 1-1-1 所示，从全球研发费用投入排名靠前的公司可以看出，美国企业的研发费用产业分布相对均衡，在信息技术、生物医药、汽车等领域都有研发投入大户，欧洲、日本企业则花了很多钱在汽车、生物医药领域。如图 1-1-2 所示，中国企业较为"偏科"，主要投入在信息技术和重工业领域，而在生物医药领域的研发投入严重不足。

如图 1-1-3 所示，中美两国已然成为全球科技研发领域的两个"主引擎"——贡献了绝大多数的研发力量。不过，双方在研发上的布局略有不同。以液晶面板行业为例，目前全球只有 4 个国家和地区还有资格继续发展液晶显示工业，分别是韩国、中国、日本、中国台湾，美国和欧洲都已经基本出局了，更不用说广大的亚非拉第三世界国家了。

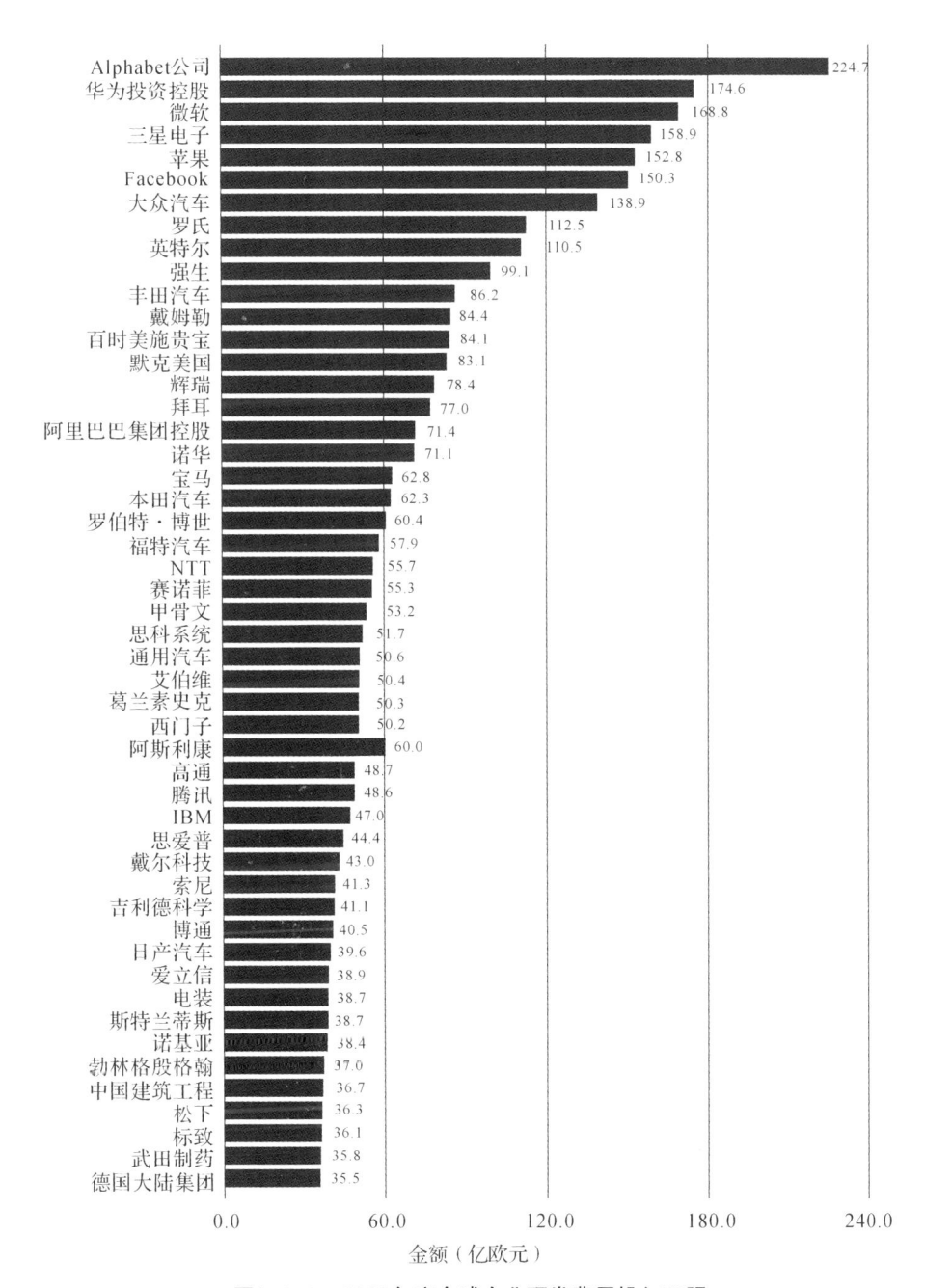

公司	金额（亿欧元）
Alphabet公司	224.7
华为投资控股	174.6
微软	168.8
三星电子	158.9
苹果	152.8
Facebook	150.3
大众汽车	138.9
罗氏	112.5
英特尔	110.5
强生	99.1
丰田汽车	86.2
戴姆勒	84.4
百时美施贵宝	84.1
默克美国	83.1
辉瑞	78.4
拜耳	77.0
阿里巴巴集团控股	71.4
诺华	71.1
宝马	62.8
本田汽车	62.3
罗伯特·博世	60.4
福特汽车	57.9
NTT	55.7
赛诺菲	55.5
甲骨文	53.2
思科系统	51.7
通用汽车	50.6
艾伯维	50.4
葛兰素史克	50.3
西门子	50.2
阿斯利康	60.0
高通	48.7
腾讯	48.6
IBM	47.0
思爱普	44.4
戴尔科技	43.0
索尼	41.3
吉利德科学	41.1
博通	40.5
日产汽车	39.6
爱立信	38.9
电装	38.7
斯特兰蒂斯	38.7
诺基亚	38.4
勃林格殷格翰	37.0
中国建筑工程	36.7
松下	36.3
标致	36.1
武田制药	35.8
德国大陆集团	35.5

图1-1-1　2020年度全球企业研发费用投入50强

大国锁钥：国产替代浪潮

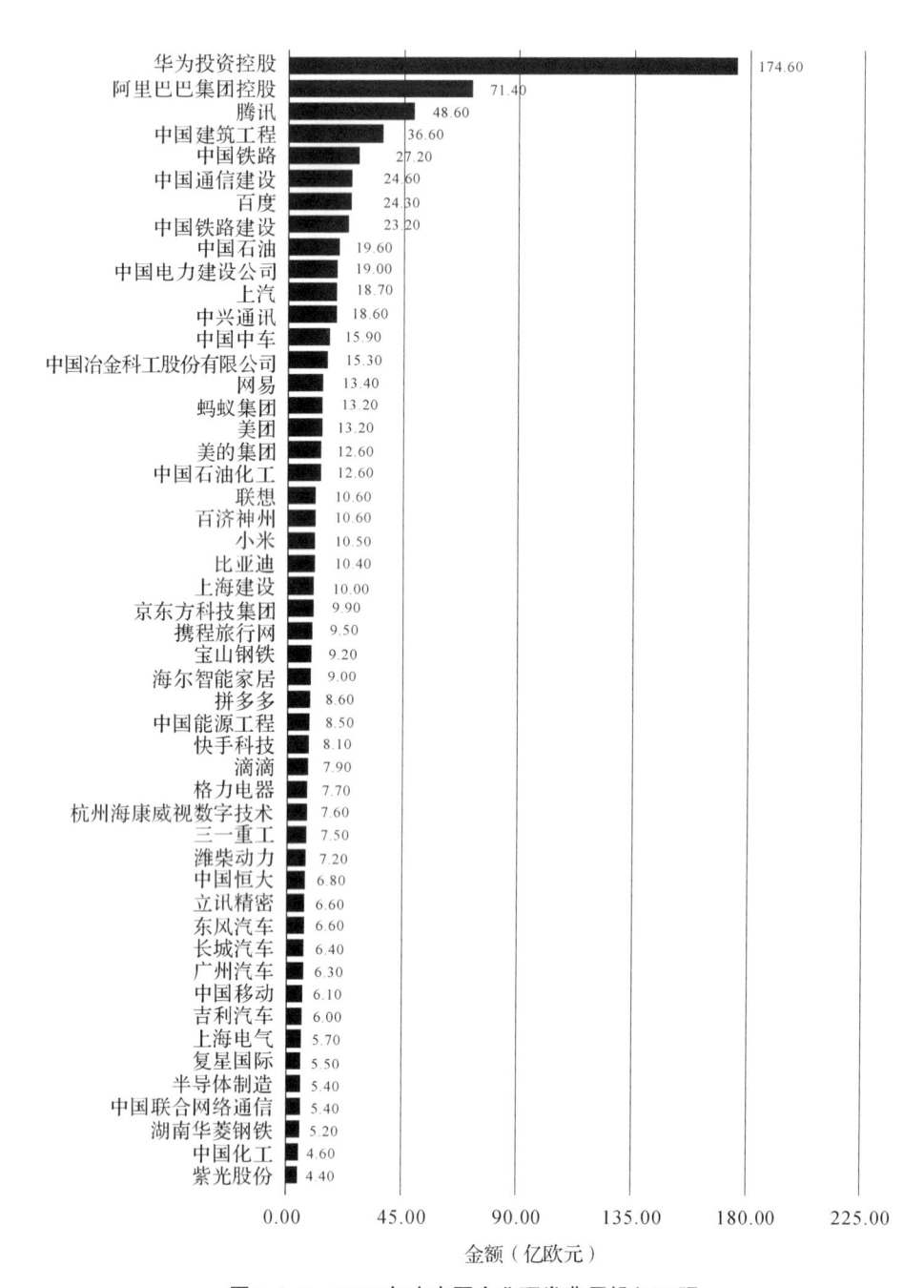

公司	金额（亿欧元）
华为投资控股	174.60
阿里巴巴集团控股	71.40
腾讯	48.60
中国建筑工程	36.60
中国铁路	27.20
中国通信建设	24.60
百度	24.30
中国铁路建设	23.20
中国石油	19.60
中国电力建设公司	19.00
上汽	18.70
中兴通讯	18.60
中国中车	15.90
中国冶金科工股份有限公司	15.30
网易	13.40
蚂蚁集团	13.20
美团	13.20
美的集团	12.60
中国石油化工	12.60
联想	10.60
百济神州	10.60
小米	10.50
比亚迪	10.40
上海建设	10.00
京东方科技集团	9.90
携程旅行网	9.50
宝山钢铁	9.20
海尔智能家居	9.00
拼多多	8.60
中国能源工程	8.50
快手科技	8.10
滴滴	7.90
格力电器	7.70
杭州海康威视数字技术	7.60
三一重工	7.50
潍柴动力	7.20
中国恒大	6.80
立讯精密	6.60
东风汽车	6.60
长城汽车	6.40
广州汽车	6.30
中国移动	6.10
吉利汽车	6.00
上海电气	5.70
复星国际	5.50
半导体制造	5.40
中国联合网络通信	5.40
湖南华菱钢铁	5.20
中国化工	4.60
紫光股份	4.40

图1-1-2　2020年度中国企业研发费用投入50强

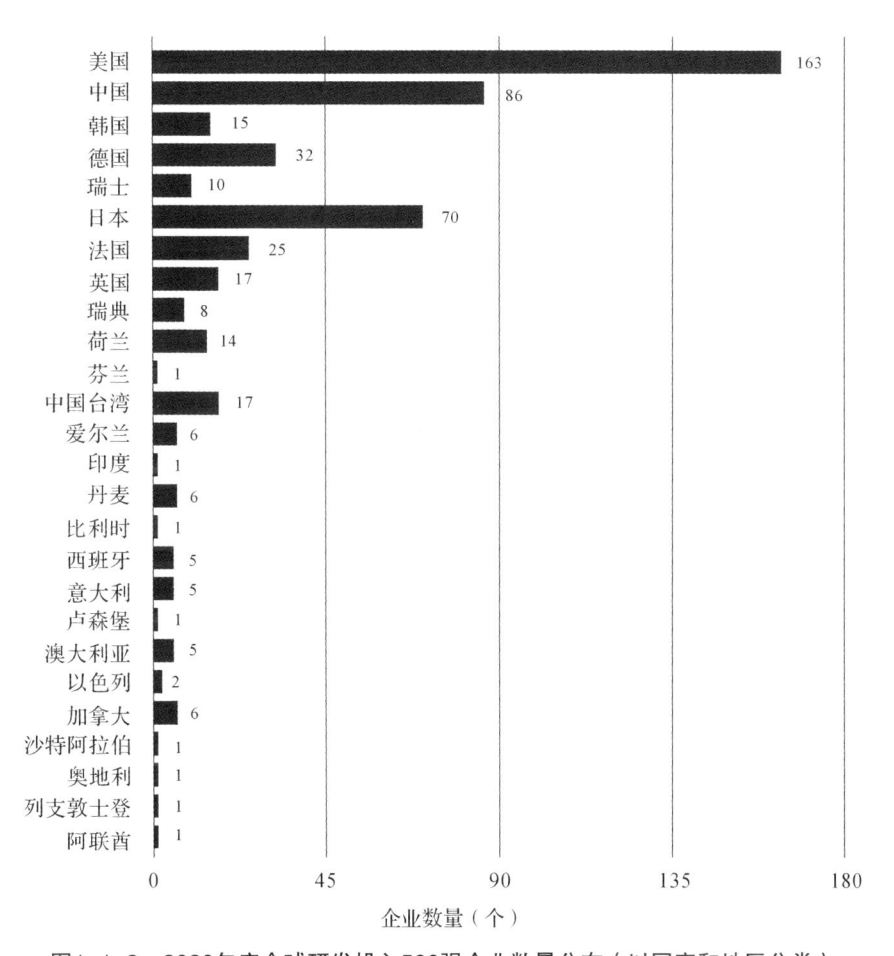

图1-1-3 2020年度全球研发投入500强企业数量分布（以国家和地区分类）

国家/地区	企业数量（个）
美国	163
中国	86
韩国	15
德国	32
瑞士	10
日本	70
法国	25
英国	17
瑞典	8
荷兰	14
芬兰	1
中国台湾	17
爱尔兰	6
印度	1
丹麦	6
比利时	1
西班牙	5
意大利	5
卢森堡	1
澳大利亚	5
以色列	2
加拿大	6
沙特阿拉伯	1
奥地利	1
列支敦士登	1
阿联酋	1

在民用大飞机工业上，全球只有美国和法国两个国家具有独立开发和制造100座以上大型民用客机的能力，且能够正常大规模销售。俄罗斯、中国、日本虽然已经开始研发自主的大型客机，但是在核心技术突破和实际市场占有率方面，和美国、法国相比依然有巨大的差距。

世界上只有美国、英国、法国、俄罗斯、中国、乌克兰这6个国家具有大型航空发动机的研发和生产技术。而其中只有美国、英国、法国的发动机产品在民航大客机方面取得过大规模市场验证。中国、俄罗斯、乌克兰的航空发动机主要是军用，在油耗、安全性、经济性等方面与美、法、英相比有较大差距。传统的制造业大国——日本、德国、意大利、韩国等，在这一领域都缺少积累。

截止到 2022 年，世界上只有 3 个国家可以制造第五代隐形战斗机[1]，分别是美国、中国和俄罗斯。美国洛克希德·马丁公司推出的 F-22 和 F-35 是世界第五代战斗机的领跑者，中俄两国的五代机理念，多多少少都对美国的机型有所借鉴。中国成都飞机工业（集团）有限责任公司（简称"成飞"）推出的歼–20 隐形战斗机具有航程广、航电系统先进等特点，且产量与装备量提升速度都比较快。相比之下，俄罗斯苏霍伊设计局推出的苏–57 项目进展缓慢。一直到 2022 年俄乌冲突开始的时候，俄罗斯一共只制造出了 5 架苏–57 的样机，且没有达到投入实战的程度。可以看到，世界下一代的先进战斗机，主要还是中美两国有实力继续竞争下去。

实际上，除了中美俄 3 国，日本、韩国、伊朗、印度、土耳其等，也都曾尝试研发过隐形战斗机，但是大都不了了之，主要原因在于第五代战斗机要考虑隐身性能，对飞机的外形设计要求很高，中间需要经过大量的风洞测试，需要用到超级计算机。此外，第五代战斗机需要推力矢量技术、飞行控制技术、机载主动电子扫描阵列雷达技术、综合航电结构技术、隐身材料涂层技术等，其研发费用至少需要几百亿美元，一般国家根本玩不起。

在 DRAM 存储芯片市场中，三星、SK 海力士、美光垄断了全球 95% 的市场份额，日本和中国台湾的很多企业都基本出局了。在 Nand flash 存储芯片市场上，三星、铠侠（东芝）、西部数据、美光、SK 海力士、英特尔六大巨头也基本垄断了市场。高度的垄断使得这一行业经常提价，下游的厂商叫苦不迭。可以看到，世界存储芯片市场也是门槛极高的工业门类，目前韩国是这个市场绝对的领先者，美国和日本也有一定的地位，中国的长江存储、长鑫存储在这一市场中还处于起步阶段，但是在国家的支持下发展较快，未来有机会在这一市场占据一席之地，实现国产替代。

在半导体晶圆代工产业里面，世界上也只有中国、韩国、美国、新加坡等少数国家具备高端芯片的制造能力。中国台湾地区的台积电在 2020 年拿下了全球 58% 的市场份额，其他排名靠前的企业还有台联电、格芯、三星、中芯国际等，但都与台积电

---

[1] 即原先美国定义下的第四代战斗机，本书以中国官方定义的第五代战斗机歼–20 为准，统一使用"第五代战斗机"的表述。

有巨大的差距。可以看出，半导体制造是一个门槛极高的工业门类，中芯国际因为受制于美国专利壁垒和上游光刻机等机器设备"卡脖子"，目前与台积电、三星相比有较大的工艺水平差距。台积电已经可以成熟生产5纳米芯片，且准备量产3纳米芯片，而中芯国际目前还在挑战14纳米制程。

在半导体制造所必需的光刻机设备上，世界只有荷兰和日本两个国家有大规模量产的能力。来自荷兰的ASML是绝对的垄断者，它占据了近80%的全球市场份额，尤其是高端光刻机，只有这一家能造。日本的佳能和尼康在中低端光刻机领域有一定的份额。中国国产光刻机正在努力追赶中，但是目前尚没有经过大规模市场验证。

以上种种信息显示，世界先进制造业的门槛越来越高了。我们在这个名单上已经很难看到那些曾经的工业强国、科技强国的名字，比如俄罗斯、意大利、瑞典、芬兰、捷克、土耳其、西班牙，几十年之后，它们是否依然能保持工业强国的地位？这是很值得思考的话题。值得欣慰的是，中国在大部分先进制造产业当中都留有火种，中国目前依然有留在牌桌上的资格，所以未来一二十年产业升级如何，直接决定中国国运。

为什么能发展高端制造业的国家越来越少

世界上有资格发展先进制造业的国家越来越少，第一个原因就是目前半导体、大飞机、新能源汽车、液晶面板、先进化工等产业的研发投入费用越来越多。

从一个国家（地区）的研发费用投入分布，大概可以看出一个国家（地区）在产业上的竞争力。欧盟每年会出一份全球企业研发投入2500强排行榜（The EU Industrial R&D Investment Scoreboard），这是国际上比较权威的数据。这2500家公司的研发总投入占到全世界企业研发总额的90%。

我们分析了2020年欧盟出的这份报告。

欧美有大量研发费用投入了生物医药领域，其中美国企业26.4%的研发费用投入了这一领域，欧盟是19.2%，而中国只有5.5%。中国研发投入排名第一的医药公司，在全球制药企业里面只能排到30多名，在全球所有企业里面只能排到200多名。纯从研发投入角度来看，中国的医药产业未来前景并不乐观。

按照欧盟出的报告，2019年，全世界有10家公司的年度研发费用超过了100亿欧元，有169家企业的年度研发费用超过10亿欧元。

我们认为，在全球研发投入公司2500强里面有50家以上公司的，才能称得上工业强国（地区），2019年全球依次只有美国（775个）、中国（536个）、日本（309个）、德国（124个）、中国台湾（88个）、法国（68个）、韩国（59个）、瑞士（58个）等8个国家（地区）有资格入围。

可以看出，从研发投入上来说，墨西哥、俄罗斯、乌克兰、西班牙、葡萄牙、南非、巴西、阿根廷、澳大利亚、新西兰、土耳其、匈牙利、波兰这些曾经的工业国已经掉队。没有研发投入，就没有未来。

俄罗斯曾经是世界排名第二的军工大国，其战斗机、战略轰炸机、弹道导弹、直升机、潜艇、防空导弹、军用运输机、坦克等多个军工细分品类，都具有世界先进水平。但按照欧盟公布的2019年全球企业研发投入2500强数据，俄罗斯仅有一家企业入围，这意味着俄罗斯的工业基础正越来越差。在这样的局面下，俄罗斯即使有再雄厚的底子，也会在新一轮的世界竞争中迅速掉队。

世界先进制造业正变得越来越复杂，举例而言：光刻机需要5000个厂商通力协作才能生产出来，iPhone手机也需要600多个厂商紧密协作才能生产出来。因此，先进制造业日益向世界少数地区聚集，形成产业带成为必然。

在东亚的中国、日本、韩国、越南这几个国家，形成了全球最强大的消费电子产业带，这里生产着全世界90%的手机和80%以上的笔记本电脑，这里同样有发达的燃油汽车产业，同时将可能成为未来世界上最重要的新能源汽车产地。

而美国则是世界上最重要的航空航天、军工、半导体研发与生产基地。同时美国在其他各门类的高端制造业中也表现突出。

欧洲以德国、法国、英国、意大利为中心的地区则是世界上最重要的燃油汽车产业带，同时是重要的精密机床、民用客机、精密仪表和生物医药产业带。

除了东亚、北美、西欧三个先进制造业产业带，世界上的其他地区在未来很长时间内基本看不到发展先进制造业的土壤，因为当地公司在研发投入上过少。例如在全球研发投入2500强公司中，来自南美、西亚、非洲绝大部分国家（地区）的企业，都不超过10家。过低的科技产业密度使得这些地区很难形成高效的产业聚集。可以说，在未来的世界先进制造业中，马太效应只会越来越明显。

此外，先进制造业的门槛越来越高，还因为进入信息时代后，产业变成了生态系统的竞争，而不只是单个产品的竞争。

在功能手机时代，手机制造的门槛并不高，大家都使用高通或者联发科的芯片、韩国LG或者日本夏普的屏幕，手机外形整体设计和软件设计的门槛并不高，但是进入智能手机时代后，苹果、华为、三星等手机厂商都开始自己研发芯片，每一代新的手机处理器的研发费用都在10亿元以上，苹果和华为甚至自建了操作系统和开发生态体系，手机工业的门槛被瞬间拉高。

新能源汽车也类似，带有车联网和操作系统的智能汽车，其产业特性开始变得越来越像手机产业，而不是像传统燃油车产业。头部的特斯拉、蔚来、小鹏、比亚迪等公司都开始自己研发芯片，自己研发操作系统，自己研发车载人工智能交互系统、自动驾驶技术，其门槛远高于传统燃油车产业。

而半导体制造、液晶面板制造这两个工业品类的情况很类似，这两个产业其实是高度可预测的，行业周期性强。比如液晶面板产业，在相当长一段时间里就是简单地线性追求面板尺寸的扩大，被分为1代线、2代线、3代线、4代线、5代线、6代线、7代线、8代线等，拼的是烧钱。韩国公司之所以在这两个领域击败日本公司后来居上，就是因为韩国企业在韩国政府的支持下，在产业不景气的周期里面逆势投资，扩充新的生产线和投入技术研发，而日本公司则因为日本政府支持力度不够而后劲不足。中国的京东方先后在液晶面板产业上投入了上千亿元，到2022年前后，京东方的面板技术达到世界先进水平，市场占有率居世界前列，并成功实现了国产替代。这说明韩国企业走过的道路，其实中国也很有机会复制。

欧洲和日本都有大量的研发费用投向了汽车行业。2019年，在欧盟的研发费用投入当中，有34.8%投入了汽车及交通运输行业，日本是31.3%，相比之下美国只有6.4%，中国是10%。在此笔者不禁开始为欧洲和日本感到担忧，因为最近几年新能源汽车正以不可阻挡的趋势席卷全球，而新能源汽车的产业特性更像IT产业而不是传统汽车产业，汽车厂商需要自己研发芯片、操作系统、自动驾驶技术、人工智能交互系统、电池技术等，欧洲和日本积累了近100年的传统汽车机械技术，是否能够继续在新能源汽车时代强势下去，可能需要画一个问号。而这恰恰是中国企业的巨大优势，因为中国在智能手机和互联网时代积累了一大批优秀的企业和人才，但是欧洲和日本却错过了这个时代。

值得欣慰的是，中国在智能手机、液晶面板等主要先进制造工业门类上，都保有入场券，如表1-1-1所示。中国虽然是一个人均GDP仅有1万多美元的发展中国家，但世界上从没有一个人均GDP和中国相当的国家有如此强的先进制造业竞争力。

表1-1-1 先进制造业的一些经典门类及中国企业在其中的地位

工业门类	领先国家[①]	代表性企业	中国企业的地位
智能手机	美国、中国、韩国	苹果、三星、华为、小米、OPPO、vivo	中国智能手机产业世界领先，华为、小米、OPPO、vivo都是有国际竞争力的品牌。但是在利润率方面与苹果公司相比有较大差距
液晶面板	韩国、中国、日本	三星、LG、京东方、夏普	中国的京东方是全球液晶面板产业的有力竞争者，在多个细分赛道已经是世界第一
半导体制造	韩国、美国、中国	台积电、三星、英特尔、中芯国际	中芯国际目前与台积电、三星等领先企业相比仍有较大差距，在先进制程、市场占有率、利润率等方面也都有较大差距
芯片设计	美国、中国	高通、博通、英伟达、华为海思、联发科、AMD、赛灵思、Marvell	中国的华为海思、紫光展锐等芯片设计公司具有较强的国际竞争力，但受制于美国在半导体上的打压，依赖于外部代工的中国芯片设计公司发展较为艰难
DRAM存储芯片	韩国、美国、中国	三星、SK海力士、美光	中国长鑫存储的国产芯片于2020年投入市场，目前在工艺和制程上与国际先进水平相比仍有一定差距
Nandflash存储芯片	韩国、日本、美国、中国	三星、铠侠（东芝）、西部数据、美光、SK海力士、英特尔	中国的长江存储在市场占有率上与领先的韩国公司相比仍有较大差距，但是追赶速度较快，技术上有较多亮点
民用大型客机	美国、法国	波音、空中客车	中国商飞公司的C919、CR929大型客机在交付数量、核心零部件国产化率等方面与波音、空客比有较大差距，尤其是发动机被"卡脖子"的情况亟待解决

① 排名不分先后。

续表

工业门类	领先国家①	代表性企业	中国企业的地位
民用航空发动机	美国、英国	GE、普惠、罗罗	中国航空发动机集团有限公司（简称"中国航发"）正在国产大涵道比航空发动机方面追赶国外领先公司，但是航发的研发是以10年为周期的，还需要很长时间
大型航空母舰	美国、法国、英国、中国、印度	美国纽波特纽斯造船厂、法国布勒斯特海军造船厂、英国罗赛斯造船厂、中国大连造船厂、中国江南造船厂	中国的"辽宁号""山东号"航母脱胎于苏联在20世纪80年代末的水平，与美国最新的福特级航母相比有代差。但中国后续对下水的国产航母采用了更先进的国产技术，将努力缩小差距
第五代战斗机	美国、中国、俄罗斯	洛克希德马丁、中国成飞、苏霍伊设计局	中国成飞推出的歼-20型战斗机具有世界先进水平，其性能大致与美国F35相当，但是与美国最先进的F-22相比仍然有一定差距
高速铁路列车	中国、日本、德国、法国、加拿大	中国中车、川崎重工、西门子、阿尔斯通、庞巴迪	中国中车已经研发出了时速600千米的动车组列车，具有世界先进水平。同时在高速列车产量和运营数量上，中国都是绝对世界领先
消费电子产品大规模代工生产	中国、越南、印度	富士康、伟创力、三星、立讯精密	富士康等企业制造了全世界超过70%的智能手机产品。但是近年来考虑到成本等因素，生产线正在往越南和印度迁移
新能源汽车	美国、中国、德国、日本	特斯拉、蔚来、小鹏、理想、比亚迪、小米、宝马、丰田	中国的比亚迪、蔚来、小鹏、理想等本土新能源汽车品牌，发展势头迅猛，受到资本市场追捧，且在电池、电控、芯片等方面有一定的自主研发竞争力，但是在出货量、全球化销售等方面与美国特斯拉相比仍然有较大差距

当代的先进制造业已经越来越呈现出产业链分工协作的特点。没有任何一家手机厂商可以独自制造出一台智能手机，也没有任何一家新能源汽车公司可以完全依靠自己造出一辆高水准的新能源汽车。

幸运的是，中国所处的东亚地区，是世界上最主要的消费电子产业带、世界主要的汽车产业带、世界主要的先进化工产业带、世界主要的重工业基地、世界主要的轻工业加工基地，其产业配套冠绝全球。（笔者将在后面对苹果供应链的分析当中，详细阐释这种供应链集群的重要性。）

此外，发展先进制造业需要大量受过高等教育的工程师人才。我们以富士康为例，这家曾经被认为是廉价代工企业的公司，2019年的研发投入高达27亿欧元，位居世界所有企业研发费用开支排名第57名，这是一家实实在在的高科技公司。富士康在中国大陆雇用了数以万计的工程师，他们需要和苹果的产品经理们一道，把那些世界上最难制造的消费电子产品，分解成最合理的加工工序，并且保证其良率以实现量产。中国在1999年高校大规模扩招后，理工科人才出现了井喷式增长，造就了中国的工程师红利。（笔者在后面章节会详细论证这种工程师红利的重要性。）

此外，中国还是世界上仅次于美国的航天军工强国。众所周知，互联网、半导体、计算机、无人机、喷气式飞机、卫星、移动通信这些改变世界的科技产品，都是来源于军工产业的带动。军工产业相比起民用工业的一大特点是不计成本，许多项目甚至是举全国之力研发出来的，典型的如美国造原子弹的"曼哈顿计划"和航天领域的"阿波罗计划"。中国强大的军工产业，为中国发展先进制造业也奠定了坚实基础。

苹果产业链与中国高端制造业的提升

中国过去20年在电子产业上的飞速进步，与苹果产业链的带动密不可分。

10年前，当笔者写作《一只iPhone的全球之旅》时，中国在整个苹果供应链上还只能生产相对低端的零部件，包括玻璃盖板、外壳、印刷电路板等，而iPhone当中技术含量最高、价格最昂贵的芯片处理器、屏幕则主要在韩国和日本生产。

到了2020年，苹果公布了新的供应商名单，名单列举了其在全球范围内最大的200家供应商及它们旗下的610家工厂。[①] 其中位于中国大陆的工厂有259家，排名世界第一，其他如日本有96家工厂，美国有49个工厂，中国台湾有37家工厂，韩国有30家工厂，越南有23家工厂，泰国有19家工厂，菲律宾有17家工厂，马来西

---

① 宁南山. 从苹果全球200大供应商看产业转移趋势[EB/OL].(2021-12-30)[2022-05-01]. https://m.huxiu.com/article/486269.html

亚有 15 家工厂，新加坡有 14 家工厂，印度有 9 家工厂。而苹果在欧洲只有 21 个供应商工厂，在南美只有 7 家。

可以看出，整个苹果供应链的重心全在以中国为核心的东亚地区。这在很大程度上是因为苹果的组装厂主要在中国大陆，其他地区如越南和印度能小规模生产一些，但是和中国大陆相比仍然有较大差距。其他供应商则需要最大限度地靠近组装厂。

苹果供应链对于中国发展先进制造业的带动是巨大的。

首先，苹果供应链极大地摊薄了其他消费电子厂商的供应链成本。举例而言，深圳大疆无人机之所以能够横扫全球，是因为它直接受惠于苹果供应链，大疆生产的无人机当中有大量的零部件来自高水准的苹果供应商。而华为、小米、OPPO、vivo 等中国手机厂商之所以能够在全球市场披荆斩棘，也应该感谢苹果供应链。在雷军创办小米初期，小米是一家在手机行业没有积累的初创公司，其早期优势集中在市场营销和商业模式创新上，而苹果已经打造出了成熟的供应链体系，这使得小米能以极快的速度切入智能手机产业，并最终跻身世界前五。

此外，苹果产业链直接带动了中国的蓝思科技、立讯精密、歌尔声学、德赛电池、水晶光电、长电科技、超声电子、京东方等企业的发展，光上市公司都有数十家之多。

笔者还记得当年去蓝思科技在湖南浏阳工厂的场景，当时国内很少有人听说过蓝思科技这家企业，更没有多少人知道它的创始人周群飞。笔者在工厂附近一家餐厅第一次见到周群飞的时候，她穿着一身价格不超过 100 块钱的花格子裙子，为人谦虚。在我们的交谈中周群飞衷心感谢了苹果的订单，在和苹果合作前，蓝思科技与国产手机厂商的合作可以说充满了辛酸。公司给当年名噪一时的科健手机做的订单，最终只收回来 800 元钱。而苹果不仅订单量大、信誉好，还给供应商提供大量的技术和资金支持。资本市场对于苹果供应商的分量心知肚明，几乎所有的苹果供应商都会受到资本的热捧，在中国 A 股形成了独特的"苹果概念股"板块。蓝思科技市值最高的时候破千亿元，而周群飞也一度成为中国的女首富。

苹果供应链至少在中国提供了数百万个就业岗位，这些工程师和产业工人成为中国发展先进制造业的宝贵财富。中国的新能源汽车产业之所以发展到世界领先地位，和苹果供应链积累下来的这一大批产业精英有密切的关系。

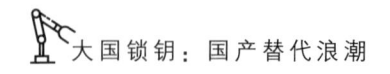

全球智能手机市场一年的规模接近3万亿元，中国无疑是这一波浪潮中最大的受益者。

相比之下，其他国家错过了苹果供应链这一波几十年难遇的产业转移契机，一步错过，步步错过。因为像精密电子工业这样的先进制造业门类，其产业链的转移难度，远高于服装、玩具这些附加值较低的制造业门类。

就算是曾经的制造业中心——美国和欧洲，想要重建如此规模庞大的精密电子供应链，也绝非易事。

我们可以从富士康宣布在美国威斯康星州投资上百亿美元新建液晶面板工厂的曲折中看出其问题所在。2018年，在美国总统特朗普的游说下，富士康宣布在美国威斯康星州投资100亿美元，新建一座液晶面板工厂，也就是具有世界先进水平的10.5代线，并承诺在当地提供1.3万个就业岗位，然而几年下来，这一工厂始终进展非常缓慢。因为美国工人的工资过高，需要当地政府提供高达30亿美元的巨额工资补贴。除此之外，因为威斯康星州当地缺少电子产业的上下游配套工厂，还需要康宁公司等供应商在当地同步修建工厂，而这些公司也一样要求当地政府提供巨额补贴。此后，在漫长的扯皮当中，富士康的美国工厂一直没有实质进展，一直到特朗普下台，这个工厂都没见到投产。要知道，对消费电子产业来说，最宝贵的就是时间。而在这4年当中，京东方液晶面板工厂已经连续扩出了好几条产线，远远把富士康甩在身后。

近年来，美国开始加速与中国"脱钩"，苹果供应链开始往越南、印度、菲律宾这些国家转移，但是根据笔者的研究，这一过程至少需要10年时间。因为中国在基础设施上领先其他竞争对手太多，同时中国的上下游产业链优势是其他国家很难企及的。

地方政府应该在新兴高科技产业当中扮演什么角色

中国先进制造业的表现良好，应该说和中国地方政府这些年来的表现有很大关系。

中国建设工厂的效率世界第一，而在讲究时效性的消费电子和新能源汽车产业方面表现尤其突出。特斯拉宣布在上海设厂到第一台中国产特斯拉新能源汽车下线，前后仅仅用时1年，这一效率在世界上没有任何国家能比。特斯拉的上海工厂所生产的汽车不仅在中国本土出售，还大量出口到海外，使得中国本土汽车工厂的竞争力一下子被拉升到一个新的水平。

中国的地方政府之间有着激烈的竞争，当一个地方政府负责引入一个工业大项目的时候，从某种程度上说其已经开始扮演这个工厂的"联合投资人"角色——地方政府需要为工厂提供土地平整、基础设施配套、税收优惠、银行贷款流程和进出口流程优化等配套服务。在这一点上，中国政府的效率在世界上很少有竞争者。

近年来，中国许多地方面临转型升级的压力，地方政府在发展新兴高科技产业、国产替代的时候，很多种新的模式涌现出来，其中有成功、有失败。那么，地方政府在发展新兴高科技产业当中，具体应该扮演什么角色？

液晶面板、半导体、新能源汽车、电子制造业、光伏等，这些产业动辄投资几十亿、上百亿元，门槛高，带动就业、产值、税收的效果都非常可观，是各地争相上马的项目。

经济学者郑永年指出，1994年的中央与地方分税制改革最重要的意外结果是中国的地方政府企业化，"中国地方政府在承担风险能力、有效资产和债务、经济经营规模等方面，都表现得像大企业"。[1]虽然大部分的税收在分税制改革后都上缴中央，但是地方政府通过卖地、发地方债等方式获得融资。尤其是在土地开始货币化之后，地方政府的融资能力有了大幅提升。而其中有相当一部分资金用在了半导体、液晶面板、光伏、新能源汽车等新兴制造业的投资当中。

中国广义的地方政府被分为省级、市级、县级和乡镇级4个级别，在新兴的高科技制造业投资浪潮当中，主要的参与者是省级和市级政府，因为这两级政府聚集了最好的地方财政资源。

其中的典型代表要数被誉为"全国最成功投资银行"的合肥市政府。当年合肥曾经投资京东方液晶面板项目取得成功，后来合肥又投入巨资押注处于困境中的蔚来汽车，使其成功翻身，市值几百亿美元，这一举措使合肥一跃成为国内新能源汽车产业

---

[1] 郑永年, 黄彦杰. 制内市场：中国国家主导型政治经济学[M]. 杭州：浙江人民出版社, 2021.

的领军城市。更早之前，以江苏无锡、江西新余为代表的地方政府投资太阳能光伏产业，喜忧参半。十几年前，随着西方国家加大对于太阳能发电的补贴，且光伏发电技术日趋成熟，中国涌现出了一批以无锡尚德、江西赛维等为代表的光伏企业巨头。

2001年，从澳大利亚留学归国的施正荣博士在无锡市政府的支持下创办了无锡尚德，他的老师正是大名鼎鼎的澳大利亚新南威尔士大学的马丁-格林教授，被誉为"光伏之父"。当时无锡市政府旗下的3家政府投资平台如无锡国联发展集团，以及5家地方国企如江苏小天鹅集团，一共出资600万美元占股75%，施正荣占股25%，一起成立无锡尚德。本质上无锡市政府是施正荣的天使投资人。2005年无锡尚德在纽交所上市，无锡的国资在上市前退出，这在当时被企业界认为是无锡政府大度，不与民争利的典范。施正荣一度成为中国首富，是海归创业成功的典范。

与之类似的是，2005年，江西新余市政府支持江西人彭小峰成立另一家光伏巨头赛维集团。当时地处偏远的江西新余市一年的财政收入也不过18亿元，政府拿出了2亿元借款投到了赛维集团里面。其中以新余市财政做担保，发放信托产品融资1亿元，市财政又七拼八凑了几千万元，江西省财政又借给了新余3000万元，总算凑够了2亿元。江西新余以此换取赛维光伏项目落户当地，当地政府希望这能给当地带来巨大的产值、税收和就业，这应该说算一场投资，赌赛维能否成功上市。

恰巧遇上光伏产业的爆发。2007年江西赛维就在美国上市，募集资金4.69亿美元，上市成功后一个月，赛维将2亿元借款连本带息还给了新余市。彭小峰也成为江西首富。江西新余依靠赛维这个光伏龙头，又在产业链上下游招商引资，引入了中材高科陶瓷、上海博能、宁波华升等太阳能上下游企业。除此之外，新余市政府给赛维提供的保姆式服务，也是其在短短几年时间内快速崛起的推动因素之一。当时江西新余的算盘是，赛维能到2009年实现年产值600亿元，如果按照6%的税收来计算，一年可以给新余贡献36亿元税收。当时新余一跃成为江西发展的明星城市。

应该说，包括无锡尚德、常州天合、江西赛维在内的这一批光伏企业的飞速发展，主要是因为中国地方政府的投资赶上了一波国际光伏市场产业的景气周期，再加上国际资本市场的放大，所以拉出了一条很猛的大阳线。2004年，德国以高电价政策鼓励建设光伏电站，2005年、2007年，意大利、西班牙相继出台光伏鼓励政策。欧盟对光伏发电设备的大量需求给中国产业界带来了商机。那时候,光伏业内有"两头在外"的说法,即中国光伏组件90%出口海外市场,中国光伏组件上游多晶硅料90%进口自海外,中国企业集中在进入门槛较低的硅片、组件环节。

但2008年金融危机后,国际市场的补贴大幅缩减,资本市场也急转直下,内忧外患压垮了一大批当年显赫的光伏巨头,投资支持它们的地方政府们也落得一地鸡毛的结局。2013年,无锡尚德宣布破产。2012年,彭小峰离开赛维集团,2016年赛维集团破产。这些光伏巨头的倒掉,给地方政府带来了无穷的债务后遗症。根据赛维债委会的数据,经过审计,截至2016年7月,赛维的总资产136.6亿元,总负债达516亿元,负债率高达377%。颇有争议的是,在赛维明显已经快不行的时候,地方政府仍然强行主导对企业进行输血,导致赛维的窟窿越来越大。辉煌时期,赛维集团一度吸纳了当地2万多人就业,年贡献税收9亿多元;门前一条横贯东西的八车道马路,被命名为赛维大道。

彭小峰当年投资120亿元在马洪镇一次性上马3条年产5000吨的硅料生产线,是拖死赛维的主要原因。项目上马的时候刚好是产业高点,而项目上马后行业便遭遇断崖式下跌,企业马上陷入困境。对于财力并不雄厚的江西新余来说,投资光伏产业失败的代价是巨大的。首先,地方财政受很大影响;其次,为赛维集团提供贷款的银行也血本无归。据《财新》杂志报道,赛维集团的破产重组事件影响恶劣,对江西尤其是新余的金融环境破坏非常大。有赛维的债权银行表示,以后在新余的信贷投放会很小心。

综合以上案例,从积极角度来看,中国其实非常适合发展重资产类的高科技项目,比如芯片、液晶面板、消费电子产品制造、新能源和新能源汽车等。如前述章节所描述,世界先进制造业的门槛越来越高,一般国家根本玩不起。

以液晶面板产业为例,世界上几乎所有的液晶显示原始技术,都来自美国公司的开发,但是因为这个产业投资过于巨大且周期性强,美国没有公司能坚持下来。后来,日本、韩国、中国台湾的企业进入这个行业,形成三足鼎立的格局。中国的京东方、华星光电等企业属于后发追赶的典型案例。京东方从2003年收购韩国现代集团的显示业务开始,才算是正在进入这个领域,而到2020年,京东方在智能手机、平板电脑、笔记本电脑、显示器和电视五大细分领域的出货量均达到全球第一，公司的专利申请量也位居世界前列。应该说，起步较晚的中国液晶显示产业成功实现了后发追赶和国产替代。正是因为成功实现了国产替代，液晶显示器在中国的售价被打到了几百元，液晶电视的价格也降低到1000多元的白菜价，而国产手机、PC（personal computer，个人电脑）、电视厂商不再受制于人，在和日韩厂商合作的时候有了更多的议价筹码。与此同时，京东方还成功打入门槛极高的苹果供应链，给苹果的iPhone手机生产液晶显示屏，成功进入国际高端市场。

可以这样说，中国在液晶面板市场上的后发追赶，是地方政府参与重资产投资的体制性优势的体现。以北京、合肥、重庆为代表的地方政府，先后多轮参与京东方的增发，使得京东方累计筹资近千亿元持续投入这一门槛极高的产业。更不用说，地方政府在土地、海关、招工、科研支持等政策上的倾斜。

那么，在液晶面板产业上中国模式的巨大成功，从某种程度上证明，中国在其他周期性强、重资产投入的高科技产业上，也很有可能复制这种模式。

需要警醒的是，地方政府毕竟不是产业投资的专业人士，赌上地方财政的未来押注这些风险较高的新兴产业，需要警惕以下几方面。

警惕一拥而上，重复建设。中国的汽车产业曾经经历过各地一拥而上、重复建设的阶段，有很多教训。美国经过多年的洗牌，只剩下通用、福特、克莱斯勒3家大型汽车厂商，而中国有大大小小上百家车厂，在各地的保护下，许多经营状况较差的车企，依然在低水平重复建设，迟迟不能退出市场。光伏产业也经历过类似的教训，重复建设使得中国各地左右手互搏。

某位参与过许多大项目招商引资的中部某城市的官员曾和笔者分享，就算是最终成功引进这类大项目，地方也未必能真的落到好处，你无法想象这些项目开出的条件有多么苛刻，因为有动力争抢这类项目的地方政府太多了。这样的现实往往导致出现严重的重复建设和产能过剩现象。

以当下大热的芯片产业为例，2017—2020年投产的晶圆厂有62座，其中26座位于中国，占全球42%，而在中国上马的晶圆厂，很多与国际主流制程差了两个时代，集中在中低端市场打价格战。中国未来将要建设的全国统一大市场，就是要解决这些问题。

警惕押错产业周期。20 世纪末 21 世纪初，中国许多地方曾经斥巨资投注录像机产业，从日本等国家引进录像机生产线，但是后来 VCD 和 DVD 产业迅速普及，使得这些录像机生产线迅速过时。与此教训类似的有中国许多地方当年押注 CRT（阴极射线显像管）电视机工业，最后斥巨资辛辛苦苦建立起的显像管产业，在液晶电视普及后迅速沦为过时的产业，一些地方受此拖累一蹶不振。地方政府毕竟不是专业的产业经营机构，要指望它们对瞬息万变的高科技产业发展周期做出判断，是非常困难的。避免这一尴尬的最好办法是把选择交给市场，地方政府应尽量通过相对市场化的方式推动这些新兴产业的发展，比如成立地方性的母基金，把资金交给有专业判断能力的市场投资人士去管理和决策，尽量减少行政干预的色彩。

警惕超越自身财政实力的投资。江西新余投资太阳能产业的教训非常深刻，当年财政收入不过 18 亿元的江西新余，举全市之力扶持的江西赛维，最多的时候负债竟然高达 500 多亿元。应该说，其投入已经过于超前，超出了当地的发展阶段。

我们以江苏淮安发展芯片产业的例子来看，这座苏北城市的 GDP 常年位居江苏倒数第三，并不具备芯片产业的产业基础，2015 年，当地引入了投资额高达 450 亿元的德淮半导体项目。当地政府承诺出资 60 亿元，德淮创始人夏绍曾（出生于中国台湾，原中芯国际二厂厂长）承诺引入一期投资的另外 60 亿元，共同在淮安投资图像传感器项目。据《财新》杂志报道，此后淮安市政府兑现出资 30 多亿元，夏绍曾引进的社会资本仅有数亿元，无论是政府和企业，都无法兑现原有的 60 亿元出资。很明显，当地政府低估了一个芯片项目的难度。以淮安的财力和产业链成熟度，养不起这样一个昂贵的项目。2018 年，淮安的一般公共预算收入为 247.3 亿元，而支出高达 486.8 亿元。要知道，之前中芯国际在上海浦东新区花了 10 年时间才转亏为盈。淮安发展芯片的窘境不是个案，号称投资 175 亿元的南京德科码也曾经因为资金不到位而停摆。号称投资超过 1000 亿元的武汉弘芯项目也因为资金问题而烂尾。

警惕本地的产业链配套能力是否能跟上。笔者曾经和一位参与过许多大项目招商的中部某城市官员交流，他说像深圳这样的沿海大城市，对于一个产值百亿的招商项目，并不怎么感兴趣，而西部和北部的许多城市，财力又支撑不起这种项目的招商，真正在投资这种高科技大项目的，大部分都是中部城市，它们往往积累了一定的财力，有一定基础，然后又希望通过大项目迅速解决本地区产业更新换代的问题。但是，许多这类城市并不具备高科技产业发展的产业链环境。

还有一些地方政府，则非常想复制硅谷模式，打造产业园区和产业集群，鼓励创业，希望本地区能长出大量类似硅谷的谷歌、Facebook这种创业公司来。比较典型的有长三角的苏州、无锡、杭州等地，中西部的武汉、成都，南方的深圳、广州等城市。

在硅谷工作多年的吴军博士在他的《硅谷之谜》中给中国地方政府的这种冲动泼了一盆冷水。他的研究表明，硅谷在崛起的过程当中，当地各城市的政府起到的作用相当有限。他指出，很多中国地方政府的官员到了硅谷，都希望约几个当地政府官员见面，其实非常好约，因为他们的权力没有那么大，平时工作也没有那么忙，而当中国地方政府的官员希望通过这些美国地方官员去约苹果、谷歌等公司的高管的时候，发现并不好使，因为这些美国地方官员对于这些本地大企业的影响也非常有限。

笔者曾经在长三角当记者时做过5年关于科技产业的报道，去过长三角很多的地方科技园区，和地方官员有较深入的交流。他们打造的营商环境和创业环境，其实在很多方面都超过了硅谷。比如在江苏无锡，很多海归回来的博士创业者可以拎包入住当地政府新建的人才公寓，房子非常漂亮；你愿意在当地创业的话，办公室3年免租金；地方的投资公司还愿意投资这些企业；此外，一次性现金补助、税收优惠等措施也非常有吸引力。

但是这些年下来，中国有地方复制了硅谷的辉煌吗？答案是没有。这因为硅谷的成功，并不是政府行政规划、行政干预的结果，而是一系列偶然的自发市场行为叠加在一起的结果。比如总部在纽约的IBM公司当时决定在硅谷新建一座高水准的计算机研究中心，比如斯坦福大学因为财务危机拿出一大片土地对外出租做了科技园，比如有很多优秀的人才从硅谷的鼻祖仙童半导体公司离职创业。甚至在美国，也都没有办法再复制一个硅谷这样的地方出来。

一个地方的产业要成功，很重要的原因是要赶上一波产业大势，比如20世纪八九十年代的PC和软件产业，2000年后的互联网产业，2007年后的智能手机和移动互联网产业，2015年后的新能源汽车产业等。时势造英雄，没有站在正确的潮头上，其他一切动作都只是白费力气。

从这个角度来讲，中国的地方政府打造优良的创业环境，为本地区的创业提供更好的土壤，其出发点是好的，但是要避免急功近利，比如动用地方财政对创业进行过高的补贴、奖励，以此来期待本地产生一大批明星新经济创业项目，这种行为往往会违背行业发展规律。例如前几年西部某城市斥巨资扶持本地一家互联网公司，希望以此为龙头，将该城市打造成中国互联网新的一极。但是几年下来，应该说该城市在互联网产业当中的地位仍然非常一般。

从鼓励地方创业的角度，笔者认为最值得关注的是成都、武汉两地政府。成都常年打造优良的创业环境，并以此吸引了一大批游戏公司落户并投资，如腾讯、盛大、完美世界等。笔者曾经几次去过成都的天府软件园，对那里留下了深刻印象，可以说成都天府软件园的硬件基础设施不输给北上广深任何一个产业园，而这边的房租、人工等成本远低于北京、上海、深圳。

大批游戏公司到成都设置办事处推动了当地游戏人才的快速增长，这些人的离职创业带动了成都在游戏产业创业上的腾飞，成都由此成为中国游戏产业不可忽视的一极。而风靡全国的《王者荣耀》游戏正是在成都被开发出来的，这是成都游戏产业多年发展的必然结果。

与成都有类似发展道路的还有武汉的互联网产业。武汉大学生众多，湖北籍互联网创业者也很多，典型的有雷军、周鸿祎等，但是武汉的互联网产业却在全国长期处于落后。此后，以光谷为代表的武汉地方政府开始加大招商引资的力度，引入了小米、火花思维、斗鱼等一大批优质互联网企业。

笔者曾经和光谷负责招商的官员深度交流，他们制定的招商政策非常清晰，就是以互联网公司在武汉创造多少个就业岗位为核心。由此，武汉迅速形成了以在线教育为代表的互联网发展新高地，创造了大量新增就业岗位。而大批在武汉就业的互联网从业者，必然会带来本地区互联网创业的繁荣。

总之，成都和武汉的成功案例路径大致类似，就是第一步先依托某个具体的产业招商引资，把成熟大企业招商过来，带动本地区相关就业人口井喷，产业人口井喷之后又必然带来创业人口的井喷，从而带动本地区新兴产业的发展。与之类似的有很多成功案例：深圳富士康的发展所带来的人才外溢效应，带动了深圳在电子制造产业的极大繁荣；阿里巴巴在杭州的发展所带来的人才外溢效应，带动了电子商务创业在杭州的极大繁荣。

在中国，地方政府掌握着大量的资源，例如土地、金融、学校、牌照、税收等，是许多高科技大项目的实质参与者，这与韩国的情况很像。中国作为后发国家，要想在许多投资巨大的新兴产业中崭露头角，必须充分发挥地方政府的作用。中国的地方政府财政收入当中，有相当大一部分是来自房地产的相关收入，随着中国房地产市场逐步见顶，地方财政压力会越来越大。在这种情况下，遵循产业发展规律，不盲目发展高科技大项目，是很有必要的。中国的地方政府在发展新兴产业的时候，不可能像美国那样"无为而治"，但是一定要遵循产业发展的客观规律，不要"乱作为"。

第二章　韩国发展先进制造业的模式值得中国借鉴吗

1961年的某一天，韩国汉城（今首尔），一位一身戎装的韩国上校军官突然敲开了LG集团创始人具仁会的大门，令对方紧张不已。这位大学毕业的高才生会长当时已经是韩国最有钱的商人，他推出的Lucky牌洗衣粉、牙膏、洗发水在韩国家喻户晓，也见识过各种大场面，但是仍然被不速之客吓出一身冷汗。

在此之前不久的5月16日凌晨，朴正熙将军率领3600名士兵成功在汉城发动武装政变。这位强势的军事独裁者在12天之后开始对韩国最有钱的一批商人动手了。1961年5月28日开始，大批韩国商人开始被冠以"控制投机倒把的特别措施"而关押，其中包括LG集团创始人具仁会在内的十几个韩国最有钱的商人。他们被朴正熙政权冠以"自由贵族"的称号，意思是他们是依托前任李承晚政权的恩惠发展壮大，但是却没有给韩国做出多大实际贡献的资本家。这些企业家被关押在日据时期修建的臭名昭著的西大门刑务所，里面有包括电击、拔指甲等酷刑设施，所有被关押起来的企业家无不毛骨悚然。这些韩国商人被迫签署了协议，这些协议写道："当政府需要我的财产开展国家建设时，我愿意全部捐献出去。"不久之后，这些企业家被释放。

但事情并没有结束。这位朴正熙手下的上校找到具仁会，希望他能在韩国政府的担保下筹集外国贷款，引进国外转让的电缆技术，在韩国建立一家电缆工厂。久经商场的具仁会没有中招，他此时一心想的是自己赖以起家的化妆品和化工等业务。他想办法向上校推脱，说自己不熟悉电缆业务。

"我原本打算让你一个星期之内办完，但现在作为特殊照顾，给你两个星期时间。"上校用不容置疑的语气向具仁会说道。不久之后，被逼无奈的具仁会只好想方设法筹集了资金,从德国引进了电缆技术。这一信号迅速被其他精明的韩国商人,如搞外贸起家的三星公司的李秉喆,搞建筑起家的现代集团的创始人郑周永所领会。这些韩国资本家很快明白其中的利害,软弱的一面既而暴露出来,只要发现有钱赚,就迅速屈服于朴正熙的指令。李秉喆开始设立生产彩色电视机和电冰箱的工厂,这就是日后大名鼎鼎的三星电子。郑周永开始在蔚山建设规模庞大的汽车组装工厂,这就是日后闻名世界的韩国现代汽车的前身。随后韩国举全国之力支持这少数几家大企业进入政府想要重点发展的产业。

这些当初被迫走上制造业道路的韩国巨无霸企业,经过几十年的发展,成为世界上举足轻重的高科技产业的代表。现在,三星电子是世界上最重要的智能手机、半导体芯片和液晶面板生产商,现代汽车是年产销量曾超过 500 多万辆的世界知名汽车公司。而具仁会留下的 LG 集团,现在生产着全世界最好的液晶面板,包括苹果的 iPhone 和 iPad 在内的全球最顶尖的科技产品,都在使用 LG 生产的屏幕。

在韩国,这些巨无霸企业被称作"财阀",三星、现代、LG、SK、韩进、乐天等前 30 大财阀所控制的产业占据韩国企业年销售额的近四成,它们的资产占韩国 GDP 的 95%。和在拉美地区各个国家、中国香港地区所成长起来的大多从事本地垄断产业,如电信、房地产、商贸、金融等领域的财阀不同,韩国财阀一开始就具有出口导向的意识,具有很强的全球竞争力。它们对于韩国发展国产替代和高科技产业的作用举足轻重。

在所有的后发国家进军高科技产业,以及国产替代取得成功的案例中,韩国应该说是最值得中国研究的一个。近些年来,全世界成功跨越中等收入陷阱的国家少之又少,但这些国家都成功实现了产业升级换代,从传统的劳动密集型制造业跨越到附加值相对较高的高科技产业。

而韩国被认为是成功跨越中等收入陷阱的国家典范。1994 年,韩国人均 GDP 首次突破 1 万美元;然后用了大约 12 年的时间,即在 2006 年突破 2 万美元;再经过约 11 年的时间,即在 2017 年突破了 3 万美元。韩国在世界芯片、消费电子、液晶面板、造船、汽车、化工等技术含量相对较高的产业中都具有相当的竞争力。韩国作为起步较晚的后发国家,其科技产业"弯道超车"的成功经验,应该说是非常值得中国借鉴的。而韩国式资本主义所带来的强烈社会负面效果，也同样值得中国人警惕。

韩国财阀们的主导作用

韩国的汽车、电子、半导体等产业曾长期在世界上缺乏竞争力。以汽车产业为例，韩国的汽车企业在国际市场上长期缺乏竞争力，在20世纪90年代以前，韩国产的汽车不管是质量，还是价格、品牌，都拼不过它的邻居——日本。

为此，韩国政府采取了许多非常规手段扶持这些大财团，比如给这些财团一些特许经营权。

1975年开始，韩国从日本引入了有利于贸易出口的综合商社制度。综合商社具有信息灵敏、市场开拓能力强、海外融资渠道广等诸多优势，在海外广泛设立商品推销机构，使商品直接进入出口地的流通领域。

综合商社是始于日本的一种特殊公司经营体系，其典型代表有三井、住友、三菱、伊藤忠等几大财团，其经营范围从便利店到银行，到汽车，到军火制造，无所不包。一家综合商社旗下常常有上千家子公司。这种模式在开展海外贸易的时候有比较强的优势，比如三井财团被描述为在海外有40万人从事贸易情报网络工作。例如，在开展与钢铁相关的贸易时，三井财团下面不仅有自己的钢铁厂，还在澳大利亚和巴西入股和收购了大量铁矿石矿山企业，同时三井财团旗下的商船队也控制着世界上相当一部分铁矿石的运输。其海外竞争对手在与其展开竞争的时候往往非常痛苦，因为三井可能既是客户，又是竞争对手，它的情报和资源远超其他单一经营企业。

韩国在20世纪70年代公布了一系列组建综合商社的法规、法令。韩国政府规定，只有当外贸公司达到韩国商工部颁布的综合商社标准时，才能取得综合商社资格，享受政府政策支持。取得综合商社资格的公司，可获得大量政策扶持。大致包括：贸易优先权，经营范围放开；优先获得贷款，当时韩国的普遍贷款利率是18%，综合商社只有10%；对综合商社代理其他中小企业的进出口贸易实施税收优惠政策；更松的外汇管制，可以持有更多外汇，可以在海外贷款……这些扶持政策一直持续到80年代。

这些综合商社往往能享有远超中小企业的特殊政策。例如，现代集团垄断了韩国海上钢结构销售，同时韩国政府要求韩国进口石油只能用现代集团生产的船来运输。韩国现代通过造船业务所带来的巨额利润投资汽车产业。一直到1991年，也就是现代涉足汽车产业24年后，才生产出其首个内部独立设计的动力总成——Alpha型发动机，其艰辛可想而知，但是韩国挺过来了。

此后，现代汽车收购了起亚汽车。到2010年，现代-起亚集团在全球一共售出了570万辆汽车，超过美国福特汽车公司，成为全球第四大汽车生产商。可以说，对于技术含量相对较高的汽车产业，韩国人从20世纪60年代起步，经过40多年的长期坚持才取得了成功。

与此类似的还有三星在半导体产业上取得的成功。三星电子在20世纪80年代以前，主要的产品是彩色电视机、电冰箱等家电，是一家在全世界只能排到二三流的家电企业。然后从80年代开始，三星开始投巨资进入半导体产业。三星的半导体业务从收购韩国半导体公司起家，以自主研发为基础，具有较好的研发基因。当时的三星电子掌门人李健熙力排众议，主张三星投入巨资豪赌半导体，因为他认为芯片将会成为未来家电和电子产品的核心部件。在连续5年向半导体领域投入5亿美元巨资之后，1993年，三星取代日本东芝成为全球最大的存储芯片供应商。2002年，三星成为全球排名第一的Nandflash芯片制造商。2007年苹果推出第一代iPhone前后，三星的芯片代工业务同样取得世界领先的地位，早期的苹果手机主处理器都是由三星代工。而在芯片上的巨大优势又带动三星自己品牌的智能手机出货量一度成为世界第一名。

到1980年，三星、现代、LG等韩国前10大综合商社的营收已经占韩国GDP的48%，韩国财阀垄断经济的格局就此形成。此时，韩国经济还集中在重化工、造船、汽车、建筑这些产业。韩国凭借这些综合商社的带动，一跃成为亚洲四小龙之一。

作为后发国家，这种"举全国之力"扶持少数产业和公司的做法，和中国人经常提的"集中力量办大事"有一定的相似之处。

中国学者高奇琦、李松在他们的论文《国家公司与国家竞争力的关系》中指出，对于东亚发展型国家的崛起，学界大多把原因归结为强国家能力和成功的产业政策，而忽视了作为市场主体的企业，尤其是具有战略意义的国家公司的作用。本质上三星、现代这样的韩国巨无霸财团，很好地践行了韩国政府的产业政策，扮演了"国家公司"的角色。

该研究指出，韩国式"国家公司"，与国有企业有着明显的不同。国有企业是政府针对市场失效问题，而代表公众利益所实施的诸多政策工具的一种。而韩国式的"国家公司"则是私有的，按照市场经济规律来运营，但是政府又在这个过程中对其施加了强大的影响力。

应该说，韩国式"国家公司"兼具了国有企业讲政治、迎合国家大方向的优点，又具备了民营企业经营效率高的优点。从积极的角度看，这些企业帮助韩国作为后发国家迅速在消费电子、汽车、半导体、液晶显示、造船等具有较高门槛的工业门类上取得了世界领先的地位。

笔者认为，中国的华为、腾讯、阿里巴巴、字节跳动、中芯国际、联想、复星、比亚迪、宁德时代等民营企业，都具备成为"国家公司"的潜质。这些民营企业的经营效率，远高于国有企业。由于其所处的行业，又是全球化竞争极其激烈的领域，保持高效的企业运营效率至关重要；因此，国家应鼓励这些企业继续保持民营企业的身份，避免盲目国有化的冲动。与此同时，也应该通过产业政策避免资本本能性的无序扩张，避免形成日、韩那种财阀控制国民经济甚至政治生活的方方面面的现象，使这些企业与国家大的方向政策保持一致，保证资源投向那些国家急需的产业，比如芯片、大飞机、云计算、新能源汽车等。

韩国企业如何权衡"自主创新"与"技术引进"

笔者查阅了大量关于韩国发展高科技产业和国产替代的文献资料，从中可以看出，韩国之所以取得今天的成就，很大程度上是因为其在技术来源上，牢牢坚持了自主创新这个根本，没有造成企业对于国外技术尤其是合资的过分依赖。现代汽车凭借和福特合资而起家，但是与大部分中国汽车公司不同，郑周永家族很快意识到合资带不来真正的技术积累，企业要长远发展必须靠自主研发。值得一提的是，汽车产业是一个壁垒相对没那么高的产业，到20世纪七八十年代，汽车工业已经诞生了几十年，属于非常成熟的产业。美、日、德、英、法、意、捷这些国家，都有非常成熟的汽车技术可供转让。在一些大的汽车厂商拒绝向现代汽车转让核心技术的时候，日本三菱公司出于财务考虑，同意了向现代汽车转让包括发动机、变速箱和车桥在内的核心技术。作为回报，现代汽车向三菱公司转让了一小部分股份。与此同时，现代公司雇用了大量来自国外的工程师帮助自己掌握独立自主的汽车生产技术。

1987年前后，现代汽车抓住日美贸易战的窗口期，在美国市场推出了比竞争对手便宜20%的产品，结果一炮走红，一年向美国出口26万辆汽车。一直到90年代初期，韩国现代在评估时还认为，自己的生产效率只有其对手丰田、本田的一半。但是韩国式的资本主义发展道路帮助它坚持了下来。首先就是通过韩国式财阀机制，通过混业经营保证自己活得更久，在其国际市场其他竞争对手出现危机，甚至倒闭的时候，韩国财阀又可以以相对廉价的投入获取其技术积累。

三星、LG都曾经经历过与欧美日大厂商合资的过程，但是它们很快发现，合资带不来真正的技术积累。所以，韩国公司自始至终都将自主研发放在很重要的位置。

为发展本土科技自主创新，韩国加强了知识产权保护力度。从20世纪80年代开始，韩国大幅提升了知识产权保护力度，韩国是从此时才开始加大国内自主研发力度的，此前韩国一直以引进技术为主。到2000年的时候，韩国研发投入占GDP的比重已经高达2.65%，远高于当时中国的1%、中国台湾的2.05%。企业重视研发投入，使得韩国的高新技术成果层出不穷。

从20世纪80年代开始，外资企业越来越不愿意向韩国出口技术，因为韩国开始野心勃勃地进入外资企业所把持的技术密集型市场。对韩国人触动极大的一件事情是1986年美国德州仪器公司对韩国三星公司提起的诉讼。德州仪器公司发明了集成电路，并申请了固态电路专利。德州仪器公司指责三星在未经专利授权的情况下在美国出售其生产的电脑芯片。最终三星公司付出了10亿美元的巨额代价与德州仪器公司和解。此后，大部分韩国企业都意识到了自主研发技术的重要性，韩国专利申请数大幅提升。

韩国式资本主义适合发展长周期、高投入、可预测的产业

笔者仔细分析了韩国的半导体、液晶面板、汽车、通信设备、手机、PC、机床等几个主要产业的发展情况，从中发现，韩国式资本主义体制并不适合每一个产业的发展。

在汽车、半导体、液晶面板这几个产业当中，韩国企业取得了巨大的成功。这几个产业的共同特点是周期较长、发展规律易预测、重资产投资等。这些产业特别适合韩国发展。

三星进入 D-RAM 存储芯片行业的时候，世界主流厂商还在生产 1KB 容量的存储芯片，而存储芯片行业的发展轨迹是非常清晰确定的，即由 1KB 到 16KB，再到 64KB、256KB、512KB、1MB……所以，三星直接下重注在美国成立研发中心加强独立研发，直接跳过了 16KB 阶段进入 64KB 时代。存储芯片是一个需要投入巨资进行产线扩充的产业，这类产业特别适合三星这样的韩国财阀投资，因为它们总是不差钱，能撑得起长期投入甚至亏损。

类似的事情也正发生在液晶面板产业中。液晶面板产业的发展和半导体很像，遵循摩尔定律的发展规律，其产品与产品之间的差距并不大，以尺寸作为主要的竞争区隔。所以产业的投资遵循 1 代线、2 代线、3 代线、4 代线、5 代线、6 代线、7 代线、8 代线、10 代线等尺寸升级规律，相对可预测。

一开始，全世界几乎所有的液晶显示技术都是美国的 RCA、罗克韦尔、西屋电气、摩托罗拉、AT&T、GE、施乐、惠普等公司在 20 世纪六七十年代发明的，但是这个产业天生投入巨大、见效慢，有短期资本回报压力的美国企业并不太敢于在这个产业下重注建厂发展。此后的 80 年代，几家日本企业在美国技术的基础上开始建立液晶面板产业，其领先者是日本精工和夏普。1991—1996 年全球至少有 25 条大液晶面板生产线建成，其中 21 条在日本，此时日本几乎垄断了全球的液晶面板产业。1994 年，日本生产了全球 94% 的 TFT-LCD。

韩国的 LG、三星等公司是从 1995—1996 年前后在液晶面板产业大规模扩张的，那时候正值行业大萧条，许多日本企业快撑不下去了。而韩国人之前在半导体芯片产

业领域曾击败过日本人，他们从那场战役中获得了无穷的信心和经验。此后他们用了 10 年时间，把日本人从液晶面板产业的王座上赶了下去。在日本企业看来，韩国企业不按常理出牌，它们常常选择产业衰退的"逆周期"加大投资，韩国人雇用了大量的日本技术人员利用周末时间"指导技术"，同时许多日本设备和材料厂商在日本行业下行没有生意的时候，往往把最新的技术出售给了韩国公司。到 1999 年，三星占全球面板显示器市场 18.8% 的份额，名列世界第一。LG 占 16.2% 的份额，名列世界第二。此时韩国面板双雄已经将曾经不可一世的日本开拓者夏普甩在了身后。2001 年，当全世界的液晶面板工厂都在亏损且不看好大尺寸产线的时候，韩国 LG 又大胆投资建设了世界第一条 5 代线工厂，这种策略完全不顾短期盈利。而这一决策却成为此后韩国在液晶面板产业中超过日本的决定性因素。韩国由此成为世界液晶显示产业的霸主。

但是，在 PC 这种创新频率高、概念切换频繁、具有高度不可预测性的产业中，韩国企业的表现就比较糟糕。在竞争激烈的 PC 产业中，韩国企业屡屡押错了产业周期，且不适应这种快速变化的行情，最终在美国、中国等竞争对手的强力竞争下，败下阵来。

当然，韩国企业在智能手机时代表现尚可，三星手机的出货量一度位居世界第一。但是应该指出，三星手机的成功很大程度上是三星独特的垂直整合模式的成功。因为三星不只生产手机，还生产手机芯片、液晶面板这些手机的核心零部件。笔者在前作《一只 iPhone 的全球之旅》当中曾经分析过，三星的这种体制带来的竞争优势是很明显的，苹果手机的芯片和液晶面板曾经长期放在三星生产，这意味着苹果下一代手机是什么样子，三星的手机部门提前就知道了。此外，当行业不景气的时候，三星的手机部门和电视终端部门又可以保证自家芯片和液晶面板工厂的订单，削减其对手的订单，尤其是中国台湾的液晶面板工厂，在与三星的这种既是朋友又是敌人的奇怪合作模式中深刻领教过它的厉害。

具备这种独特垂直整合能力的手机厂商全球仅有三星一家。其他厂商包括苹果、华为、小米、OPPO、vivo 等都更加偏向于是纯粹的手机开发商。

值得一提的是，1998 年之后，外资在韩国企业发展高科技产业来源上的占比大大提升。1998 年韩国放开了对于用外资购买韩国上市公司股票的限制。此后，外商投资占三星持股比例一路攀升，到 2004 年甚至阶段性地超过 60%。此举一度引发了韩国民众的恐慌，韩国人担心三星会被国外资本控制。然而仔细梳理三星的外商持股名单，发现国外主权财富投资基金在其中占据了较高份额，如沙特阿拉伯政府、新加坡政府等，单个外资股东的持股比例都非常小，大部分都是个位数。三星作为全世界最优秀的公司之一，有大量外资购买三星的股票，对于三星在资本市场上再融资，以投入其耗资巨大的新兴产业，应该说有很大好处。同样地，LG 发展液晶面板的资金，有很大一部分是来自荷兰飞利浦的投资。外资的大规模涌入，在近 20 年韩国新兴产业的发展当中，起到了巨大作用。

韩国模式对中国的启发

韩国模式在产业发展上具有非常强劲的生命力，适合产业后发国家进行产业赶超，适合那些重资产投资、有周期性且高度可预测的产业，比如半导体、液晶面板、汽车等。但韩国模式不适合那些变化快、高度不可预测的产业。

作为后发国家，要发展技术含量高的国产替代工业，需要很多钱。资金是发展高科技产业的最重要要素。一条最新的液晶面板生产线，投资动辄上百亿美元；一座高水准的半导体工厂，投资动辄上百亿美元；一个民用大飞机项目，投资动辄上百亿美元。

作为后发国家，必须长期忍受本国的产品落后于先发国家主要竞争对手的局面，用长期的资本投入支撑到自身领先的那一刻。这个过程需要钱。

韩国式"国家公司"的发展思路，从本质上解决了发展高科技产业的钱的问题。

早期，韩国通过给予三星、现代、LG 这些"国家公司"大量经营特权，使得它们可以有巨额资本投入那些需要长期投入的领域，从而有资格进入一些寡头垄断的行业。而当企业成为全球某个顶尖产业的寡头垄断时，就有可能带来超额的利润，同时也有了向上下游开展垂直整合的资本。

韩国的成功证明了它至少在半导体和液晶显示这两个壁垒极高的产业上成了全球少数玩家，取得了寡头垄断的资格。同时在智能手机、造船、汽车等技术含量同样很

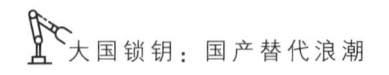

高的产业上具有重要的全球竞争力。

从政府对经济的干预程度来看，大致可以分为这样几种类型：一种是朝鲜式的政府强干预类型，政府几乎主导一切经济活动，经济活动以国有企业为绝对主导；一种是类似许多拉美、欧洲国家那种弱干预类型，政府在经济活动中的话语权较小，民营企业可以主导金融、移动通信、媒体、采矿等关系到国民经济命脉的领域。

而韩国模式，本质上可以称作政府"中度干预"模式。也就是说韩国有很强势的政府，以金融国有化为标志，政府主导产业政策的制定，并且通过金融信贷、特许经营牌照、出口补贴等产业政策引导产业的发展。

目前在世界的主要经济体当中，就政府参与经济的程度来说，韩国与中国最接近。而就政府参与经济的广泛性和垂直领域的深入性来说，中国参与得比韩国更深，以电力、石油、钢铁、造船、移动通信、石油化工、金融、媒体、采矿业等主要领域的大规模国有化为标志。因此研究高科技产业发展当中"看得见的手"，韩国在所有国家当中对中国的借鉴意义最大。同时，中国与韩国同属东亚国家，文化接近，且同属后发追赶国家，从这个意义上来说，韩国模式也是最值得中国参考的后发追赶模式之一。

政府运用银行信贷、出口补贴、政策支持等手段引导企业投资。比如当韩国政府希望重点鼓励汽车产业的时候，一个企业能否制造出真正属于韩国且能出口的汽车，就将是它能否获得贷款的重要条件。韩国通过关税壁垒使得韩国本土汽车售价长期很高，这样能让韩国本土汽车企业获得巨额利润，用于进一步扩大投资。

中国是很有希望学习到韩国模式在产业发展方面的长处。举例而言，中国的京东方从韩国收购现代集团的液晶生产线之后，先后投入近1000亿元进行自主研发、自建产线，这背后有北京、合肥、重庆等城市地方政府的参与。到2021年，京东方的液晶面板产业已经可以与韩国的三星、LG相抗衡。京东方的成功，证明韩国模式在中国具有一定的可复制性，尤其适合半导体、液晶面板、大飞机、太阳能、新能源汽车、动力电池等重资产投资且高度可预测的高科技产业。

比起韩国，中国最大的优势在于有14亿人口的巨大国内市场。以高铁发展为例，当时铁道部先抛出一个全世界规模最宏大的高铁网络建设计划，邀请日、德、法、加的高铁龙头公司参与竞标，最终利用这几国公司之间的竞争，以相对较好的条件成功实现高铁技术的引进。有专家指出，类似的案例可以在许多行业应用。例如中国在未来 10 年将会采购数千架民用客机，是世界上规模较大的民航增长市场之一，中国同样可以利用这一市场优势来加速大飞机的技术引进。

和韩国相比，中国的劣势在于其所处的国际地缘环境较差。韩国在政治上采取了依附美国的策略，因此韩国企业得以较顺利地借助美国搭建的全球化网络，获取美国等西方国家的先进技术，韩美科技交流非常频繁。而中国因为体量太大，容易陷入和美国的老大老二之争，也就是常说的"修昔底德陷阱"。长期来看，中国融入美国主导的世界科技体系，并且获得美国最新技术的难度会越来越大。

韩国坚持以制造业立国的产业发展方向，同时在技术来源上，韩国从 20 世纪 80 年代以来坚持了以自主研发为主、外部引进为辅的原则。合资并没有给韩国企业带来真正的技术积累，虽然同属西方阵营，但是美日在经济、贸易上对韩国的打压从来都不手软，在交出了无数学费之后，韩国坚定了以自主研发为主的道路。2018 年，中国研发费用占 GDP 的比重是 2.18%，美国是 2.8%，韩国是 4.5%。可以看出，韩国人对在研发上进行投入是非常坚定的。

中国还应该学习韩国在扶持企业的时候坚持的出口导向原则。因为三星、现代这样的企业占据了巨额的社会资源，然而它们是否真正高效地利用了这些资源？出口是检验的一个重要标准，因为国际市场相对公平。如果现代汽车仅仅是依靠韩国本国的关税保护，以高价低质赚本国人的钱，这样的企业，就是国家的寄生虫。但如果现代汽车有能力在全球市场上参与极其激烈的公平竞争，还能赚到钱，那么这样的企业就是真正值得扶持的民族之光。同理，中国有许多拿到大量社会资源的国有企业和民营企业，它们在相对公平的国际市场上的表现如何呢？这个问题能检验出很多企业的优劣，比如华为、小米、格力、京东方、字节跳动，就依靠自身过硬的产品和技术在国际市场上占据一席之地，这类企业应该得到更多的扶持和社会资源。而许多中国本土汽车厂商，它们依靠特殊的政策保护，长期在中国国内销售价高质低的没有竞争力的汽车，在国际市场上缺乏竞争力，这样的企业就不值得扶持。

然而产业上的巨大成功不能掩盖韩国模式的深层次社会问题。

少数财阀占据了过多社会资源，阻碍了普通人的上升通道，对中小企业形成资源挤压效应。同时，财阀过度的产业扩张往往导致社会资源低效配置。而财阀的手伸向政治领域，又进一步导致财阀的利益难以被撼动。

政府与财阀企业之间的关系理不顺，账算不清楚，会带来很大的隐患。这一点上，中国自身的教训也不少。在晚清洋务运动时期，以盛宣怀为代表的人曾经主张"官督民办"，大概意思就是让民营资本出资兴办企业，而清政府派人管理或者监督，政府给予这种企业各种特权。李鸿章曾经用16个字形容盛宣怀——一手官印，一手算盘，亦官亦商，左右逢源。盛宣怀这样评价民营资本和外资"民资可用，也可欺凌。洋资可用，绝不可信"。他深信"非商办不能谋其利，非官督不能防其弊"。但最终，在这些官督民办的企业当中，民营资本的话语权始终不大，官督导致了企业管理腐败、亏损严重，商人不再愿意投资这样的企业。而近年来，中国各地"官督民办"的影子依然没有完全消失。许多行业，政府不方便直接出面的，就找个民营企业出面办，政府给予各种支持，最典型的如足球队，比如广州恒大、武汉卓尔、河南建业、上海申花、大连万达，一支中超球队，一年动辄亏损几个亿甚至十几个亿。从纯市场盈利角度看，这并不是一个多么值得投资的领域，但是近年来大批房地产公司投入了巨额资本进入这一领域。这就是有很典型的"官督民办"的影子，其中账算不清楚，权责利不分，极容易产生官商纠纷。

近年来，韩国国内对于韩国式资本主义负面的一面有过深度的反思。比较典型的是韩国学者张夏成所著的《韩国式资本主义》一书中有深刻的洞悉。到2014年，三星、现代、LG、SK4个财阀旗下的上市公司就占据了韩国资本市场总市值的近50%，其中三星一家就占了25%左右。和美国的苹果公司这样专注于消费电子主营业务的公司不同的是，韩国财阀几乎无所不做。以三星公司为例，这家公司从事70多项业务，涵盖手机、电视机、电冰箱、空调、洗衣机、吸尘器、半导体、液晶面板、电脑、造船、化工、建筑设计、摄像机、医疗器械、坦克等军事装备、机器人、制药、钟表、胶卷、建筑工程、液化气、服装、信息技术咨询、互联网、餐饮、酒店、糖果、广告、贸易、游乐场、高尔夫球场、物流运输、安保警卫装备与服务、保险、信用卡、游戏、风险投资等多个领域。

财阀什么都搞，什么都做，这意味着韩国中小企业的生存空间被挤压。同时，对于社会资源来说，也是巨大的浪费。在三星所从事的 70 多项业务当中，只有手机、半导体、液晶面板等少数几项业绩较好，绝大部分三星的子公司都经营得很一般，更多的是依靠集团内部交易苟延残喘。例如三星的汽车业务就做得很糟糕。

此外，韩国的财阀具有一定的家族封闭性，这在某种程度上阻碍了韩国社会的上升通道，加剧了社会不平等。大部分韩国财阀的实际掌门人都在本家族内部挑选，有的甚至依据传统传男不传女，还通常奉行长子继承制度。1994 年，LG 集团掌门人具本茂的独子车祸身亡，LG 陷入接班人危机，具本茂还有两个女儿，但是他奉行韩国的传统，坚持传男不传女。2004 年，60 岁的具本茂终于决定将弟弟具本绫 26 岁的儿子具光谟收为养子，培养他当 LG 的接班人。

韩国的财阀企业经营难度相当之高，这些从小养尊处优的二代、三代接班人能否有效地承接前辈打下的江山，存在巨大的不确定性。韩国学者对于韩国财阀的未来一直表示担忧。

此外，和朴正熙时代政府强势而企业弱势不同，经过了几十年的发展，韩国的财阀已经牢牢掌控了韩国的经济和政治命脉，就连韩国总统也惹不起他们。平民出身的总统卢武铉在任上大刀阔斧地打压财阀利益，但他离任后随即遭到财阀报复，最后在丑闻中黯然跳崖自杀。

财阀对于韩国社会方方面面的控制，也引起了韩国民众的不满。

韩国是亚洲自杀率最高的国家之一。近年来一系列知名明星的自杀事件，揭开了韩国财阀的另外一面。2009 年 3 月，韩国影星张紫妍在家中自杀身亡的消息震惊世界，遗书中写道其生前曾遭到经纪公司的胁迫和殴打，用性服侍导演、高级新闻记者和政客名流共 31 人。而这背后大部分都有韩国财阀的影子。韩国知名财阀韩进集团（旗下有大韩航空）一家人近年来屡次被曝出殴打、辱骂员工的丑闻。这些韩国大财阀利用手中的权势骑在韩国人民头上作威作福，引起了韩国民众的极大愤慨。

此外，韩国的财阀通常都能轻易地获得巨额贷款，所以韩国财阀大多有强烈的扩张冲动，但是其投资却往往被诟病比较低效。一个标志性的时间是 1997 年亚洲金融危机时，韩国排名前 30 的财阀有三分之一破产了。亚洲金融危机后韩国政府对财阀进行了大刀阔斧的改革，使得财阀成为负债率很低而外商持股比例较高的全球性企业。

这种复杂的局面使得过去几十年来韩国的政界与商界内斗非常频繁。

1979年10月，朴正熙遇刺身亡。韩国迎来全斗焕、卢泰愚执政阶段。此时恰逢西方世界遭遇石油危机，韩国也受到波及。此前，韩国财阀在长期高速扩张当中，严重依赖债权融资，举债扩张，企业的杠杆率到1980年曾高达400%，这些企业有79%的融资都是债权融资，而非美国式的股权融资，它们的大量贷款来自利息更低的海外市场。石油危机爆发后，韩国企业开始遭遇流动性危机。全斗焕和卢泰愚执政期间均试图减少财阀对韩国经济的绑架，但收效并不大。为了扶持韩国财阀，韩国不得不压制和牺牲劳工利益，由此形成了严重的劳资冲突。

与此同时，韩国在军政府结束执政后，在美国的干预下开始逐步在政治上过渡到西方式民主体制，由此为此后韩国民粹政治与财阀政治几十年的严重内斗埋下伏笔。

1993年到1998年是金泳三总统执政期间，他上台后大力推动韩国融入经济全球化，放松外汇管制。在此期间，韩国大幅降低利率，成为亚洲利率最低且投资增长最快的国家。三星的半导体和液晶面板业务，以及LG的液晶面板业务，其投资都是在此期间开始大幅增长的。通过长期的巨额投资，其最终击败了曾经强大的日本厂商。但是韩国财阀仍然没有改变高负债率的毛病，韩国的短期外债达到其外汇储备的300%。

1997年亚洲金融危机爆发，外资迅速对高负债率的韩国企业抽贷，这成为压垮骆驼的最后一根稻草。高负债率情况下，一旦出现现金流危机，企业就会马上倒闭，到1997年底有3万家企业倒闭，韩国前三十大财阀中有三分之一倒闭，包括大宇和起亚，韩国政府此时再也无力去救那么多同时出现危机的财阀。

次年，金大中就任总统，临危受命的他应该是朴正熙之后对韩国做出贡献最大的一任总统。此时正是韩国财阀最虚弱的时候，因此金大中终于等来了一个千载难逢的对财阀动手的机会。

金大中改革的措施包括：禁止财阀附属公司之间互相提供贷款担保，提高管理层透明度，降低公司债务权益比至250%以下等。同时金大中大幅改革了韩国金融体系，1997年修订了《韩国银行法》，经由立法设立了"金融监管委员会"，其下设执行机构"金融监管局"。该局合并了银行业、证券业、保险业和非银行金融业的所有监管职能，并直接向韩国总理办公室汇报工作。

金大中政府对于排名第6至64的中型财阀制定自愿解决方案，以重组方式解决债务问题，避免企业大量破产导致的社会动荡。通过了《公司重组条例》，由6家大银行负责，以延期偿付、债转股、降低利率、放弃债务、出售非核心业务等方式推进财阀重组。

金大中政府同时推动FDI（外商直接投资）自由化，由此引入了大量外资入股韩国财阀，如三星的外商持股比例一度超过50%。此举挽救了许多处于困境中的韩国财阀，但这也在日后留下了巨大争议。

对于前五大财阀，金大中政府要求它们互换子公司。其目的在于减少重复投资、削减过剩产能，使每家财阀在其核心竞争力领域更为强大，着眼于造就具有国际竞争力的企业。例如要求大宇将电子企业交予三星，而三星将汽车企业交予大宇；要求现代与LG的存储芯片业务进行合并等。

金大中的这一系列狠招受到韩国财阀的抵制，但是此时处于严重倒闭危机中的财阀，已经无路可走。这些改革对韩国经济影响极其深远。事后证明，金大中的许多措施都是很有远见的。重组后，韩国前五大财阀的杠杆率下降至200%以下。

金大中的改革是以大量韩国劳工下岗作为代价的，同时韩国企业的劳工福利也大幅下降。这和中国加入WTO前的大刀阔斧地推动国企改革、引入境外战略投资者有异曲同工之妙。

在此期间，韩国财阀在高新技术产业上取得了重大突破，三星的存储芯片业务一举击败日本厂商，称霸全球，LG和三星的液晶面板业务也通过高额投资打败日本对手，最终称霸世界。

此后当选的卢武铉和文在寅都是劳工律师出身，他们站在普通民众一边，与财阀展开斗争，由此获得了很高的人气。卢武铉上台后着手打压财阀，包括推动改善劳工待遇，推动财阀进一步透明化等。他推崇清廉政府，反对官商勾结。此时随着韩国深入推动金融自由化和贸易自由化，美国资本持股占到韩国股市总市值的50%以上，韩国财阀开始和华尔街资本有着千丝万缕的利益往来。而卢武铉在外交上则主张韩国独立，对美国不低头。为改变韩国经济首尔一家独大的局面，他推动迁都计划但最终受到当时首尔市市长李明博等人的强烈反对而失败。

此后现代建设集团社长出身的李明博当选总统，他与韩国财阀的关系密切，随即对卢武铉展开清算，最终导致卢武铉跳崖自杀。李明博试图推动对大企业的减税政策，此举被认为是给财阀派红包。此时恰逢2008年的全球金融危机，韩国也受到很大冲击，韩元贬值40%，韩国股市暴跌60%。但是经过之前的金大中改革，韩国企业的负债率大幅下降，杠杆率从最高的400%降到了50%左右，且韩国外债很少，因此韩国在此次危机中受到的冲击并没有那么大。在此期间韩国企业逆势投资，在半导体、液晶面板等重资产行业投入了数百亿美元，而它们的竞争对手日本企业则由于在人口老龄化的情况下政府没有余力大力扶持而节节败退，如东芝、夏普等，韩国企业相对日本企业取得了更大的优势。李明博的结局也不好，最终因为贪腐和舞弊入狱。

2013年朴正熙的长女朴槿惠就任总统，她的政策被认为是亲财阀的，电子工程专业毕业的她对于信息产业很在行，因此下大力气继续加强韩国的三星、LG、SK（SK HOLDINGS）这些公司在电子信息产业上的优势，同时继续对韩国财阀的业务进行重整。三星集团将化工、军工防务和航天板块（包括旗下三星综合化学、三星道达尔、三星泰科和三星泰勒斯四家子公司）整体出售于韩华集团，以便将优势进一步集中于半导体等高科技领域，而韩华集团在军工防务和化工领域的优势也得以扩大。

2017年，朴槿惠因为贪腐和舞弊被弹劾最终锒铛入狱，卢武铉的密友和学生文在寅接任总统，劳工律师出身的他同样是韩国民粹政治的代表，代表中下层人民利益。他接过卢武铉的旗帜，继续对韩国财阀开刀。

从这个意义上来说，韩国的财阀模式不是完全成熟的市场经济机制，它带有一部分东亚传统文化的影子，又融合了一部分西方市场经济的优点，是一个奇怪的杂交产物。韩国自身也还在不断地与这种奇怪的体制进行斗争，希望将它改良得更加科学。

中国在发展自主创新、国产替代的时候，要学习韩国模式的精髓，比如坚持自主创新为主、技术引进为辅，比如坚定长期投资半导体、液晶面板这种可预测、长周期的高新技术产业，比如坚持出口导向以保证社会资源的高效配置。但是要避免中国出现韩国式财阀，避免社会的财阀化。

第三章　自主创新与技术引进之间的关系

笔者至今仍然对十几年前当记者时参加的一场汽车产业论坛上发生的激烈争论印象深刻。在那场论坛上，一位德高望重的院士对台下的汽车行业的"大佬们"直言，中国搞了那么多年汽车产业"市场换技术"，但是汽车产业依旧很落后，核心零部件大量受制于人，而宇宙飞船、战斗机这些无法引进技术的行业，中国坚持自力更生，反倒世界领先了。

中国在燃油汽车时代曾经大规模推行的"市场换技术"模式，带来了深刻的教训。在改革开放初期，中国的一汽、二汽、上汽、广汽等本土汽车公司大规模引进大众、福特、通用、日产、丰田等国际汽车公司，组建股份比例通常为50∶50的合资公司。引进国外汽车厂商的成熟车型后，中国的合资工厂生产着挂有国外汽车品牌的汽车。但长期下来，中国本土的汽车公司大都没有真正参与到汽车开发设计的核心环节，在品牌、技术、核心零部件等方面处处受制于外资合作伙伴。

这里，我们可以随便列举一大批因合资而国产替代失败的产业案例。

中国汽车工业长达几十年的合资模式，导致时至今日中国的燃油汽车工业在世界上仍然缺乏竞争力，这从中国每年的汽车出口数量排名可以看出。

中国在20世纪80年代与麦道公司合资组装麦道82民用客机，被认为是一个失败的项目，最终没有为中国民用大飞机行业带来突破。

中国的上广电与日本NEC公司合资生产液晶面板，不仅没能在这一领域取得实质性的技术积累，反而直接被拖垮……

北京大学教授路风在他的研究中指出，世界上根本不存在"引进、消化、吸收、再创新"的创新途径或模式，因为世界上不存在不进行自主开发就可以"消化、吸收"的可能，更谈不上"再创新"。如果引进方没有技术能力基础，那么引进本身不会带来任何技术，只不过是获得了一定范围内的技术使用权。

正是基于这一点，我们梳理了过去几十年著名的中外合资案例，从中发现，中方从这些合资项目当中实际积累的技术创新能力，是相当有限的。无数合资案例所带来的教训让我们有理由相信：只有坚持以自主创新为主，才是搞好国产替代的正确道路，但这并不是说，我们应该完全放弃技术引进，放弃合资，而是分清主次。

汽车产业合资的教训：为什么合资带不来技术消化

上海大众生产的大众牌帕萨特、桑塔纳到底算是中国车还是德国车？东风日产生产的日产天籁，到底应该算中国车还是日本车？

在改革开放前，中国的汽车工业以卡车为主，在轿车方面没有实现大规模流水线生产，只有红旗和上海两个型号进行了小批量生产。而改革开放后，中国对于轿车的需求大幅提升。产能与需求的落差使中国开始了大规模合资引进轿车生产线的步伐。中国随之提出了"高起点、大批量、专业化"的汽车产业政策，希望引进国际先进技术。但现实是，国际厂商不愿意轻易向中国转移技术，所以合资成为那个时代的主流。又因为中国缺少外汇，所以合资汽车产品的零部件国产化成为中外合资汽车工厂关注的重点。

北京大学教授路风的研究指出，这种对于零部件国产化率的追求，反而使得中国企业对于外国产品技术越来越依赖，但零部件的国产化努力和产品开发层次上的技术学习是根本不同的活动。

中国产的汽车在国际市场上是缺乏竞争力的。长期的高关税对国内市场进行了保护，但是也引起了美、日等国际贸易合作伙伴的强烈不满，同时在某种程度上间接导致了国内车企的竞争力低下。中国的产业政策规定，外国汽车企业进入中国必须寻找中国合作伙伴，持股不得超过50%。因此中国出现了大量的中外股权比例50%对50%的合资车企，比如上海大众、一汽大众、上海通用、华晨宝马、东风日产等。大部分合资车企引进国外成熟的车型，在国内专注于国产化和量产。中国合资车企的主要业务集中在生产制造环节（包括零部件的国产化），但是合资企业的技术并不在产品开发层次上。因此，合资模式并不会让中国企业掌握产品的开发能力和知识产权。

汽车的产品开发主要包括发动机、变速箱、底盘、车身设计、电器和电子控制零部件这几个方面。笔者曾经在几家合资车厂的研发中心参观时发现，中国合资车企在产品开发层面主要关注消费者肉眼可见的内饰方面。例如很多欧美车型的空调系统很差，内部装修也很粗糙，但是中国消费者偏爱肉眼可见的豪华精致内饰。而对于整车产品开发最关键的发动机、底盘、变速箱、车身设计等，合资车厂往往是直接引进国外成熟车型，本土二次设计开发的空间很有限。

近年来，国际主流车企都采用了平台开发的概念，即以一款采用相对成熟的车型为平台，后续的车型都在其基础上微创新或迭代改进而来。可以说，产品开发平台是一个汽车企业的技术核心。

而这种50%对50%的股权关系，又经常导致中外双方在利益上博弈。对外资厂商来说，他们没有真正的动力帮助合资车厂和中方合作伙伴建立起强大的研发能力，因为这无异于养虎为患。而对国企车厂来说，它们在关税保护之下，通过引进国外成熟车型和合资国产化，就能获取非常高昂的利润，像上海大众、东风日产这些合资厂商常年保持高额的利润率，因此从某种程度上说，其自主研发的动力也不足。

一个不可回避的话题是，绝大部分合资汽车使用的是外资厂商的品牌，而品牌是和技术同样重要的壁垒。品牌宣传长期侧重外资品牌，而不是其中方合作伙伴东风、上汽、一汽等，从长远来看，这使得外资厂商很占便宜。

2018年4月，中国政府公布了汽车领域外资开放时间表，新能源汽车行业率先开放，当年即可不受上述合资比例条件限制。因此，特斯拉就在上海设立了独资的超级工厂。2020年政府将开放范围扩大至商用车；2022年开始扩大为所有车型，取消了所有对外商投资的限制。在这种背景下，2022年初，华晨宝马宣布，德国宝马集团以280亿元的对价，收购中方合资伙伴华晨集团所持有的25%股份，华晨宝马的股权比例由50%对50%调整为德国宝马75%、中国华晨25%，德国宝马控股该企业。

在这场博弈当中，中外双方股东谁更强势和谁是主导一目了然，或者讲得更直白一点，华晨宝马离开华晨是可以继续运转的，但离开德国宝马是转不起来的。有多少中国消费者是冲着"华晨"去买车的？他们认可的是德国宝马的品牌。

一个国家的汽车出口情况，可以在很大程度上反映这个国家的产业竞争力。

在燃油汽车主导的时代，中国汽车年出口量曾连续几年在100万辆左右，且因为中国汽车品牌影响力较弱，单台车售价较低，以中低端产品为主，在汽车出口总金额方面，中国和德国、日本这样的汽车强国有很大的差距。换句话说，中国的燃油汽车长期在国际市场上缺少竞争力。

可以说，中国长期推行"市场换技术"的合资模式是非常值得反思的。

不过好消息是，世界汽车工业在2008年第一辆特斯拉新能源汽车面世后，开始大规模转向新能源赛道。

在此背景下，一大批新兴的以自主研发、自主品牌为核心的中国本土车企开始快速成长，典型的有蔚来汽车、小鹏汽车、理想汽车、小米汽车等。它们吸取了之前合资的教训，一上来就坚持自主研发，而之前的老牌车厂奔驰、宝马、通用、丰田等在新能源领域的优势不再，其传统的体系和既得利益反而拖累了其在新能源业务上的发展，这给了中国新兴的新能源车企一个非常难得的"弯道超车"机会。

到2021年初，蔚来汽车、小鹏汽车、理想汽车均在海外资本市场上市，其市值均高达几百亿美元，甚至远远超过了很多拥有百年历史的老牌车厂。老牌本土车厂比亚迪在新能源汽车产业链上也实力雄厚，其在资本市场上的优势支撑它在自主研发上敢于长期投入，使得中国企业在新能源汽车核心的电控、电池、电机技术方面，都在稳步积累核心技术与经验。

尤其值得欣慰的是，国产新能源汽车品牌开始在高端车分类中站稳脚跟，可以与强大的奔驰、宝马、奥迪等高端外资品牌抗衡。蔚来汽车的高端车国内销量长期与奔驰、宝马处于同一水平线上，说明中国消费者开始认同本土品牌。

中国新能源汽车企业加大自主研发投入的一个主要标志是，它们纷纷开始自主研发芯片——要知道，在智能手机时代，苹果、三星、华为之所以横扫世界，就是因为它们有自己研发芯片的能力。而新能源汽车被许多人认为和智能手机产业有相似之处，所以有没有能力自研芯片，是一家新能源车企是否具备完全的自主研发能力的主要标志。

此外，因为后来中国汽车产业放开了对外资的限制，中国汽车出口量猛增。根据商务部的数据，2021年，中国汽车出口总量高达201.5万辆，同比增长101%，其中新能源汽车出口达到30万辆，同比增幅高达3倍，这主要得益于外商独资的上海特斯拉工厂的带动，大批在上海生产的特斯拉新能源汽车出口到了欧洲、南亚等地区。与此同时，蔚来、理想、小鹏、上汽通用五菱等新能源汽车厂商的出口增速也非常迅猛。2022年，中国汽车出口继续保持了高速增长的态势，其中新能源汽车的占比大幅提高。

可以看出，在燃油汽车时代和新能源汽车时代，中国汽车产业的国际竞争力差异巨大。

大飞机的教训：引进组装生产线，搞不好大飞机

另外一个广为人知的中外合作案例是上海飞机制造厂和美国麦道公司合作组装麦道-82型大型客机。这一项目也给中国人留下了无穷的反思。

在开始麦道-82组装项目之前，上海飞机制造厂因为自己研发运-10大型客机而闻名，这是中国第一款自主研发的大型客机。当时上海飞机制造厂因为地处上海，在特殊的政治环境下，相对独立于航空工业部门的其他单位，因此有较宽松的自主研发氛围，摆脱了航空工业部门其他单位对于苏式飞机的仿制传统。

1970年，国家主管部门向上海飞机制造厂下达运-10研制任务，1972年审查通过飞机总体设计方案，1975年完成全部设计图纸，1980年9月，运-10首次试飞成功。自1982年起，运-10研制基本停顿。1986年，运-10飞机研制计划彻底终止。整个运-10项目总研制费用达5.377亿元。

在运-10下马之后，中国失去了一个可以持续积累经验的大飞机研发平台。此举对于中国民用大飞机工业的打击不言而喻，导致中国民用大飞机产业与美国、欧洲的差距越拉越大，以至于当今中国的主要航线全部被波音、空客的飞机所占领，国产替代在这个产业上困难重重。

按照北京大学路风教授的研究，他认为在自主研发方面表现优秀的运-10项目之所以被下马，很可能是因为当时运-10项目在上海研制，是在航空工业部的体制之外

进行的，这在一定程度上，与计划经济体制下行业主管部门垄断本行业的情况相违背。此外，当时的航空工业主管部门的主导思维是反对自主开发的，而主张从国外引进成熟产品和技术。

在此之后，中国开始了和美国麦道公司合作组装麦道-82型飞机的项目。

1985年4月，中美两国政府正式签署合作生产麦道-82型飞机和补偿贸易总协定。协定规定，中方向美方购买26架麦道-82型飞机。除了一架样机，其余飞机以散件方式分两个阶段交付。第一阶段由美国麦道公司提供该机型的全部零部件，在上海航空工业公司完成总装、试验、试飞和交付；第二阶段由中方用美方提供的材料自制机头、水平安定面等，其他零部件仍由美方提供，在上海总装交付。第一架飞机于1986年4月开铆，同年6月30日总装完毕。

在合同履行期间的1985年到1994年，上海航空工业公司根据麦道公司授权共计生产了35架麦道-82型、麦道-83型系列飞机。其中有5架返销美国。

在这一合作当中，美国麦道公司无偿提供了组装所必需的设计图纸，并向中方转包了部分零部件的加工业务。通过合作，上海飞机制造厂组装生产大型客机的质量标准与管理水平有了大幅提升，其中1993年中国产麦道飞机能够返销美国就是证明，一度引起轰动。

但是这种没有自主知识产权的合作方式是非常脆弱的。1997年8月，麦道公司被波音收购。中国与麦道公司的合作随即宣告终止。

通过与麦道公司的合作，中国虽然深入了解了世界领先的机型，学习到了生产管理经验，但是在大飞机的设计方面，并没有获得有效的经验积累。我们的收获更多是在生产制造、组装环节，以及零部件配套环节，飞机设计的知识产权还是归属美方。

可以说，民用大飞机的设计是当今世界最尖端的技术，全世界也只有波音和空客等少数几家公司掌握。飞机设计主要包括空气动力布局、结构布局、机身机翼外形和部件系统布局等，需要做大量的风洞试验。然后需要对飞机进行技术设计，把每个分系统的大体布局和设计定下来，如动力系统、操作系统、电气系统、燃油系统等。再下一步就是细节设计，需要绘制可供生产的图纸，对每个零部件进行详细了解，写出生产的每个技术要求。

可以看出，飞机设计和飞机制造，是两种完全不同的技术能力。上海飞机制造厂和麦道公司的合作，虽然在飞机制造环节积累了丰富经验，但是并没有积累多少飞机设计环节的技术经验。外方可以把飞机制造环节的经验开放给我们，但是只要他们卡住飞机设计这个关键环节，就可以在合作当中牢牢掌握主动权，我们则处处受制于人。简单来说，我们吃到了"鱼"，但是没有掌握"渔"。

这种窘境是一目了然的，外方合作伙伴一旦通知终止合作，中方便马上没有了可供生产的自主设计的大飞机产品。而此时距离运-10项目下马已经近10年，原有的成熟的自主设计平台已经没有了，原有的飞机设计人才也开始凋零。

中国在启动麦道-82型飞机合作项目前，曾经希望通过技术引进缩短和国外先进水平的差距，但是最终的结果证明，不仅没有缩小差距，反而拉大了差距。

当时的中国民用航空制造业规划了三步走的发展路径：第一步以国际合作形式引进成熟民用大飞机生产线，在国内进行整机组装和部分零部件生产，就是与麦道合作的项目；第二步是中国与国外航空制造商进行合作，联合研发生产100座的支线客机；第三步是到2010年左右，实现自主设计、研制生产180座的干线大客机。

实践证明，这一路线过于理想，到第二步的时候就走不下去了。1996年，中国航空工业总公司与空客、新加坡科技三方共同签订了研发100座飞机AE100的合作意向书。但之后，空客决定自行在A320的基础上研发，抢占100座的飞机市场。而后空客在技术转让费上漫天要价，导致该项目到1998年便宣布终止。

随着中国经济的飞速发展，中国迅速成为世界民用客机的主要市场。根据《中国商飞公司市场预测年报》，中国在未来20年时间当中对民用大飞机的需求有几千架之多。但由于中国没有能力设计和生产自主的优质大飞机产品，只能每年花费巨额的外汇从波音、空客进口飞机。而根据安信证券2021年发布的报告[①]显示，中国从波音公司进口飞机的花费，已经足以收购波音公司。

民用大飞机的落后，又关联性地影响到了军用飞机。美国的E3、E8预警机都是由波音的民用大飞机改装而来的。由于缺少自主研发的民用大飞机平台，中国许多军

---

① 冯福章. 大飞机产业链深度分析（一）：大国重器，民机启航[R]. 深圳：安信证券，2021.

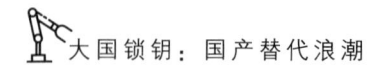

用大飞机的发展，也处处受影响。

而中国的军用飞机市场，因为早早受到西方的制裁和技术封锁，几乎无法有效从国外引进先进技术，经过30年的独立自主创新，在隐形战斗机、舰载机、无人机、大型军用运输机、预警机等各条线上全面开花，许多产品跻身世界先进行列。

军、民航空市场的不同际遇带给我们许多启发，那就是必须坚持自主创新为主。单纯依靠合资，依靠技术引进，只能处处受制于人。合资和技术引进只能是自主创新的帮手，而不能是自主创新的替代品。

不过，我们也不能把合资的历史作用全部抹杀。不管是汽车产业，还是航空工业、信息技术产业，合资都曾给中国企业带来了国外先进理念和管理视角，也为中国培养出了一批优秀的人才。

中国技术平台引进的成功案例：军工、高铁

通过引进技术取得成功突破的国产替代案例也有很多，其中最有名的是中国的高铁。通过和法国、德国、日本、加拿大的高铁厂商谈判，通过合资、技术转让等方式，中国的南车、北车在短短几年时间里掌握了高铁列车生产的核心技术。2004年4月，国务院专题会议后下发了《研究铁路机车车辆装备有关问题的会议纪要》，确定了中国铁路装备技术引进的18字总方针：引进先进技术，联合设计生产，打造中国品牌。事后证明，这18字方针取得了巨大的成功，中国高铁在短短十几年内迅速达到世界领先水平，且在自主研发新一代高速列车、核心零部件生产、自主品牌建设上均取得重大突破。

高铁的技术引进、高铁的合资模式取得巨大成功，我们认为有以下原因：

首先，中国在引进国外技术之前，中国的南车、北车等公司及其前身都展开了长期的国产动车组自主研发工作，取得了诸如"中华之星"国产动车组列车等成就，培养了一大批工程技术人才，这对于后来引进消化国外技术有重大帮助。中国在动车组研发的技术能力积累上，包括平台积累上，没有出现中断。

其次，中国提出建设世界上规模最大的高铁网络，这是世界历史上都很罕见的一

次巨大招标动作，因此中方在与德、日、法、加四国的企业谈技术引进的时候，是谈判优势一方。同时高铁技术并没有形成像大飞机那样绝对垄断的市场格局。而且德、日、法、加这些国家也没有像美国一样与中国有如此深的政治竞争关系，高铁相对来说又不像其他一些产业一样与国防军工绑定得那么紧密。

与此类似的还有沈阳飞机制造厂[①]引入俄罗斯苏-27战斗机生产线的案例。中国在1991年海湾战争后，发现整体装备优于中国空军的伊拉克空军在美国为首的多国部队打击下，毫无还手之力，遂感到压力巨大。当时中国趁苏联解体从俄罗斯引进了一批苏-27战斗机——这型飞机代表了苏联航空工业的最高水准。

此后从1996年开始，沈飞又从俄罗斯引进了苏-27战斗机的生产线，开始在沈阳自行制造这型飞机。俄罗斯一开始希望中国完全进口俄产的苏-27战斗机。众所周知，在国际军贸市场上，一个潜规则是对外出口的型号，要比国内自己军队用的型号性能更差，通常至少减配10%。中国当时提出，如果俄罗斯不向中国转让苏-27战斗机的生产技术，中国从俄罗斯进口的苏-27不会超过48架。此后经过艰难的谈判，俄罗斯终于同意转让苏-27生产技术。沈飞在苏霍伊设计局手把手地帮助下逐步掌握了除雷达和发动机外的其他所有生产工艺，首架国产苏-27飞机于1998年下线，这就是大名鼎鼎的歼-11战斗机。一开始，沈飞几乎全部采用俄罗斯进口的散件组装苏-27战斗机；到后来，零部件的国产化率逐步提高。

在引入俄罗斯技术的基础上，沈飞对已经有些落后的苏-27进行了大量的本土化改造和升级，并依托这型飞机的国产化将其打造成一个自主研发的平台。此后，沈飞推出了歼-11BS战斗机、歼-15舰载战斗机、歼-16战斗轰炸机、歼-16D电子战飞机等多种自研型号，大量采用国产发动机、国产航空材料、国产航电设备等，使得中国产苏 27衍生型战斗机的许多技术性能都超过了苏霍伊系列的原版战斗机。但中国产的苏-27系列战斗机，不允许销售给第三国。

应该说，沈飞引入苏-27系列战斗机生产线的成功，也是建立在沈飞多年搞自主研发的基础之上。当有世界先进水准的型号过来的时候，中国原有的工程技术人员能

[①] 即沈阳飞机工业（集团）有限公司的前身，曾用名：沈阳飞机制造公司，本书中统一简称为"沈飞"。

够迅速吃透其中的关键技术，同时在此平台的技术上继续高起点的自主研发。有了这样一个平台，可以不断培养技术人员，同时累积飞机设计的经验，培养上游零部件供应商，应该说，苏-27生产线的引入是沈飞历史上一个质的跨越。

在全球化的时代，搞闭门造车是没有出路的。引进高水准的国外技术，加强国际技术交流，是发展国产替代的重要方式。在引进技术的时候，需要坚持以下原则：坚持以自主设计为主，坚持自主品牌，坚持打造自己的产品开发平台。中国汽车企业技术引进的失败，本质原因就是违背了这一原则，使用以国外为主的设计，使用国外品牌，同时没有有效形成自主开发平台。而中国高铁、沈飞等从国外引进技术的成功，本质上是因为它们坚持打造自己的技术开发平台，引进国外技术只是为了消化吸收以更好地发展自身的平台，同时坚持了自主品牌。

第四章　基础科研、教育与国产替代

在深圳华为总部，反复播放着这样一个宣传片，上面有一个个曾经改变世界的科学家的照片，宣传片里强调："只有长期重视基础研究，才有工业的强大。没有基础研究，产业就会被架空。"任正非说，"我们国家的经济发展速度过快，有很多泡沫机会，大家都忙着在泡沫里面多挣点钱。可能在做学问的问题上，就有点懒惰懈怠了"。任正非主张提升教师的待遇，让优秀的人愿意去当老师。他说，教育是最廉价的国防。

任正非讲出了一个值得我们警醒的事实，作为一个后发追赶的大国，中国长期以来对于见钱更快的应用型技术，比如工科非常重视，但是在基础科学的研发上依旧很薄弱。基础科学的不足直接导致了中国在材料科学、化工、医药、航空工业、机床、造船、芯片等工业门类上，对世界顶级的尖端产品攻坚乏力。这也是中国实现国产替代被"卡脖子"的根源之一。

基础科学研究是强大工业的根基

当中国的半导体行业被美国严厉打压的时候，我们很尴尬地发现，基础科研方面的巨大差距，才是我们半导体工业落后的根源所在。

众所周知，中国半导体制造环节的落后，很大原因是我们无法生产出高精度的光刻机。而光刻机的研发与生产则依赖于强大的光学、流体力学、表面物理与化学、高分子物理与化学科研。

半导体行业媒体芯智讯主编浪客剑在他的文章中深度分析了光刻机和光学之间的

关系："光刻分辨率（R）主要由四个因素决定，分别是光的波长（λ）、镜头半孔径角的正弦值（$\sin\theta$）、折射率（n）以及系数 k_1。在光源波长及 k_1 不变的情况下，要想提升分辨率，则需要提升 n 或者 $\sin\theta$ 值。由于 $\sin\theta$ 与镜头有关，提升需要很大的成本，目前 $\sin\theta$ 已经提升到 0.93，已很难再提升，而且其不可能大于 1，所以提升 n 就显得更为现实。因此，在 193 纳米浸没式光刻机中，需要增加浸润单元，即利用超纯水替换透镜和晶圆表面之间的空气间隙（水在 193 纳米波长时的折射率 n=1.44，空气为 1），使得光源进入后波长缩短，从而提升分辨率。另外，在半导体光刻过程中，除了光刻分辨率，焦深（DOF）也至关重要，大的焦深可以增大刻蚀的清晰范围，提高光刻的质量。而焦深则主要是通过提高系统的折射率（n）来改进。所以，对于 193 纳米浸没式光刻机来说，由于增加了浸润单元，增加了这部分的设计，同时由于要保持光源经过浸润单元到晶圆的能量不变，需要加大光源的功率，需要使用 60W 6kHz ArF 光源；另外，光学系统数值孔径需要变大，由原来 90 纳米光刻机的 NA 0.75 提升到 NA 1.35，其中需要加入具有特别构造的镜片；运动平台速度也要更快。最终可以使得光刻机整体的分辨率提升到了 38 纳米……"

世界最高水准的半导体材料，多半产自日本，因为半导体材料体现的是人类最高水准的化学科学。高纯度单晶硅晶圆，最重要的两个供应商是日本的信越与胜高。与光刻直接相关的材料，如光刻胶几乎被日本的 JSR、信越与 TOK 垄断，而剩余的其他辅助材料，日本企业也占据很重要的位置。一个可以佐证的事实是，日本在化学基础科学研究方面的成就是世界级的，自 2000 年以来，已经有 7 名日本学者获得过诺贝尔化学奖，包括吉野彰、根岸英一、铃木章、下村脩、田中耕一、野依良治、白川英树。这些日本化学家，都是享誉世界的科学家。进入 21 世纪以来，日本已经有 18 位学者获得诺贝尔奖，将中国远远甩在了身后。

1887 年，德国物理学家海因里希·鲁道夫·赫兹率先用实验证明了电磁波的存在，但当闻讯而来的记者们采访这位科学家的时候，赫兹说出了一句将来会无数次打他脸的话："我不认为我发现的那些无线电磁波能有任何实际的应用。"

这便是关于基础研究的一切魅力和艰难的来源——基础研究的成果往往和现实应用相去甚远——即便是科学家本人，往往也不知道自己的成果到底会有什么用处。

但我们更需要知道的是：强大的基础研究，是从技术上实现世界领先的唯一途径。中国如果无法成为基础科学研究强国，就不能掌握自己的命运。

在不同的时代，人们对基础研究有不同的定义。

根据联合国教科文组织的定义，基础研究主要是为了获得关于客观现象和可观察事实的基本原理的新知识所进行的实验性或理论性的工作，它不以任何专门或具体的应用或使用为目的。

该定义是由美国科学政策专家范内瓦·布什（Vannevar Bush）指出的。1945年7月，他向杜鲁门递交了著名的《科学：无止境的前沿》（Science: The Endless Frontier）报告，在这份报告中，范内瓦·布什对基础研究给出了明确的定义：不追求实际目的，不解决具体问题，但却能为解决具体问题铺平道路。

简而言之，基础研究的回报在遥远的未来，其短期内的实用性不在基础研究人员的思考范围之内。实用性是应用研究和试验发展人员应该思考的问题。

被认为是杰出的华裔工程师之一的陆奇先生，在多个场合推荐大家去阅读范内瓦·布什发表于20世纪40年代的这篇论文。这篇文章发表于二战即将结束的美国，当时罗斯福总统曾请他写过一份计划，内容关于二战后美国如何保持领先。

他提出的核心概念就是"国家支持研究型大学和国立实验室"。关键是国家投入但让科学家自主驱动，这开启了大规模主流科学技术的推广，尤其是工程技术和人才的开发。当初在1944—1945年有很大争议的一点就在于：研究内容是由科学家自己决定，还是由政府决定。最终的选择是科学家自主驱动。这个体系在美国持续到今天，效果也非常好。

研究型大学和国立实验室的蓬勃发展使得美国在基础科学领域积累了很雄厚的家底，从而为美国科技产业的腾飞奠定了基础。

西方国家在传统上非常重视基础科学。陆奇认为，科学是一个知识探索体系，是一个知识开发体系（system of inquiry），核心是一组可以被否定的假设（falsifiable hypothesis），它主要用来解释自然现象。而技术不同于科学，它基于科学，但是会不断地自我演化，这跟达尔文演化很类似：技术永远朝着人类需求多的方向去发展、演化。所以技术的核心定义是：技术是基于科学的理论，用来改变自然现象，满足人类需求的一种能力，这是最为广义的关于技术的定义。技术有两个特点：第一，可编程，我们必须要有一个信息的过程，去改变自然现象；第二，可执行。

不过，随着技术的发展，特别是科学技术商品化的速度越来越快，纯粹的基础研究和应用研究之间的界限已经渐渐模糊。这就使得基础研究人员也必须思考一些相比之前更"实用"的问题。

根据中科院发展规划局的一篇论文，当前的科技创新活动已经有了"国家化"和"企业化"的特征——通过科技创新，谋求国家在科技领域的战略优势和企业在市场上的利润空间。

在这种趋势下，基础研究成为一种"公共品"——基础研究不再只是专家教授的事，它和国防、医疗、教育一样，将会影响成千上万人的命运。基础研究是国家和企业为了获取未来技术优势而必须进行的前期投入。

在范内瓦·布什的视角下，尽管基础研究不解决实际问题，但如果基础研究长期被忽略，现实中的产业发展势必将在某天遭遇瓶颈。范内瓦·布什还断言：无论一个国家的工业能力有多强，一个依赖他国来获取基础研究知识的国家必然会在产业发展上陷入迟滞，必然会在国际竞争中居于劣势。

举个例子，青霉素在 20 世纪 20 年代就被英国科学家所发现，但是一直因为种种原因没有大规模投入生产和应用。二战爆发后，在范内瓦·布什的推动下，青霉素迅速从实验室走向了实际应用。他的工作主要是协调各大学和研究机构对于青霉素的研发工作，并且协调工厂进行量产工作，同时协调美国军方给工厂下了金额巨大的订单。青霉素在 1943 年被大规模生产和使用，被广泛用于战场上的伤员救治，极大地降低了美军和盟军伤员死亡的比例。美军在战争中的病死率，从一战时期的 14‰ 左右下降到了二战时期的 0.6‰。

在二战之前，美国的基础科研水平相对欧洲强国英国、法国、德国仍然比较落后。美国在二战中大量享受着英国以及德国的犹太裔科学家所带来的基础研究红利。原子弹、喷气式战斗机、坦克、火炮、雷达等先进武器装备所依赖的基础科学研究，几乎都来自欧洲。

二战结束之后，范内瓦·布什意识到美国不能再依靠欧洲的基础科学，而应该建立起自己的基础科研体系。基础研究的强弱与国家命运、企业生存息息相关。

另外,基础研究带来的回报也是丰厚的——应用研究的进步所带来的回报通常是线性的,但基础研究却总能带来飞跃式的进步。

任正非在接受央视记者采访时曾经说过这样一个案例:华为公司的一位俄罗斯籍员工入职多年都没有产出,每天只是单纯研究数学问题,但最后,恰恰就是这位"数学家"帮助华为突破了从 2G 到 3G 的算法。

基于这样的案例,我们有理由相信:强大的基础研究实力,将会是中国在技术上领先世界的不二法门。

中美科研之间的实际差距

国际学术界普遍认为,优质论文发表数量,最能代表一个国家的基础科研水平。这一领域代表性的指数叫作"自然指数"(nature index)。它是《自然》(*Nature*)杂志的发行者自然出版集团提出的一套衡量国家或研究机构基础科研产出的指标。他们挑选了 82 本国际一流期刊,统计每个国家或研究单位在这些期刊上发表了多少篇论文以及这些论文的影响力如何。统计方法被称为 WFC(Weighted Fractional Count,加权分值计数法),发一篇论文得 1 分,但如果一篇论文的作者分别来自多个国家,则由每个国家均分。另外,考虑到天文学领域的文章总数远高于其他领域,因此该领域的论文数量要乘以 0.2。这个指数开始于 2015 年。

从图 1-4-1 可以看出,中国的高端论文发布数量从 2015 年开始一路狂飙,到 2020 年已经是德国的 2 倍以上,日本的 4 倍以上,接近美国 70% 的水平。

在自然指数发布的"2020 自然指数年度榜单"中,以各大科研机构在《自然》系列、《科学》(*Science*)、《细胞》(*Cell*)等 82 种自然科学类期刊上发表的研究型论文数量进行计算和统计,排名前 10 的研究单位或大学如下:

1. 中国科学院,发表论文数量为 5480 篇,得分 1805.22 分

2. 哈佛大学,发表论文数量为 2577 篇,得分 925.15 分

3. 马克斯普朗克学会(德国),发表论文数量为 2613 篇,得分 764.83 分

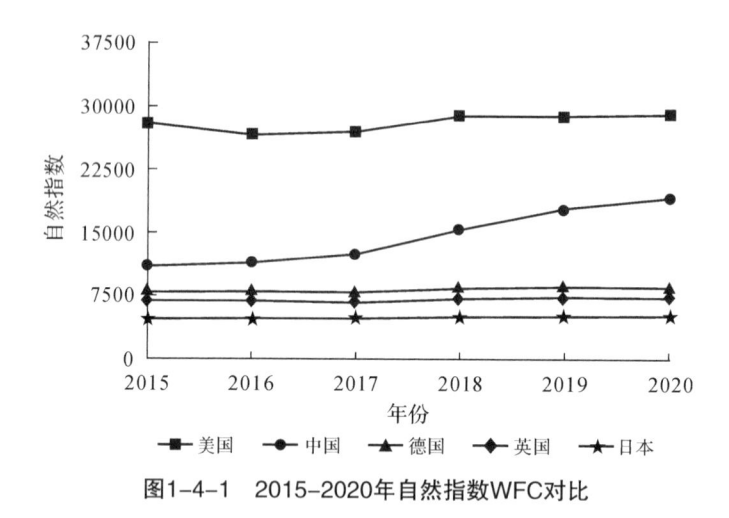

图1-4-1　2015-2020年自然指数WFC对比

4. 法国国家科学研究中心，发表论文数量为4433篇，得分723.45分

5. 斯坦福大学，发表论文数量为1656篇，得分646.44分

6. 麻省理工学院，发表论文数量为1863篇，得分560.07分

7. 德国亥姆霍兹国家研究中心联合会，发表论文数量为2200篇，得分485.75分

8. 中国科学技术大学，发表论文数量为1231篇，得分455.82分

9. 牛津大学，发表论文数量为1367篇，得分453.65分

10. 北京大学，发表论文数量为1616篇，得分437.62分

另外，清华大学位列第12、南京大学位列第13、中国科学院大学位列第15、浙江大学位列第23、复旦大学位列第32、中山大学位列第35、上海交通大学位列第38、南开大学位列第39、苏州大学位列第44、四川大学位列第47、武汉大学位列第49、华中科技大学位列第59、厦门大学位列第62、吉林大学位列第71、天津大学位列第74、湖南大学位列第85、南方科技大学位列第99。

全球排名前10的中国有3所，排名前50的中国有14所，前100的有20所。

根据这一指标可以看出，中国不管是在高端论文发表总数，还是在科研机构排名上，都已经取得了很大的进步。

虽然近几年基础研究突飞猛进，但中国科研经费的结构却并不合理。由于中国科研起步较晚，发展经济的需求极为迫切，长期以来中国对基础研究的重视不足——考核评价体系偏重现实用途，考核指标以论文为主，导致科研人员对基础研究热情不足，研究主题喜欢"求稳"，不去涉足复杂的基础研究。

最直接的证据是：中国基础研究经费占研发经费的比例显著低于国际平均水平。2012年，中国基础研究经费占比仅有4.8%，而同期日本的基础研究经费占比是12.7%，法国是26.3%，美国是19%，俄罗斯是19.3%。应用研究的情况相对较好，但和国际先进水平相比仍显不足——中国应用研究经费占比为11.3%，同期俄罗斯为18.8%，美国为17.8%，日本则为22.3%。在中国的科研活动中，占比最高的是试验发展经费，2012年占比高达83.9%，远超日本的65%，美国的63.2%。

令人难过的是，即便到2019年，这种情况也没有得到根本性的改善。试验发展活动虽然能够创造各种新的产品、新的服务、新的工艺，但这个过程并不能增加科学技术的知识。在基础研究领域，尽管有诸如铁基超导材料、量子反常霍尔效应、多光子纠缠、中微子振荡、干细胞、体细胞克隆猕猴、拓扑半金属等位居世界前列的研究成果，但这些过于偏重试验发展，缺少对基础研究、应用研究的投入，就好比用大勺子从桶里往外舀水，却用小勺子往桶里添水。迟早有一天，末端的试验发展活动也会受阻。

中国最近几年在芯片问题上遭遇"卡脖子"，很大程度上就是因为前期的基础研究没有取得进展。任正非在媒体群访中谈及芯片问题的时候提到，搞芯片砸钱是不行的，得砸数学家、物理学家、化学家，中国要踏踏实实在数学、物理、化学、神经学、脑科学各个方面努力，我们才能在这个世界上站起来。

除了基础研究整体占比过小，中国基础研究面临的另一个问题是内在结构不协调。任何一个社会，高校、研究机构、企业都是支撑科研活动的支柱力量。2019年，中国高校的基础研究费用占比为40.2%，应用研究占比48.9%，试验发展活动占比10.9%——这说明高等院校是中国社会进行基础研究的绝对主力。

科研机构和企业在基础研究上的花费占比分别是16.6%和0.3%，而在试验发展上的占比则分别高达53.1%和96.4%——这说明中国的研究机构和企业的重心仍放在试验发展上。而在美日韩等技术较为发达的国家，企业对基础研究的投入则极为惊人——

美国为 27.17%，日本高达 49.34%，韩国更是达到了 59.88%，中国则仅有 3.07%，如图 1-4-2 所示。由此可以看出，如果想要振兴中国的基础研究，就需要让中国的企业在这个事业上承担更多的责任，做出更多的贡献。

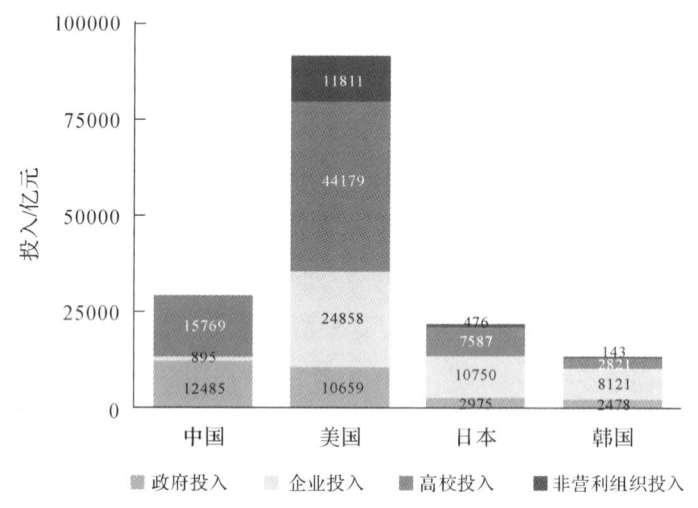

图1-4-2 2018年中美日韩四国不同主体在基础研究中的投入

中国的基础科研与国际先进水平相比仍有很大差距。大量社会资源投到了应用端的技术开发，但是在更上游的物理、化学等基础科学研究上，仍然重视程度不够。2000 年以后美国学者垄断了世界近一半的诺贝尔奖，日本已经有 18 名学者获得诺贝尔奖，而中国只有屠呦呦一人获奖，在物理、化学等领域仍然没有实现零的突破。

基础科研不稳，我们就造不出高水平的光刻机、芯片、新材料、航空发动机、高端药品、高端机床。

换言之，中国比任何时候都更需要科学家。所以中国需要提升基础科学研究占全社会研发费用的比例，不能再短视地将资金全都投向来钱快的应用型研发。

美国在基础科研上冠绝全球，有一个非常重要的原因，就是美国作为移民国家，不断吸引着全世界最优秀的科研精英来到美国。在美国各大高校和研究院所，有数以十万计的华裔、日本裔、印度裔、犹太裔、俄罗斯裔科学家和工程师在为美国的基础科研添砖加瓦。这是任何其他国家所不具备的优势。日本著名学者大前研一曾经指出，日本与美国在留学生数量上有巨大的差距，日本的留学生有一半来自中国，而他认为中国最优秀的学生都会前往美国留学，而来日本留学的中国学生往往并不是最优秀的。这一现象同样困扰着其他国家和地区，全世界都在给美国的基础科研"输血"。

中国能否吸引足够多的俄罗斯裔、乌克兰裔、东南亚裔、日韩裔、海外华人科学家来到中国长期从事科学研究？这是非常值得探讨的话题。目前华为正在东莞、上海、苏州等地打造相当国际化且环境舒适的研发园区，吸引大批海外的科学家加盟。他们从事着离生产相对较远的数学、化学、物理学研究，但这样的海外科学家，在中国仍然太少了。

2018年11月，美国特朗普政府宣布了一项"中国行动计划"，打击在美国从事科研和教学的华裔学者，指责他们可能利用了美国的科研资源和经费，向中国提供技术转让。先后有数十名在美任职的华裔学者遭到逮捕或者起诉，很多时候他们被证明承担莫须有的罪名。类似的行动对在美国工作的华裔学者产生了极大的触动，许多人产生了强烈的不安全感，希望回到祖国。

据不完全统计，在美国有各类华人专家、学者10多万人，华裔在科学领域的表现是美国少数族裔的典范，其中不乏诺贝尔奖得主杨振宁、李政道、丁肇中，太空科学家王赣骏、张福林、陈翔，物理学家吴健雄、朱经武、田长霖、高锟，数学家陈省身、丘成桐、刘家翘，建筑家贝韦铭、林同炎、林颖珠……可以这样说，仅仅是吸引海外华裔科学家回国发展，就能够为中国的基础科研事业带来巨大的突破。

中国的工程师红利

笔者去过很多次华为在深圳、东莞、上海、北京的研发中心，印象最深刻的是华为的工程师数量。在环境优美的华为东莞松山湖园区，每到中午，成千上万的研发工程师从那些设计精美的欧式建筑中走出来，排队在食堂打饭。不远处，有华为的图书馆，吃完午饭的工程师们，可以趁中午的时间在这里一边休息一边看书。在图书馆最显眼的位置，除了摆着讲华为文化的《以客户为中心》和《以奋斗者为本》等图书，还有一大批军事方面的图书。

军人出身的任正非精通许多军事上的要领，笔者猜想他一定很清楚《孙子兵法》

当中提到的"故用兵之法,十则围之,五则攻之,倍则分之",用今天的大白话来说就是集中精力打歼灭战。华为可谓是将人海战术发挥到了极致。根据华为公布的数据,截至 2019 年底,华为有 19.4 万名员工,其中 49% 从事研发岗位,也就是说,华为有将近 10 万名工程师,这就是中国式的人海战术。

一家手机公司的高管在和笔者闲聊时曾经提到过华为这种人海战术的恐怖。他说华为的余承东曾经多次与该手机公司的老板交流,学到了许多该公司的精髓,然后华为立马投入了该公司 50 倍的工程师进行攻关,可以在某个单点上快速把竞争对手打趴下。

任正非在接受采访时曾坦言:中美贸易摩擦,实质是科技实力的较量,根本问题还是在教育水平。

中国多年来的高校扩招浪潮,带动了中国的工程师红利井喷,这直接带动了中国的互联网、电子信息、汽车、无人机、航空航天等产业的飞速发展。

有人说,中国的人口结构有很大问题,中国正在面临着老龄化、少子化的困境,但是我们认为,只要中国仍然有工程师红利,中国成为科技强国和经济强国的道路不会发生根本性逆转。

根据教育部公布的信息,中国 2021 年高等教育毛入学率高达 57.8%,在校高校学生总规模达到 4430 万人,远超世界平均水平。中国是全球第一人口大国,这使得中国每年的高校毕业生数量又远居全球首位。

这一切都始于多年前开始的高校扩招。1999 年教育部出台《面向 21 世纪教育振兴行动计划》。文件提出,到 2010 年,高等教育毛入学率将达到适龄青年的 15%。由此正式拉开了高校扩张的步伐,也造就了中国的工程师红利。可以说,华为、字节跳动、小米、大疆这些横扫全球的中国科技企业,都享受了这一波扩招所带来的工程师红利。

我们曾经详细研究过大疆无人机崛起的案例。

2006 年,日本海关的执法人员以"手续不齐全"为由扣押了一个即将被运往中国的集装箱。装在这个集装箱里的货物,是中国公司采购的一架崭新的雅马哈 RMAXL 181 型无人驾驶直升机。

在 2006 年 1 月下旬，日本经济产业省告发了雅马哈公司，理由是"涉嫌向中国出售可转为军事用途的 RMAXL 181 型无人驾驶直升机"。

2006 年的事情发生后，相关领域的科研人员就被动员了起来。很多地方的农业相关科研院校开始设立农用航空的研究方向，决心研制中国人自己的植保飞机。2008—2012 年，中国高校开始着力培养农业航空方面的人才。除了农业航空，其他航空工程方面的专业也都成为发展的重点。此后，这些专业的人才开始井喷式发展，其中有相当一部分毕业生进入了以大疆为代表的民用无人机公司。

此外，大疆的飞行控制技术领先，很大程度上是来自哈尔滨工业大学和香港科技大学师生多年的研究。这些院校毕业的学生，相当一部分进入了大疆工作。如今，大疆有上千名飞行控制方面的工程师，垄断了行业 80% 的人才。

到 2022 年，中国产的民用小型无人机已经是毫无疑问的世界第一。大疆占据了全球 85% 以上的市场份额。当年对中国"卡脖子"的日本，现在每年需要从中国大量进口无人机。

从无人机这个案例可以看出，工程师红利有多么重要。

中国科技人力资源超过 8000 万人，工程师数量占全球四分之一，研发人员数量稳居世界第一。与此同时，在中国的互联网公司和科技公司工作，长期以来"996 工作制"都是标配，且中国工程师的薪资水平相较欧美普遍偏低，对于该产业来说，形成了实实在在的工程师红利。

应该看到，中国的工程师在引领世界的创新产品突破上，与美国尚有不小的差距。一个可以佐证的例子是，近年来包括智能手机、新能源汽车、可回收式火箭等改变世界的创新产品，都是美国人在引领，中国更多的是扮演跟随者的角色。快速的高校扩招，并没有带来顶级研发人才的同步培养，而是更多地体现在中低端基础人才的井喷上。

乔布斯有一句名言"一个出色的人才能顶 50 个平庸员工"。这代表了苹果公司的用人理念，所以，乔布斯花最贵的薪水去挖世界上最优秀的研发工程师和产品经理。

但我们相信，就像文体行业一样，产品开发也需要一定的天赋，而有天赋的研发天才的产生依赖于足够的人口基数。就像巴西盛产有天赋的足球运动员，是因为巴西的足球人口数高达 1600 万，足够的人口基数诞生了内马尔、罗纳尔多等世界级球星。

而中国的足球人口数不到10万，职业球员仅有8000人，过小的足球人口基数，很难挑选出有天赋的运动员。

因此，我们完全有理由相信，中国8000万研发人口当中，可以诞生出比肩乔布斯、马斯克的世界级研发大师。

中国职业教育的落后阻碍产业升级

根据教育部、人力资源和社会保障部、工业和信息化部联合印发的《制造业人才发展规划指南》："至2025年，新一代信息技术产业人才缺口将达950万人，高档数控机床和机器人领域人才缺口将达450万人，航空航天装备领域缺口将达47.5万人，海洋工程装备及高技术船舶领域缺口将达26.6万人。"

而根据领英的数据统计，2015年领英注册人才中，机械与自动化人才、信息技术人才数量合计达到70万。

分析他们的从业年限则可以发现，机械、信息行业从业0～3年的人才比例分别为39.1%与36.8%，高于国防及交通运输行业的32%与新材料制造行业的32.9%，而从业10年以上的机械领域人才与信息技术领域人才则分别降到了16.8%与15.5%，国防及交通运输行业与新材料制造行业则分别为19.3%与19.9%。

这也就意味着，在2005年之后出现了人才集中涌向机械与信息技术领域的情况，但根据国家预测，到2025年，中国的人才缺口仍将以机械与信息技术领域为主。

从本质上来看，这是中国工业需求的变与人才教育方向的不变之间产生的供需矛盾。

自20世纪90年代以来，中国的人口红利极大地推动了经济发展，各类劳动密集型产业在全国各地扎根，撑起了中国"世界工厂"的美誉。

但近几年，随着企业用人成本增加、人口老龄化等问题的出现，仅凭劳动密集型产业很难长此以往地维持社会财富增长，而近几年国家发展趋势也十分强调高附加值产业对国民经济总量的影响。

面对制造业产业升级趋势，制造业对于传统工人的需求越来越衰退，而对于具有高级制造能力的高级技工的需求越来越旺盛。这将会进一步放大国内高级技工稀缺的问题。

从教育部发布的高考录取率来看，1977年高考报名人数是570万，但是只录取27万人，录取率还不到5%，到2018年高考录取率已经达到81.13%，是1977年的17倍。

高校扩招带来了事物的两面性：更多人能够接受高等教育，国民素质得到普遍提升，因此也为我国的产业发展带来了工程师红利，更多人可以从事高薪高技术工作，如无人机、通信、人工智能、大数据等，拉动社会就业与发展。

但高考扩招，也意味着接受职业教育的人才不足，工业制造业出现了高级职业技工短缺的问题。根据央视财经报道，2019年我国高级技工缺口为2200万，即使未来6年这个数字不再扩大，到2025年，也将是同年信息技术、高档数控机床与机器人、航空航天装备、海洋工程装备人才缺口的总和的1.5倍。

而与之前提到大量人才涌入机械与信息技术领域不同的是，从2009年开始，全国高职院校的生源连续6年下降。

据统计，2010年普通高中招生836万人，而中等职业学校招生为870万人，2019年，普通高中招生839万人，与9年前数量大致相当，但随着出生人口下降，中职院校招生人数仅为600万，职业教育与普通教育的比例实际情况为4:6，与当时规划的数量有着较大偏差。

2020年，在一系列政策推进下，职业教育分流比例增加到了42%，为过去10年最高，而高等教育则通过不断扩招，招生比例一路从26.5%提升至54.4%。

事实上，国内实行中考1:1分流的政策已经长达10年之久，教育部公开数据显示，2010年，全国初中阶段毛入学率达到100.1%。

而2011年教育部发布的《教育部关于做好2011年中等职业学校招生工作的通知》指出，力争在2012年做到职业教育与高等教育招生规模大体相当，即中考实现1:1分流。

在这背后实际上是九年义务教育全面普及与高等院校招生规模比例不协调，根据原国家计生委数据，1992年出生人口为2100万，而到了这批新生儿长大高考时，2011年教育部确定的全国普通高校招生计划总规模为675万。2008年开始的高等教育扩招政策到了 2011 年仍出现大量的教育缺口，那么扩充职业教育将成为对高等教育进行补充的最佳模式。

也就是说职业教育 1∶1 分流这件事虽然已经执行了 10 年之久，不过由于各个地方落实的规范性不同，部分地区的分流比例甚至达到了 7∶3，过去几年社会对于中考 1∶1 分流概念感受不明显。

纵观世界，职业教育体制公认最发达的国家是德国，德国主要采用双元制职业教育。双元中，企业为一元，职业教育学院为一元。学生就读后可以直接与企业签订合同，参与企业制定的职业技能培训教学，并将 70% 的时间用于工厂实操，30% 的时间用于在校学习。学校也不收取学费，反而学生在工厂工作所获得的劳动报酬受到当地的薪资保护，并且可以获得相应的社会保险。

对标德国的双元制职业教育，国内的职业教育更类似一种社会的兜底教育，社会各界，尤其是学生家长对职业教育的认同度并不高，尤其是在高等教育扩招之后。

最先提出大学扩招主张的经济学家汤敏在接受采访时曾表示："大学扩招在当年引起了很大的社会争议，反对声音大多来自教育圈内部，认为扩招会导致合格生源不足，教育质量下降，或造成学历贬值，最终导致大学生失业潮。"

从整体角度来谈，大学扩招造就了更多高层次技术人才，为我国的航空航天、互联网、金融、机器人等领域的发展构建了雄厚的人才基础，但整体学历贬值也让基础工业技术人才变得十分稀缺。

发展人才是发展产业的根本，而过去 20 年间的职业教育发展失衡却让我们在众多十分依赖高级技工的产业中失去了先机。[1]

---

[1] 教育部　人力资源和社会保障部　工业和信息化部. 制造业人才发展规划指南[EB/OL].（2017-02-24）[2022-05-01]. http://www.gov.cn/xinwen/2017-02/24/content_5170697.htm.

中华人民共和国教育部. 教育部关于做好 2011 年中等职业学校招生工作的通知[EB/OL].（2011-04-21）[2022-05-01]. http://www.moe.gov.cn/srcsite/A07/moe_950/201104/t20110421_119392.html.

新华社. 高级技工严重短缺 学历偏见早该放下[EB/OL].（2019-01-15）[2022-05-01]. http://m.xinhuanet.com/comments/2019-01/15/c_1123990073.htm.

扩展阅读

关于全世界各国先进制造业的发展情况，推荐大家去看宁南山写的《未来站在中国这一边》。他非常擅长分析各种数据，对比各国产业的真实发展水平，以及分析中国在世界上的位置。

关于"卡脖子"的书有很多，这里推荐《大国的坎》。这本书对于西方针对中国"卡脖子"的基本规律进行了很多学术探讨，并且有大量的案例。同时以《科技日报》推出的系列报道为基础出版的书《是什么卡住了我们的脖子》，也是一本具有重要影响力的书。在许多媒体热衷于鼓吹中国产业多么多么厉害的时候，这本书以客观的事实，对于中国许多核心产业被"卡脖子"的现象进行报道，同时深刻探讨了其中的原因。

关于地方盲目上芯片项目，重复建设，产能过剩，推荐大家去阅读《财新》杂志的《地方造芯狂热症》一文（作者罗国平、薛小丽、单镭婧，发表于2019年12月9日），其中对于江苏淮安的德淮半导体项目有着深度的调查报道。

关于地方政府与新兴高科技产业之间的关系，推荐大家去阅读郑永年先生写的《制内市场》。郑永年先生在西方治学多年，对于中西方制度对比有深刻的研究。这本书里对于中国地方政府独特的融资模式、考核模式，以及其与中国发展新兴高科技产业之间的关系，有着较为深刻的探讨。

此外，复旦大学兰小欢教授写的《置身事内》也对中国地方政府的运行逻辑，以及其与光伏、液晶面板等新兴产业之间的发展关系有着较具深度的学术探讨。这本书虽然是学者所著，但是读起来并不生涩难懂，很适合普通读者涉猎。

关于科学和技术之间的关系，笔者强烈推荐大家去网上观看陆奇先生的演讲视频。他被认为是在美国杰出的华人工程师之一，曾任雅虎副总裁、微软副总裁、百度总裁。他对于科学和技术之间的关系，以及美国怎样发展基础科学，中国应该怎样学习跟进，有着独到的见解。大家可以去搜索一篇名为《陆奇最新演讲：2020，被加速的四大趋势》的演讲记录文章。

在所有关于韩国发展高新技术模式的研究图书当中，笔者首先推荐韩国学者李根著的《经济追赶与技术跨越——韩国的发展路径与宏观经济稳定》一书。这本书对于韩国政府在高科技产业和国产替代崛起过程当中的作用，进行了深入的论述。

韩国学者张夏成的《韩国式资本主义》也很值得一读，他是韩国文在寅总统秘书室政策室室长，主管文在寅政府的经济、社会政策事务。其有沃顿商学院金融学博士学位，理论功底非常扎实。他的这本书主要对韩国财阀的负面效应展开批判。

另外一名韩国学者郑德龟的《超越增长与分配——韩国经济的未来设计》一书，主要对韩国经济发展过程当中的政府作用和政府政策展开总结，也可一读。

几位中国学者在研究韩国科技产业方面的专著也很有价值，例如李东华著的《韩国科技发展模式与经验》，金香丹著的《韩美自由贸易协定对韩国经济影响》，王明达主编的《韩国科技与教育发展》，崔志鹰、朴昌根著的《当代韩国经济》。

如果大家了解韩国经济和财阀，想顺便看一看韩国政治生态方面的图书，笔者推荐大家看看文在寅总统的回忆录《命运——文在寅自传》。因为这些韩国政治人物的回忆录当中往往包含大量一手的信息和细节，能让我们很好地了解他们的思维方式、决策逻辑。遗憾的是，笔者在中国能找到的韩国人写的高质量回忆录少之又少，而文在寅总统的这本回忆录值得一看，里面对于平民出身的卢武铉总统和文在寅总统如何展开和财阀的斗争，包括与亲财阀的李明博总统如何展开政治斗争有着详细的一手记录。

想了解韩国企业家和政府之间的关系，笔者推荐大家去看看韩国现代集团创始人郑周永写的《我的现代生涯》。虽然郑周永文化水平不算高，但却是韩国第一代企业家的代表。他写的书很朴实，有很多一手的细节记录。看完之后对于我们理解韩国这样一个后发国家如何完成工业化并变成工业强国很有帮助。

如果大家想了解苹果产业链对于中国及世界的影响，可以看一下《一只 iPhone 的全球之旅》一书。这本书讲述了苹果手机在美国加州设计，在日本韩国生产芯片、面板等关键零部件，在中国多个地方生产其他重要组件，并最终在中国大陆的富士康工厂组装，然后出口到全世界，而二手的苹果手机再被回收中国，来到广东的一些村子里被拆解而结束其一生的故事。

要想了解光刻机和基础科学之间的关系，笔者推荐大家去知乎阅读半导体行业媒体芯智讯主编浪客剑写的《国产"28 纳米光刻机"又跳票？到底卡在了哪里？》一文。其很详细地讲述了国产光刻机的水准和以荷兰 ASML 公司为代表的世界先进水准的差距在哪里。

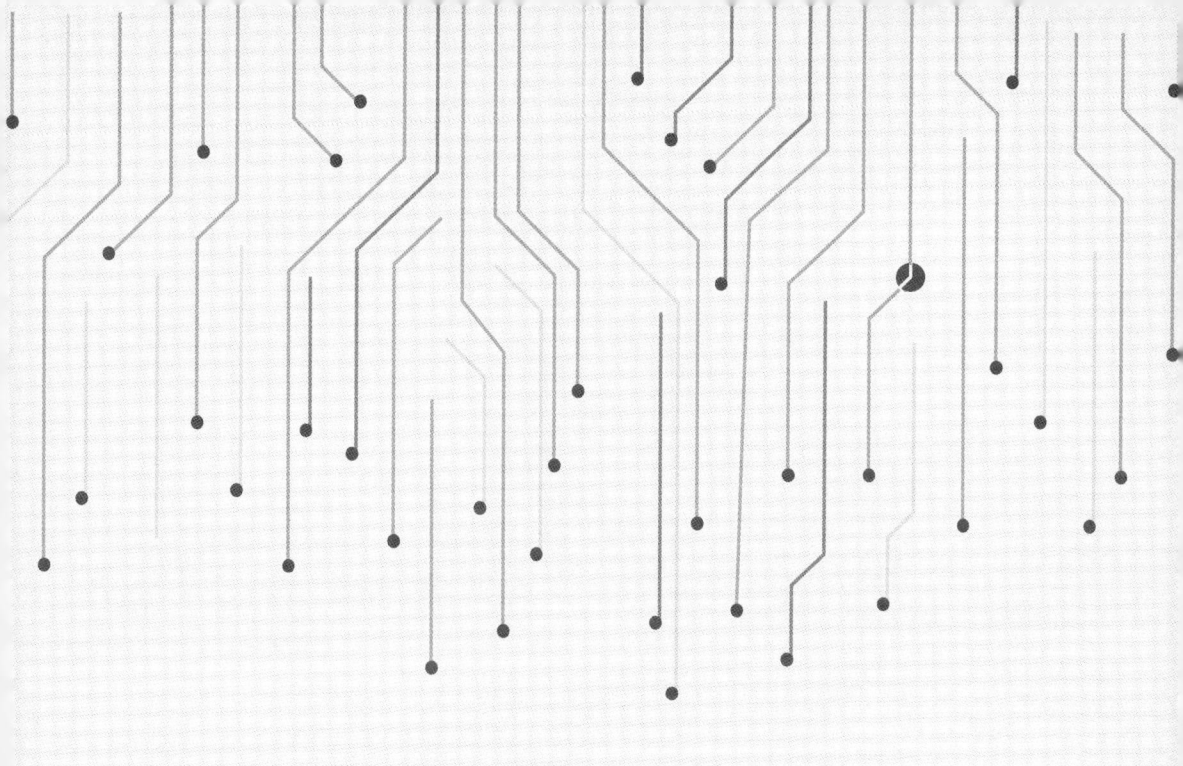

第二篇

高端制造业的国产替代

笔者还记得很多年前去美国硅谷圣克拉拉市的英特尔总部参观拜访时的景象。英特尔总部坐落在一片外形低调的大楼里面，但所有人都知道，这是全世界半导体产业的中心。这家公司2021年的净利润高达200亿美元，是整个硅谷和美国科技产业的象征。

英特尔的博物馆有一个很通俗直观的演示：一颗芯片是怎么生产出来的。让笔者印象最深刻的是，芯片居然是由沙子做出来的，沙子中含有丰富的硅成分，然后通过科技手段，提纯99.9999999%，做成又长又圆的单晶硅棒，再切片变成晶圆片，然后在芯片上植入上亿晶体管形成集成电路，变成手机和电脑里面的处理器。

这种变沙子为芯片的能力，全世界只有个位数的国家能掌握。中国大陆现在只具备生产中低端芯片的能力，高端芯片需要大量进口，受制于人。在我们研究的所有需要国产替代的产业里面，可以说半导体是最急需突破的，其紧迫性和重要性甚至到了可以和"两弹一星"相提并论的程度。

造手机需要芯片，造飞机需要芯片，造电脑需要芯片，造机器人需要芯片，造数控机床需要芯片，造卫星需要芯片，造家电需要芯片，造汽车需要芯片，造导弹需要芯片……在这个数字的世界里面，可以说没有芯片，中国制造要走向高端就时刻会被人"卡脖子"。

芯片难搞是地球人都知道的事情，这种指甲盖大小的硅片上面，集成了几十亿个晶体管。幸运的是，中国的半导体产业已经有较为完整的产业链，至少解决了有和无的问题。在芯片设计领域，中国的华为海思和紫光展锐等公司已经逐步跻身世界前列，其他新创办的芯片设计公司也如雨后春笋般冒了出来。在半导体代工制造领域，中芯国际已经能成熟量产28纳米制程，并正在向14纳米挑战。在最难突破的光刻机领域，上海微电子有限公司宣称将交付28纳米国产光刻机。在EDA设计软件领域，中国厂商华大九天也积累了多年。在上游的光刻胶材料上，北京科华微电子、晶瑞股份、南大光电、上海新阳等厂商正在努力追赶日本厂商。在存储芯片领域，武汉的长江存储和合肥的长鑫存储都取得了较大进展，正在努力追赶韩国厂商……

中国自2014年开始成立半导体行业投资国家大基金（全称"国家集成电路产业投资基金股份有限公司"），这一举措被认为具有相当的前瞻意义。在华为被制裁前，中国的半导体行业迎来了约4年的宝贵发展期。要知道中国人利用这宝贵的几年时间完成了半导体行业的基础搭建，许多细分领域实现了从0到1。

某种程度上，2019年开始的芯片"卡脖子"，其实是加速了中国半导体产业的发展。

举例而言，过去中芯国际只能跟在台积电后面追先进制程，非常辛苦，很多时候差距不是在缩小，而是在拉大。但是随着"卡脖子"的到来，许多厂商不得不采购国产芯片，并且接受制程落后一些的现实。

近年来除了智能手机、电脑需要大量使用芯片，越来越多的其他设备也开始使用芯片，比如新能源汽车、扫地机器人、智能音箱、无人机、电动玩具、智能电视等。这些设备并不都像智能手机那样要用到3纳米、5纳米的先进制程，大部分只需要14纳米或者28纳米的芯片就已经足够。除此之外，军工、航天、工业设备等领域对于先进制程芯片的要求也不如智能手机那么高。从这个角度来说，国产芯片其实已经可以满足中国很大一部分的芯片需求，如此庞大的市场体量，养活本土的芯片制造厂商，是完全没问题的。

中芯国际在北京亦庄新建的工厂，据称给了大批国产半导体设备测试的机会，这对于产业的带动力量相当之大。要知道，在此之前，中国已经能制造光刻机等半导体设备，但是因为中芯国际要与其他领先企业竞争先进制程，国产设备基本上得不到什么真正的实战机会。

不过，我们要有强烈的危机感，现在在半导体设备、半导体材料、半导体设计软件、半导体专利等方面，中国厂商在短期内取得重大突破的难度还是很高，一旦美国对中国半导体行业实行全面封锁式的"卡脖子"，中国依然是相当艰难的。

但笔者充满信心，中国的半导体产业，终将引来扬眉吐气的一天。一旦中国的芯片技术取得突破，中国制造的上限将是不可估量的。

半导体行业的状况，是中国高端制造业的一个缩影。作为一个人均GDP仅有1万美元出头的国家，中国在半导体、液晶面板、智能手机、新能源、新能源汽车等产业上，都在世界上具有相当的竞争力，而我们的竞争对手，则通常是人均GDP高达三四万美元的发达国家。

在本书"高端制造业的国产替代"这一部分里，我们将详细讲述半导体、新能源汽车、光伏、液晶面板、心脏支架等高端产业的国产替代案例，这里面有成功的，也有失败的。从这些案例当中，我们可以找到一些关于发展高端制造业国产替代的共同规律。

第五章　半导体产业的国产替代

2018年以来，中美两国的"贸易冲突"愈演愈烈。美国特朗普政府先后针对中国实施了数次制裁，其形式从提高关税到限制技术出口各种各样。而在这轮举世瞩目的"贸易冲突"中，受到公众最多关注的领域莫过于半导体产业。

2020年5月15日，美国商务部发布禁令，要求任何企业将含有美国技术的半导体产品销售给华为之前，都必须获取美国政府的出口许可。考虑到相关企业手中仍持有即将发往华为的货物或未完成的华为订单，该禁令在实施前有120天的缓冲期。2020年9月14日为缓冲期的最后一天，9月15日起，该禁令正式执行。

从根本上来说，美国政府使用如此严酷禁令的底气在于美国在电子科技领域的绝对优势。从电子管到晶体管，从电话到计算机再到互联网，现代电子科技产业发展历程中的许多重要发明背后，都有美国政府、美国企业或美国科研院校的身影。

受历史原因限制，中国电子科技产业直到新中国成立后才开始起步。因此，中国电子科技产业的发展时间较短且时刻面临严峻的外部环境。《瓦森纳协定》及其他禁令的存在，导致中国无法像日韩那样自由进口先进半导体设备和技术，中国半导体产业的发展始终受到巨大限制。

中国半导体产业：成熟制程自给自足，先进制程依赖进口

总的来说，中国的消费电子技术之所以难以在世界市场上取得优势地位，根本原因在于半导体技术受到制裁，相较于世界先进水平仍然较为落后。当今时代，芯片的

运用早已普及，很多传统印象中和电子科技无关的事物也早已得到了芯片的助力——智能马桶、智能油烟机等市面上流行的智能家居设备便是明证。

然而，不同功能的芯片，其设计、制造难度也是不同的。公交卡、电磁炉、智能马桶上的芯片功能简单，其设计制造也并不困难。对于这类低端的芯片，中国早就已经具备大规模批量生产的能力，乃至已经大规模对外出口了。而大众媒体中常谈到的被"卡脖子"的芯片，则被视为"芯片中的爱马仕"——微处理器芯片。

从产业链的角度来看，整个芯片行业大致可以分为设计、制造、封装、测试四个环节。

在行业内，有不少企业扮演的是类似于土木工程行业中的"设计院"角色。此类企业只负责芯片的设计工作，不从事制造和测试，被称为fabless（无厂模式）。华为旗下的海思半导体、美国的高通都归为此类。

负责制造芯片的企业，被称为foundry（代工）。此类企业类似于"施工队"，即根据已经确定的设计方案进行芯片制造工作。其中的典型代表就是台积电、中芯国际、格罗方德。

另外，还有一些企业扮演的是"工程监理"的角色，即对已经制造出来的芯片进行封装和测试，确保这些产品能够合格交付最终客户。

在"设计、制造、封装、测试"四个环节中，制造是中国最为薄弱的环节。之所以会在半导体产业上被"卡脖子"，主要是因为在制造环节上受制于人。实际上，高端芯片已经成为中国对外依存度极高的一种产品——2019年，中国进口了总计价值1.5万亿元的原油，而就在同一年，中国进口的芯片的价值则高达2万亿元。众所周知，我国对进口石油的依赖程度已经算是比较高的了，而高端芯片的对外依赖程度，甚于原油。

为什么会这样呢？因为制造高端芯片，其难度丝毫不亚于制造航空发动机或是空间站。从国家和地区数量上来看，全世界共有9个国家拥有原子弹技术，有7个国家拥有可立即投入使用的洲际导弹，但只有4个国家和地区掌握了高端处理器芯片的制造技术。至于制造高端芯片所需要的"EUV光刻机"，则全世界只有荷兰的ASML公司掌握它的生产技术，而且还是在全球数十个国家和地区共同协作之下完成的。

芯片中的晶体管数量是决定芯片处理能力的核心指标，为了让芯片具有更强大的计算能力，芯片上需要堆积更多的晶体管。这里，我们就必须提到著名的"摩尔定律"。摩尔定律并不是一个可以用严谨的数学方程式证明的定理，而是美国半导体工程师戈登·摩尔（Gordon Moore）对半导体产业技术演进趋势的"感性总结"——在半导体器件价格基本不变的情况下，集成电路之中所容纳的晶体管数目每隔18～24个月就会翻倍，其性能也将随之翻倍增强。

20世纪70年代，世界上第一块商用微处理器芯片"4004处理器"问世。它虽只有一枚硬币的大小，内部却装有2250个晶体管；而2019年华为海思发布的"麒麟芯片"内部则装有将近69亿个晶体管。假如我们用4004处理器的工艺来安装这69亿个晶体管，那么最后得到的是一块面积达600多平方米的芯片，比一个篮球场还大。

根据摩尔定律，芯片上晶体管的数量总是会翻倍增加，而芯片本身的大小却又相对稳定不变。因此，晶体管只能越来越小，彼此之间的排布也越来越紧密。于是，人们便提出了"制程"这一指标。

所谓制程，指的是晶体管（见图2-5-1）上面栅极的宽度，栅极越宽越费电。4004处理器的大小和麒麟芯片的大小相差无几，但前者为10微米制程，后者为7纳米制程。1微米=1000纳米。一个4004处理器上的晶体管栅极，宽度大约等于1400

图2-5-1　晶体管结构

个麒麟芯片上的晶体管栅极。当今世界，只有台积电和三星两家企业掌握了7纳米芯片的量产技术，中国大陆的7纳米制造技术仍然在紧张研发之中，尚未实现大规模量产。所以，从物理角度上来说，也只有台积电和三星能为中国大陆市场提供高端的处理器芯片。另外，掌握着30台光刻机的台积电，良率目前也比中芯国际要高出不少。这就意味着要拿出同样数量的合格芯片，台积电所生产的芯片总量要大大低于中芯国际的，成本上具有很大的优势。虽然在消费电子领域，中国所处的形势并不算太乐观，但这并不致命。最需要落实国产替代的地方，是那些要害领域，比如国防、航天、交通运输、能源。值得高兴的是，在这些领域中，中国其实早已经实现了自主可控。

相较于消费电子行业的产品，人们对军事和工业上使用的芯片有着截然不同的要求。智能手机的处理器芯片是消费电子行业的代表产品，因为需要给用户提供优秀的使用体验，满足视频、游戏等多种复杂的功能，故而其主要考察的是功耗、算力等指标。而在国防、工业中使用的芯片最看重的是其可靠性和稳定性，因为它并不需要处理如此复杂的任务，也不讲究用户体验，所以也就不需要5纳米、7纳米这样精细的工艺制程。美国F-22战斗机的机载电脑的性能，其实远远不如同时期的家用电脑。

以军用的GPU为例。GPU，全称是graphic processing unit（图形处理单元），是一种半导体产品品类。顾名思义，主要任务就是进行图像的处理——简单来说，就是将单调的信号转换成为屏幕上具体的图像，让每一个像素点，出现在它们应该出现的地方。尽管听起来好像功能很单调，但需要它发挥作用的地方实在是太多太多了：电子游戏、自动驾驶、机器识别、军用雷达、武器瞄准……几乎一切需要"视觉"的地方，都离不开GPU的帮助。

对军用GPU来说，一种重要的应用就是在飞机的航电系统上。航电系统的全称是"综合航空电子系统"，对如今主流的战斗机来说，航电系统是飞机的灵魂所在。

航电系统的日常就是处理速度、高度等飞行数据以及传输各种信号，而航电显示系统则是战机和飞行员之间实现人机交互的窗口。

二战和冷战时期，因为技术还没这么发达，飞行员主要靠密密麻麻的仪表盘来了解飞机的飞行状态。在实际的战斗中，飞行员往往一边屏住呼吸和敌人缠斗，一边还要盯着自己面前的几十种仪表，精神压力巨大，严重影响战斗力。

随着技术进步，电子光学仪表逐渐取代了老式的机电仪表。对现代战斗机的飞行员来说，机载计算机系统已经成了他们的"左膀右臂"，不仅极大地减轻了工作负担，还可以通过头盔显示器把相关数据和信息以最直观的方式呈现在飞行员面前。

不过，军用 GPU 最重要的指标还是"稳定"。和民用 GPU 不同，战斗机上的 GPU 随着战斗机进行机动，不仅承受着 6 个 G 以上的过载，而且还经常在几分钟的时间内从零下三十几摄氏度的高空俯冲到温暖的超低空，同时还要忍受战场上复杂的电磁环境。如果使用民用 GPU，纵然性能先进，也很可能会在关键时刻"掉链子"。

2014 年，长沙的景嘉微 JM5400 通过了军队的验收，终结了我国没有自主军用 GPU 的历史，实现了军用 GPU 的国产替代。由此可以看出，中国在与国防、工业相关的芯片上基本能够满足"自主可控"的需求。实际上，电科 38 所"魂芯Ⅱ-A"芯片已经做到了国际领先的水准，其各项技术指标超过国家行业标准，达到国际同类产品先进水平。

中国自然不应该也不能仅仅满足于国防、工业上的芯片自给自足，消费电子作为半导体产业里"最大的一块蛋糕"，中国厂商必然要布局于此。而目前摆在中国厂商面前的主要阻碍仍旧是技术问题。

以目前中国大陆规模最大、技术最先进的芯片制造企业中芯国际为例，其总资产为 1100 亿元，年收入 200 亿元，毛利率维持在 20% 上下[1]；而台积电总资产高达 5200 亿元，年收入高达 2400 亿元，毛利率 46%[2]。从现有数据来看，中芯国际和台积电之间的实力差距已经不在一个数量级。

从技术水平来看，目前中芯国际最先进的工艺制程水平为 14 纳米，已能满足智能手机、平板电脑、AI 芯片等领域的需求，但距离世界顶尖水准的 5/7 纳米仍有代际差距。另外，14 纳米和 28 纳米制程的产品对中芯国际的收入贡献作用有限，说明目前中芯国际的主要产品仍然是 28 纳米以上的非高端产品。而反观台积电，其 94% 的

---

[1] 中芯国际集成电路制造有限公司. 中芯国际集成电路制造有限公司 2020 年年度报告[R]. 上海: 中芯国际集成电路制造有限公司, 2021.

[2] 台湾积体电路制造股份有限公司. 台湾积体电路制造股份有限公司 2020 年度年报[EB/OL].（2021–03–12）[2022–05–01]. https://investor.tsmc.com/static/annualReports/2020/chinese/index.html.

收入都来自最先进的 10 纳米以下先进制程的产品。不过，中芯国际的追赶势头极其猛烈，研发投入强度极高——中芯国际的研发费用已经占了营业收入的 22%，远高于台积电的 9%。

政策方面，中国政府对本土的半导体产业扶持力度极大，正在积极探索针对半导体产业核心技术的"新型举国体制"，并且对芯片行业开始了力度极大的减税。值得注意的是，政府在税务方面的减免措施以"工艺制程"作为分类基础：只要企业或项目营运超过 15 年，且工艺制程在 28 纳米以下，就能在未来 10 年内免征企业所得税。由此可见，政府已经决定对半导体产业进行大力的扶持，国产替代的窗口才刚刚打开。

不过，对于中国的半导体厂商来说，机会就在眼前——2020 年新冠疫情以来，全球半导体产能都受到重大打击，而中国由于疫情防控有力，迅速恢复生产。整体来看，当前国际芯片产业处于供不应求的状态。疫情之后，中芯国际大幅度提高了产能，2020 年增加了 3 万片 8 英寸的产能、2 万片 12 寸的产能、1.5 万片高端 FinFET 产能——换算 8 英寸等效计算的情况下，总产能可以达到 22.5 万片 / 月。从 2021 年数量来看，中芯国际已经在全球排名第四，获得了 5% 的市占率。

因此，总的来说，中国半导体厂商在短期内赶上国际先进水平仍旧属于小概率事件，但从长期来看，有了超强的研发投入、强大的政策支持，以及"新型举国体制"的加持，中国的晶圆厂在未来必然能够追赶乃至超越世界先进水平。

越发复杂的半导体设备体系

中国半导体产业最核心的问题并不是缺少先进的工艺调教，而是缺少国产的半导体设备和半导体材料。

根据《瓦森纳协定》，该协定的缔约国应当对该协定控制清单上的货物出口实施国家控制，由该国政府决定是否允许或拒绝出口某类产品。《瓦森纳协定》的控制清单分为两类：一类是军民两用商品和技术清单，包括先进材料、材料处理、电子器件、计算机、信息通信、激光传感设备、导航与航电设备、船舶与海事设备、推进系统等九大类产品和技术；另一类则是纯粹的军用品清单，总计包括 22 个大类，涉及多种武器弹药、设备和作战平台。

在"军民两用商品和技术清单"之中，就包括了半导体产业发展所必需的半导体专用制造设备。"一代装备，一代产品"，这是半导体行业重要的"游戏规则"。芯片作为一种精密程度极高的高级工业制成品，其加工制造离不开特种设备、材料和工具的使用——卡住半导体设备的"脖子"就等于卡住了芯片的"脖子"。

在2015年的技术条件下，英特尔、三星、台积电等厂商可以从荷兰ASML购买10纳米制程的光刻机，而中国大陆的厂商仅能购买ASML5年前（2010年）生产的32纳米光刻机。中国半导体设备制造业相比国际先进水准有2～3代的差距，因此始终不能在高端处理器芯片上实现"自给自足"。

相比起最终的芯片成品，大众舆论对于半导体设备的了解严重不足。这种不足表现在两方面：其一是对于半导体装备体系的复杂性了解不足，其二是对于"光刻机"的过度重视。事实上，半导体装备是一个极其复杂的系统，光刻机只是其中一环。在晶圆厂的生产线上，和光刻机同等重要的设备还有很多很多。

常规来看，诸如台积电、中芯国际这样的大型晶圆厂往往会划分7个彼此独立的车间来完成芯片制造的不同工序。由于工序不同，每个车间所需要的设备自然也完全不同。这7个车间分别是：热处理(thermal process)，光刻(photolithography)、刻蚀(etch)、离子注入（ ion implant ）、薄膜生长（ dielectric deposition ）、抛光（ chemical mechanical polishing，CMP ）、金属化（ metallization ）。

具体来看，每个车间又需要如下设备来完成相应的工艺：

"热处理"车间，执行氧化、快速热处理（ ropid thermal processing，RTP ）、激光退火3种工艺，需要氧化炉、RTP设备、激光退火设备。

"光刻"车间，执行涂胶、测量、曝光、显影4种工艺，需要涂胶显影设备、CD SEM(critical dimension scanning electron microscope, 特征尺寸测量用扫描电子显微镜）等设备、光刻机。

"刻蚀"车间，执行干法刻蚀、湿法刻蚀、去胶、清洗4种工艺，需要等离子体刻蚀机来完成干法刻蚀，以及湿法刻蚀设备来完成湿法刻蚀，此外，还需要等离子去胶机和相关清洗设备。

"离子注入"车间，执行离子注入、去胶、清洗3种工艺，需要离子注入机、去胶机和清洗设备。

"薄膜生长"车间，执行CVD（chemical vapor deposition，化学气相沉积）、PVD（physical vapor deposition，物理气相沉积）、ALD（atomic layer deposition，原子层沉积）、CMP（chemical mechanical polishing，化学机械抛光）、清洗等工艺，需要CVD设备来完成化学气相沉积，需要PVD设备来完成物理气相沉积，需要RTP设备来完成快速热处理，需要ALD设备来完成原子层沉积。

"抛光"车间，执行CMP、刷片、清洗等工艺，需要CMP设备来进行化学机械研磨找平，也需要刷片机和相关的清洗设备。

"金属化"车间，执行PVD、CVD、电镀、清洗等工艺，除了PVD、CVD、清洗设备，还需要相应的电镀设备来完成"芯片铜互联工艺"。

即便以最粗略的方式来进行分类，半导体装备至少超过20种。光刻机不过只是其中一种而已。正所谓"一代设备，一代芯片"，拥有先进、完整的半导体装备体系，是制造高性能芯片的先决条件，如表2-5-1所示。

表2-5-1 典型晶圆生产车间里的半导体设备体系

生产区域	工艺	设备
扩散	氧化 RTP 激光退火	氧化炉 RTP设备 激光退火设备
光刻	涂胶 测量 曝光 显影	涂胶/显影设备 CD SEM等 光刻机 涂胶/显影设备
刻蚀	干刻或湿刻 去胶 清晰	等离子体刻蚀机 湿法刻蚀设备 等离子去胶机 清洗设备

续表

生产区域	工艺	设备
离子注入	离子注入	离子注入机
	去胶	等离子去胶机
	清洗	清洗设备
薄膜生长	CVD	CVD设备
	PVD	PVD设备
	RTP	RTP设备
	ALD	ALD设备
	清洗	清洗设备
抛光	CMP	CMP设备
	刷片	刷片机
	清洗	清洗设备
金属化	PVD	PVD设备
	CVD	CVD设备
	电镀	电镀设备
	清洗	清洗设备

资料来源：SEMI，长江证券研究所

以中芯国际位于天津的T3 12英寸集成电路生产线项目为例：在一个成熟的、月产1万片12英寸晶圆的生产线上，扩散设备需要22台，CVD设备需要42台，涂胶去胶设备需要15台，光刻机需要8台，刻蚀设备需要25台，离子注入设备需要13台，PVD设备需要24台，研磨抛光设备需要12台，清洗设备需要17台，检测设备需要50台，测试设备需要33台，其他各种设备需要17台。[①]

因此，半导体行业是不折不扣的重资产行业——企业的资金基本都用在了设备的购置和维护上。仅仅是上述的这些设备，就已经占了设备投资总额的80%。

繁杂的设备只是高端芯片制造过程中的一个"小难点"，高端芯片制造的更大难点在于其越来越复杂的工艺。正如前文提到的摩尔定律所说，每隔18～24个月，芯片上的晶体管数量便会成倍增加——这也就意味着芯片制造的工艺越来越复杂、工序

---

① 赵智勇，姚远，臧雄，等.半导体设备专题五：国产晶圆制造设备需求数量测算[R].武汉：长江证券，2018.

越来越多。尤其需要注意的是，当芯片的工艺制程下探到 22 纳米以下的时候，传统的沉浸式光刻技术就已经无能为力了。此时，必须使用极度烦琐的多重曝光技术——整个芯片的工艺步骤也因此突破了 1000 步的大关。

由于制造工序增加、工艺更复杂，芯片的生产时间也在拉长。为了保证足够的产能，晶圆厂必须在生产线上安装更多的设备以提高产能。因此，在同样的产能下，先进生产线所需要的设备数量远远高于常规工艺的生产线。

目前，中国绝大多数晶圆厂的绝大多数产品的工艺制程仍然相对落后。即便是对于中芯国际这样的头部晶圆厂，14/28 纳米制程的产品也仅仅占比 14.6%，占绝大多数份额的仍然是 45 纳米以上制程的产品。由此我们也可以推断：中国大多数晶圆厂确实缺乏高端、先进的生产设备，整体水平相较于同行较为落后。如果中国半导体装备产业一日不能提供足够先进的设备，那么这些晶圆厂就一日没办法生产更先进的芯片。

中国半导体设备的国产替代：门类齐全但仍有技术差距

总体来说，相比起西方发达国家或地区的半导体装备体系，我国的半导体装备体系仍旧比较落后，整体落后 1~2 代，个别产品落后 3 代以上。尽管少数产品（刻蚀机）已经达到了世界先进水准，但整体仍旧有较大差距。

不过，相较于西方发达国家，我国的优势在于产业完整。热处理、光刻、刻蚀、薄膜生长……尽管中国的半导体设备技术水平仍相对落后，但我们拥有几乎每一类产品的设计、制造能力。

根据光大证券的研究报告[①]：扩散设备，全球市场规模 16 亿美元，占半导体设备市场的比重为 3%。目前国际主流水准为 7/14 纳米，我国的北方华创最先进的产品为 28 纳米，落后 1 代。具体来说，卧式扩散炉由于结构简单，国内已经实现了自给自足。立式扩散炉技术目前仍垄断在日本东京电子、日立国际等厂商手中，北方华创目前仅能小批量生产 300 毫米直径的立式炉。

---

① 杨明辉,王锐,殷磊,等.国产半导体设备技术加速追赶,国产替代正当时——半导体设备行业深度报告[R].上海：光大证券，2019.

光刻设备，全球市场规模 98 亿美元，占半导体设备市场的比重为 18.2%。目前国际主流水准为 5/7 纳米，我国沈阳芯源微、上海微电子等企业的先进产品水准为 65 纳米，落后 3～4 代。具体来说，在涂胶显影设备方面，日本东京电子处于垄断地位，市场份额 87%，沈阳的芯源微占比只有 4%。在光刻机方面，高端技术垄断于荷兰 ASML 公司手中，日本尼康和佳能实力也不俗，工艺制程普遍都已经达到 7～14 纳米水平。而上海微电子，最先进制程为 65 纳米，落后 3～4 代。

刻蚀设备，全球市场规模 129 亿美元，占半导体设备市场的比重为 23.8%。目前国际主流水准为 7 纳米，我国北方华创和中微半导体的先进水平为 7/14 纳米，基本已经追平国际主流水准。具体来说，等离子体刻蚀机、湿法刻蚀机仍旧垄断在美国泛林、日本东京电子、美国应用材料 3 家手中，3 家总计占据了 94% 的市场份额。北方华创和中微半导体虽然已经在技术上追平了西方厂商并成功进入了台积电等大厂的采购名单，但在市场竞争中仍然和西方厂商有较大的差距。

离子注入设备，全球市场规模 16 亿美元，占半导体设备市场的比重为 3%。目前国际主流水准为 7/14 纳米，我国中信科、凯世通等厂商的先进产品仍旧停留在 28/45 纳米水准。具体来说，离子注入设备主要被美国垄断，市场份额 70%，美国 Axcelis 公司占比为 20%。清洗设备，日本 DNS 占据了 60% 的市场份额，东京电子占据了 30%。

薄膜沉积设备，全球市场规模 145 亿美元，占半导体设备市场的比重为 26.9%。目前国际主流水准为 7/14 纳米，我国北方华创已经突破了 7 纳米技术，基本追平。具体来看，PVD 设备方面，美国应用材料一家独大，市场份额高达 80%；CVD 设备方面，美国泛林、应用材料、东京电子，3 家合计占比 70%。北方华创的 28 纳米的产品已经实现销售，14 纳米及更先进的 PVD 设备已经投入生产线进行验证。

抛光设备，全球市场规模 21 亿美元，占比 3.8%。国际主流水准目前为 7/14 纳米，国内大部分企业的进度为 14/28 纳米，华海清科、盛美、电科 45 所等厂商均有布局。具体来看，美国应用材料和日本 Ebara 占据垄断地位，分别占有 60% 和 20% 的市场份额。国内市场上，华海清科的抛光设备已经在中芯国际生产线上进行试用。

清洗设备，全球市场规模 36 亿美元，占比 6.6%。国际主流水准目前为 7/14 纳米，我国目前大部分企业的先进水平为 14 纳米，勉强追平，整体落后 1～2 代。具体来看，日本的 Screen 和东京电子占据了全球 78% 的市场份额，目前我国大陆主要厂商有盛美半导体、北方华创和至纯科技。其中，盛美的产品水准已经达到了 14 纳米，进入生产线验证。

请给国产半导体设备在市场中锻炼的机会

尽管中国半导体设备相较于国际先进水平还有较大的差距，但并非没有追赶上的可能。中国半导体装备产业已经体现出了非常强势的发展速度，政策、教育方面也有较大的投入和支持。

笔者认为，目前大部分半导体装备企业最缺少的、最需要的，其实是参与实际生产的机会，即市场份额。

根据北方华创董事长赵晋荣的观点，中国半导体装备产业的强项在于研发速度和服务质量，弱势则在于起步较晚，缺少产业内的口碑和影响力。半导体行业是绝对的重资产行业，晶圆厂采购设备必须慎之又慎，一旦出现问题，带来的损失将不可估量。另外，晶圆厂对于技术升级的需求极高，必须坚持选择能力范围内最尖端的技术。

在这样的因素作用下，晶圆厂更多考虑的是设备的可靠性和先进程度。在这个过程里，厂商的目的在于快速、稳定地实现先进工艺产品的量产。因此，晶圆厂对于设备质量有严格的要求，往往倾向于购买早已成熟的先进设备。国产设备由于起步较晚，一方面普遍落后世界先进水平，另一方面缺少业内的口碑，也就很难进入大型晶圆厂的采购名单。

另外，国内晶圆厂也急于追赶世界先进水平，往往在采购装备的时候参考三星等企业的选择，倾向于选择进口设备。因此，国产半导体设备的市场占有率即使是在中国市场上也不太好看。

这种现象带来的负面影响非常严重——芯片的生产不是设备到位就能立刻开始的，不同的芯片，加工的工艺也不尽相同。生产线上的几十、上百种设备，按照什么顺序安装，什么时候用什么设备，怎么使用这些设备都需要经过复杂、严格的论证和试生产。国产装备不被采购，连试生产的机会都没有，自然也就没有在实践中快速改进的机会。

在半导体产业中，装备生产商和晶圆厂之间是密切合作的关系——装备生产商需要根据晶圆厂反馈的一线生产信息来改进设计，晶圆厂也会投资装备生产商来研发领先对手的装备。荷兰光刻机巨人ASML就先后接受了英特尔、台积电和三星总计超39亿欧元的投资，这恰恰就是这种关系的体现。

从客观上来说，外部封锁反而给中国的半导体设备厂商提供了绝好的机会——受到禁令影响的中国晶圆厂由于很难再采购外国先进设备，只能选择和国内装备商合作，整个产业链也都在积极进行"国产替代"——在正常情况下需要付出大量成本才能做成的事情，在禁令作用下却迅速推进了。

中芯国际作为中国大陆最大的晶圆厂，由于受到制裁，如今只能采购大陆的半导体设备。借助中芯国际，国内许多设备也就提高了在行业内的认可度，各大厂商也会更加愿意选择这些设备。现在，已经有很多晶圆厂主动向北方华创、中微半导体这样的企业寻求合作了。

现在，国内的设备生产企业的产品已经开始呈现"0—1—n"的迭代特点，实现了核心技术"从0到1"的突破后，剩下的"从1到n"的改良式进步就会快很多。

正如前文我们所说，中国半导体装备产业链很完整，各个领域也都取得了一定的突破，和外国的整体差距正在逐渐缩小。国内的设备厂商目前正处于"从0到1"和"从1到n"之间的区域，相信假以时日，就能够达到国际先进水平。

笔者认为：中国半导体产业发展到今天，最大的阻碍来自外部的限制。半导体产业是一个全球化程度极高的产业，世界半导体产业发展到今天，靠的不是一个两个先进国家或地区的贡献，而是靠全球人民的智慧和全球各地企业的合作。

在这样的浪潮之下，中国涌现了一大批像华为海思这样优秀的半导体设计企业，也出现了像中芯国际这样优秀的半导体代工制造企业。小米、华为手机在全球的畅销以及各种欧美芯片企业在我国办厂，意味着中国的的确确已经深刻嵌入了全球半导体的产业链。这些都是中国半导体产业发展过程中的闪光之处。

但中国长期以来一直都受《瓦森纳协定》的限制，始终不能获得最先进的半导体制造设备，这也就导致中国始终没有形成先进制程芯片的生产能力。因此，中国虽然也是芯片生产基地，但产品的生产水平较低。

在常规条件下，中国大陆企业还可以委托台积电代工生产先进制程的芯片。但在如今这个受到重重限制的时代，台积电已经爱莫能助。大陆的半导体设备起步较晚，由于技术落后于先进水平，因此失去了市场，也失去了和客户共同成长的机会——这也是整个中国半导体设备企业发展中的惨痛教训。

我们不妨按照最坏的情况假设一下，如果某天早晨一觉醒来，我们发现在一股神秘力量的驱使下，中国半导体产业被完全隔绝，成为世界市场中的一座孤岛，将会发生什么？（虽然这种情况不可能发生。）

最先失灵的将会是用于芯片设计的各类 EDA 软件和 IP 授权，以进口 EDA 软件和 IP 授权在国内的市场份额来看，将会有大批芯片设计企业陷入半瘫痪状态。但此时，国产 EDA 软件提供商则会扛起产业存亡的责任——国产 EDA 软件将被动地大举进入市场，然后在 3~5 年的时间里，在与企业的合作过程中进行迭代。

半导体设备和材料反而不会率先失灵，之前已经购置到位的设备和材料还能帮助我们生产一段时间。但如果时间拉长，这些进口的半导体设备可能出现故障、老化的情况，此时就需要国产设备顶上了——目前，国产设备虽然"齐全"，但技术水平仍然和世界先进水平有差距。因此，如果只能使用国产设备，中国半导体产业仍然可以存在下去，但一段时间后，产品技术指标必然会下降。

所以，如果"全面断货"真的发生，那么也就意味着中国半导体产业需要面临一场"脱胎换骨"的大手术。国产设计软件、材料、设备、IP 等环节都需要进行重构，而国产替代的进度大约停在 45 纳米，还没有追上世界领先水平。

最后受到波及的才是下游企业。完全使用国产设备，我们的工艺制程水平只有 45 纳米左右。这个尺度下，国防军事、工业领域的芯片可以满足要求，依旧可以维持生产活动。但在消费端，只能搭载 45 纳米制程芯片的电子设备在世界市场上将毫无竞争力，境外市场将逐渐被蚕食。

第六章　中国正在新能源汽车领域实现超越

　　1888年8月的某天清晨，在德国巴登－符腾堡州的曼海姆市，一个妇人趁着丈夫尚在酣睡，带着两个孩子走出了家门。她打开了自家仓库的大门，登上了一辆造型怪异的车，带着两个孩子向100千米外的娘家驶去。住在马路旁的村民们被这台车辆发出的怪异的声音惊醒，纷纷推开窗户，探出脑袋，充满警惕地看着这只"怪兽"。"怪兽"缓缓地停在了马路中央，驾驭它的妇人大大咧咧地跳下来检查了一番后，大步走到街对面的药房里，买了一瓶"轻石油"灌进了"怪兽"的"肚子"里。这头"怪兽"就是世界上第一辆汽车，驾驶它的妇人名叫贝尔塔·本茨（Berta Benz），而她那个正在呼呼大睡的丈夫就是"汽车之父"卡尔·本茨（Karl Benz）。正是从这个平平无奇的夏季清晨开始，人类正式迈入了汽车时代，那家售卖"轻石油"的药房也成为历史上第一家加油站。

　　今天，汽车产业已经成为世界上规模最大、结构最复杂、从业人口最多的产业。每天都有约8亿辆汽车奔驰在各国的道路上，每年都有9000万辆汽车走下生产线。作为世界第一工业大国的中国，也自然而然地成为世界第一汽车制造大国。2013年，仅中国就生产了全球25.4%的汽车。对中国来说，汽车产业已经成为国民经济中的一个重要变量，是必须妥善对待、认真发展的一个关键所在。

传统汽车时代，中国厂商优势渺茫

　　但令人遗憾的是，汽车产业成为中国制造业的一块短板——中国汽车工业产能虽强，但国产厂商的市场份额却并不令人满意——国外品牌的汽车长期霸占着中国市场，不论是低端市场还是高端市场，中国本土品牌的汽车都"不太能打"。2013 年的中国汽车市场上，德国大众一家就占有了 13.8% 的市场份额，位居第二、第三的美国福特和韩国现代则各自占据了 6% 的比重[①]。那一年表现最好的中国车厂是五菱汽车，但也只有 5.81% 的市场份额。更令人难过的是，销量前 10 名的品牌中，本土汽车品牌只有五菱一个。

由于起步较晚，在以燃油为动力的传统汽车时代，中国本土汽车品牌的日子并不好过，几乎时时刻刻都生活在外国品牌构筑的技术壁垒的阴影之下——美国和德国的汽车企业在这个行业里已经精耕细作了数十年，几乎已经验证了传统燃油动力汽车的每一种可能性。在这种环境下，中国汽车的崛起之路可以说是难如登天，摆在车厂面前的只有两条可行之路：第一，向外国公司支付巨额的专利费；第二，购买外国公司的配件。前者会让中国车企陡然多出一笔不菲的专利成本，后者则会让中国汽车工业沦为价值链低端的组装厂。

由于后发劣势，中国厂商既难以突破外商的技术壁垒，也不能取得市场上的成功，在发动机、变速箱等传统机械核心技术上的积累显著弱于国外品牌，很难在这"三大件"上与外国企业竞争，在汽车价值链上居于较低的地位。

以变速箱为例，最近几十年以来，自动挡汽车成为主流，自动变速箱也就成了必需品。然而，自动变速箱的结构极其复杂，且其设计、制造环节涉及机械、电子等多个学科领域，是汽车工业中"最难啃下的骨头"。中国厂商长期以来都需要进口自动变速箱以满足需求。由于没有自动变速器的生产能力，几年之前，国产品牌汽车产品多为手动挡汽车，自动挡占比只有 20%。而对欧美、日本厂商来说，它们产品中自动挡汽车的比率平均为 60%。

从全球范围来看，只有大众、丰田、通用、福特等老牌大型汽车集团才具有自主研发生产自动变速箱的实力，绝大多数中小汽车品牌的自动变速箱都需要采购。然而，诸如大众、丰田这些大厂的变速箱基本都是自用，一般不对外出售。因此，想获得自

---

① 刘洋，丁逸朦. Volkswagen AG- 大众的汽车 [R]. 重庆：西南证券，2018.

动变速箱的中小型车企只能转向采埃孚、爱信之类的专门供应商。中国本土厂商制造的自动变速箱，只有比亚迪和上汽集团的自主自动变速箱被运用在了量产车型上。

从进出口数据上来看，中国汽车自动变速箱进出口之间的比例失衡严重——2009年，我国进口了 207 万余台自动变速箱，仅出口了 13.8 万台。到了 2014 年，我国进口了 531.4 万台自动变速箱，而出口仅有 54.7 万台。自动变速箱依赖进口的后果不仅体现在成本上，更体现在了它对于企业产能的限制——广汽传祺的 GS8 越野车使用的是来自爱信公司的自动变速箱，但由于爱信的供应不足，GS8 的产量被压在了每月 7000 辆左右[①]。

除了技术，品牌也成了本土车厂的一大短板。2000 年之后，随着中国经济的快速发展，汽车市场经历了一段盛大的繁荣期，中国消费者掀起了中国汽车历史上的第一次购车大潮。在这段繁荣期内，本土厂商抓住机会，推出了多种新款车型，2005 年本土汽车销量为 84 万辆，2010 年便达到了 340 万辆，本土品牌的市占率一度达到了 35%，足以和外国品牌分庭抗礼。

但尴尬的却是，支撑本土品牌市占率的不是技术，而是低廉的价格。很长一段时间内，自主品牌卖得出去的车型都是 10 万元以下的车型。这种"低端"路线在早期还是很有用的，刚刚富起来的中国消费者们有了购车需求，但手中还不算太富裕，自主品牌的低价车正好满足了这种需求。但在 2010 年之后，随着消费者越发富裕，对高端汽车的需求开始增长，而国产车的"低端"形象却深入人心，再难改变。2010 年之后，价格在 5 万元以下的低端市场开始崩坏，奇瑞汽车的销量从巅峰状态下的 52 万辆跌至 18 万辆——短暂的美好时光结束了。

而国外厂商却一直都以"高端"形象示人，很快便在新阶段里击败本土汽车品牌，占据了大块的市场份额。2010 年开始，为了争取中国的新兴富人们，国外高端品牌汽车开始发力——奥迪、宝马、奔驰成为那一年中国高端汽车销售榜的前三。

笔者认为，国产车厂在品牌上陷入"低端"局面的根本原因还是在于技术落后——由于前文提到的种种原因，自主品牌汽车在发动机、变速箱等大件上始终没有完成国

---

① 车云网. 从传祺 GS8 变速箱减供看自主品牌的零部件危机 [EB/OL]. (2017-06-04) [2022-05-01]. https://www.cheyun.com/content/16581.

产替代，大量采购进口产品——这就导致中国自主品牌汽车的核心零部件全都来自外购，车厂只是做组装。没有技术就没有灵魂，没有灵魂就没有身份。于是，自主品牌便只能在低端市场下艰难生活。

总而言之，在传统汽车的时代，后发的中国汽车产业要想发展起来，需要克服无数困难、花费无数金钱甚至需要等待十几年的时间，而且还不一定能成功。而此时，新能源汽车革命发生了——新能源汽车潮流的兴起，宣告了游戏规则的改写，在实质上将主流车企都拉回了同一起跑线。在这轮竞争中，外国老牌车厂的专利壁垒被消弭，不论中国企业还是外国企业，谁都没有先发优势，只能靠自己的实力进行公平竞赛。

新能源汽车让中国有了赶超西方的机会

几年前笔者便感受到了新能源汽车的不同之处——市面上的国产品牌突然就多了起来，而且价格不低。看着那些动辄定价 20 万元、30 万元的新能源汽车，恍惚之间还以为是进口品牌。直到笔者掏出手机查了一下那些牌子，才发现原来这些高端大气上档次的新能源汽车其实都是纯正的中国货。在笔者看来，"敢走高端路线"，证明中国新能源汽车产业的的确确是站起来了。如图 2-6-1 所示，中国新能源汽车的渗透率逐年升高，市场越来越大。

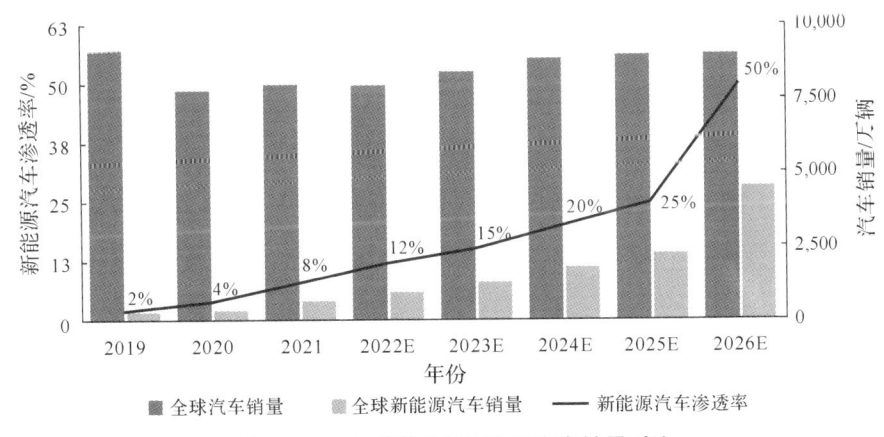

图2-6-1　全球新能源汽车和汽车销量对比

2015年前后，"造车"成为中文互联网世界里的一大热词。令人颇感意外的是，积极造车的企业并不是一汽、上汽这样的传统车厂，而是蔚来、理想、小鹏这些新锐的科技企业——它们的创始人几年前还是互联网行业的从业者，如今却成为汽车品牌的创始人。

如此现实，再度印证了笔者之前的看法：新能源汽车的强大浪潮，消弭了传统车厂的先发优势，所有人都被拉回了同一条起跑线——在新能源领域，外国企业并不比中国企业领先多少，丰田、福特并不比蔚来、小鹏汽车有明显的优势。

中国的"造车新人们"敢于直接在市场上与丰田、福特这些老牌企业对垒的底气，就在于新能源汽车产业本身的特性——新能源汽车，特别是更新一代的各种智能汽车，虽然也是汽车，但其供应链却更像是手机产业。新能源汽车需要的不仅仅是硬件，也需要软件——新能源汽车需要的是电池模组、电机、电控、整车控制系统。

中国新能源汽车的崛起，背后是中国牢牢掌握新能源汽车产业链的事实。从整个市场来看，新能源汽车的出现使得整个汽车产业链都发生了重构。在传统燃油车时代，产业链上价值最高的部分集中在了前期的核心技术研发、核心零部件供应和后期的售后服务等环节，中间的制造和组装环节价值较低。今天和未来，前期的技术研发、零部件供应和后期的售后服务价值将会越来越高，而中期制造环节的价值则会越来越低，"规模效应制胜"的理论在新能源汽车时代将不再可持续——因此，谁能掌握核心技术、零部件、售后服务的供应，谁就能在新能源汽车的市场中占据有利阵地。中国新能源汽车能崛起，就是因为中国在核心技术研发、核心零部件供应、服务等领域取得了成功。新能源汽车的核心高价值零部件主要为自动驾驶系统、智能座舱、车机芯片、软件和电气化设备。电机、传动系统等设备已经发展成熟，进步空间有限。底盘、车身结构已经成为边缘部件，价值正在降低。而中国厂商借助几年前智能手机发展时期所带来的电子工业供应链建设，成功切入了新能源汽车高价值零部件赛道。从自动驾驶市场来看，中国已经有许多企业开始研发 L3[①] 以上的高级自动驾驶技术，中国玩家在

---

① 自动驾驶技术水平分为 L0、L1、L2、L3、L4、L5 六个等级，不同的等级代表不同的含义。其中 L3 等级的自动驾驶指的是汽车自动系统可以完成某些驾驶任务，比如在特定的环境里进行自动加速、减速以及转向操作等，同时可以监控驾驶环境。但驾驶员需要时刻准备重新获得驾驶控制权，以处理一些自动驾驶解决不了的情况。

全球产业中的地位也越来越重要。高等级自动驾驶所需要的底层硬件设备可以分为3类：感知设备，以摄像头、激光雷达、毫米波雷达为主；决策设备，以车载计算机及其芯片、算法为主；执行设备，以最终驱动车辆运动的机械设备为主。以感知设备中的摄像头部分来说，中国已经成为全球摄像头产业链的核心。受益于几年前的智能手机浪潮，中国成为苹果手机摄像头模组的主要生产基地，国内厂商也因此逐步提升了研发实力和生产能力。浙江的舜宇光学已经在全球车载摄像头镜头市场上占据了三分之一的市场份额，在感知类摄像头市场上更是直接夺得了半壁江山。在激光雷达和毫米波雷达方面，中国厂商的表现也很亮眼——以中国的禾赛科技为例，它的产品从测距能力、分辨率、功耗等角度来看都大幅度领先于其他产品，占据了中国50%以上激光雷达的份额。美国Velodyne公司曾经是市面上最强的激光雷达厂商，但随着中国本土厂商的崛起，其市场份额逐年下跌。另外，从电池市场来看，中国在电池材料和部件领域已经做到了全球领先。电池部分占了一辆新能源汽车40%的价值——只要把握住新能源汽车的电池供应，就有信心把握住整个新能源汽车产业。电池产业的上游，中国厂商牢牢把握住了新能源电池核心原材料的供应：中国的锂储量排名世界前5，不少企业还在海外不断收购锂矿资源。刚果（金）是全球最大的钴产地，截至2021年，刚果（金）的19座钴矿中有15座由中国企业拥有或提供资金。除此之外，中国的锂钴精炼规模也位居世界第一，中国已经成为全球最大、技术领先的新能源电池正极生产国。在电池产业的中游，中国新能源电池厂商表现强势。宁德时代和比亚迪的"两强格局"已经筑牢，分别占据了41.3%和20%的市场份额，中国新能源电池市场的集中度正在提高。宁德时代已经确立了其全球电池产业领导者的身份，成功进入了宝马、特斯拉、奔驰、现代等品牌的供应链。事实上，以2020年的数据来看，除了特斯拉，宁德时代的前十大客户中有9个都是国产新能源汽车品牌。电池产业的下游，电池相关的服务产业也在中国市场上蓬勃发展。相较于燃油汽车，新能源汽车的弱点在于保值能力较低，这主要是因为占据价值大头的电池贬值严重。为了解决电池随时间老化、贬值的问题，以蔚来汽车、伯坦科技等企业为代表的电池租赁方案、换电技术也开始在市场上流行了起来。因此，相较于燃油车时代中国厂商无法占据全球价值链优势地位的劣势局面，新能源汽车的流行让中国厂商一跃而起，在高价值的核心设备上牢牢站稳了脚跟，不仅把国内市场打造成铁板一块，甚至还在全球市场上占据了不小的份额。宁德时代实现了动力电池的国产替代。

福建省宁德市地处闽北，西面是延绵不绝的丘陵，东边则是平坦的滩涂和一望无际的大海。1968年，福建北部，宁德，岚口村。曾庆长应该很高兴，因为在这一年里，他的儿子出生了。开心的家人们给这个新来的小婴儿起了个颇为秀气的名字——曾毓群。1985年，17岁的曾毓群提前参加了高考，并成功被上海交通大学船舶工程系录取。曾毓群毕业之后，在那个市场经济还不太蓬勃的时代，被分配到了福建某处的一家国有企业工作。

在当时，这是个颇为体面的工作，尽管工资并不高，但已经是让大多数人羡慕不已的铁饭碗。在改革开放初期，大多数人都还在计划经济的温室内观望，曾毓群却面对了将第一个改变他命运的"赌局"，是下海做弄潮儿，还是安稳守着铁饭碗。在国企仅仅工作了3个月之后，曾毓群辞职了，买了一张去往南方的车票，只身一人前往东莞。

曾毓群的目的地，是一家名叫"东莞新科电子厂"的港资企业。两年之后，同为宁德人的黄世霖也来了。黄世霖比曾毓群更决绝，他是辞了公务员下海的。曾毓群一干就是10年，到了31岁的时候，他成为新科最年轻的技术总监，也是唯一一个来自内地的总监。不久后的某一天，这是特殊的一天，新科母公司SAE的大佬梁少康找到了曾毓群，要曾毓群去考察一个做电池的项目。曾毓群在深圳和业内的专家们讨论了整整一天，回来之后便报告梁少康：电池，想做就能做。

有了曾毓群在技术上提供的信心，梁少康的心思就活络起来了，他想拉着曾毓群一起做电池。然而此时的曾毓群，正站在另一个人生十字路口——一家深圳的公司请了猎头许诺高薪来挖人，希望他能够加入他们的团队。深圳公司开出的价钱，让曾毓群很是心动。正准备一展身手的梁少康怎么可能眼睁睁地看着头号大将曾毓群出走呢？一个人劝不动，梁少康赶紧找来了曾毓群的老上司陈棠华，拜托当时身在美国的陈棠华能留住这个即将"离家出走"的技术骨干。

我们无法得知当时陈棠华到底和曾毓群说了些什么，但这通越洋电话之后，曾毓群就放弃了深圳的高薪offer，决定留下来吃苦，和梁少康、陈棠华一起做电池。这是曾毓群的第二个"赌局","赌"的就是电池行业未来的腾飞,"赌"的是将来自己事业的方向。

1999年,新能源科技有限公司ATL在香港成立,创办者为梁少康、陈棠华、曾毓群等。这家小小的企业后来成长为手机电池领域的绝对王者,为华为、苹果、小米、三星等多家主流的手机厂商提供了无数安全、可靠的电池。很可能你现在手中拿着的手机的电池,就来自这家企业。

关于这次创业经历,后来被曾毓群描述为"一种冲动"。人什么时候最容易冲动?赌一把的时候,想让单车变摩托的时候。如果曾毓群当初没有下狠心赌一把,也许这家能够称霸市场、和外国巨头抗衡中国的新能源企业就不会这么早诞生。创业从来都不是一条坦途,一路上的风险、焦虑和辛苦,只有亲身创业的人才能感受到。新成立的ATL马上就遇到了第一个问题:资金短缺,没钱。于是,从上到下,整个公司所有人的工资都减半发放,和当年的新中国研究原子弹一样,勒紧裤腰带也要搞研发。几个高层疯了一样到处募集资金,把所有能找到的钱都投了进去。

好不容易募集了足够启动项目的资金,第二个难题摆在了ATL面前:我要做什么电池?新能源电池不是儿童玩具里的干电池,它是高科技工业产品,既需要高精尖的技术来保证研发,又需要大工业、标准化的产能来保证制造。这个行业不欢迎只能摆在实验室里的模型,更不欢迎粗糙劣质的水货。1999年的电池市场里,总共有3种形态的电池:圆的、方的、软的。

圆的也好,方的也罢,形状固定的电池非常方便大规模自动化的机器生产,索尼、松下等日本企业在这个领域里深耕多年,制造自动化程度极高,品控也做得很好。可以说,当时,这两种电池的赛道就是日本企业间的竞技场,外国企业很难插足。如果当年ATL在老资格的日企面前玩"自动化、标准化",那就是新时代版本的"鲁班门前弄大斧,关公庙里耍大刀"。

于是,ATL决定:大丈夫能屈能伸,硬的不行,就来软的。"软"电池,学名是"聚合物软包电池"。日本企业引以为傲的方形、圆形电池都属于硬包电池,一般使用钢铁、铝合金等金属材质作为外壳,优点是适合标准化生产,缺点则是设计死板,并且有爆炸风险。而聚合物软包电池则正好相反,设计非常灵活,客户想要什么尺寸,工厂就能做出什么尺寸的东西。而且它非常安全，就算出现了故障，最坏的情况也不过就是"鼓包"。对用户来说，丢掉换一个新的就好了，压根儿不用担心爆炸的风险。

决定了研究方向后，曾毓群立刻奔赴美国，从美国贝尔实验室手上购买了聚合物锂电池的专利授权。然后，一个业内都知道的尴尬故事出现了——按照美国人的设计做出来的电池，在反复充放电之后会形成巨大鼓包，完全不能继续使用。

ATL创业团队省吃俭用，勒紧裤腰带攒下来的250万美元，其中有一多半都花在了这个专利上，最后却换来这么一个尴尬的结果。曾毓群转身就飞往美国，跑到贝尔实验室找人对质。结果，美国人却云淡风轻地说：这玩意儿本来就有这个毛病，大家都遇到过，我也不知道怎么办，不爽不要玩咯。尽管按照美国人的设计做出来的电池问题多多，是个水货，但根据专利授权协议，ATL每卖出一块这样的电池，还要支付贝尔实验室一笔提成。

眼看着这次算是赌败了，钱已经花出去了，不过专利授权好歹也算是搞到手了。虽然按照美国人的设计搞出来的产品质量有问题，但并不意味着这个技术本身有缺陷。那就"all in"（照单全收）吧，返回国内的曾毓群立刻带领技术团队进行攻关，经过两个星期的努力，成功移除了配方中低沸点的化学物质，电池鼓包问题迎刃而解。

这件事也从侧面反映出曾毓群团队过硬的技术本领和ATL先进的工艺。十几年后，在全世界闹得沸沸扬扬的"三星手机爆炸"事件中，ATL所提供的电池继续表现出了完美的品质。所有厂商确认的电池爆炸事故，都是出在了三星自己的三星SDI电池身上。三星使用的ATL的电池，至今没有发生任何一起厂商确认的电池爆炸事故。2000年前后，乘着国内手机普及的时代快浪，ATL的电池凭借着比对手高一倍的容量，比对手低一倍的价格，迅速占领市场。

2002年的时候，ATL终于实现了盈利，国内外各路投资纷至沓来。气血充裕、元气奔涌的ATL很快就将软电池的灵活性发挥到了极致。在保证质量的前提下，同样一条生产线，却能够生产规格尺寸完全不同的多种电池。一家美国公司找上了门，希望ATL能够为他们新推出的MP3播放器提供电池，而且，这个甲方出手极其阔绰，一口气就开出了1800万单。不久，全世界范围内的消费者就都用上了这款装有ATL电池的MP3播放器。这款播放器叫iPod，这家美国公司叫苹果。丰田曾经的广告语说，有路就有丰田车。对 ATL 而言，凡是需要用电池的地方，就有 ATL。2005 年，先前投资 ATL 的风投们决定套现，ATL 最终成为日本 TDK 的全资子公司。在此我们需要了解的是，事实上，曾毓群一行人奋斗许多年，从新科到 ATL 实际上都是在 TDK 的框架内进行活动，其间得到了 TDK 许多技术和资金的支持。尽管公司管理层大多还是老班子，但从股权上来看，成为 TDK 全资子公司的 ATL 已经是一家日资企业了。经过多年的发展，2017 年，ATL 成为规模世界第一的聚合物电池生产商。在 2020 年第一季度的手机电池市场上，ATL 占据了 36.5% 的份额，完全压制了第二名 LG 化学和第三名三星 SDI。[1][2]

曾毓群是学船舶出身的，却在新能源领域里做出了巨大的成绩，其中的秘诀就是他坚持不懈地学习。1997 年，当他还在东莞新科工厂当工程师的时候，就默默地拿到了华南理工大学电子与信息工程系的硕士学位。2006 年，已经做到 ATL 高管的他又获得了中科院物理研究所凝聚态物理博士学位。2020 年，他又获得了美国国家先进技术电池联盟终身成就奖。不断的学习，带来了知识和眼界的不断进步，这让曾毓群有着敏锐市场嗅觉的同时也有敢赌敢干的底气。2004 年，他曾经短暂地接触过一个汽车电池项目。尽管最终这个项目并没有让曾毓群赚到钱，但他却从中嗅到了一条非常重要的信息：动力电池，可能是未来的大风口。

2004 年底，一个名叫钟家尧的人来到了东莞。钟家尧当时是宁德市蕉城区的政协主席，跟随他来到东莞的人包括当时的区政协副主席、政协机关办公室主任、区委统战部的部长和副部长、区工商联的党组书记。他们来到东莞，就是为了找曾毓群谈谈招商引资的事情。"久旱逢甘霖，他乡遇故知"，这是中国传统文化中认为的人生四大幸事之一。中国人一直都很重视乡土情结，福建人尤甚。曾毓群盛情招待了来自家乡的客人，并且还把公司里其他宁德籍的员工一起叫来吃饭。席间，钟家尧向曾毓群表明了来意：希望 ATL 能够考虑一下宁德，在宁德开办分厂。

1985 年，17 岁的曾毓群去上海读书的时候，家乡还停留在落后的面貌中。19 年后，

---

[1] 王蔚祺, 周俊宏, 唐旭霞, 等. 宁德时代系列之——复盘篇：动力电池龙头十年万亿成长路 [R]. 深圳：国信证券, 2021.

[2] 孙灿. 行业整合优势尽显，前瞻布局助力腾飞 [R]. 成都：川财证券, 2019.

他和家乡的父老所聊的内容,却已经是世界前沿的新能源产业了。曾毓群很想返回家乡创业发展,但当时的宁德却还没有能够容得下大企业的赛道。新能源产业是高科技产业,最需要的是资金、技术和信息,而地处闽北山海之间的宁德,一没高速,二没高铁,连电视的普及情况都不甚理想。现实的引力太过于沉重,要实现报效家乡的愿望阻力重重,但幸运的是,中国发展的速度,跑赢了情怀跌落的速度。几年之后,闽粤高速公路通车、高铁站建成,先进高效的基础设施让宁德有了承载世界级的大型企业的物理条件。2008 年,宁德新能源科技有限公司成立。2011 年,曾毓群将动力电池事业部从 ATL 中独立出来,随即全体前往宁德。至此,世界新能源动力领域的王者级选手"宁德时代(CATL)"正式登场。

看到这里,也许很多人会好奇:这么大的一个"动力电池事业部",难道曾毓群说带走就带走吗?当然不是。2011 年,整个世界都处于新能源汽车行业腾飞的前夜。此时,美国的特斯拉、中国的比亚迪,各自都在准备发布自己最新的产品。奔驰、宝马、丰田、现代,这些老牌车企自然也不会闲着,在欧洲、日本、韩国的实验室里,各家的新能源汽车团队也都在厉兵秣马。为了保护刚刚起步还不成熟的中国动力电池和新能源汽车企业免受外国资本的收割,国家大手一挥:凡是外商独资企业,一律不得踏足动力电池行业。2005 年被风投套现、卖给日资 TDK 的 ATL 哭了,明明管理团队绝大多数都是中国人,却因为 100% 日资持股被禁止入场。既然如此,就只能委屈一下 ATL 了,然后曾毓群和黄世霖就带着动力电池部门出来了。

常言说:人的名,树的影。"曾毓群创办宁德时代,想做动力电池"的消息很快就在圈子里传播开来。第一个找上门来的客户,就是鼎鼎大名的宝马。宝马选择宁德时代的原因非常简单:曾毓群团队的履历,就是最好的技术资格证明。在这场交易之中,宁德时代为宝马制造了高性能的动力电池,宝马则为宁德时代提供了多达 800 多页纸的动力电池生产标准,为了保证产品质量,宝马的高级工程师甚至直接在宁德入驻了两年。

宝马的订单帮助宁德时代拿到了"入场门票"。当然光有门票是不够的,中国人成事讲究"天时、地利、人和"。2014 年,被誉为中国新能源汽车的元年,从这一年开始,中国新能源汽车行业开始爆发式增长,这是老天送来的"天时"。而垂涎于我国庞大新能源汽车市场的日韩企业纷纷开始布局，打算利用技术优势，一举拿下中国车企市场。面对来势汹汹的日韩对手，曾毓群的"赌局"遇上了"地利"。2015年，工信部推出了动力电池企业"白名单"，日韩企业被拦在了名单外。这就意味着，中国车企如果想用日韩企业的电池，就不能享受国家的补贴，采购成本暴增。

在政策的火力掩护之下，宁德时代等一批国产动力电池厂家开始了突击。营业收入几乎是指数级上升：2014年营业收入8亿多元，2015年营业收入直接逼近60亿元，700%的增长！值得一提的是，曾毓群的"人和"条件也颇为不错，除了在业内享有友善、和蔼、低调的口碑，他的亲密战友、老同事黄世霖早在2004年就开始钻研动力电池技术了，是这个领域的一流专家。随着时间的前进，残酷的市场厮杀渐渐迎来了终局。中国动力电池市场这场数千亿级的"吃鸡"，进入决赛圈的只有宁德时代和比亚迪。

宁德时代和比亚迪，谁才是中国的"动力电池大王"

宁德时代有两件"秘密武器"：除了常见的"磷酸铁锂"，还拥有一个领先全行业的秘密武器——三元锂电池。2014年，宁德时代和宝马秘密研制了代号"G38"的三元锂电池。这种电池抛弃了传统的磷酸铁锂配方，而选择使用NCA（镍钴铝）或NCM（镍钴锰）来作为电池内容。尽管成本要比传统的磷酸铁锂电池高一些，但是它却有无可比拟的优势——超高能量密度保证了长时间的巡航能力和优异的抗低温性能，从而让西北、内蒙古、东北的车主在冬天也不必担心车开到一半就没电，要找充电桩充电。

为了研发这些非传统的新产品，宁德时代特别注重研发投入：在这家公司里，每5个人里就有1个是负责技术研发的；每赚10元钱，就要花1元钱搞研发。每年的研发投入多达数十亿元，研发费用占比远远高于同行业的平均水准。超高的研发费用换来了超多的专利。目前，宁德时代共掌握了超过4000个专利家族，从2016年开始，每年申请的专利超过1000件。另外，在所有的专利之中，有20%是在海外申请的专利，由此可见宁德时代对于技术的超强重视和对于行业壁垒构建的深刻理解。从技术储备上看，比亚迪就先输了一筹。

宁德时代战胜比亚迪的另一个原因，是比亚迪自身的战略出现了一些问题。众所周知，比亚迪最出名的并不是电池而是它自己的汽车。为了保护自己的汽车市场份额，比亚迪没有选择把磷酸铁锂电池向外销售。比亚迪的小算盘打得很清楚：你们有了我的电池技术之后，我还怎么卖汽车啊。

　　IBM如果知道比亚迪的小算盘，应该会情不自禁地说一句：海内存知己，天涯若比邻。毕竟，当年IBM的处理器性能远远超过了英特尔，但由于IBM藏着掖着，最后客户都被英特尔抢走了。宁德时代就像是当年的英特尔，因为没有条条框框的束缚，反而能够大踏步前进。由于宁德时代专注电池技术，不和车企争夺利益，大批车企纷纷选择与其合作。于是，宁德时代的客户越来越多，比亚迪的对手越来越多。

　　2016年，国家放开了对三元锂电池的限制。拥有三元锂电池技术的宁德时代开始迈开两条腿飞奔，把只靠一条腿走路的比亚迪越甩越远。2017年，宁德时代出货量比上年同期上升50%，超越了松下、比亚迪，电池装机量位居世界第一。2018年6月，宁德时代在创业板成功上市，当天收盘的时候，市值数字停留在了接近800亿元。宁德时代无疑是这个产业中的王者，而使得它成为王者的原因大概可以归纳为以下三点：第一，和宁德当地政府密切合作，打造了一个完整的产业集群；第二，先进的技术在产业集群的加持之下使得生产成本降低；第三，宁德时代的产品过硬，最新CTP方案让电池容量大、经久耐用，还可以满足客户的不同要求。

　　到目前为止，特斯拉、宝马、大众、丰田、现代、上汽、蔚来……中美日欧韩各国各地区的主流车企几乎都成了宁德时代的客户。新能源汽车领域内的"破坏性创新者"特斯拉一直都代表着新能源汽车市场上最先进的技术水平。动力电池是新能源汽车的核心组件，根据国泰君安的报告，其成本至少占据整车成本的40%。对于任何车商来说，只要能够降低电池成本，就能够让旗下的品牌车辆获得更强的竞争优势。而特斯拉选择宁德时代作为供货商也从侧面证明了宁德时代产品的优越性——在技术领先、质量过硬的前提下，还可以严格地控制好成本。宁德时代的王座，稳了。

　　美团CEO王兴对曾毓群有个很有意思的评价，将其视为堪比任正非的杰出企业家。事实上，华为引以为傲的5G技术和宁德时代代表的新能源技术，都位列国家"新基建"计划之中，它们也都是各自行业内的领军企业。8年豪赌出来的这个千亿级别龙头企业，拥有的不仅仅是天时、地利、人和，更拥有过硬的实力和胆识。

新能源汽车和充电装置已经被列入了国家的"新基建"计划，毫无疑问，它将会迎来一个更加巨大、更加富有挑战性的市场。汽车产业一直都是世界上最大的产业之一，面对新能源革命，新能源汽车大概率将会在未来成为事关国计民生的重要支柱产业，而动力电池恰恰就是新能源汽车的生命源泉所在。

2020年2月，宁德时代定向增发了200亿元[①]，决心继续扩大产能。曾毓群的新一轮"赌局"，赌的就是动力电池市场会高速增长。2019年，全球动力电池出货量约为116.6亿瓦时。根据MarkLines预测，2025年全球的装机量可达850亿瓦时，对应市场空间可达6000亿元[②]。"老了以后，我们可以得意地告诉孙子，将汽车从石油时代引领到清洁能源时代，让国家蓝天碧水，我也有一份功劳。"在谈及自己的人生理想时，曾毓群自豪地说道。

国产替代的核心，其实是供应链的安全。这种安全既包括了"免于制裁和威胁"的安全，也包括了"免于意外"的安全。相较于欧美和日韩，中国的汽车工业和半导体工业起步实在是太晚了。等到我们入场的时候，欧美厂商早就已经"赚走了最后一颗铜板"。但幸好，现在是一个向新能源汽车转型的时代。一个初生牛犊的特斯拉，市值硬是成倍超越了传统的行业巨头日本丰田。这既是一场资本的狂欢，也是一场产业层面的革命。尽管我们在防线上撕开了一个口子，但笔者认为，和新能源汽车相比，传统汽车的"汽车芯片国产替代任务"在5年内恐怕都无法完成。

目前，新能源汽车的核心零部件——IGBT芯片（insulated gate bipolar transistor，绝缘栅双极型晶体管），就还是外国企业的天下。它相当于新能源汽车的变速箱，通常占到一辆新能源汽车生产成本的5%左右。2021年全球新能源车用IGBT芯片的市场规模在100亿元左右，中国市场占到全球IGBT芯片总需求的40%左右。2019年IGBT芯片的国产化率仅有12%。2020、2021年，受制于疫情等因素，国外厂商在IGBT上的扩产非常保守，但是新能源汽车的芯片需求量暴涨，导致上游芯片持续缺货，

---

① 透镜公司研究.宁德时代财务模型分析:200亿增发是真缺钱还是真圈钱[EB/OL].(2020-03-04)[2022-05-01]. https://finance.sina.com.cn/stock/s/2020-03-04/doc-iimxxstf6205490.shtml.

② 龚斯闻.锂电隔膜行业专题报告:湿法路线确立,全球隔膜需求高景气[R].杭州:财通证券,2020.

而国内厂商持续扩产，产能增速较快，这一领域正在加速国产替代。按照国金证券的推测，到 2022 年，IGBT 芯片的国产化率将达到 38%。

根据 Yole 的数据，德国英飞凌是 IGBT 市场绝对的龙头，2020 年全球市场占有率达到 27% 左右，其他厂商如三菱、安森美、富士电机等也占有较高市场份额。国内厂商方面，比亚迪、斯达半导体在新能源车用 IGBT 芯片方面占有较高市场份额，且产能扩充速度远快于国外厂商，市场份额正在快速提升。

不过，在高端车用 IGBT 芯片方面，国产 IGBT 和英飞凌等国外大厂相比，仍然有一定的差距。IGBT 芯片的工作环境是高电压、大电流、高频率，因此对芯片的可靠性要求很高，同时芯片设计需保证开通关断、抗短路能力和导通压降（控制热量）三者处于均衡状态，芯片设计与参数调整优化十分特殊和复杂。在制造环节，IGBT 芯片在减薄工艺、背面工艺、封装工艺上有较高要求。在总研发费用投入上，国内的 IGBT 厂商与英飞凌这样的龙头企业相比还有非常大的差距。

由于 IGBT 芯片直接关系到新能源汽车的稳定性，大部分的新能源车厂，尤其是那些还在打口碑阶段的新能源车品牌，自然是倾向于采用成熟厂商的成熟产品，新的 IGBT 供应商进入市场要完成车厂的测试认证，走完周期就需要 2～3 年时间，新厂商通常是以第二供应商或者第三供应商（也就是备份供应商）的身份进入车厂的采购体系，而车厂出于安全方面的考虑，通常在英飞凌等龙头大厂有充足货源的情况下，更倾向于采用现有成熟供应商的产品，新的 IGBT 厂商往往很难得到验证的机会。但是一旦出现了行业大规模缺货，或者国外对中国厂商实行技术出口限制的情况下，国内的 IGBT 厂商就得到了难得的国产替代机会。稍微让人欣慰一点的就是，中国企业斯达股份已经进入了这个领域的前十榜单。在更热门的"智能驾驶"芯片上，中国的"新车厂"们也显示出了巨大的热情，开始了自研芯片的技术攻关。华为和地平线这样的科技企业，也纷纷下场，参与到了新时代的"汽车芯片战役"之中。

在如今这个日新月异的时代，1 年时间就足以发生剧烈的变化，5 年时间甚至不够一款汽车芯片从研发走到上市。我们已经看到了汽车芯片市场的广阔和重要，那么在未来的新能源汽车芯片市场上，就万不可再重蹈覆辙。

第七章　中国光伏：靠"补贴"砸出来一个"世界第一"

光伏技术是一种依靠硅晶器件将光能转换为电能的技术，其本身属于"泛半导体行业"，某种意义上也遵循"泛摩尔定律"——快速的技术迭代带来快速的性能提升和成本降低，光伏器件发电功率以每年 5% 的速度提高。中国光伏产业在政府的补贴政策下发展迅猛，通过技术攻关，中国光伏成为世界光伏市场上的重要力量。

"碳中和"背后是大国利益博弈

2020 年 9 月 22 日，联合国大会一般性辩论上，中国国家主席习近平提出，中国的二氧化碳排放量力争于 2030 年前达到峰值，努力争取 2060 年前实现碳中和，也即后来所说的"双碳"目标。和一般国人的认知不太一样，关于温室气体减排的问题，发达国家并不是站在同一个阵营一致"对中"的。比如美国在这个问题上就和欧盟明显对立。在全球气候变暖议题上，跳得最高、喊得最响的，始终就是欧盟。欧洲想以减排作为一个平台，来重新构建世界政治经济秩序的心思，在国际上算得上是"司马昭之心"，而碳关税就是欧盟达成目的最重要的一个手段。

2021 年 7 月 14 日，欧盟就宣布了一个"一揽子应对气候变化"的提案，其中阶段性的减排数据和目标都已经是老生常谈，反而是一个贸易问题最为惹人关注：方案提出欧盟要在 5 年后，也就是 2026 年，正式开始对外征收碳关税。欧盟的碳关税提案，有一个学名叫作"碳边界调整机制"。就是以碳排放权的价格,作为世界贸易体系的新边界。你跟欧盟的碳价差不多,那你们之间就不用彼此交碳税;你比欧盟的碳价低,那你就得补齐差价,欧盟才跟你做生意。碳关税的具体税率取决于"相对碳价",而碳价根据碳排放权交易市场来定。

欧洲的碳交易市场启动于2005年,至今有欧盟27个国家和英国、冰岛、挪威等加入其中。其是全球碳价最高的市场,年成交额在2000亿欧元左右,成交量70亿~80亿吨,2020年占到了全球交易所成交总额的88%,全球总交易量的78%。如果以碳价来作为关税界定的新方式,那么欧洲将占据绝对的主导权。在2021年之前,碳关税早就被欧盟提出过很多次,但2021年7月是第一次在正式提案中公布方案细则,首批涉及的行业有5个:钢铁、水泥、铝、化肥、电力。这里面中国对欧盟出口最多的是钢铁和铝,但体量也不大,按照2019年数据只有60亿欧元左右。但欧盟和其他发达国家在碳排放上结盟的倾向性很强,中国银保监会就做过一个研究,假定欧盟和G7结成碳关税联盟,共同对中国出口征收碳关税,影响的出口额大约是1.1万亿美元,大概占中国2019年出口总额的40%。

众所周知,世界贸易组织(WTO)的前身,叫作"关税及贸易总协定",经济全球化和目前国际多边贸易体系的基础即在于此。重新界定全球关税和贸易的规则,意味着一套全新的世界经济体系和商贸逻辑,从这个角度来说,欧盟在碳关税上的野心无异于要重建一个WTO,无论是中国还是美日,其实都不可能欢迎碳关税。事实上我们和欧盟在气候问题的交锋上,非常频繁且激烈。2009年12月7日到12月18日,丹麦首都哥本哈根召开的哥本哈根气候大会,就是中国和欧盟在气候问题上最为激烈的交锋之一。当时欧洲提出过一个关于碳减排的"G8方案",一句话总结就是从方案通过起到2050年,全球实现碳减排50%,其中欧洲国家在自身基础上减掉原有碳排放量的80%。

由于碳排放总量固定,如果按照这个方案实行排放量的分配,发达国家将会以15%的人口,获得之后40年间全球44%的排放权。发展中国家对发达国家的人均排放权比例是1∶3.8,也就是说以后我们每个人排放1吨二氧化碳,发达国家的人就可以排放3.8吨二氧化碳。中国在哥本哈根气候大会那年的人均碳排放量,和150年前的英国差不多。美国1900年的人均碳排放量比中国2005年的人均碳排放量还高了一倍。从某种程度上讲，这种分配无疑是在固化世界的贫富差距，消解别的国家的经济优势。如果那时候中国没能抗住巨大的舆论压力，坚持我们的立场，那么到2020年，中国就一点排放权都没有了，只能拿钱去找欧盟买。在欧盟的碳交易规则下，中国进口最多的很可能不是石油，也不是芯片，而是凭空被人为规定出来的"碳排放权"。

一个不变的真理是，只有维持充足而相对廉价的能源的持续供应，才能形成一个社会持续发展的基础。而社会和经济的发展兑换到普通民众的现实生活，就是人均收入，是衣食住行，是生存的自由，是受教育的自由，更是追求美好生活的自由。当人们认清碳排放权等于发展权，人均排放直接与人均生活水平相关的本质，恐怕也就很容易理解当年丁仲礼院士为什么会用质问的口气说出那句略显愤怒的话了："那我问你，中国人到底算不算人？"

从经济学的角度来讲，气候变化问题是典型的集体活动困境，即所谓的"公地悲剧"，也称"公共资源悲剧"。这样的问题，是没有单纯的"技术解决途径"的。因为技术迭代和产业升级都需要时间和成本，科技不会白白进步，这个过程里，哪个国家都不可能"牺牲我全家，幸福地球村"。所以所谓的气候问题，从来就不只是一个环保问题，它从来就是政治化的，最终必将走向多方博弈。

现今各个国家在气候问题上的所属阵营也的确十分复杂，有欧盟的激进，也有澳大利亚之类国家的事不关己，还有沙特这类能源出口国，它们时常发生立场变换，而中国近20年在气候问题上始终不变的态度，则体现出了出色的前瞻性和惊人的魄力。

对于中国来说，我们是一个富煤贫油少气的国家，无止境地消耗化石能源不是长久之计。我国很早就有一批科学家和各个行业的专家指出，中国不能按照欧美的工业化进程来走，应在传统方式上尽快启动绿色能源、可再生能源、非化石能源的发展。比如钱学森先生在20世纪90年代初期就曾在写给时任国务院副总理邹家华的信中谈及未来发展绿色能源的重要性，甚至还提出了让汽车工业跳过汽油柴油阶段，进入电力阶段的构想。中国的"双碳"目标，从来不是要阻止谁的发展，而是要让自身的发展更加健康、安全、可持续。所以其他国家可能会出于种种原因无法实现自己减排的承诺，而中国却会为了自身的发展而坚定地在绿色能源的道路上走下去，这给我们带来的一个重要的好处就是，目前中国在能源领域的技术研发，正在进入高速发展的阶段。

关于引领人类下一次技术革命的是什么，世界上已经争论了很久。有人说是5G，有人说是基因工程，有人说是区块链，但在中国宣布承诺2060年碳中和之后，有一种声音越来越大：人类的下一次技术革命，将会由环保需求推动。这个声音也很好理解，因为真正决定一个时代和一个国家命运的，往往是"能源革命"。比如美国的崛起，就和它所打造的"原油体系"有极高的相关性。这个体系的核心是石油公司—输油管道体系—汽车消费的链条，而基于美国的石油霸权，最终诞生了石油美元的全球货币体系。

而在碳中和的大方针指导下，对应能源—输送—消费的逻辑，中国正在打造的是一个全新的能源体系：光伏/风电—特高压输电—新能源汽车。我们愿意做出承诺，并不是像很多国外的政客一样，是在玩政治游戏，而是在国家发展的层面，看到了时代的机遇，而且我国在这方面也有得天独厚的优势。比如下面笔者会讲的发电领域。

众所周知，新能源发电的难点就在于不稳定。今天有太阳，就有电用；明天没太阳了，那就一点电都没有。无论是风能、水电、太阳能，都有这个问题。这就需要两个方面的支持来解决。一是储能，就是在太阳能充足的时候，把发好的电存起来，等没有太阳的时候再用。这就是电池行业，比如前文提到的宁德时代。二是统筹协调能力，即对一个多能的新型电力系统，需要不断动态调整每一种发电来源的比例。今天风比较喧嚣，风能占比就高一点，火电厂就少开几台机器。这就需要一个有极强的资源调配能力的国家电网。这刚好是中国的看家本领，全世界没有其他国家能做到。

中国在碳排放领域做出的承诺，倒逼了我们的技术研发和产业升级。而中国的技术发展，又在倒逼全球其他国家也加大在这方面的研究力度。这无疑已经拉开了一场全球革命的序幕。

中国光伏产业发展史

国务院发布的《新时代的中国能源发展》白皮书中提到了这样的一句话："加快

调整、优化产业结构、能源结构，大力发展光伏发电、风电等可再生能源发电，推动煤炭消费尽早达峰。"寥寥数语，就已经指明了中国未来的能源格局——风电、光伏必然会在未来的能源市场上大红大紫，而煤炭消费则会"退居二线"。

尽管"新能源"的故事已经讲了很多年了，但我们对于这个产业仍旧没有一个足够深刻的理解。以光伏产业为例，很长一段时间以来，光伏产业总是和"骗补贴"这样的词联系在一起。但实际上，从某种意义上来说，如果没有政府强力的补贴政策，中国光伏产业恐怕很难像现在这样作为一个新兴产业傲立于世界。

狭义地说，光伏产业就是太阳能发电产业，光伏产业最核心的产品就是太阳能板，而太阳能板的核心材料就是晶体硅。所以掌握了晶体硅（多晶硅、单晶硅）的生产，就掌握了光伏产业的上游。

但多晶硅制造是一项高技术的生产活动，它考验的是一个国家的化工产业。在多晶硅制造业的发展史上作出贡献的国家清一色都是那些拥有顶尖科学家的大公司：德国西门子、美国杜邦、日本川崎、韩国LG等等。早在1865年的时候，杜邦公司就能够用锌还原法来生产单质硅了。彼时的中国还处于晚清洋务运动的阶段，缺少发展现代工业的实力。

后来，因为二战和冷战所带来的军事压力，西方国家特别重视科研，尤其是电子方面的科研。结果从1930年到1959年，西方科学家们相继提出了多种制造多晶硅的工艺。而与此同时，中国的现代工业也开始起步：1958年，新中国的科学家也开始研究多晶硅的制备工艺，到1960年的时候，中国也有了自己的多晶硅制造厂。不过那个时候，不管是中国人还是美国人，其实都不能工业化地生产多晶硅，外国的多晶硅工厂其实也都有很强的试验性质，产量并不大。我国的多晶硅工厂每年的产量只有不到100吨，基本上只能满足科研和少数特种设备的需求。

如果不看技术积累，只看产能，当年中外之间的差距其实并不大。事情的转机发生在1987年。那一年，美国乙基公司的生产线试验成功，率先实现了多晶硅的工业化生产。外国厂商很快就进入了年产数百吨、数千吨的工业化大生产时代，而那个时候我国的多晶硅产能还是不到100吨。整个90年代，中国生产的多晶硅只占全世界总产能的0.5%。那个时候，中国虽然有太阳能电站，但是基本都是试验性质的，很多器材都还要从国外进口。

到了 2005 年，我们终于做出了一条年产量 300 吨的示范生产线，中国也有了工业化生产的能力。两年后，中国的第一条千吨级生产线建成，中国光伏产业化正式开始。这一切背后的推动力，来自西班牙、德国等欧美国家太阳能电池的优惠政策。那时候，欧美政府鼓励民众使用太阳能电池作为清洁能源，海外对太阳能电池板的需求暴增，多晶硅原料一度告急，价格暴涨，每公斤的价格甚至突破了 400 美元。

2005 年的时候，中国多晶硅总产量实际只有 60 吨，2006 年只有 287 吨，大量光伏企业的出现使得整个市场的需求缺口达到了数万吨。如此大的需求，如此高的溢价，引得各路资本纷纷下场。到了 2009 年 6 月，中国有 50 家公司正在建设、扩建、筹建多晶硅的生产线，19 家公司已经开始生产，年产超过 3 万吨，已经占了当时世界生产总额的一半以上。如果按照这个节奏一直走下去，2010 年的时候，全国的多晶硅产量将会突破 10 万吨，但那个时候全国的需求只有 2 万吨不到，全世界的需求也就 4 万吨上下[①]。

现在的我们一看就知道：这种狼多肉少的市场肯定要内卷。更何况，尽管当时中国的多晶硅产量巨大，但很多企业根本就是盲目上马，产品的质量未必符合行业标准，仍然需要大量进口外国多晶硅。投资界有一句很著名的话——别人贪婪我恐惧，别人恐惧我贪婪。每个人都非常贪婪，疯狂投资，每个人都在争夺最大产能，场面极其混乱。当这一幕画面出现的时候，产能过剩最后爆雷就只是一个时间问题罢了。

果然，正当众多中国企业疯狂布局多晶硅生产的时候，大厦轰然崩塌了。第一波打击来自 2010 年开始的欧洲债务危机。2008 年的美国次贷危机让欧洲损失严重，但因为当时欧洲很多国家都在使用欧元，各个成员国不能独立调整汇率和利率，结果就只能靠扩张性的财政政策来刺激经济——简单来说就是"以债养债，借钱还贷"。显然，这是死路一条：各国的债务规模已经大到根本无法偿还的地步了。投资市场很大程度上玩的就是一个"信心"，现在明眼人都能看出欧元区的那些国家是在胡闹，自然就没人再愿意购买这些根本无力偿还的债券了。

---

① 郭荆璞，刘强，陈磊. 多晶硅：国内龙头机会凸显，海外产能景气分化[R]. 北京：信达证券，2018.

这种心态一旦蔓延开来，就是资本市场的一场大瘟疫，于是，2010年开始，欧债危机爆发了。资不抵债的欧洲各国只好勒紧裤腰带讨生活，各国政府纷纷把之前的各种"锦上添花"的补贴给取消了——家庭太阳能电池板的补贴自然也在其中。中国的"多晶硅狂热"来自欧美市场对多晶硅的需求，而这种需求又是靠欧美国家补贴驱动的。现在补贴没了，需求自然也就消失了，于是，"多晶硅狂热"硬着陆了。最后，国务院亲自出马，宣布多晶硅生产属于"产能过剩行业"，给这场狂欢画上了一个尴尬的句号。

站在今天的角度来看中国多晶硅生产以及光伏产业的发展，我们真的能看到很多荒唐可笑的地方：有时候，大资本和A股的"韭菜们"其实都一样，看着一个东西在涨就拼命地加仓。"韭菜们"最多也就是赔钱，大资本不仅赔钱，还把土地、电力之类的资源给砸了进去。而且那个时候的中国整个光伏产业属于"两头在外"的状态，上游的高纯度硅材料都是进口的，下游的消费者也都在国外，中国企业做的不过就是个加工流程而已。

如果只看产能和市场份额，我们好像还很强，但如果看技术和模式，2010年的中国光伏产业恐怕真的就只是一个靠"骗补、骗贷、投机"催熟的资本怪胎。

第二波打击来自欧美国家的制裁。多晶硅的需求随着补贴的中断而中断，受害者除了中国企业，还有欧美、日韩的多晶硅生产商。在全球市场的竞争中，中国实际上占据了一定的优势。首先是产能充足，尽管存在"两头在外"的情况，但每年全世界仍然有超过六成的太阳能电池是中国生产的。

中国虽然生产得多，但基本上自己不用，90%都用来出口了，这里面有八成都流进了欧洲市场。众所周知，多年以来，中国企业的长处就在于规模生产带来的超低价格。当中国光伏产品刚刚进入欧美市场的时候，中国产品实惠的价格瞬间就击垮了西方厂商经营多年的壁垒。

所以，为了保护本国的光伏企业，欧美国家开始对中国厂商进行"双反"调查。"双反"指的是"反倾销"和"反补贴"，说白了就是欧美国家看不得我们的企业在世界市场上攻城略地，于是想方设法出手阻止。第一项罪名就是"倾销"，他们指责中国违反贸易原则，用异常低廉的价格销售商品，抢占市场。第二项罪名就是"补贴"，他们认为中国产品能报这么低的价格是因为背后有中国政府在用真金白银撑腰。

具体的处理方式，就是给中国产品加上了"双反"关税，强行提高价格，削弱中国商品的竞争力。这种手段的杀伤力是非常惊人的，中国产品的市场竞争力本来就源自超低的价格，现在对方强行把价格抬高，中国产品的竞争优势瞬间就荡然无存。与此同时，欧美日韩的厂商却在本国政府的扶持之下，对中国市场进行倾销活动。结果，2012年中国的光伏产业遭遇雪崩，产量首次出现下跌，全国43家多晶硅生产企业全部停工，无一幸免。缺少核心竞争力，导致了中国光伏产业的一场雪崩。

"光伏补贴"让中国光伏技术突飞猛进

中外光伏产业对抗的第一回合，我方完败。失败是很正常的，毕竟，当时的中国企业并不具有"核心竞争力"。中国产品的优势是低廉的价格，但在"两头在外"的情况下，靠赚"加工贸易"的那点辛苦钱，价格优势实在是不值一提。就算欧美国家不对我国进行"双反"调查，中国的光伏产业照样只是"银样镴枪头"——当时的中国光伏企业仍然需要大量进口国外高质量的硅晶材料，如果外国厂商集体抬高价格，我们的价格优势同样会受到影响。

不仅核心技术在别人手上，核心市场也不在国内，2010年，我们全国的光伏装机量只有500兆瓦，而东欧捷克竟然有1.5亿瓦，是我们的3倍多。偌大一个中国，市场规模甚至比不上一个欧洲小国。国产厂商发育不良，似乎也就顺理成章了：那几年，本土的厂商只能出海，因为在看似温暖的国内，我们根本没有养活这些厂商的条件。

所以，如果想从根本上获得和欧美企业一决雌雄的能力，还是要掌握核心的技术，同时还要有一个庞大的国内市场。低廉价格只是战术优势，技术自主才是战略优势。战术优势只能解决短期的问题，只有掌握战略优势，才能真正跻身世界第一梯队。面对全国多晶硅工厂全部停工的被动局面，中国政府开始了大反攻。

面对各种"双反"，中国官方也对欧美厂商的产品展开了对等的制裁。

效果是立竿见影的：美国多晶硅的进口被瞬间切断，美国企业彻底失去中国市场，德国多晶硅企业Wacker主动妥协，和中国政府达成了价格承诺。这虽然只是万里长征第一步，但有非常重要的意义。这切断了外国企业对我们的多晶硅倾销，强行把中国的多晶硅市场抢回来，分给本土企业。

第二步，是光明正大地强化对光伏产业的补贴。《太阳能发电科技发展"十二五"专项规划》和《国务院关于促进光伏产业健康发展的若干意见》先后发布，明确了电价补贴标准和补贴年限，并且将多晶硅生产从产能过剩行业中摘除，对光伏产业彻底"松绑"。2012年，中国的光伏产业就活了过来，先后有16家企业开工复产。在官方政策的帮扶下，短期之内，中国产品重新获得了"低价格优势"，在战术上取得了主动权。

在战略方面，中国企业的技术实力也在不断增强。2014年，美国对中国的"双反"调查得出了最终裁决——美国人认定我方存在大幅度的倾销和补贴行为，在第一次"双反"关税的基础上开始进行二次"双反"。而此时，我们也果断接招，商务部和海关总署下令：禁止以加工贸易为名进口多晶硅。文件传达的信息非常明确：第一，中国企业不能再赚"血汗钱了"，"两头在外"的格局必须改变；第二，既然他们不让我们赚他们的钱，那么我们也不能让他们赚我们的钱。

我们之所以有底气和外国企业高强度一对一较量，是因为我们掌握了核心科技和自主技术。在"两头在外"最严重的时候，中国多晶硅生产线的核心设备都必须依赖从美国、德国、日本等国企业进口。但到了2014年的时候，我们早已实现了主要设备的自主设计和建造工作。到此为止，和几年前那个"虚胖"的资本怪胎相比，中国光伏产业已经悄然完成了一场"蜕变"。

技术上，摆脱了对国外设备的依赖，实现了自主。模式上，告别了"两头在外"的加工贸易，吃到了更大更甜的蛋糕。政策上，得到了国家充分的支持。顺理成章地，中国从西方手中接过了光伏产业第二轮扩张的指挥棒。摆脱"两头在外"困境的中国光伏产业，终于迎来了真正的春天。2015年，中国光伏产业不仅拥有自主技术，而且还掌握了庞大的国内市场。剩下的，就只是表演时间了。2015年，中国生产了16.5万吨多晶硅，占全球总产量的47.8%，生产了全球79.8%的硅片，生产了全球66%的太阳能电池片，其他组件的产量也达到了全球总产量的69.1%。[①]

---

① 刘小勇，贺剑雄. 单晶龙头，产业发展的领跑者[R]. 上海：山西证券，2016.

质量方面，多晶硅前10企业中，中国占4家；硅片前10名中，占了9家；电池片前10名中，占了7家；其他组件前10名中，占了6家。市场份额，中国也是全球第一。2010年，我国的光伏市场只占全球的3%，2015年，我国占30%，10倍的发展——而这还只是一个开始——2017年，中国的新增装机量是全球新增量的54%。2018年，中国的新增装机量是全球新增量的43%。2019年，中国的新增装机量是全球新增量的34%。

无须过多解释，数据足以证明一切。更重要的是，完成这些装机量的关键设备和原材料都掌握在中国手中。从2007年中国迈入"光伏时代"到2017年中国光伏产业进入鼎盛时期，中国人花了10年时间从零开始，把一个全新的产业做到了世界第一的位置。这背后的驱动力说起来也非常简单，无非就是市场和技术。在笔者看来，凡是高科技产业，都离不开这两者的配合。

技术是企业安身立命的本事，掌握了技术，才能避免被别人"卡脖子"，面对别人的各种威胁才能泰然自若。而市场则是企业的后院，有了市场，才能有足够的发育空间。尤其是庞大的国内市场，对于科技企业的发育来说是非常重要的。"两头在外"时期的中国光伏产业非常被动，就是因为一没技术，二没国内市场。没有技术，就只能沦为"装配工厂"，赚一点辛苦钱；没有国内市场，就没有一个安全的后方来提供发展空间。

到今天，中国已经成功实现了光伏领域的国产替代。离开了中国企业，全球光伏产业链都会停摆。中国光伏装机量超越了美国和欧盟之和，全球最大的20家光伏企业里有15家是中国企业，供应链的各个环节，中国企业的份额都超过65%，中电投已经成为全球最大的光伏发电企业。

在笔者看来，中国光伏产业发展取得成功，和诸多因素有关。

其一，光伏技术属于新技术。越是新兴技术，对中国来说就越得心应手。由于历史原因，中国在技术领域起步较晚，诸如燃油汽车、大飞机之类的传统技术已经被欧美厂商吃透，中国企业一没有技术积累，二没有口碑，在这些领域的发展阻力极大。但光伏、新能源汽车这类新技术，所有人都在同一个起跑线上，所以中国能发展得如此强势。

其二，中国光伏产业进入全球市场的时间较早。从最开始的萌芽时期，中国光伏产品就活跃在欧美市场——以至于当时我们出现了"两头在外"的局面。因此，中国光伏企业可以说是从出生就在世界市场上活动，自然更容易嵌入全球光伏产业链。

其三，中国政府对光伏产业的强力补贴政策。"双反"时期之后，中国政府为了刺激中国光伏产业发展开始对国内的光伏企业实施扶持政策。光伏企业抓住这个机会大力发展，为了多拿补贴，一些企业在推广光伏设备的时候不遗余力，大幅度超额建设太阳能发电项目，以至于出现了国家"拖欠补贴"的现象。正是这样强力的扶持，中国光伏产业才有了足够的本钱在国际市场上叱咤风云。

第八章　液晶面板产业的国产替代

液晶面板的国产替代，是过去 20 年整个中国所有产业中最成功、最有代表性的案例之一，值得本书重点探讨一番。

我们从几个指标上就可以看出液晶面板产业在中国的成功。首先是从终端产品定价上，10 年前，一台屏幕从日本或韩国进口的液晶电视动辄要卖到上万元，而现在降到了 1000 元以下，这还不考虑通货膨胀的因素，因为其中国产屏幕的大规模普及起到了重要作用。此外从产品品质上来说，中国公司——京东方生产的液晶屏幕已经成功搭载在苹果的 iPhone 手机上面，而苹果被认为是对零部件要求最苛刻的厂商，这足以证明国产液晶屏幕的品质。此外，中国厂商在液晶显示屏的多个细分市场上，市场占有率位居世界前列。

在很长一段时间内，"缺屏少芯"被认为是中国消费电子产业的两大痛点，液晶显示屏幕和芯片这两个产业有很多相似的地方，都是重资产、高投入、高度垄断型产业，其生产工艺也很类似，都需要大规模的无尘车间进行精细化生产。时至今日，中国的芯片产业仍然与世界先进水平有较大差距，但是以京东方为代表的中国液晶面板厂商，则是实打实地进入了世界第一梯队，如今全世界只有中国、韩国、日本 3 个国家仍然有资格留在液晶显示工业的牌桌上，甚至连美国和欧洲都已经出局了，更不用说其他小国家。这个产业的国产替代案例，充满了精彩的故事。

面板产业的独特性质

从 20 世纪 80 年代开始,中国陆续从日本、欧洲等地引进了数百条彩色电视机生产线,生产那个年代主流的 CRT 电视,由此,中国出现了一批如长虹、康佳、海尔、创维、TCL 等电视机生产大厂。但中国在显像管等关键零部件上依然需要进口,当年的大尺寸彩色电视机价格居高不下。

从 20 世纪 90 年代末期开始,液晶面板工艺开始逐步成熟,日本和韩国厂商开始不断上马高世代的液晶面板工厂,例如生产 5 代线、6 代线、7 代线等的工厂,这一产业呈现出高度寡头垄断、重资产投资等特性。

虽然几乎所有的液晶显示技术,早期都来自美国公司的研发,但是真正将液晶显示大规模投入工业生产的,是日本厂商。日本的精工、夏普等厂商从 20 世纪 80 年代就开始大规模地量产小尺寸的液晶面板产线,日本厂商的市场占有率一度高达 94%。这一阶段推动产业发展的一个大背景是笔记本电脑开始在全世界普及,90 年代初期全世界一共兴建了 25 条液晶生产线,其中 21 条在日本。

日本厂商在液晶显示工业初期的垄断地位,甚至引起了美国军方的警觉。因为美国军方认为,未来士兵随身携带的单兵作战装具上面,很可能会需要小型的液晶显示屏幕。这种显示屏幕具有轻薄、体积小、能耗低等优点,因此在战斗机、坦克装甲车辆、武装直升机、战舰等军事载具上,将来也会大量采用,以淘汰老旧笨重的 CRT 显示器。美国军方试图引导在美国建立自主可控的液晶显示工厂以实现这一产业的美国国产替代,但是出于耗资巨大等原因最终作罢。

以三星和 LG 为代表的韩国厂商从 20 世纪 90 年代开始发力液晶面板产业,初期每年巨亏,一直到末期,情况才开始发生逆转。由于日本经济泡沫破灭,日本厂商在耗资巨大的液晶面板工厂投资上开始捉襟见肘,而韩国厂商在韩国政府的大力支持下,采用包括大力引进外资等方式,开始接过日本厂商的接力棒,并且从日本引进了大量的技术和专家资源,成为全世界液晶面板产业的新龙头。与此同时,中国台湾的一些厂商也开始进入这个领域,不过与日本、韩国厂商相比仍然有差距。

中国大陆在液晶显示工业的浪潮当中，起步不算晚。清华大学、中科院长春物理所等大学和科研院所在20世纪70年代就展开了相关技术的研究，并发表多篇有影响力的学术论文。20世纪70年代末到80年代初，原电子工业部774厂（也就是后来的京东方的前身）、770厂（湖南长沙曙光电子管厂）、中科院713厂（位于河南新乡）、上海电子管厂、深圳中航天马公司等先后建成4英寸基板玻璃的TN-LCD试验生产线，以生产电子表、计算器和一些仪表的显示屏。

这个时期的中国自主液晶产线，大都是小规模试验产线，和日本厂商推出的大规模量产产线相比，仍然有很大差距。不过中国厂商的自主创新，为后来中国的液晶显示工业培养了一大批人才，形成了早期的技术积累。可以说，没有自主研发的技术积累，技术引进也很难有基础。

1984年，深圳中航天马公司建成第一条4英寸规格的TN-LCD生产线，770厂建成第一条7英寸规格设备较先进的LCD规模生产线（主要设备通过中国香港从日本引入）。

但不得不指出的是，直到此时，我国的生产企业无论是自主拼装设备还是从美国引入的设备，都是作坊式的小规模试验线，没有形成批量的生产规模，但这些实验室和试验线却奠定了中国液晶产业的基础。曾经在这些试验线上工作过的一批人，在后来中国LCD产业发展的各个阶段都发挥了积极的作用。

这里需要重点一提的是原电子工业部774厂，也就是北京电子管厂，其原厂区位于北京市酒仙桥一带，是苏联当年援助中国的一批工业大项目之一。但是因为设备长期老化，且存在国企固有的一些管理弊端，改革开放后很长一段时间内，该厂的经营效益不佳。

比774厂更先迎来命运分岔口的其实是时任总会计师的王东升。1988年，时年31岁的王东升被提拔为副总会计师，成为工厂副总师以上级别领导中最年轻的成员。上任后他花了3个月的时间想出一个改革方案，按照领导的安排给副总师以上的干部讲课，讲了不到5分钟，下面已是鼾声一片。1991年底，774厂账面累计亏损3000万元，年轻员工跑到商场当起了售货员，老员工不愿离开，生活窘迫到只能到菜市场捡些白菜帮子回来吃。

此时，另一家企业答应帮王东升解决两套房，只要他能来担任常务副总裁一职。一边是垂死的老企业，一边是能帮助解决住房问题的新企业，王东升很快办好了离职手续，准备开启人生新的篇章。可偏偏在这时，1992 年 9 月，王东升被突击任命为 774 厂的厂长。关于去还是留的问题，王东升整整纠结了一个月，以至于任命后一个月他都没有去接这个担子。或许是王东升身上还带着老一辈对工厂的执着，同事一句"为了我们师傅不再去捡白菜帮子"，王东升下定决心留在 774 厂，改造这个老态龙钟的国有企业。

北京电子管厂本来归国家电子部管，是副省级单位，后被下放到北京市。而为了减少改革阻力，王东升也和市里提出了几个要求：一是市政府全力支持企业改造，走市场化道路；二是从自己上任开始，取消官本位与国企等级制度，自己则以职业经理人身份出任电子管厂经理；三是只有数据与厂长归政府管理，其他人事权下放到企业。当时 774 厂已经成为北京市第一大亏损企业，而且市政府也无法承受让 1 万多人的企业破产的社会后果，在这种压力下，政府也选择相信王东升，让其放手一搏。

股份制改革需要股东，但 774 厂连年亏损早已名声在外，谁听到 774 都立马摇头。银行这边也已经欠了一账本的旧账，资产负债率达到了 98%。王东升很快想到了债转股，通过债转股的方式，大幅降低企业资产负债率，当资产负债率下降到一定比例之后就可以重新向银行提请贷款。但银行业提出了新的要求，想要进行债转股就必须找到新的投资。可谁又愿意把钱扔进这样一个无底洞，来救一个与自己毫无关系的企业呢？如果有这样的人，那一定是曾经和 774 厂一起奋斗过的老员工们了。

王东升很坦白地在员工大会上说道："各位员工们，企业正在改造，一部分人面临下岗，但交钱入股不意味着你的职位能得到保留，而且交钱入股，企业成功的把握是 50%，这笔钱也有可能收不回来。"即便如此，老厂的 2600 人还是凑出了 650 万元资金，成功帮助京东方完成债转股。国家在 1998 年才提出"债转股"，而京东方在 1992 年就已经完成了债转股。1993 年 4 月，由银行债转股，员工出资入股，再加上一些零散的小股东，北京东方电子集团股份有限公司以混合所有制的身份正式转型，也就是我们所熟知的京东方。

在 20 世纪 90 年代初期，为了生存，京东方曾经大力发展合资公司，例如，与日本旭硝子株式会社合资、与日本端子株式会社合资、与日伸株式会社合资等。1997年，京东方与台湾冠捷科技合资，成立北京东方冠捷电子股份有限公司（京东方占股52%），1999年投产后成功盈利，把台式电脑CRT显示器做到了世界第一，这时候京东方的日子才慢慢开始好过起来，有了一定的积累。

此时，投身CRT电脑显示器产业的京东方敏锐地发现，液晶屏幕正开始慢慢取代传统的CRT显示屏。与笨重的CRT屏幕相比，液晶显示屏具有轻薄的特点，且显示效果也随着技术的迭代越来越好，非常明显，未来是液晶显示的时代，传统的CRT显示技术将被淘汰，而此时液晶显示的核心技术都掌握在日本韩国厂商手上。

1998年决定进入TFT-LCD市场的京东方却一直到了2003年才开始有所动作。而在京东方犹豫的这段时间里，早有企业开启了中外合资，从事TFT-LCD生产工作，上广电直接砸了100亿元，从日本NEC引进了中国第一条5代生产线。

有着较丰富合资经验的京东方，对于合资的体验可谓喜忧参半。首先，合资能够迅速带来外方的技术和资金，还有品牌，使得中方企业能够迅速获得较好的现金流，在改革开放初期，合资不失为一条快速起步的捷径。但是京东方在多年的合资当中发现，合资带来不了真正的技术积累。首先合资企业缺少真正的研发平台，大部分的研发积累都在外方的公司进行，大部分时候，合资企业从事的只是生产制造环节，拿着外方提供的成熟技术和图纸生产。由于缺少研发平台，合资企业也就难以真正积累研发技术人员，难以有效积累宝贵的技术专利。同时，由于中外方理念和利益的巨大差异，合资企业也常常陷入中外方的股权争斗，类似案例比比皆是。

用王东升的话说，"合资合不来技术，更合不来中国的工业化"。京东方在1987年与松下合资办彩色显像管工厂，但20年过去了，松下都退出历史舞台了京东方还是没能掌握显像管的核心技术。真正要走出产业化之路，除了自研还是自研。

液晶面板行业与其他行业不同，具有显著的周期性，每当行业下行时，总会有新势力进入液晶面板行业，随着新鲜血液的注入，行业上行，然后又发生产能过剩的问题，引发行业下行。

而1997年的亚洲金融危机爆发后，韩国现代集团一直深受其累，特别是在1999年大宇集团解体之后，韩国现代的资金周转发生严重困难，韩国政府一方面支持多家主要债权银行对现代集团提供紧急贷款，另一方面则要求现代集团断臂求生，缩窄业务。

此时京东方迎来一个千载难逢的机遇。1998 年，韩国金大中总统上台，他开始推行对朝鲜缓和的外交政策，这是几十年来朝韩关系最好的时期，但是这段蜜月期也险些将韩国最大的财阀之一现代集团的前途搭进去。

在 1998 年，韩国现代集团创始人郑周永最为宠爱的五儿子郑梦宪在其父亲授意下，首次打破了韩朝禁令：他亲自赶着 500 头耕牛，越过板门店来到了朝鲜。金正日当然知道这位赶牛人的分量，他会见了郑梦宪，并安排人陪同郑梦宪到朝鲜各地考察。此后，现代集团开始在朝鲜下巨大的赌注，包括投资 9.42 亿美元修建朝鲜金刚山旅游项目，投资 4 亿美元新建开城工业园区项目。此后父子俩一同飞往朝鲜面见金正日，并在某种程度上扮演了朝韩之间传话人的角色。

2000 年 6 月 13 日，金大中与金正日举行了举世瞩目的朝韩峰会。后来，双方体育代表团甚至一同出现在了奥运会开幕式中，并携手走进会场，当时全球舆论都在猜测，朝韩是否真的会如愿实现统一。金大中因此获得诺贝尔和平奖，个人政治声望达到顶峰。

然而好景不长，此后朝韩关系并没有维持太久的蜜月期，现代集团牵头的金刚山和开城工业园区项目都受到波及，巨额的投资并没有换来期待的现金流，反而成了现代集团巨大的包袱。此后，现代集团陷入了与金大中总统的政治丑闻当中，受到敌对政客和媒体的猛烈攻击。2003 年 8 月 4 日，负责朝鲜项目的现代峨山公司董事长郑梦宪在留下遗书后跳楼自杀，现代集团的现金流危机正式暴露。

此前，现代集团也曾投入巨资发展液晶显示业务，它的液晶显示业务当时在全球位列第九，虽然在韩国国内规模不如三星和 LG，但是相比起中国同行，现代的显示业务已经是相当领先了。此后现代集团决定出售旗下 HYDIS（现代显示技术株式会社）的股权。此时的国际市场，现代可以选择的收购方并不多，首先韩国国内的三星和 LG 都已经有非常先进且大规模的液晶显示工厂，不再需要现代的这条产线，而日本厂商也深陷资金危机难以出巨资收购，卖给中国公司，几乎是那个时候现代显示业务的唯一选择了。

此时的京东方认准这是个获得液晶面板行业"最低技术资源"的机会，咬牙豪掷3.8亿美元拿下了韩国现代HYDIS的产线、人员和技术。京东方也因此正式拿到了液晶显示领域的入场券。

收购完成后的当年9月，京东方迅速在北京建设了一条5代线，先学习和吸收买来的韩国技术，有数百名经验丰富的韩国工程师来到北京工厂上班。此时，通过并购的京东方直接站在了一个很高的起点上，它利用韩国的经验和技术在国内建设了首条中国人自主的5代线，这就相当于中国企业第一次获得了一个高起点的液晶显示技术平台，用于不断培养人才、积累经验、累积专利技术。

从业多年的王东升深知技术更迭对于行业的影响力。"标准显示屏每36个月价格会下降50%，若价格保持不变，显示产品性能需要提升1倍以上。"王东升也将这一规律叫作"王氏定律"。在王东升的眼中，技术跟得上不一定会赢，但技术跟不上就一定会输。

技术在不断地革新，京东方想要维持产量、质量、资金三方的平衡，就必须不断扩产。但好景不长，在京东方收购韩国现代之后，2004年下半年液晶面板行业又陷入了下行周期，15英寸的显示屏价格下跌到145美元一片，而就在2003年初，同类显示屏的价格为230美元。雪上加霜的是，当时京东方的北京5代线刚刚开始量产，主打17英寸显示屏，其市场价格在动工建线时为300美元，等到产线量产时却跌到了150美元，加上产品初期良率不高，2005年京东方全年亏损达到近16亿元，也是自1993年扭亏以后的第一次年度亏损。

因为这起收购案，王东升当时也承受了巨大的压力，尽管王东升曾经带领774厂走出捡白菜帮子的至暗时刻，但又带领京东方参与了TFT-LCD产业而导致了亏损，集团内部不免出现不少质疑的声音。直到2007年4月，液晶面板行业又出现好转，并出现快速增长趋势，京东方在困难中的拓展决策得到了回报，从当时来看，时间还是站在了京东方的这一边。

但好景不长，2008年，受金融海啸影响，欧美电子市场对于液晶面板的需求出现大幅下滑，而其供货商日韩以及中国台湾等液晶面板企业都出现了产能过剩的问题，库存猛增带来的直接结果就是生产成本暴涨，各大液晶面板企业都面临亏损。而中国台湾作为日韩企业液晶面板的主要供货商，自2008年8月开始陷入了深度停摆。此时，工信部牵头成立了"海峡两岸平板显示产业促进工作组"，与台湾液晶面板企业签署了战略合作协议。

中国地方政府与京东方

在此背景下，中国的液晶工业政策环境发生了重大变化，国务院常务会议原则通过的《电子信息产业调整和振兴规划》正式公布，"新型显示器"第一次被列入国家政策支持的范围。政策推动的背后，是大陆更希望台湾面板企业能够到大陆投资建厂，或者开放大陆企业投资台湾液晶面板企业。

与大陆方面的热烈欢迎形成强烈对比的是台湾当局的冰冷态度，2009年6月30日公布的大陆投资政策直接断绝了大陆企业投资台湾液晶面板企业的可能性，而对于台湾液晶面板到大陆建厂一事也仅开放了产业链后段的模组厂，关键的面板制造仍在禁止名单之中。同时，日韩企业也纷纷顺应当地政府要求不愿意到中国大陆投资建厂，2009年5月，三星电子全球副总裁还强调"暂时没有向中国大陆转移液晶面板生产线的计划"。

所谓时势造英雄，随着中国台湾、日本、韩国对大陆面板行业的封锁步调趋于一致，京东方向高世代产线扩张的消息传遍全国。京东方先后建设了成都4.5代线、合肥6代线、北京8.5代线、鄂尔多斯5.5代AMOLED线、合肥8.52代氧化物TFT-LCD线和重庆8.5代新型半导体线。这6条产线累计投资额超1300亿元，这也就意味着京东方需要不断寻找愿意投资给自己的人，来维持自己在技术赶超过程中的"烧钱"项目。

自京东方1997年在股票市场上市，至2020年底，募集资金就达到了730亿元，是一艘真正的"吞金战舰"。熟悉液晶面板行业的人都知道，韩国三星在进入液晶面板行业之后12年才开始盈利，中国台湾的厂商入行也都交了10年左右的"学费"。京东方也难逃连年亏损的命运，由于盈利效果不佳，以及对投资者回报十分"吝啬"，京东方也成为股票市场中饱受争议的一只股票。

普通人心里都希望国产液晶面板能一飞冲天，但老百姓也不想看到自己的辛苦钱拿来打水漂，政府投资就在此时扛起了大旗。

京东方虽然本身盈利能力不强，但液晶面板产业对于电子产业来说是十分重要的一环，这也就意味着一旦京东方在地方建立产线，除了为地方提供基础的就业岗位和税收，还能够吸引投资，带动上下游产业落地，拉动地方经济增长。

2003 年北京市政府就通过北京工投提供了 28 亿元贷款，尽管在随后几年京东方连续亏损 10 多亿元，但随着电子产业的飞速发展，北京市政府最终还是吃到了京东方带来的红利，仅项目本身投资就达到了上百亿元，更别说还带来了上百亿元的配套投资，以及每年几十亿元的相关配套税收，最终形成了产值超千亿元、税收 40 多亿元的液晶产业链。哪怕股票不赚钱，地方政府的税收、就业、GDP 上都写满了对京东方的满意。

京东方带给北京市的收益显而易见，然而京东方扩产线的脚步远不能止于此，其他地方政府也纷纷邀请京东方到本地建厂，拉动产业发展。手里有了筹码的京东方也硬气了起来，各地地方政府为了引来这只"京凤凰"分别给出了土地、税收等优惠政策。成都市政府甚至以参与定向增发的形式，投资 22.5 亿元，以吸引京东方的 4.5 代线的落户。随着成都项目的成功，地方政府投资的可行性得以验证，京东方正式走出了一条自己的低风险快速融资 VIP 通道。

"创投之城"合肥也不甘落后，迅速与京东方谈起了项目落地的相关事宜。合肥有年产数百万台彩电的家电工业园，一旦京东方落地合肥，将当地的上下游产业打通，对于促进地方产业的成长有着极大的帮助。为了建设价值 175 亿元的 6 代线，合肥市为京东方保底提供 90 亿元的股权资金，并且成立了国有控股的融资集团，来为京东方落地进行资本运作，实打实为京东方来了一份"海底捞"式服务。而当时合肥市全年的财政收入只有 300 亿元。

2008 年对合肥的人来说一定有记忆，当时地铁建设得特别慢、特别久，那正是因为合肥市政府为了支持京东方落地，暂停了修到一半的地铁项目。项目落地之后，三井、佳能、美国应用材料、LG、日本东丽、日立等公司迅速带着数十个配套产业项目来到合肥投资，每年又为合肥增添了近千亿元的产值，吸纳上万人就业。2009 年之前，合肥连续几年 GDP 增长都在 300 亿元上下，而到了 2010 年，GDP 增长直接达到了 800 亿元上下，比之前两年的增长总量之和还多。

简单来说，液晶面板产业是一个极其烧钱的产业，正因为如此，其天然具备寡头垄断的特性，也就是那些可以承受得起长周期投资烧钱活下来的国家和地区，最终能够通过垄断获取超额利润（具备类似产业特性的还有半导体等产业）。

液晶面板产业和京东方的出现，给急需转型的一些城市带来了机遇。某种程度上地方政府扮演了联合出资人的角色，和京东方的命运捆绑在一起。由于近年来中国地方政府的融资工具大为丰富，因此它们可以支撑液晶面板这样巨额投入的项目，这让中国在与国外巨头就液晶面板产业的竞争中笑到了最后。

液晶面板产业国产替代的成功秘诀

京东方和液晶面板的案例给其他产业的国产替代提供了非常有价值的参考案例。

首先京东方巧妙抓住了韩国现代财政危机的窗口，投入巨资从韩国买回了现代的显示业务，这使得京东方一下子获得了一个高水准的技术研发平台，这一动作，跟我们之前介绍的沈飞从俄罗斯引进苏–27战斗机生产线有相似之处。在买入韩国现代的显示业务后，京东方就利用这项业务建立自主研发平台，并在此基础上不断迭代 7 代线、8 代线、10 代线，形成自己完全独立自主的技术研发体系。可以说，京东方的案例是在技术引进和自主研发两者关系方面处理得比较好的一个案例，在其他很多案例当中，单纯依靠技术引进容易受制于人，而完全闭门造车自主研发又太慢且容易与国际脱轨。

而上广电等其他走合资路线的厂商，则结局惨淡，这充分说明，合资带来不了真正的技术研发平台，合资很难积累起真正的技术。

在 2000 年前后的合资热中，吉林彩晶与上广电分别以不同的方式与外商合资办厂。吉林彩晶在当时从日本 DTI 引进了一条第一代 TFT-TCL 产线，但项目建成后良率低的问题始终无法解决，且产品 16.1 英寸和 10.4 英寸在行业内需求较低无法打开市场，导致项目失败。上广电与日本 NEC 合资的上广电·NEC 在上海挂牌成立之后，技术却始终受日方控制，既无法自主开发适应市场的产品，也阻碍了公司自主扩张的脚步，最终企业因亏损而解体。

1992年后，北京电子管厂更换了领导班子，改制为股份有限公司，并经历了老业务的关停并转和大规模员工下岗。到了90年代后期，京东方通过分散合资与上市逐渐度过了生存危机，但也变成了一个没有主营业务的边缘企业。如果按照"利润最大化"的原则，京东方本可以借着2000年之后的房地产东风成为一家房地产企业，什么来钱快、什么利润高就去做什么。但事实是，曾经聚集了10多家中国电子企业的酒仙桥中只出了一个京东方。

京东方的崛起不仅仅是中国面板行业的崛起，也证明了中国的产业发展政策的确十分契合一些高门槛、高资金投入的尖端企业。屏显、光伏、芯片、新能源汽车……中国之所以能够培养出如此多的明星行业、明星企业，其背后离不开地方政府的深度参与和重度投资。

我们之前介绍的韩国的案例显示，与韩国政府深度捆绑的三星、LG、现代等大财团特别适合发展液晶显示、半导体等技术升级路线高度可预测、重资产、周期性强、高投入的产业，我们在中国许多地方也看到了类似的规律：也就是这种地方政府深度参与的产业，呈现出了与韩国模式类似的规律；相反，政府深度参与的产业，非常不适合诸如互联网这种创新频率高、产业迭代变化快、市场高度不可预测的产业，类似的教训比比皆是。

从韩国的经验教训中我们同样可以看出，韩国政府在扶持企业的时候非常注重企业的国际化程度，也就是通过国际市场来筛选企业和产业——那些能够在更公平的国际市场上形成竞争力的企业，更容易获得韩国政府的支持，因为它们多半是货真价实、真刀真枪干出来的有竞争力的企业，那些拿了巨量扶持资源只会在本地"窝里斗"的企业，则要格外引起人们的警惕。

第九章　中国心脏支架行业的国产替代

让 109 亿元"蒸发",需要多久?

答案是 15 分钟。

这是 2020 年心脏支架集采开标会议所用的时间。会议是在天津陈塘商务区服务中心三楼的一间会议室里召开的,参会的一共有 11 家企业、26 个产品。每个产品的报价都被写在一张单独的申报单上,现场无法更改,报价最低的 10 个产品将会中标。就是在这场会议上,心脏支架的价格从 1.3 万元直线跳水,降到了 700 元左右,其中山东吉威 Excrossal 心脏支架报价 469 元,这是在会议开始前连医保局都没有料到的"底价"。

平均 93% 的降幅,加上共计 107.5 万个的采购量,意味着每年在支付端省下 109 亿元的巨额开支。但问题也随之而来:以国产支架为主要参与者的巨幅降价,击穿了行业原先的定价体系,会不会影响之后心脏支架产品的整体质量?产业内的参与者未来将要面临什么样的竞争格局?这些变化又会在多大程度上影响中国的医疗体系?

作为中国医疗器械产业成功实现国产替代的一个典型案例,心脏支架产业在这次集采前后出现的问题极具代表性,是正在逐步进行国产替代探索的中国医疗器械产业或早或晚都要面对的问题。

而比产业影响更深远的是,国产替代或许将在更长远的日子里,成为撬动中国医疗体系改革的支点。饱受诟病的"以药养医、以械养医"模式,或许总有一天会成为历史。在医生们的收入变得更加阳光、合理之时,医患关系的冲突与紧张关系或许也将得到改善。

心脏支架的 4 次技术革命

人体由心脏泵血到全身,为心脏心肌供血的唯一血管,叫冠状动脉,冠状动脉发生狭窄或堵塞,就是冠心病。心脏支架介入手术,就是治疗冠心病的重要手段。心脏支架迄今为止一共经历过 4 次变革:1977—1986 年,中继球囊扩张(PTCA)时代;1986—2001 年,裸金属支架(BMS)时代;2001—2011 年,药物洗脱支架(DES)时代;2011 年以后,雅培创造了生物可降解支架(BRS),但目前仍然不是市场主流,如表2-9-1 所示。[1]

表2-9-1 心脏支架历史沿革

代际	时间	类型	性能指标
第一代	1977	中继球囊扩张(PTCA)	有 40%~50% 的概率再度狭窄
第二代	1986	裸金属支架(BMS)	有 20%~30% 的概率再度狭窄
第三代	2001	药物洗脱支架(DES)	再狭窄概率降低,有血栓风险
第四代	2011	生物可降解支架(BRS)	再狭窄概率很低

1984 年中国就已经做了第一例心脏支架介入手术,但那时候无论是器材,还是做手术的医生,都来自其他国家,进口器械的市占率是 100%。1998—1999 年,国产支架两大巨头厂商微创医疗和乐普医疗相继成立,正式宣告国产心脏支架的起步,但从 1999 年到 2004 年的 5 年时间里,国产支架的市占率却始终没能突破 5%[2]。

景昱医疗董事长宁益华回忆,转折点出现在 2005 年,经过近 20 年的蛰伏和积累,在国家经济发展的助推之下,中国的医疗器械产业终于培育出了大量成熟的人才,很多掌握着新技术的海外人才也选择归国创业,宁益华和赛诺微医疗的创始人张金迪都是其中的佼佼者。同样具有海外医疗器械企业背景的,还有微创医疗的创始人常兆华和乐普医疗的创始人蒲忠杰,他们是中国最早看到医疗器械国产替代机会的人。

---

[1] 黄翰漾、孙媛媛、徐佳熹. 红海泛舟, 冠脉支架迭代中持续成长的市场 [R]. 上海:兴业证券, 2020.
[2] 根据乐普医疗上市后历年年报推算。

机遇是在技术的更新换代中出现的。2003 年，医疗器械领域的三大巨头——强生、美敦力、波士顿科学，分别上市了它们自己的第一款药物洗脱支架。2005 年，微创、乐普先后打破海外技术垄断，分别上市了具有自主知识产权的药物洗脱支架产品：微创 Firebird，乐普 Partner。中国第一款裸金属支架的诞生比国外第一次研发出这一品类晚了 13 年；中国的第一款药物洗脱支架上市，却仅仅比海外巨头们晚了不到两年。厚积薄发的中国人追了上来，国产支架的市场份额也随之迎来了突飞猛进的增长。

中国的心脏支架的"农村包围城市"

2005 年是中国医疗器械产业浪潮中的一个巅峰时刻，也是国产心脏支架腾飞的起点。以乐普医疗为例，从 2005 年到 2008 年的短短 4 年里，心脏支架的市占率就从 3% 提高到了 25.8%，除了技术突破极大地拉近了国产与进口之间的性能差距，推动中国心脏支架国产化率提升的还有两个重要的市场因素。一是国产支架的性价比卓越。2008 年进口药物支架的单价在 1.59 万 ~ 1.93 万元之间，而同等规格的国产支架单价则在 1.08 万 ~ 1.10 万元之间，国产比进口要节省三分之一左右的器械费用。二是中国企业采取了差异化竞争策略。医疗器械的销售和市场占有率，十分依赖做"地推"的销售团队去一家一家地跑医院，外资公司的精力有限，重点都放在北上广等一线大城市、大医院，无暇顾及普通地级市或县级的基层医院，而国产支架则从二、三线城市切入市场，找到了惊人的市场增量，迅速提高了产品的销量和市占率。

用互联网的话术来说，这叫"下沉市场扩张"；用军事战略来作比较，这就叫"农村包围城市"。乐普医疗不仅是中国冠状动脉支架厂商的一个缩影，甚至是中国制造的一个缩影。在过去的几十年里，中国就是从这些被巨头们所忽视的，或认为性价比不高的市场中成长起来的。华为最初前往海外通信市场时，也是从巨头们"不要"的偏远地区起家；传音抛下竞争已经白热化的中国和东南亚市场，远赴非洲，才成为世界出货量第四的手机厂商，一度仅次于三星、苹果、华为。

心脏支架的市场规模 2009—2019 年间高速扩张，手术量从 2009 年的 22.8 万例增长到 2019 年的 100 万例，平均复合增速达到 16.7%。心脏支架植入数量也从 2009 年的 33.06 万个提升至 2019 年的 150 万个左右。有赖于增长红利，国产厂商经历了一个野蛮生长的阶段，利用价格优势和差异化的竞争策略，迅速咬下了相当可观的市场份额。国产支架的市占率从 2004 年的 5% 起步，到 2017 年已经增长到了 70%，到了 2020 年则超过了 75%。[1]

但在一个远未饱和的增量市场中野蛮生长，意味着市场虽然有竞争，竞争却往往是不充分的。这就像切蛋糕，只要这个蛋糕足够大，长得足够快，那么谁都犯不上为了抢同一块蛋糕而争得头破血流。心脏支架的定价能够始终保持在如此高的价位，和企业之间的"价格默契"有很大关系。大家各有各的目标市场，相安无事、相敬如宾地吃着一桌菜，每个人也都能吃得很舒服。

而集中采购政策的推行，打破了这种微妙的平衡，颠覆了过往的竞争格局，简单粗暴地将所有玩家拉入了一场刺刀见红的面对面竞争之中。

集中采购制度和话语权

根据官方数据，2020 年心脏支架集采开标会议报量高达 107.5 万个，约占全市场支架总需求量的 80%。这相当于医保局直接把蛋糕的 80% 都切走了，然后把所有人叫到面前来，告诉他们：你们打一架，最后 10 个胜者，就把我手里的蛋糕全分了吧。以往的药物集采定价，方式是专家先对产品核定一个底价，若药物定价与底价相差在 15% 以内，再进行下一轮谈判，这才有了威名远扬的"灵魂谈判"。但"灵魂谈判"也带来了很多问题。首先，医疗产业的成本构成是比较复杂的，以心脏支架举例，我们把其成本分为两类：一类是容易直观量化的显性成本，另一类是不好简单量化的隐性成本。

同时，一个产品的定价策略，要参考的不仅仅是成本，还有其所隐含的价值和市场的接受度。尤其是在目前以药养医、以械养医的大环境之下，医生的工资和人工费称得上相当"低廉"，于是，一部分对医生技术价值的认可也被转嫁到了对医疗器械

---

[1] 黄翰漾, 孙媛媛, 徐佳熹. 红海泛舟, 冠脉支架迭代中持续成长的市场 [R]. 上海：兴业证券, 2020.

的定价上，以提成的方式回馈给了医务人员。因此心脏支架的高定价至少是由三方面促成的：可变成本+隐性成本+对医生的隐性补贴。医保局的专家即使再专业，也始终和企业之间存在一定的信息不对称，定价的尺度其实很难掌握。定高了，没有达到给患者实惠、给医保减负的目的；定低了，过度压缩企业利润，不利于企业健康可持续地运转下去，伤害的是整个产业。

于是，医保局干脆让厂商自己定价。在集采政策之下，一旦出局，就等于直接丢掉了80%的市场。所有人都面临着巨大的市场份额压力，于是相当自觉自动地就将利润空间压缩到了极限。最终，10款中标产品平均降价93%；国产支架共7款，平均降价92%；进口支架共3款，平均降价95%。15分钟的会议干掉了109亿元的市场规模，市场经济之下，决定价格走向的重担，还是落在了那两个字上：竞争。

事实上，在此之前的几个月，同为高值耗材的超声刀也曾在福建进行过一次集采招标，但最后却没有淘汰任何一个厂商，价格降幅也十分有限，达成的结果与这次心脏支架集采大相径庭。究其原因，就是超声刀的国产市占率还不到20%，技术实力与强生这样的外资企业根本不在一个水平线上。

反观心脏支架，在过去的20年里拿下了75%的市占率，这才能实现93%的价格降幅。但是这之后，国产心脏支架和进口心脏支架就从"打价格战"转变为面对面"拼质量"了，国产心脏支架拼得过吗？

国产心脏支架的未来竞争格局

可以肯定的是，国产支架的制造和研发已经和国际接轨，哪怕以后要靠打架抢蛋糕，国产支架也绝对用不着怂。但这并不意味着国产支架和进口支架已经没有差距了，差距主要在两方面。

一是心脏支架并不能孤立使用，术中还需要使用配套的球囊、导管、导丝等支架输送系统，才能将支架送入正确的位置。而中国企业在支架输送系统领域的技术水平和进口厂商相比，依然存在比较明显的差距，国产化率显著落后于心脏支架本身。进口输送系统相比国产，适应证范围更广，在处理复杂病变的过程中，给医生提供了更大的操作空间。

不过，复杂病变只占到所有相关病例的30%，相对常规的病变则占到了70%。在普通病变中，进口与国产在临床上的实际效果已经不存在大的区别。进口支架的适用范围可能更广，但却不会因此占据太大的竞争优势。

二是进口支架的可靠性经历了更完备的临床试验和跟踪随访数据证实。医疗器械是一个很特殊的行业，常规的技术产业，通常以硬性的技术指标作为衡量标准，比如芯片的制程、计算速度、单位功耗等，强弱一目了然。但医疗器械则首先要保证安全性和有效性，这二者都不是可以简单量化的指标。尤其是患者情况各异，使得临床试验，以及使用后的跟踪随访数据，成为重要的参考指标。海外医疗器械产业的历史远远长于中国，构建出了一套十分全面的评价、跟踪、验证体系，以不断地证明一个产品是好产品。国际大厂的品牌信誉就是这样一点一点建立起来的。有个做器械的朋友笑着说，这就是所谓的"底蕴"。国产支架虽然技术层面上已经逐渐追上了外资企业，但针对产品的评价和验证体系却还在构建的过程中，这是需要各方协作的系统性工程，很难一蹴而就。

过去国产心脏支架发展的两大利器，一是性价比，二是差异化竞争。在集采政策之下，这二者都面临着"失灵"的风险。

先来看性价比。此次中标产品的最高价是798元，最低价是469元。对于患者来说，在同等规格之下，2万元到800元是一回事；800元和400元的比，又是另一回事了。在可承受范围内，贵一点的甚至还更让人安心一些，国产支架传统的价格优势很难凸显。

再来看差异化竞争。以往的差异化竞争主要通过两个方式实现：一个是价格差异化，然而中标产品相差最多的也还不到400元；另一个是地域差异化，但进入医保刚好会最大限度地削弱地域之间的差异，业内风传有些销售团队在集采过后直接原地解散。心脏支架毕竟关乎生死，老百姓一定会希望在可承受的范围内用最好的产品。但从集采后公众的反应，乃至是媒体解读时的方式来看，患者和国民对于国产支架的信心和认可度，暂时还比不上进口支架。

就今天这个时点上中国的心脏支架产业来说，我们与国际巨头的技术实力和研发水准几乎是在同一水平线上的，只是输送系统的适应证范围与细节依然存在差距。在获取信任、建设品牌，以及加深底蕴上，中国企业还有很长的路要走。

而在技术实力的比拼之外，还有一个全行业共同的坎等在路上。竞争是残酷的，改革则永远伴随问题产生。集采能给患者带来实惠，也能给企业带来死亡。此前心脏支架厂商的产品毛利率基本集中在 60%～80% 的区间，此次降价后预计净利率水平将会下降至 0%～10%，按照均价 700 元的中标价计算，单个支架的净利润将被压缩至 0～70 元。换句话说：拟中标的这些产品利润空间已经很小，有些产品可能不赚钱，甚至是赔钱在卖。2020 年 11 月 6 日，集采结果公布的第二天，A 股的医疗器械板块蒸发了 700 亿元的市值，随之传来的是各大厂商的裁员消息。企业在想尽一切办法削减成本，提高生产运营效率，来保证不要被骤降的利润率拖垮。

700 元的心脏支架能不能用？当然能用。首先，此次中标的产品大多问世超过 10 年，10 款中有 7 款是此前市占率排行前十的产品，质量已经经历过市场的验证，同时前期研发成本已经收回，降价空间本就很大。而且，国家在质量上有严格的监管制度，也已经出台政策加强监控、溯源。偷工减料被发现之后面临的风险是巨大的，哪怕是为了追求利益最大化，聪明的企业也不会干这种性价比极低的事。相比对质量的担忧，更切中要害一些的担忧其实是：700 元的心脏支架还能不能买得到？

价格过低影响供货量是有先例的，在此前的药物集采中，一些击穿底价进入医保的药物，比如治疗乙肝的一线药物恩替卡韦，治疗淋巴瘤的替尼泊苷，甚至是替尼泊苷的替代药物甲氨蝶呤，都出现过不同程度的断货。有人指责药厂在无法维持利润后停产相关药物的行为很不人道，但如果企业一直在做亏本的生意，亏到最后就是倒闭，结果一样是药物停产，到时候和尚跑了，连庙都塌了。

为了避免陷入"有价无市"的境地，国家这次做出了一些努力。首先就是我们上面提到过的，国家把定价权交给了企业，你自己定的价，肯定综合考虑过自己的承受能力。其次，此次集采涉及的市场份额大约是全市场的 80%，还有 20% 的空间留给企业做缓冲。许多更先进的新型产品，由于成本还处于高位，要么报价太高落选，要么就根本没有参加投标。它们的战场是医保之外的那 20% 市场。集采前一台心脏支架介入手术总共的花费在 2 万～3.5 万元不等，但手术的操作费也不过 3000 元左右，人工费的最低占比还不到 10%，分到一线医生手里的就更少，很多一线医生一台手术只能拿到几十元的放射补贴。

中国长期以来，都是以药养医、以械养医的模式。这种模式并不健康，但不可否认的是，这一定程度上给医生带来了与工作性质更加匹配的报酬。如今心脏支架的利润水分被挤干，如何平衡医生的收入成了另一个问题。国家想到的解决方式是：推行医保DRGs。

DRGs（diagnosis related groups）中文翻译为（疾病）诊断相关分组。简单来说，就是未来医保将不会按照病人在院的实际支出付账，而是先给病人分组。分组会考虑患者的病情、病种、严重程度、治疗手段等条件，每一个组别，对应一个支付总额，你属于哪个诊断组，医保就固定支付给医院多少钱。比如A和B分在同一个诊断组，不管他们用1.3万元的支架，还是700元的支架，医保支付给医院的钱都是一样的。

为在全国推行DRGs，官方专门制定了相关措施。已实行DRGs的地区：不下调支付标准，结余部分医疗机构可以留用；未实行DRGs的地区：医保参照DRGs地区数据，拿出结余资金的50%激励医院。国家医保局医药价格和招采司司长钟东波在后续的回应中说，"这些结余资金可以通过资金变成对医生的奖励，也给咱们这些心脏科的大夫添些绩效鼓励"。

这样一来，在器械上挤出的水分，一部分就将被转化为对医生的奖励或补贴，将原本的灰色收入，转换为了更加阳光的收入。长远来看可以重新构建医疗体系的底层逻辑，缓解医患关系的紧张。

中国医疗器械产业最早起步的时候，全国仅有几十家制造厂，从业人员还不足1200人，有的还是随部队一起行动的"马背工厂"。国内所需的医疗器械，甚至是体温计、注射器、听诊器都要依赖进口，更不要提心脏支架。技术没有掌握在自己的手里，有时候就算我们愿意拿钱买，都还要看人家愿不愿意卖。这就是为什么别人能对我们进行技术封锁。

市场经济的一个核心概念，就是价格会在完全竞争的条件下调配市场的资源。挤出器械价格中的水分让利于民，砍掉灰色收入，构建更加阳光、合理的医务人员薪酬机制，都是对资源的重新配置。而完全竞争的前提，是你首先要在产品上有一战之力。

在天津陈塘商务区服务中心三楼的那间会议室里，从企业代表进入会议室，到会议结束，只花了15分钟。但为了能有这15分钟，为了让中国人对自己的"心脏"有话语权、有定价权，中国企业至少努力了20年。

回溯心脏支架的国产化历程，经验和教训主要有两个。一是立足本土，进行差异化竞争。相比北、上、广等一线城市，次一级的二、三线城市作为中国市场的基本盘，以庞大的规模撑起了国产心脏支架的起步和发展。本土企业立足本土需求，进行本土化的商业扩张，才有了今天国产支架75%的市占率。

二是应该加大对上游基础科学研究的投入，同时还要在下游更加注重以产业链逻辑进行产品布局。

假设今天心脏支架突然被完全中断了进口渠道，对相关手术的影响也并不大，但如果支架配套的输送系统完全中断进口渠道，就会在处理复杂病变的过程中带来一些明显的麻烦。拿导丝来说，如果某些病变部位比较硬，进口的导丝可以一直去凿病变，头部一直锐利，但国产导丝可能三五分钟后头部就毛了，需要进行更换。这背后是中国基础材料工艺领域的发展水平依然落后于海外的现状。企业在进行核心产品的研发时，也应该更注重对上下游配套产品的技术研发和突破。

除此之外，国内逐渐健全的资本市场，对这一批崛起的中国心血管介入器械厂商的输血作用，也同样不容忽视。医疗器械企业的研发周期长，研发投入巨大，以乐普医疗生产的NeoVas完全可降解支架为例，其官方数据显示，产品从研发到上市耗时10年，临床研究入组1400多例，历经4年临床随访，投入资金超5亿元。一个健全的资本市场和通畅的融资渠道，对于医疗器械的国产化进程将是最好的助力。乐普、微创、蓝帆、吉威等心脏支架的相关上市公司的研发资金中，有相当一部分都来自资本市场融资。

今天，中国心脏支架的国产化得到了长足的进步，但放在整个医疗器械产业来看，这只是其中极为细分的一个领域。仅心脑血管介入器械就包括了心血管介入、脑血管介入、外周血管介入、电生理介入四大类。而心脏支架只是心血管介入类下面的一种。我们在各类导管、导丝、球囊等配套系统领域，以及外周血管（比如髂股动脉支架）和电生理介入（比如人工心脏起搏器）等领域，国产化率依然很低。中国医疗器械企业努力争夺医疗自主权的征程，才刚刚开始。

扩展阅读

受到中美贸易冲突的影响，中国半导体产业可能是最近几年受舆论和大众关注最多的产业。笔者在探究的过程之中，深感当今电子科技的飞速进步，折服于中外无数科学家前仆后继的卓绝努力。

对普通读者而言，半导体产业漫长的产业链极大地增加了我们深入了解这个产业的难度，更遑论那些普通人闻所未闻的专业术语和技术词语。对有志于了解半导体产业的读者朋友来说，谢志峰、陈大明编写的《芯事：一本书读懂芯片产业》是一本不错的科普读物。能够快速使人明确芯片的定义，认识全球芯片产业的发展脉络，建立对中国半导体产业的过去、现在以及未来的一些基本认知。

另一本值得阅读、关于芯片的书则是由陈芳和董瑞丰所著的《"芯"想事成：中国芯片产业的博弈与突围》。这本书从大国博弈的角度讨论了芯片背后的"血雨腥风"——从全球和历史的格局上入手，详细剖析了中国芯片产业所面临的困难与挑战，也介绍了中国芯片产业几十年来走过的艰难旅程。这本书有助于读者从全球格局上来看待美国对中国的"芯片制裁"，并从战略高度来了解发达的芯片产业对中国发展的意义。

还有一本《芯片陷阱》也颇具参考价值，该书的作者是法国的马克·拉叙斯（Marc Lassus），作者本人是当年全球著名的芯片卡（即IC卡，集成电路卡）制造商"金普斯"的创始人。这本书讲述了金普斯公司被美国人残酷肢解的血泪故事——美国情报部门与美国投资集团合作，通过搜集个人隐私、黑客入侵等手段攻击他本人，并最终导致他被逐出企业管理层进而导致金普斯最终被美国所控制。对中国读者来说，这本书从第三方的视角揭示了大国科技竞争的残酷，极其发人深省。

新能源汽车也是本章节的一项重要内容，关于新能源汽车产业，笔者在此推荐国务院印发的《新能源汽车产业发展规划（2021-2035年）》——作为官方权威发布的新能源汽车产业发展规划，这份文件从全局角度阐释了中国的新能源汽车产业，并指明了中国新能源汽车产业未来的发展方向。在这份文件中，中国明确地提出了新能源产业的发展时间表，立志在15年后使得中国新能源汽车核心技术达到国际领先水平，中国进入世界强国行列。

关于新能源汽车的第二本书则是吴兴敏、高元伟、金艳秋主编的《新能源汽车》（第一版）。书如其名，这本书完完全全围绕着新能源汽车展开，作者不仅详细介绍了新能源汽车的各种技术路线，还介绍了不同路线上新能源汽车的核心零部件以及其工作原理、性能，堪称新能源汽车的一本百科全书。美中不足的地方在于，这本书的学术性质太强，读起来略显生涩。

如果你想了解关于液晶面板产业和京东方的产业故事，笔者认为没有任何一本书比北京大学路风教授写的《光变》这本书更有参考意义。这本书通过扎实的访谈记录，以及专业的学术分析，对于液晶面板产业实现国产替代的案例进行了很深度的剖析，有细节故事也有理论深度，是近年来中国产业案例图书当中难得的佳作。此外，路风教授的《新火》和《走向自主创新之路》也非常值得一读，这两本书里面有很多国产替代的产业案例。

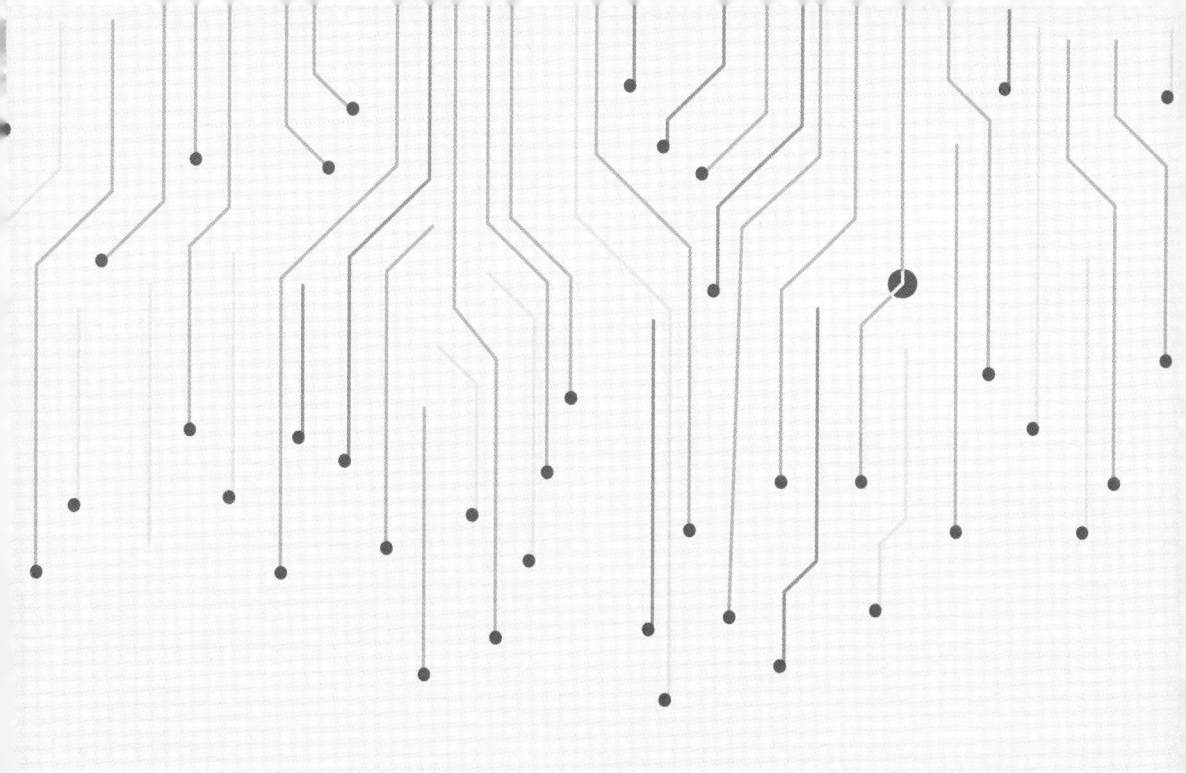

第三篇

军工与航空航天产业的国产替代

笔者永远也忘不了几年前的一个下午，笔者和朋友一起来到莫斯科郊外的莫尼诺中央空军博物馆。笔者一行找了很久才找到这里。那是12月份的俄罗斯，大雪覆盖着几百架在室外展览的飞机。偌大的一个空军博物馆，一共不超过20名游客。如今，知道这个地方的游客，已经越来越少了。

但作为航空迷的笔者很快从这堆"破铜烂铁"当中找出很多好东西：米格–29K的原型机，雅克–38、雅克–141垂直起降战斗机，图–144喷气式客机，图–95战略轰炸机，米–12重型直升机（人类历史上最大的直升机）……

但是最吸引我的，还是那架涂有"10"编号的天蓝色苏–27战斗机原型机，这架采用双垂尾、双发动机设计的重型战斗机原型机，被称为"T-10-1"，它的座舱呈气泡形高高隆起，机身流线优美，拥有世界顶尖的空气动力学设计，毫不夸张地说，这架飞机是那个时代苏联航空工业的集大成者，也是一款具有世界先进水平的能与美国最强战斗机掰手腕的优秀产品。

1977年5月20日，在苏霍伊设计局首席试飞员、苏联英雄瓦拉米尔·伊留申的驾驶下，笔者眼前这架苏–27原型机（T-10-1）首次冲向了蓝天，比中国第一架自主设计的第三代战斗机歼–10的首飞（1998年3月），足足早了21年。

让人没想到的是，这架飞机后来成为中国航空工业发展历史上的一个重要里程碑。苏联解体后，中国历经艰辛的谈判从俄罗斯分几批引入了苏–27战斗机，并在1996年前后于沈飞实现苏–27战斗机的国产化生产，可以说，20世纪90年代的中国航空工业是幸运的，直接通过技术引进站到了一个很高的起点上，但这并不代表着中国军工形成了对外部技术和产品的依赖，恰恰相反，中国军工正是从长期技术引进受制于

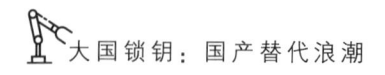

人的深刻教训上，牢牢坚定了自主创新为主的思路。也就是说任何技术引进，都是为了最终形成彻底的自主创新。

中国军工在很长一段时间，遭到美国和苏联的同时打压，起步晚，底子薄。但是改革开放后的40多年，中国军工取得了突飞猛进的进展，如今已经可以实现航空母舰、大型导弹驱逐舰、两栖登陆舰、洲际导弹、超高音速导弹、无人机、隐形战斗机、大型军用运输机、武装直升机等先进产品的完全国产化，同时，中国的军工产品在国际市场上，也具备了一定的国际竞争力。

可以说，中国军工成功实现国产替代的经验，是非常值得其他产业研究借鉴的，因为没有任何一个行业的技术封锁会比军工产业更加严密，在如此极端的情况下，中国军工产业是如何突破的？

在这一章里面，笔者详细分析了几个军工产业及航空航天产业国产替代的案例，分别是沈飞从俄罗斯引入苏–27战斗机生产线，大连造船厂从乌克兰引入废旧的"瓦良格号"航空母舰平台，还有大飞机、航天产业的案例。这里面有成功案例，也有失败案例。

我们将在这一个章节中着重探讨技术引进和自主创新之间的复杂关系，因为对于这件事情没有一个案例能像中国的军工产业这样展现得如此清晰。

第十章　沈飞引进苏-27生产线的案例

中国空军在"十四五"期间将继续提升主要作战装备的先进程度，弥补与国际先进水平之间的代际差距。沈飞的功绩就在于支撑起了中国战斗机家族的骨架——基于苏-27技术平台而开发出的一系列战机满足了中国军队在战机数量、质量上的迫切需求——歼-11填补了国产重型歼击机的空白，歼-15填补了舰载战斗机的空白，歼-16则成为我军实现"攻防兼备"战略转型的核心武器。

20世纪90年代，阿富汗战争刚刚结束，两伊战争也已落幕。硝烟尚未散去，美国又在1993年入侵索马里，导致了索马里内战的爆发，直到现在索马里政府军也只能控制首都地区。小国在世界上别说话语权，似乎连生存都要仰人鼻息。那么，什么是小国，什么是大国呢？乌克兰现在可以说是小国，以前说它是大国也可以。为什么？因为乌克兰曾经拥有战略核武器，海上有航母，天上有最先进的战机。只是时至今日，尘埃落定，在乌克兰自断臂膀销毁其战略打击能力后，沦为了小国，也成为大国角逐的牺牲品。

而处于90年代的我国也同样面临着严峻形势，虽说我们是拥有核潜艇核武器的陆上军事强国，然而在三位一体的打击中，空中力量依旧是我们的短板。美国的双发战机F-15早在70年代就已翱翔于蓝天，苏联的米格-29也于1977年后横空出世。而我们，依旧是二代单发战机巡航于祖国的蓝天。这，显然是作为大国的我们不能允许和接受的。三代双发战机的研制和服役，迫在眉睫。

中国空军急需先进战机

20世纪90年代中期，美国曾做过评估。夺取战争制空权，打残中国空军，仅需两个战机联队，这个评估并不狂妄。海湾战争结束后的第二年，中国手中仅有一支以歼-7、歼-8系列战斗机为骨干的落后航空力量。一旦爆发战事，尤其是在面对具备超视距空战能力的对手时必定会处于完全被动的局面。而空战中主要靠技术取胜，落后一代的战机与强手交锋，会出现"找不到、打不着"的情形，甚至只能成为敌机的靶子。当时，连一些飞行员都感叹："现在我们装备的飞机，给美、俄的三代机当靶机都不够格！"

这么说并非夸大其词，20世纪60年代开始，由于我国航空工业技术薄弱，空军军机装备停滞不前，到20世纪70年代至80年代，整整20年时间，空军武器装备依旧停留在大量的歼-6和歼-7服役的时代。中国空军装备了3000多架歼-6，这是一支国土防空型的空军。而到80年代后期，歼-7的产量逐步上来了，但歼-6依然是空军的主力飞机。而当时的美国和苏联，部队已经普遍装备了第三代战斗机F-15和F-16、米格-29、苏-27，这与我们的大国地位形成了强烈的代差感。

代差意味着什么？在现代战争中，制空权是非常重要的决胜因素。1991年海湾战争中，美国出动空军，F-15、F-16战斗机以及F-117战斗机，把以米格-21、米格-23为主力，还有少部分米格-29的伊拉克空军打得毫无还手之力。伊拉克的三代机米格29刚起飞升空，就被敌人打下来了。

极度艰难的军工引进

为了解决这一燃眉之急的问题和达到既定目标，我们必须马上采用"引进最先进战机，进而吸收"的方案。而我们的选择要么是与包括美国在内的西方合作或向其采购，要么就是与苏联达成采购与合作的意向。而在军售领域，从来没有一门单纯的生意，其背后与军售双方之间的政治有着密切关系。二战后，苏联积极拉拢印度，对抗以美国为首的北约；而刚刚独立的印度，由于对英美国家不信任的态度，而投入苏联的怀抱。但随着地缘政治格局的变化，印度又逐渐成了英美拉拢的对象，这使其可以顺利地从这些国家购买武器。

相同的道理，也发生在我国身上。新中国成立之初，苏联大力援助我国；到赫鲁晓夫之时，力度更是超过斯大林时期，而其背后是苏联想要染指我国主权的企图，结果遭到我国领导人的断然拒绝。中苏关系的急转直下，促使中美关系进入了一段"蜜月期"。作为中美"蜜月期"的一项成果，便是"和平典范"，旨在对我国当时最先进的沈飞的歼-8Ⅱ型战机，进行现代化改造，以应对来自苏联的空中威胁。为此，我国军方选择了美国格鲁曼公司作为项目合作伙伴，主要是换装50架歼-8，换装美制的机载雷达及火控系统，合同约为5.5亿美元（1986年）。

美方评估的结果是，换装后歼-8Ⅱ的作战能力，达到了美方F-16/79的水准（"阉割版"的F16）。没想到的是，中美双方又出于种种原因而分道扬镳。格鲁曼公司虽有心完成，可"和平典范"仍被迫中止。然而事情的转机出现在80年代末，此时的中苏关系实现了正常化。苏联军方主动提出，愿对华出售先进战机。这使中方再度把引进先进战机的希望，投向打算重修旧好的昔日盟国。

苏-27引进始末

1990年6月，中央军委常务会议决定向苏联采购苏-27型战斗机，整个采购工程也因此代号"906工程"。1990年10月，苏联分管部长会议副主席率团访华，并于11月1日签署了《中苏政府间军事技术合作委员会第二次会议纪要》(简称《纪要》)，基本敲定了中苏之间苏-27型战斗机的采购合同。12月，中苏双方在北京签署了军售合同。中国放弃购买苏方推荐的米格-29，转而购买首批26架苏-27（其中2架为教练型），总价30亿元。当时的中国还缺乏外汇，合同金额大部分以"以货易货"的方式支付。

整个90年代，中国引进了数以百计的苏霍伊战斗机及其生产线（只有发动机，俄方坚持由它出口），总花费差不多100亿美元。这是新中国成立以来金额最大的一次武器采购。有人计算，此金额甚至超过了1949年后国家对航空工业的总投资。1990年，中国军费开支不过290亿美元，扣除维持生活的"人头费"和日常费用外，武器采购经费不足100亿美元。苏-27军购项目，是当时单项金额最大的一笔开支。事后证明，中国在经费困窘时仍不买相对便宜的米格-29，而采购较贵的苏-27，是有远见的选择。中国选择苏-27作为新一代主力战机，是高起点的选择，为加速本国航空工业的发展，寻求到了一条捷径。

而这个颇有远见的任务，将由沈飞来完成。它能否完成这项艰巨而又光荣的任务，把与西方和俄式战机这30年的差距拉回来呢？

苏-27给中国空军的印象，不是震撼，而是"无比无比无比震撼"。这种光是油量就超过歼-7空重的战斗机，居然能够达到F-16的机动水平，在当时的中国空军看来，简直惊为天人！而那时候，国家一堆二代机等着换，没时间等你慢慢吹风、试飞拿数据。如此艰巨的任务给沈飞，期待它也同样造出让空军为之一振的战机。而它，有这个实力吗？

早在1952年7月，中央便决定将刚刚建成一年的沈飞扩建为喷气式飞机制造厂。从1953年开始建设，仅用三年零九个月的时间，沈飞提前一年零三个月完成了新中国第一座大型喷气式歼击机制造厂的全部建设任务，一座现代化的航空工业城在沈阳北部崛起。

而后随着第一个五年计划的全面执行，沈飞的基本建设也进入了一个新的阶段。1953年10月24日，第二机械工业部第四局拟定总体设计任务书，将沈飞扩建为米格-15毕斯喷气式飞机制造厂明确了于1957年前，建成具有年产1000架米格-15毕斯飞机能力的歼击机制造厂，并完成第一架喷气式歼击机的试制任务。而这些，沈飞都出色地完成了任务。

这与沈飞对工作的热忱以及对提升职工的整体文化素质，坚持先培训、后上岗的原则分不开。沈飞为了系统地培养干部职工，从1954年专门拨款兴建了5700平方米的业余工学院，并在业余时间举办干部特别班。此外，还选送干部深造。正因为工人素质高，掌握操作技能快，所以生产的飞机质量有保证。

而面对苏-27的生产，沈飞当时面对的难题有两个：一是从二代机到三代机的跨代的难度；二是从生产米格式战机到生产苏霍伊战斗机的不同。沈飞的优势也是有的，沈飞具有生产俄式战机的经验。只是这次的跨度和难度确实相当大，且时间紧迫。毛主席说过，有条件要上，没有条件创造条件也要上。有了这样的决心，我们才能在新中国成立后的短短时间内从一个农业国变成一个工业国，从一个工业国变成一个拥有核武器的大国。而也正是有这样的初心，沈飞人完成了祖国和人民寄托的任务。

仿制确实是件费力不讨好的事，尤其是在体现一个国家最高工业能力的飞机上，仿制难度不仅不比正向研制小，甚至某些地方难度还要大点，且不管做得怎样都会有人说你"还不是抄袭的""仿制都干不好"。压力很大，动力也很足。压力是你本就该做好的压力，动力是肩负着尽快为国家提供双发重型大航程战机的重任，我们辽阔的陆疆和海疆都急需这种大航程的飞机。

苏-27是1992年引进的，但并不是1992年就开始研究苏-27的国产化，那个时候只是买了这个产品，可是我们下定决心要引进苏-27生产线。1993年4月中央军委就批准了整机引进苏-27生产线的"934工程"，开始了苏-27国产化的进程，然而"934工程"与俄方形成的拉锯反而使得之前"906工程"提到的第二批意向合同有枯萎的迹象：我方坚持要求俄方转让生产线，俄方却只同意提供整机成品。双方从1993年拉锯到1994年，眼看第二批苏-27的合同就要"飞"了。

1995年12月，时任中央军委副主席的刘华清再次率团访俄。中方坚持要俄方转让生产技术，同时，中方还与俄罗斯签署了第二批24架苏-27采购合同，原则同意完全以美元购买。最终，双方基本达成苏-27生产技术转让的共同精神。1996年4月和7月，第二批共24架苏-27SK抵达中国广东某基地。同年12月，俄副总理波雷纳科夫访华，与中方正式签下引进苏-27生产线的协议。

根据合同，中国航空工业第一集团属下的沈飞在15年时间内制造200架苏-27，其中第一批苏-27的机体全部由阿穆尔河畔共青城飞机生产联合体提供，以后批次的机体逐步过渡到由中国自主制造。但俄罗斯仍然提供全部200架飞机所需的发动机、雷达及电子设备、机载武器。1997年，中国组装苏-27工作正式立项。

1997年沈飞和空军研究所提出国产化苏-27立项（即歼-11A/B项目），2001年国产化歼-11A/B立项。在此之前，沈飞实际上根据形势发展需要，已经开始了气动摸底工作：李天等人组织吹风洞，李明组织国产化材料研究，联合国内其他研究所研究苏–27模拟飞控系统的破解和国产化等。1998年由俄罗斯材料组装授权生产的歼–11（不是歼–11A/B）做过静力试验，也做过试飞。1999年9月，首批国产歼–11开始正式交付部队。

到了2000年后，替换苏–27机翼蒙皮、尾翼材料为复合材料时做过长时间的加载试验等。其间利用和俄罗斯交流的机会，找过苏–27相关研究人员探讨过苏–27颤震设计准则等问题。可以说，这个摸底过程，既有逆向推测的过程，也有正向探索的过程，也有请教别人的事情，显然这个过程并不容易。沈飞的工作是面对一个成功的产品需要摸透产品为什么这样设计，这样后期才能进行改进；是从后往前，然后才能改进出符合发展要求的产品。对逆向的工作进行克服并且从有到知，难度可以想象。

为什么引进和建立我们自己的生产线相隔了几年时间？任何事情都有它的规律，可以加快，但不能越过。这不是一架的问题，这是几百架，是未来中国空军发展方向和使用机型的问题。任何产品和机型的引进，一般都要经过使用、观察、自我维护或者对方维护的过程，进而决定是否引进生产线自己生产。不论是汽车还是更复杂的战机，都要经过这样的过程：在几年的使用过程中，判断是否满足自己的需求，能否完成作战要求和任务；最后，才会决定是否引进生产线，消化吸收。

而在这一过程中，我们的步子无疑是坚定和正确的。坚定的是我们继承老一辈的光荣传统，一切不受制于他人。可以学习，可以仿制，但是要独立自主吸收创新，绝不能丧失主观能动性。我们不是印度，更不是韩国。正确的是，在国防经费如此艰难的情况下，依旧用大笔的资金走"引进、消化、改进、创新"的路子。

苏–27给中国带来了什么

"通过苏–27，沈飞得到了什么？"那就是继承了苏联20世纪70—90年代重型歼击机的设计思路，知道了为什么要这么设计。摸索道路是最难的，但知道了"要怎么做"之后，就能通过长期的仿制生产反向逆推，进而进行自己的改进与创新。那么，沈飞吃透苏–27了吗？如若没有吃透苏–27，沈飞就做不到创新。我们可以从控制系统和发动机两方面来看。

（1）控制系统

一、二代战机主要是由机械控制，三代战机开始就有了计算机集成控制。苏-27来得及时，让我们有了从二代机向三代机的转换，首先就是飞控系统的转变。一、二代战机主要是通过机械控制，简单来讲就是飞行员通过手控操控杆、脚控金属操控连杆来带动战机的尾翼和方向舵进而控制飞行姿态。在这个时期，各国对飞行员的体能要求极高，因为当时辅助系统还没有融入液压技术，战机在较高速度航行的时候人力控制飞机需要消耗很多的体能，否则就不能完美驾驭战机，这就是机械飞控（传动）系统。

但随着人类喷气涡扇航发技术的迅猛发展，战机的动力系统愈发强大，尤其是在高速高空状态下单靠人力操控战机无异于痴人说梦，鉴于此，辅助类的液压系统技术彻底融入了二、三代战机，成为必要条件。随着航空工业及计算机等技术的成熟，原有飞行员人工机械传动更迭为电子传动、金属索具更迭为高科技电缆，这就是现在我们所说的电传飞控系统。

而当时美国的三代机 F-15 依旧是机电控制，俄式的苏-27 俯仰飞行控制系统是一个模拟式四余度电传操纵系统。它由 СПУ-10Е 飞控计算机、杆位移传感器、飞机运动传感器（速率陀螺、加速度计、攻角传感器）、大气数据传感器（静压、动压）、左右平尾作动系统及人感系统、极限状态限制系统等组成。简单地说，苏-27 是半机械半计算机控制。

现代战机，已开始借助计算机控制，而沈飞在经过消化吸收后，在此基础上，成功研制了我们自己的飞控系统。目前世界上，飞控系统的选择就好比是于机选用安卓系统还是苹果系统。而战机的飞控系统，要么选美国（北约）系统，要么选俄式飞控系统，要么是中国飞控系统。现在的歼-11、歼-20 等能使用自己的飞控系统，这都得益于沈飞的劳苦。世界仅此三家，这并不容易。

优异的飞行控制系统，能让战机在训练中尽量降低事故的发生率。例如：配备人工智能系统的 F16 战机，在进行飞行训练时，飞控系统发现飞机飞行高度过低，并会影响飞行安全时，便会发出一个回避提醒指令提醒飞行员。若飞行员仍没有采取相应纠正措施，系统便会临时掌控飞机的控制权，并执行自动调整程序来保障机组人员的安全。

而我们自主研制的数字电传飞控系统，具备高可靠的主动容错控制。通过试验表明，在飞机一侧机翼损伤 10%、20%、30%，甚至 50% 的情况下，通过飞控系统对剩余舵面偏角、飞机迎角、速度以及发动机推力的自动调节，可以实现飞机的再平衡飞行。这就意味着，我国飞机在动力系统正常的情况下，就算是外部受到巨大损伤，仍能平稳飞行。

当然，任何事情有利有弊。飞控系统的提升在节省飞行员体力和智能化方面是有优势，但是飞行员的一些动作也没法再任性操作了。就好像开车从手动挡转换为自动挡一样，要有个慢慢适应的过程；从驾驶纯机械控制的战机到机电控制的战机再到电传（计算机）控制的战机，也有个逐步适应操作的过程。否则，极易操作不当，甚至导致坠机事件。

飞控系统越来越先进，这也需要飞行员逐步习惯和熟练，慢慢从驾驶机械传动飞机的模式转换到驾驶电传控制飞机的模式；如果没经验、驾驶不当，容易和计算机协调控制发生对冲，卷入尾流导致坠毁。

（2）发动机

号称全球军力排名第七名的韩国，没有自己的战机发动机。KF-X 战斗机作为韩国最大的武器研发项目，其发动机的选择来源主要是美国和欧洲。因为韩国没有实力也没有能力研制、开发自己的战机发动机。

全世界目前也只有 6 个国家可以研发自己的战机发动机，分别是美国、俄罗斯、法国、英国、瑞典，以及中国。但在喷气式发动机领域，我国的起步较晚，并且应用于战斗机的喷气式发动机不同于火箭发动机，火箭发动机属于一次性用品，对于燃料效率、材料耐久性要求并没有那么高。例如火箭发动机只需拥有不到 2 小时的寿命，而喷气式发动机的使用寿命当然是越久越好。所以对于发动机的制造材料有着非常高的要求，而这些材料的配方，全世界也仅有几家公司拥有。

要在高空、高压、2000 摄氏度高温的情况下，使金属尾喷口既可打开，也可收紧，还能改变方向而不会熔化等，所有这些都是难题。即便你克服了这些问题，要量产又是一个难题。如果你保持不了品控，将无法做到量产。这也是为何很多国家能做出一两台发动机，却做不到量产。如果说做出一台发动机需要10年，那么你能达到量产的水准可能还需要10年。这就是全世界只有6个国家可以量产的缘由。

央视纪录频道播出的《军工记忆：歼11系列飞机》，披露了中国从组装生产苏-27到最后全面国产化的奋斗历程。从中我们可以注意到，在歼-11国产化之路上，中国国防科工人先后攻克了新型复合材料、座舱透明件、弹射发射架衍射平显等一系列难题。其中，型号副总设计师季晓光更是中肯地评价了国产太行发动机的真实状况。

对于我国的航空工业而言，被誉为"工业皇冠"的航空发动机是长期短板。我们在学习苏-27发动机的构造之后，研制出自己的太行发动机，又称涡扇10（WS-10）发动机。这是典型的第三代军用大推力涡扇发动机，更是我国首个具有自主知识产权的高性能、大推力、加力式涡轮风扇发动机，它的出现填补了国产先进涡扇发动机的空白。但当时太行尚不成熟，在单发的歼-10上试飞会有风险，而苏-27国产化是其发展的唯一机会。其中，中国工程院院士、著名飞机设计师李明主张"自己的飞机配自己的发动机"，对太行发动机配装到歼-11飞机上起到了关键作用。

涡扇10系列发动机，是由中国航空研究院606所研制的国产第三代大型军用航空涡轮风扇发动机，也是中国第一台大推力涡轮风扇发动机。20世纪80年代初期，中国航空研究院606所因70年代上马的歼-9、歼-13、强-6、大型运输机等项目的纷纷下马，与之配套的研发长达20年的涡扇6系列发动机也被迫下马。此时中国在航空动力方面与世界发达国家的差距拉大到20年以上。面对中国航空界的严峻局面，国家于20世纪80年代中期决定发展新一代大推力涡扇发动机，这就是涡扇10系列发动机的起源。

"涡扇10"工程于1987年10月立项，同年，涡扇10系列发动机进入验证机研制阶段，1992年10月验证机在086号飞行台上开始试验，1997年开始型号研制（飞行前试验阶段）并进入发动机与型号匹配的突击阶段，2000年10月开始高空台试验。

该型号发动机装机首飞是在2001年7月，2002年6月装单台太行涡扇10发动机的苏-27进行了首飞，取得阶段性成果。2003年12月装两台涡扇10A的歼-11A首飞，2003—2004年间涡扇10A开始试装歼-10战斗机。2005年5月11日开始定型持久试车，2005 年 11 月 10 日通过长久初始寿命试车，12 月 28 日完成定型审查考核。涡扇 10A 发动机是涡扇 10 的发展型号，主要装备于歼 -11B 战斗机。涡扇 10A 发动机与涡扇 10 太行发动机最大的区别是核心机技术不同，涡扇 10 的核心机是 CFM56 核心机技术与俄罗斯 AL-31F 的核心机技术相结合的产物。涡扇 10A 发动机的整体性能接近 F110-GE-129IPE（F110 发动机的性能改进型）。

研制该发动机时成功地采用了跨音速风扇；气冷高温叶片，电子束焊整体风扇转子，钛合金精铸中介机匣；挤压油膜轴承，刷式密封，高能点火电嘴，气芯式加力燃油泵，带可变弯度的整流叶片，收敛扩散喷口，高压机匣处理以及整机单元体设计等先进技术。在"太行"的早期型上，其高压涡轮叶片采用的是 DZ125 定向凝固合金，但定型批产涡轮盘早期型应用的是 GH4169 高温合金，如今已经开始应用 FGH95 粉末冶金。高低压涡轮采用对转结构，这在第三代发动机上是罕见的。

2014 年 6 月 5 日 22 时 37 分，海军东海舰队航空兵的一架战机，在进行夜间高难度战术课目训练时失事。飞机的领航员赵鹏和正在驾驶飞机的华鹏不幸牺牲。赵鹏是山东省临沂市兰陵县人，华鹏是江苏省宿迁市泗阳县人。1999 年赵鹏参加飞行员招考，并以优异的成绩成功通过选拔，先后在海军航空工程学院、海军飞行学院学习，毕业后到海军航空兵浙江义乌某部担任飞行员，2011 年 6 月晋升为海军少校军衔，牺牲前为正营职领航长。入伍 15 年来，赵鹏荣立个人三等功 1 次，嘉奖 8 次。国产发动机背后，大国崛起的背后，是无数科研人员、试飞人员、飞行员用英勇和执着以及鲜血铸就的。

在经历了 20 年的艰苦努力之后，太行发动机的研制终于跨越了最艰难的阶段，看到了黑暗尽头的光明。随着太行发动机大批量生产交付部队使用，发动机制造企业也在历练中逐渐走向成熟，培养出了一大批成熟的技术工人。经历这二十载摸爬滚打，"不太行"的"太行"发动机走出了澡盆曲线，进入 21 世纪第二个 10 年后其可靠性大大提升，歼 -11BS、歼 -16 以及部分歼 -11B 都开始使用国产太行发动机。如今，安装了太行发动机的成飞歼 -10C，也涂上了中国空军的灰色涂装。

这意味着不仅仅是双发重型战斗机，甚至是单发的歼 -10 也开始尝试换装太行发动机。因为单发战斗机对于发动机可靠性的依赖程度比较高，歼 -10 换装太行发动机可谓一次里程碑式的事件。可以这么说，歼-11换装太行发动机并不是该型号的终结，而是一个不断改进完善的新起点。这不得不说，当时花掉国防费用的大头引进苏联最好的战机苏-27，再对其吃透创新是一项英明举措，沈飞也功不可没。

笔者认为，沈飞和苏-27的案例，和后续我们会讨论的高铁一样充分展示了"技术引进"和"自主创新"之间的良性关系——自主创新是目的，技术引进是手段，通过技术引进实现自主创新，需要的是吃透引进的技术。所谓"吃透"技术，就是指我们通过对苏-27的仿制工作，通过逆向工程，彻底搞清楚苏-27飞机设计过程中的各种问题——为什么这个零件上要开孔？为什么那个零件中间要挖一道槽？可以说，沈飞通过吃透苏-27使中国成功掌握了苏联重型歼击机的设计思路，也让中国成功地获得了第三、四代重型战斗机的设计、制造能力。

除此之外，因为沈飞吃透了苏-27，中国还获得了一个"知根知底"的重型战斗机技术平台——借着苏-27优秀的设计，我们利用苏-27技术平台先后开发、验证了国产重型战斗机发动机、国产战斗机飞行控制系统等一系列重大创新项目。

苏-27的案例完美诠释了如何平衡"技术引进"和"自主创新"两者之间的关系——外部先进的产品和技术被我们吃透之后，我们也可以获得研制、开发这种先进产品的能力，进而实现自主创新。中国还有很多产业的发展水平落后于世界先进水准，"引进—吃透"的发展路径，特别适合正在追赶路上的中国企业。

第十一章 从"瓦良格号"到辽宁舰，中国第一艘航母是怎么来的

——"将'瓦良格号'完成，究竟需要什么？"

——"需要苏联，需要党中央，需要国家计划委员会、军事工业委员会和9个国防工业部、600个相关专业、8000家配套厂家……总之需要一个伟大的国家，而这个国家已经不存在了。"

这段1993年俄罗斯总理切尔诺梅尔金与黑海造船厂厂长马卡洛夫之间的对话在国内军迷圈中广为流传，也为曾经的红色帝国的落幕留下了一抹落寞与哀伤。而短短20年后，曾经始建于苏联、为了拱卫社会主义而诞生的"瓦良格号"航母，在地球的另一面获得重生——继续拱卫着社会主义的海疆，成为中国海军从近海走向大洋的重要一步。而隐藏在这之下的，是中国海军数十年的奋斗历史。

自新中国成立以来，我国一直对于建设一支强大的海军有着迫切需求：东南，盘踞台湾的国民党余孽利用海军优势长期袭扰我东南沿海，严重影响国家的经济建设；南方，越南侵占南海诸岛，直接侵犯中国的海疆，而这背后则是美苏两大势力对我国的觊觎。而早期我国的海军发展受限于国力，只能将有限的资源用于发展"航（空兵）、潜（艇）、快（艇）"上，想控制远海岛屿困难重重。但即便如此，发展拥有航母的强大海军依旧提上了发展日程。

早在1958年6月21日的中央军委扩大会议上，毛主席就提出要搞"海上铁路"，即有航母护航的远洋船队。在"大跃进"的背景之下，海军原计划于20世纪60年代

初开工建造航母,但国家贫困和技术落后的现实并不能以人的意志为转移,计划开展不到一年之后就因为进入经济困难时期而取消。尽管在现在看来这个计划不切实际,但依旧可以从中看出新中国早期领导人对航母所代表的强大海军军力的向往。

中国式航母的发展思路

真正让国家下定决心发展航母,是20世纪70年代以后的事情。进入70年代,冷战的加剧导致我国的海疆防御形势更加恶化:1974年1月开展的西沙海战尽管创造了"小艇打大舰"的战争奇迹,但依旧暴露了舰艇缺乏空中支援的问题。当此之时,国内经济实力和军事工业已经有了一定的发展,针对战争暴露的问题,以及新增海外贸易对国家建设的贡献度增加,发展新武器以控制远海岛屿和航道就提上了日程,而在战火中催生的,就是歼轰-7"飞豹"战斗轰炸机以及国内第二个航母发展计划。

其实早在西沙海战爆发之前的1970年,海军就已经收到了中央发展航母的预研指示。时任造船工业领导小组办公室主任的刘华清上将,在1970年5月16日主持完成了题为《关于建造航母问题的初步意见》的报告,上报中央。随后在接到上级指示后,刘华清受命组织了航母专题论证座谈会,在这次会议上,航母发展计划被定为"707工程"。经过上千名技术人员和数百参研单位的讨论,刘华清最终定调"707工程"先发展一艘3万吨级的轻型航母。该型航母计划到1972年底完成重点科研设计工作,1973年开工建造,力争在"四五"(1971—1975)末期建成首艘航空母舰并下水。

尽管"707工程"确定了开工和下水时间,但从零开始研发航母却难如登天:一方面,我国科研人员缺少研发航母的技术储备,封锁之下的国情也缺乏行之有效的参考方向,仅有的汇报资料只有一本标注着参数指标的《美帝苏修航母图册》;另一方面,航母毕竟是一个海军舰艇体系,包括舰载机在内的各种配套子系统同样耗资巨大。当时我国尚处于"文革"时期,国力屡弱,军队把研发重心放在了战略地位更高的核潜艇和战略导弹上,难以同时支撑航母的发展。最终"707工程"因为面临着登天难度和政治风波,被无情下马。但整个中央高层发展航母的决心并没有因此动摇。

因为自研航母短时间难以成功,1978年,经时任中央军委主席华国锋批准,海军准备向英国购买或合作生产 1.8 万吨级的轻型航母，并搭载"鹞"式垂直起降战斗机，期望以较小的成本保证海军远海的制空权。80 年代初，我国跟英国就购买或合作生产航母的计划进行了谈判，但英国在航母和舰载机的报价上狮子大开口，严重超出了当时中国能接受的价格。与此同时，1982 年英阿马岛战争直接暴露出英国轻型航母存在的严重问题，无论是舰载机滞空时间、保证舰队制空权还是在舰队续航上都难以满足现代战争的需求。随后，由于改革开放，中国为了保障以经济建设为中心进行了百万大裁军，大幅压缩了军费，外购航母的计划也随之取消。

尽管自研的"707 工程"与外购英国航母最终都以失败告终，但付出的努力也并非一无所获。在对航母的预研与同国外同行的交流中，我国海军人对未来的中国航母有了清晰的认识。1982 年，刘华清上将担任海军司令员后，开始调整海军战略部署，将原本的"近岸防御"推向"近海防御"战略，为中国新的航母工程铺路。在此之后的 1985 年，刘华清提出"先搞预研，暂时不着急上型号"的发展模式，确定了国内第三个航母工程的基本思路。项目于 1989 年 1 月 7 日得到批准，这也就是人们所熟知的"891 工程"。

受制于当时国内的经济和科研条件，"891 工程"主要以科研论证为主。其整体思路为立足国内的现有水平，发展一种 5 万吨级、采用常规动力、装备蒸汽弹射器的中型航母，并据此开展航母的整体结构、作战系统、蒸汽弹射器、拦阻设施、舰载机等相关方面的技术研究。根据相关计划，项目决定在"七五"期间开始论证航母的发展，"八五"期间开展研究，2000 年后视情况上型号。

与之前发展航母的经历类似，"891 工程"同样受限于技术与资金的困难，但中国科研人员依旧突破困难进行了长期的研究：没有技术，就积极接洽欧美，参观西方各种航母，并通过各种渠道获得航母的设计图纸，购买废旧航母进行拆解、学习；没有资金，就通过军委支持，将航母的各子系统研发工作分散到现有的军备研发规划当中去；没有人才，就开办广州舰艇学院飞行员舰长班，从零开始培养中国的第一代航母舰长……也正是在漫长而曲折的项目进展中，中国海军加强了对航母核心技术的掌握，也为未来真正改造中国第一艘航母"辽宁号"打下了坚实的基础。

"瓦良格号"的前世今生

1991年苏联解体时，"库兹涅佐夫号"航母刚建造完成被苏联海军接收，而2号舰"瓦良格号"仅完成了68%，主体建造尽管已经完成，但各子系统大多还未安装。尽管俄、乌两国都有续建完成"瓦良格号"的计划，但正如上文所说，苏联解体后由于研究机构和生产厂散落各地，再加之俄罗斯经济崩溃，实际上已经没有能力继续建造。另一方面，欧美对于彻底扼杀苏、俄航母之路依旧贼心不死，导致建造程度已达40%的"乌里扬诺夫斯克号"核动力航母被美国以"皮包公司"的形式，作为废钢铁拆毁出售。而"瓦良格号"也成了各国眼里的香饽饽，作为苏联航母的遗珠，它也自然受到了我国海军领导人的关注。

对比中国曾经购买到的报废航母，诸如"基辅号"、"明斯克号"以及"墨尔本号"，"库兹涅佐夫号"航母的2号舰"瓦良格号"更符合中国的实际情况：一方面，中国早期造船工业师承苏联，对于使用俄舰有着更多的心得与体会，即便是买回之后续建也能最大限度兼容现有的造船工业；另一方面，6万吨级的"瓦良格号"吨位更大，在尺寸上也仅比美国尼米兹级核动力航空母舰短22米，且采用常规起降战斗机，无论是在作战能力、续航方面，乃至在与"走向深蓝"的海军发展战略的契合程度方面都更为合适。也正因如此，"瓦良格号"受到了我国的格外关注。

其实早在1990年之后，已经升任中央军委副主席的"航母之父"刘华清即赶赴苏联，重启了中断30年的中苏军事技术合作。1995年5月，在得知乌克兰决定将未完工的"瓦良格号"出售时，刘华清迅速指示总参、海军装备部和中国船舶总公司开展调研论证，商讨回购后续建的可能性。而负责中乌燃气轮机设备购买项目的中船总公司总经理黄平涛更是直接接到指示："到黑海船厂考察'瓦良格号'航母，看看有没有购买的价值。"接到任务之后，黄平涛迅速考察"瓦良格号"情况，并在回国后向中央建议购买""瓦良格号"航母。

随后不久，中央组织了包括舰船武备科技专家和军政高层官员在内的航母考察团赶赴乌克兰，调研采购"瓦良格号"的可行性。此后，中、乌双方就"瓦良格号"的转卖谈判随即展开。1995 年 12 月，乌克兰政府代表团访问北京时，随行的副总理阿纳托利·基纳赫在接受记者采访时证实，中、乌双方正就"瓦良格号"转卖进行谈判。但由于某些大国的粗暴干涉，最终乌克兰方面迫于压力，将舰载武器设备拆卸一空，"瓦良格号"彻底变成了一个"空壳子"。随后，中、乌官方谈判破裂，为了避免国际矛盾激化，以政府和军方形式购买"瓦良格号"的计划只能被迫中止。

尽管政府间采购不力，但依旧无法阻止海军获得"瓦良格号"的决心。从 1997 年开始，受时任海军副司令员贺鹏飞中将委托，全国政协委员、香港创律集团董事局主席徐增平正式踏上了替国家购买"瓦良格号"的漫漫长路。1997 年 10 月，徐增平正式接触乌克兰政府，提出以个人名义将"瓦良格号"购买后，由第三方造船厂改装为"海上赌场"使用。在此之前，徐增平专门在自己的创律集团旗下注册了一家澳门创律旅游娱乐有限公司，注册资本为 600 万澳元，并在北京和澳门设立了运营办公室。经过了一年多的谈判之后，乌克兰政府于 1998 年同意将"瓦良格号"船体以 1800 万美元的价格出售给徐增平，连带航母设计图纸共计 2000 万美元。

眼看一切进展顺利，但乌克兰政府却在最终手续审批完成前变了卦：由于美、俄等国家施压，乌克兰方面决定将"瓦良格号"公开拍卖。但好在乌克兰政府为徐增平留了后门：从公布拍卖公告到拍卖日设立时间仅间隔 72 小时。也就是说，当时只有中国方面准备的相关资料和申请文件相对齐全。在马不停蹄地补齐了申请文件之后，经过公开竞标，徐增平以澳门创律旅游娱乐有限公司的名义正式购得"瓦良格号"的舰体以及 30 多万张设计图纸。

中国顺利购得"瓦良格号"自然引起了西方国家的不满：在设计图纸移交之后，中国技术人员就发现图纸中的关键部分有相当数量的缺失，被怀疑为俄罗斯情报人员所为，后来经过与乌克兰方面再交涉，才将黑海造船厂所存的图纸副本重新影印后补齐。而在航母回国的过程中，美国更是直接向土耳其施加压力，阻止无动力的"瓦良格号"通过土耳其海峡，甚至提出了将"瓦良格号"切割成小块分段运出的无理要求，致使该舰停在乌克兰港内近两年时间。最终在长期谈判之后，"瓦良格号"被迫以拖行方式通过土耳其海峡。随后历经 4 个月的海上航行之后，"瓦良格号"于 2002 年 3 月抵达大连港。

中国风的"瓦良格号"

2000年6月14日清晨,"瓦良格号"被拖离舾装码头,正式踏上了漫漫归国路。为渡过博斯普鲁斯海峡,中国方面被迫租用了16艘大马力拖船以满足土耳其方面要求。在此之后,徐增平的任务已经完成。而耗费巨资、做完这一切的徐增平,宣布澳门创律旅游娱乐有限公司破产,将航母连同公司本身一同出售给国资背景的东方汇中公司,随后退出了国人的视野。抵达中国的"瓦良格号"也并没有按原定计划修复后作为赌船使用,而是默默地停靠在大连造船厂的散货码头闲置了下来……

与"瓦良格号"在大连造船厂的冷清相比,中央军委的决策层则陷入了对"瓦良格号"乃至中国航母发展的大讨论之中……毫无疑问,继承了苏联三代航母发展经验的"瓦良格号"是一笔珍贵的财富。结合中国此前购得的基辅级航母"基辅号"和"明斯克号",我们已经基本理清了苏联航母发展至今的思路。如果可以在此基础上续建成功,就相当于直接继承了苏联航母30年的发展经验。

但经过中船重工以及大连造船厂的技术人员重新评估后发现,尽管"瓦良格号"舰体只是轻微生锈,但其由于乌克兰受到美、俄等国家的施压,内部已经被拆除了装备的高价值设施和武器部分。再加上乌克兰动荡局势之下的粗放管理,"瓦良格号"各设施存在着不同程度的损坏:其中主动力轴被直接焊死,船体上的海底门被直接偷走,不少黄铜阀门和金属电缆被盗走,船舱内更是遍布垃圾,甚至甲板上都有不少海鸥筑巢。但所幸航母的动力系统尚在,通海阀、锚机、锚链、螺旋桨等零部件也并未缺失。经过重新评估后,确定"瓦良格号"的实际完成度只有40%左右,尽管依旧具备续建的条件,但与此前乌克兰宣传的68%完成度相去甚远,难度也陡然而升。

由于荒废多年,"瓦良格号"的整体情况并不乐观。此时,要不要续建"瓦良格号"、以什么方式续建"瓦良格号"就成为横在中央军委和海军高层之间的一个难题。大多数人主张续建"瓦良格号",通过这种方式我们可以尽量利用掌握的苏联已有航母的发展经验,尽快完成航母的设计。但这一方案也存在不少反对者。

"瓦良格号"续建成功意味着直接继承了苏联航母30年的发展经验。但首先苏联航母的发展规划长期服务于冷战中苏联海军发展战略。苏联在欧亚大陆长期保持着陆军和空军优势，其陆缘投射能力强大，对海军投送力量的需求较小，不需要发展类似欧美等国家的制海型远洋海军。再加上苏联长达4.3万千米的海岸线，直接导致了苏联水面舰艇力量相对羸弱。因此苏联航母在定位上并不同于欧美国家航母远洋海军主力舰的地位，而是作为单独的"重型航空巡洋舰"使用，并不过分强调制海权，而是更强调全面战争时对敌方海军的区域拒止能力：在和平年代，可以执行护航、反潜和扫雷等任务；在战争爆发后，则可以通过舰载机执行反"反潜"作战，掩护己方的战略核潜艇，并为执行超音速反舰任务的图-22M轰炸机提供空中和水面掩护。即便在舰载机无法使用的情况下，"库兹涅佐夫号"依旧可以凭借搭载的12单元P-700"花岗岩"重型反舰导弹获得强大的作战能力。

而中国海军与苏联海军在国家利益和发展战略上存在显著不同。改革开放之后，我国对外贸易比重日益提升，航线安全和地区环境稳定对我国国家安全意义重大，我国更需要一支类似欧美的制海型远洋海军，以提供区域制空、制海权的稳定，在我国的核心利益地区执行反介入区域拒止作战，在这一点上我国同美苏的航母策略都存在一定的区别。为了发展航母而勉强续建"瓦良格号"，照搬苏联海军的发展战略，无异于"削足适履"。

再加上当此之时，我国的综合国力已经今非昔比：造船吨位已经位居世界前茅，改革开放初期上马的一系列军工项目已经落地开花，经济实力和科研能力都已经满足了建造航空母舰的需求，完全可以从头开始自建一艘新航母。

考虑综合成本、结合海军实际情况和国家战略需求，最终经过反复论证，经中共中央、国务院、中央军委批准，2004年8月总装备部向海军、中船重工集团通报，正式启动新的航母工程，项目代号"048工程"。"048工程"确定了未来发展航母的三步走战略：第一步，用10年时间建造两艘重型航母；第二步，再用10年建造2艘大型航母；第三步，则是视情况发展大型核动力航母。而"瓦良格号"将被续建并加以改造，作为海军的"训练航母"使用。

计划敲定之后，在来到大连后3年无人问津的"瓦良格号"开始了漫长的续建和改造工作。尽管受限于保密缘故，"瓦良格号"改建工作的相关内容一直没有公开，但我们依旧可以通过公开新闻和相关照片来一窥改建工作的雪泥鸿爪。

2005年4月26日,"瓦良格号"被拖入大连造船厂老厂区第五干船坞。在船坞内,附着在"瓦良格号"舰底的藤壶等海洋生物被彻底清除,全舰表面除锈并重新喷涂防腐涂料,螺旋桨、舵面等部件被一一检查。8月初,原本锈迹斑斑的"瓦良格号"焕然一新,重新喷涂了中国海军水面舰艇标准的浅灰蓝色涂装,水线以下防锈漆则由原本的红色改为黑色。等到2005年12月底,"瓦良格号"的重新涂装工作基本完成。随后大连造船厂又花了一年多时间,将船上不相配套的各种设施拆除,为各种子系统的上舰腾出了足够的空间。

2008年底,"瓦良格号"飞行甲板前部被切割,拆除了原本的12单元P-700"花岗岩"反舰导弹发射井;2009年5月,"瓦良格号"舰艏的苏联海军航空兵的徽章被拆除,舷侧的俄文舰名被铲去;8月21日开始对舰岛进行改造;2010年3月19日,"瓦良格号"被推入舾装码头进入外部改造;同年5月30日,有军事爱好者观察到"瓦良格号"烟囱开始冒烟,这意味着锅炉已经开始工作。自此经过了5年艰苦的续建与改造,"瓦良格号"的舰体建造终于基本完成。

而各子系统的研发由于早年对于航母预研工作的技术储备也进展迅速。

动力方面,"瓦良格号"与其俄罗斯姊妹型"库兹涅佐夫号"相同,采用了4台GTZA-674型舰用齿轮传动轮机组搭配8台KVG-4燃油增压锅炉带动4台TV-12-4蒸汽轮机驱动,总功率为4轴20万马力。这套动力设备在黑海造船厂时已经成功安装,保存状态也基本完好,再加上20世纪90年代后我国在引进的俄罗斯现代级驱逐舰中采用了同样的动力总成,因此无论在使用还是维护上都相对方便、可靠。

电子和作战系统方面,由于美、俄等国家阻挠,"瓦良格号"上所有的电子系统和作战管理系统在购买后都被拆除,但对于电子工业更强的我国来说并非坏事。"瓦良格号"续建时改用的各种电子和作战系统,绝大多数都是长期以来在我国水面舰艇上久经考验的成熟产品。其中主雷达采用的是"海之星"H/LJG-346型海基主动相控阵雷达,这种雷达长期部署在我国的052C型导弹驱逐舰上,工作波段在S波段和C波段,探测距离达到了450千米。"瓦良格号"采用的346型雷达布局与"库兹涅佐夫号"航母采用的"天空哨兵"相控阵雷达相同的布局,四面阵分别安装在舰岛的前后及左右两侧，提供360度的全向视野。

同时为了与H/LJG-346型雷达配合，设计人员在其上层甲板前后各安装了一台半球形的H/LJQ-364型搜索雷达。该雷达是原中船723所在20世纪90年代研发并在21世纪初大量装备的快速反应雷达，在21世纪初大量装备在我国海军从054轻型护卫舰到052C驱逐舰的各型水面舰艇上，因此足见这款雷达在我军舰载雷达装备体系中的地位和重要性。该雷达具备对海、低空搜索兼顾目标指示的能力，工作波段在C波段和X波段，在航母上主要为各种近防武器提供目标指示或火控信息支持，同时还可以作为低空补盲警戒雷达使用。

而整个"瓦良格号"雷达系统中最显眼的是装在舰岛顶部的一部382型三坐标对空/海搜索雷达。这种雷达是在参考了从俄罗斯引进的MR-750"军舰鸟-MA"三坐标对空搜索雷达基础上改进而来的，曾经在054A型导弹护卫舰上久经考验。与原版的MR-750雷达相比，382型雷达在最大探测距离、高度、资料处理和分辨能力上都要优于前者，天线每扫描一圈能处理超过100个目标轨迹，并同时精确追踪超过20个目标，对空探测距离超过250千米。而与安装在054A上的基本型382型雷达相比，安装在航母上的改进型382型雷达增加了气象通道，可以为舰载机提供有效的气象指引。

除了以上这些主要的舰载雷达，在"瓦良格号"改造过程中还安装了各种其他功能的舰载雷达设备以及各种大小不一的天线系统，其中包括上海无线电四厂生产的RM-1260/1290型船用导航雷达、754型I频导航/直升机空管雷达，为1130近防系统提供引导的344型火控雷达以及各种通信、数据链和电子战系统的天线。这些系统也大多在之前的海军舰艇上历经考验，未来直接投入作战。

至于舰载机之外的舰载武器方面，国内相关团队在改造"瓦良格号"的过程中，根据国产航母在海军的定位以及国内武器的实际性能进行了大刀阔斧的改装：原本安装的P-700"花岗岩"反舰导弹发射井被拆除，将剩下的防空、反潜武器均改为国产武器，其中包括3门H/P歼-11型11管30mm近防炮、3座18联装的"海红旗-10"防空导弹发射系统、2套12管RBU-12000反潜火箭发射装置和6套24管多功能发射装置，仅保留了最基本的自卫能力，将绝大多数舰艇资源运用到指挥、通信，以及通过舰载机夺取制空权和制海权的作战上来。

除了为舰载机和舰队服务的各种电子设备与作为海军舰艇基本的防御能力，"瓦良格号"改装的重心停留在了作为航母对舰载机保障能力的强化上。

在飞行甲板方面，续建的"瓦良格号"由于对舰岛和船身上半部分做了重新规划，飞行甲板总面积达到了15100平方米，比姊妹舰"库兹涅佐夫号"的14700平方米更大。增大的甲板面积保证了"瓦良格号"可以在甲板上最多容纳15架舰载机和4架直升机，一定程度上增加了舰载机的出动密度。而舰艏的滑跃式飞行甲板保持了与"库兹涅佐夫号"相同的14.3度上翘角度，设计师结合对其他航母研究的经验对飞行甲板进行了重新设计，提高了其调度合理性和使用便利性，增强了舰载机作战时的出动密度。

除了舰艏的飞行甲板，"瓦良格号"延续了"库兹涅佐夫号"航母的基本设计，在舰体左侧有一条与舰体中线呈7度夹角的斜角甲板，以供舰载机着陆或复飞使用，斜角甲板上设有1道拦阻网和4根拦阻索。可以说，续建的"瓦良格号"基本上沿用了"库兹涅佐夫号"航母的飞行甲板设计，在保证可靠性的同时又在细微处进行了一些合理化改动，在保证舰载机起降能力的基础上对原有设计进行优化，更符合中国海军的战略需求。

"瓦良格号"的航母机库位置位于第五甲板，最多可以容纳18架战斗机和5架直升机，通过在航母右舷舰岛前后两侧的各1部舰载机升降机，有能力将30吨级的重型舰载机在飞行甲板和机库之间调运。虽然前期拆除"花岗岩"反舰导弹发射井空余了大量空间，但受限于建造之初的结构限制，大连造船厂还是保留了"瓦良格号"的机库的基本设计。

由于歼-15折叠宽度大于原版苏-33，因此对"瓦良格号"的升降机和舱门也做了加宽处理。有了航母就需要足够的舰载机和操纵航母的舰艇成员，而在"瓦良格号"的改建过程中，舰载机和舰艇成员的训练任务也在紧张有序地进行着……

而航母之所以是航母，最紧要的就是制海权和制空权的夺取，因此舰载机以及与之相配套的各种保障设施才是航母存在的最大依仗。而我国的航母计划经历了早期弯路，尝试了歼-8、歼-13舰载机以及外购英国"鹞"式战斗机等多种舰载机方案失败之后，最终还是选择站在苏联舰载机经验之上进行开发。

选择苏联舰载机，是由我国海军的现实利益决定的。21 世纪初，我国在地区冲突中在陆基与战略核力量方面有着一定的优势，但海军能调动的力量相当孱弱，远不足以与美、俄抗衡。陆基战机和水面舰艇所能覆盖的最大范围不过第一岛链，而且一旦出战极容易陷入丧失制空权、被敌方锁定的尴尬局面。唯有发展重型舰载战斗机，才能利用高速、大航程的突破和压制，夺取制空权，利用体系化作战打击对方的防空节点和敌方舰队，从而有效保证我军利益。而世界上能生产重型舰载机的，只有曾经的苏联。

21 世纪初我国曾专门派遣代表团与俄罗斯谈判关于苏-33 舰载战斗机的采购事宜。由于俄罗斯在 1999 年最后一架苏-33 下线之后就将生产线封存，再加上经历了 1998 年金融危机之后整个国家经济困难，尽管俄罗斯原则上同意重启生产线为中国生产苏-33 战斗机，但却表示必须采购 50 架才能满足要求。而中国态度则是买 2 架，后增加到买 2 批次共计 14 架，但被俄罗斯方面拒绝。为此，我们只能寻求另外的渠道。

俄罗斯拒绝出售苏-33 一来是因为单独重启生产线生产少量战斗机确实不赚钱，再者就是担心中国会逆向仿制。由于苏-33 在开发测试之初曾经广泛在乌克兰"尼特卡"海军训练基地试飞，苏联解体之后，来不及被俄罗斯海军接收的苏-33 原型机就被遗留在乌克兰。我国政府通过特殊途径，从乌克兰购买到了已经处于闲置封存状态的苏-33 原型机 T-10K，并交由沈飞。最终由沈飞在苏-27 的国产型歼-11B 的基础上，参考 T-10K 的相关设计，成功设计出了歼-15 舰载战斗机，并于 2009 年 8 月 31 日首飞成功。

有了舰载机之后，剩下的就是舰载机飞行员的培训。在此之前，我国虽然有一定数量的海军航空兵，但主要还是以岸基基地起降为主，并没有任何航母的实战经验，对舰载机在航母上的起降作业更是知之甚少。再加上我国航母采用滑跃甲板起飞舰载机，飞机起降完全依赖舰载机性能和飞行员的操控水平，难度远比美、法等国采用的弹射器技术要大。

为了解决舰载机训练存在的问题，苏联曾经在乌克兰的"尼特卡"海军训练基地建立了"银针"地面模拟甲板试验系统，这套模拟系统完整地囊括了航母起降舰载机所需的滑跃甲板、"斯维特兰娜"拦阻系统和"电阻"无线电着舰引导系统。苏联海军早早地在地面模拟甲板系统上完成了全部的起降训练之后,再到"库兹涅佐夫号"航母上完成剩余的作战训练,从而降低了直接掌握滑跃甲板起飞舰载机的难度。

因此在对"瓦良格号"续建过程中,我国海军也在位于武汉的中国船舶设计研究中心的新区建成了航母模拟训练平台,用来做模拟训练。该平台是一座与"瓦良格号"航母舰桥与甲板外形相似的建筑,不仅尺寸上与"瓦良格号"航母相似,而且同样拥有与"瓦良格号"类似的滑跃式飞行甲板,还停放有飞机模型。歼-15的舰载机飞行员就是在这里完成了从起飞、降落到基础训练的绝大多数工作,为在"瓦良格号"上的部署打下了基础。在完成了航母舰体改造、子系统安装、舰载机生产与飞行员初期培训之后,原"瓦良格号"的续建和改造工作基本完成,具备了服役条件。

2012年9月25日,国防部正式宣布,中国首艘航空母舰于当日正式交付海军入列,从此"瓦良格号"这个异域风情的名字被正式改名为"辽宁号",舷号"16"。同年11月23日,海军特级飞行员戴明盟驾驶编号552的歼-15舰载机在"辽宁号"航母上成功完成了起飞和降落测试,戴明盟也因此荣获"航母战斗机英雄试飞员"称号。随后两年多里,辽宁舰先后进行了包括舰载机连续起降、驻舰飞行、短距滑跃起飞等试验,测试了相关武器装备。并在2013年11月26日与两艘051C型导弹驱逐舰和两艘054A型导弹护卫舰组成航母编队,前往南海海域开展了为期47天的科研和训练,这也标志着辽宁舰编队拥有了一定的实际作战能力。

引进、续建"瓦良格号"给中国带来了什么

如前文所述,在"瓦良格号"的基础上,中国成功续建了"辽宁号"航空母舰,进而又独立设计、建造了"山东号"航空母舰,吃透了苏联航空母舰的设计经验和生产经验。因此,我们完全可以说:从"瓦良格号"到"山东号",中国成功解决了航母的"有无问题",实现了航空母舰这种超级装备的国产替代。在此我们不妨详细分析一下:从"瓦良格号"的引进再到后续"辽宁号""山东号"两艘航母的建设,这条辛苦的征程到底给中国造船行业带来了什么?

答案是:给中国带来了独立自主的超大型水面舰艇设计、制造能力。更准确地说,

续建"瓦良格号"为中国带来了独立自主的航母产业链。

何谓"制造能力"？超大型的船坞、重型吊装设备、成千上万经验丰富技术过硬的造船工人……这就是制造能力。举例来说，航母的舰岛（上层建筑）通常都是需要吊装到船体上再进行组装的。美国"福特号"的舰岛重量高达555吨，这就需要船坞装备有重型的龙门吊车。另外，航母上所使用的也是特种钢材，如果只是特殊便也罢了，不论是体积还是数量还都异常庞大，这就要求造船厂要掌握大型特种钢材结构的焊接工艺以及相关的设备和人员。因此，"瓦良格号"的续建工作给中国海军带来的绝不仅仅是一艘战舰，全中国参与"瓦良格号"续建的企业、为了续建"瓦良格号"而开发的工艺和技术、相关的设备与进行的人员培训——航母产业链——才是重头戏。

以美国为例，美国海军的核动力航空母舰的建造、维护以及零部件供应来自全美45个州2000多家企业的合作，带来了超过12万个工作岗位。仅在弗吉尼亚州，就有250家进入航母供应链上的企业，每年带来45亿美元的产值。[①]

在中国，情况也差不多。航母上无数个零部件，大到航母的发动机，小到桌椅板凳，每一种产品背后都有对应的供应商。而只要这些企业为航母提供过哪怕一次产品，那么这些企业就算是进入了航母的供应链——这些企业从此便掌握了航母上某种装备的设计、制造能力。

更重要的是，这个供应链是中国独立自主建造的。

以航空母舰的甲板钢材为例。现代航母的甲板对钢材的要求极高，不仅要承受舰载机降落时高达数十吨的冲击力，还要能承受喷气式战斗机尾部射出的火焰炙烤，更要能抵御海洋上高湿度、高盐度的侵蚀。中国续建"瓦良格号"的时候，甲板钢材的问题也就摆在了工程人员的面前上。而当时，全世界只有俄罗斯和美国能生产优质的航母甲板钢材，我们曾经想从俄罗斯进口，但被对方一口回绝。为了研制可靠的甲板钢材，鞍钢和中国一重的技术团队刻苦攻关，终于研制出了拥有10万吨轧制能力的特种轧钢机，成功为中国航母造出了属于自己的甲板钢——这种甲板钢的屈服强度和美国航母所使用的甲板钢不相上下。

---

① ACIBC. Aircraft Carrier Supply Chain in Virginia[EB/OL]. (2022–03–26)[2022–05–01]. https://www.acibc.org/wp-content/uploads/2022/03/2022–Carrier-Spending_Template_VA.pdf.

什么是"航母制造能力"？这就叫"航母制造能力"！

正是无数家这样的企业整合在一起，中国才造出了属于自己的航空母舰。如果当年中国不对"瓦良格号"进行续建，这些厂商也就没有机会进入国产航母的供应链，也就不能为航母建造提供合适的产品，中国的航母产业链也将不复存在。而当年我们选择了续建，也就等于我们选择了建设航母产业链。因此，笔者认为续建"瓦良格号"是中国走上自主设计、建造航母的第一步。

而中国自主设计、建造航母的第二步，则是由2019年服役的山东舰迈出的。如果说从续建"瓦良格号"而诞生的辽宁舰使得我们获得了航母的设计、制造能力，那么山东舰就等于验证了我们的设计、制造能力——中国接手的"瓦良格号"虽然只有40%的完成度，但动力单元等核心设备仍在。辽宁舰虽然归属于中国海军，但并不是国产航母——我们必须有一艘完全独立自主的航母，才能证明中国完全吃透了"瓦良格号"——这就是山东舰。

从航母产业链的角度看，"瓦良格号"到辽宁舰的转变，是一个引进技术、吃透技术的过程。而辽宁舰到山东舰的过程，则是一个吸收技术、再度创新的过程。由于保密，网上关于山东舰的资料大都比较简单，但仅从这些碎片信息里，我们也能看出很多值得品味的东西。首先，相比起辽宁舰，山东舰的舰岛有显著的缩小——舰岛尺寸缩小，至少说明了两件事：第一，山东舰的集成水平比辽宁舰更高；第二，山东舰的甲板上能停更多的战斗机。其次，相比起辽宁舰，山东舰的滑跃起飞甲板的角度降低到了12度，这样的设计能让舰载战斗机携带更多的油料和弹药，还可以腾出地方停放更多的战机和辅助机械，从而提高总体战斗力。山东舰解决了部分因辽宁舰主体建造结构差异而无法更改的问题，更契合中国海军的使用需求，这也意味着中国造船工业彻底吃透了苏联30年的航母设计和生产经验，一跃站在了巨人的肩膀上。

回首中国航母数十年的发展历程，我们曾经迷茫、曾经弱小、曾经隐忍，但历代海军人不忘初心，站在前人的肩膀上接力奋斗。曾经受限于技术和资金的我们，如今也成了全球最大的工业国，技术积累逐渐成熟。如今"048工程"预想的三步走战略，也终于走过了第一步，而未来的第二步、第三步要怎么走，则需要新一代的每一位海军人奋斗不止。

第十二章　中国的"大飞机"：从未"下马"的大飞机运-10

根据民航局统计公报，2013 年，我国境内飞机起降 731.5 万架次。其中，运输架次 627.7 万架次。起降架次中，国内航线 678.7 万架次，国际航线 52.8 万架次。而 2014 年的数据是，年航班起降 750 万架次，日均航班量 1 万班以上。而从世界范围来看，在新冠疫情肆虐之前，2019 年总共有 45 亿人次坐飞机出行，平均每天约有 10 万个航班起降，也就是说每天大约 10 万架次飞机在天上飞！从这里就不难看出，大飞机在我国乃至世界的巨大市场和价值。它不仅仅是经济层面的因素，更有科技力量的体现和政治层面的博弈。

自 2007 年以来，中国人梦寐以求的大飞机工程取得了突破性进展。当年启动的 072 大型运输机工程孕育的运-20 大型军用运输机于 2013 年 1 月首飞，2016 年 7 月装备部队，随后启动的纯国产干线客机——C919 也在 2017 年 5 月完成首飞，截至笔者定稿，已有两架原型机在试飞取证，而 30 多年前，中国也曾研制过一种划时代的大飞机——运-10。从当年运-10 大飞机项目的上马就不难理解我们的高瞻远瞩和理想决心了。

在上海飞机制造厂的一个角落，孤零零地停着一架外形独特的大型喷气客机，它已经几十年没有升空了。它就是时至今日仅存的一架由我国自行设计研制的大型喷气客机——运-10 大飞机。当"波音""空中客车"今天在我们的领空满天飞的时候，我们切不要忘记，在这架飞机身上，记载了中国航空工业的一段历史。

运-10上马

每个时代都有每个时代特殊的精神所在。从新中国成立开始，中国便经历了一系列的变化。从新中国成立初期的百废待兴，再到20世纪80年代的改革开放，中国通过实践一步一个脚印走出了属于自己的道路。早在新中国成立初的百废待兴时期，毛主席与钱学森聊天时就曾经问他，是先搞火箭还是大飞机。钱学森选择了火箭，因为他认为火箭容易一些。从这个故事中我们可以看出，搞大飞机有多难。但是难，也要搞。毛主席在中国拥有了原子弹和远程火箭以后还是不忘提出："上海工业基础那么好，可以搞大飞机嘛。"

其实，中国从20世纪50年代就开始学着造飞机。在苏联的援助和手把手的指点下，我们学会了组装制造歼-5（米格-17）、歼-6（米格-19）等50年代水平的军用飞机。到了60年代，中苏关系进入冰冻期，这下，中国的航空工业就出大麻烦了。当时米格-21（歼-7）的全套技术资料都用火车运来了，但是没有了苏联的指点，中国人想自己按图索骥地把米格-21仿出来，结果就是搞不定。从60年代到80年代，仿造的歼-7就是不过关。最后歼-7Ⅲ总算成功了，可这米格-21也落伍淘汰了，由此可见当时中国航空工业的水平。其实军用飞机的制造比民用飞机还要容易一些，大型民航客机的制造堪称航空工业的皇冠，中国在这方面更是差得远。比如运-7，这是仿造苏联的安-24，也是从60年代就开始立项，一直到90年代末安装了美国普惠发动机后才算真正过关。这就是中国航空工业的真实水平，以这种水平，想要在80年代研制出媲美波音707的大型民航客机，简直就是痴人说梦。可是，我们就是要做我们的中国梦！运-10大飞机项目上马！

我们难道不知道航空业不是一朝一夕的事情，而是需要几十年甚至是上百年的积累？不用说大飞机，就是造汽车，也不是一朝一夕的事情，而是需要工业基础的长久积淀才能实现。七八十年代中国工业整体水平低下，重卡、家轿都做不好，一个桑塔纳还无力国产，这样的工业基础想独立研发大客机，想一步登天？就算到了90年代，我们还开着黄河、解放汽车，故障率高，油耗巨大。可我们为何还要上马运–10？因为如果现在不去做，现在不去积累，那要到什么时候才开始呢？不做，怎么知道结果会如何？我们并不想一步登天，但我们想踏出第一步！

当时的中央领导，对发展空军、发展航空工业高度重视。1949年新中国刚刚成立，战争创伤还没有来得及医治，中央就下决心成立空军。"一五"期间上156项工程时，毛主席说：我国是一个大国，世界上有的东西，我们不能样样都有，但是重要的东西如飞机和汽车，我们就一定要有。[①]笔者认为，这样的精神，才是指引我们上马运–10的重要原因所在。

运–10的制造困难

1970年8月，国家计委、军委国防工业领导小组批准了航空工业领导小组提出的《关于上海试制生产运输机的报告》，向上海市下达了大型旅客机及其发动机的研制任务，并纳入国家计划。该工程被称为"708工程"。据此，从全国抽调了400多人，在上海成立708设计院，利用空军5703修理厂，仿制以波音707为目标的大飞机。

我们首先面对的就是定型困难，运–10大飞机最初确定以轰–6轰炸机作为基础改型设计的研发思路。1970年7月29日，在第三机械工业部召开的研制大型运输机预备会议上，经过讨论归纳了8条设计要求：载客100人左右；在轰–6基础上改，不是重新设计；采用进口的斯贝发动机3～4台；航程5000千米；高度1万米；速度每小时900千米；全天候，在复杂气候条件下，不论白天黑夜都能飞行；飞机外形要考虑美观漂亮。1970年8月27日，国家计委、军委国防工业领导小组也正式下达了运–10飞机的研制任务，批准在上海试制生产运输机。同年9月14日，为大型客机配套的发动机在上海第一汽车附件厂试制。1971年，三机部决定将为运–10和与轰炸机配套的涡扇8发动机研制工作分别放在上海和成都两地同时进行。

在上海方面要搞"大飞机"的指示消息传达到中航工业西安飞机工业有限责任公

---

① 海草房.大飞机：一代人的报国梦——追忆中国大飞机先驱熊焰[J].国企,2014(07):102–106.

司（简称"西飞"）以后，后来的运-10总师马凤山提议大型运输机虽然以轰-6为基础，但是不一定要完全仿照图-104（图-104就是图-16轰炸机的苏联客机版，轰-6是仿制图-16）的路线，运-10也由此成为中国第一架按英美适航条例（CAM4b和后来的FAR25部）设计的国产飞机。马凤山介绍了初步考虑的3个方案：第一，使用轰-6的机翼翼型，机身参考英国三叉戟客机，使用3台发动机尾吊；第二，使用4台发动机尾吊；第三，使用4台发动机翼吊。经过会议讨论，众人倾向于第一个方案。

但时间到了1971年2月，情况发生了很大的变化。飞机设计组经过讨论，认为遇到很大困难，因为工作中受到的牵制太多，成品不落实、材料和新工艺定不下来。设计组内部也有人认为设计方案不妥当，难以满足军队的同志提出的8点设计要求。由于技术要求不断提高，原来轰-6的改造方案在实践中不断被突破，面临着要整体更改的局面。1971年4月，设计人员和军队参加设计工作的飞行员代表对原来轰-6的方案有不同意见。针对这个问题，航空工业领导小组的首长专门到上海确定了技术要求。首长发动群众提方案，结果有人甚至提出用5台发动机的方案。最后多数人确定采用类似波音707那种外形的方案。1971年4月确定新的设计技术要求：实用航程不能少于7000千米，巡航速度要在每小时900千米以上，升限要达到1.2万米以上，起飞滑跑距离不得大于1300米。

在1971年12月19日还出现了一个意外，巴基斯坦的一架波音707飞机在新疆着陆时损坏。1972年1月13日，叶剑英元帅便指示要迅速去剖析残骸。上海708工程设计组负责人熊焰立即带队前往新疆，整个过程共历时3个多月，前后去了32个单位的约500人。通过对这架残骸的剖析和研究，设计组人员对波音707的主要数据有了一个基本的了解。总之，我们的人员不仅"解剖"了美国波音707飞机，还分析了英国的三叉戟和苏联的图-104。运-10的翼型最终采用的是英国的三叉戟尖峰翼型，这种翼型经过了164次复杂实验，才最后被定下来。发动机的安装布局则借鉴了美国波音707的翼吊式。而运-10的气动设计吸收了来自英国的技术，结构设计和系统综合则参考了来自美国波音707的技术。至1975年6月，运-10的设计图纸全部完成，共发图14.3万标准页。同年6月，仿制自美国普惠JT3D-7涡扇发动机的国产涡扇8发动机在上海研制完成。

从这里我们就能看出，运-10的定型参考了几种机型。也就是说，我们参考了苏联图-104，参考了英国三叉戟，参考了美国波音707，最后才定型了运-10的外形。没有做过大飞机，即便是飞机外形，我们都要多加参考，这是我们面对的第一个难点。而美国波音707在定型之时就有现有的成熟机型（KC135机型机身可使用，美国军方早已检测过了）可以使用，基础雄厚。

第二个难点是技术。机身定型就已耗费巨大，下面更难的是面对材料、工艺流程、安全标准化、发动机问题，以及控制系统的各类难题。我国航空工业与同期以欧洲空中客车和美国的波音公司为代表的欧美航空工业对比，缺乏技术积累，在运-10的设计和制造过程中突出的表现就是整机15个系统共435项成品和部件的绝大多数（305项）都需要全新研制，并不像欧美有周边配套企业和配件供应。这无疑对我国航空工业、整个工业体系是个巨大的挑战，也让运-10的成熟性、可靠性和项目的进度充满了变数。毕竟这些材料、动力、制造工艺等方面的现实差距是无法以热情和努力来短期弥补的。

因而可以说，运-10虽然意义重大，但它突破不了我国工业能力基础的限制和基本的科学工程发展规律（其实我们也没想突破规律，而是按规律从无到有一步步来）。从立项直到下马阶段，运-10从来没有达到过当时的"国际先进水平"，严格说就连美国20世纪50年代的水平（波音707首飞于50年代中期）也远远没有达到。比如仅以最基本的寿命来说，唯一一架可飞行的运-10样机，仅有200小时的安全寿命，只能保证做完一些基本试飞科目。事实上在从首飞到下马的5年内，02号样机最后也只飞了130个起落，共计170个小时。

我国航空工业由苏联援建而成，长期立足于仿制和在仿制基础上的改进，因此在航空材料的开发上极具惰性，基本上苏联援助什么样，后来就什么样。以至于在拿到波音707的资料以后，我国发现仅在作为结构主要材料的铝合金方面，国内就根本拿不出与西方7075等牌号相同性能的产品，只能以国产LC4铝合金先顶上。由于国产铝合金易裂且裂纹扩展快，加上抗腐蚀性差，不耐疲劳，运-10在制造和试飞过程中，部件出现裂纹极为频繁。再加上当时运-10连结构的疲劳寿命试验都没有做，因此只能在确保安全的情况下，估算出200小时的安全寿命，用于完成试飞大纲的基本科目试飞。

在当时的计划中，国内最终要将材料体系与西方接轨，而7075铝合金等民机普遍使用的原材料，西方并不限制对我国出口——哪怕是80年代末以后。即便是运–10真要如当时计划的那样批量生产和使用，也还要全面更换材料重新设计一次，并把大量该做的试验全部补上。这就是基础工业的问题。不用说在天上要飞二三十年的大型客机，就是汽车的材料（汽车寿命一般为二十年左右）和配件，我们也是逐步发展的。

实际上国内第一款实现材料西方标准化、满足西方长寿命标准的飞机，就是歼–10。它直到定型的时候，才基本完成全部材料设备的国产化（发动机等少数方面存在例外），而时间已经到了21世纪初期。歼–10除了材料，对每一个结构部件都进行了以有限元分析为代表的先进技术分析和极为彻底的疲劳寿命试验，每一个部件的薄弱点在哪里，以何种强度飞行多久会让哪些部件首先开裂等问题基本上都摸得一清二楚。

可当年运–10研制时，不仅连最基本的结构测试都极不完善，而且生产制造上的问题也非常大。比如我国当时严重缺乏很多大型部件的生产能力，运–10不得不大量采用土法上马的解决方式：大型的整体蒙皮做不了，就用多块小型蒙皮拼接；大型的整体锻造结构件做不了，就先拆分成几段先锻造好，然后焊接组合。这些做法在短时间内解决了先把飞机造出来的问题，但在长时间使用中，必然导致大量的结构质量和寿命、安全问题。

事实上01号样机（测试结构强度的静力试验用）和02号样机（能飞的那一架）在生产过程中经历过多次严厉的质量整顿，这才保证了制造装配的基本顺利完成。这一局面无疑阻碍了运–10的结构性能和可靠性的提升，这也是运–10在试飞中故障率居高不下的关键原因之一。在后来上海飞机制造厂与美国麦道公司的合作过程中，在外方提供全套生产、质量管理体系的情况下，运–10的质量问题仍然相当严重。

而在一些核心设备上，运–10也缺乏批量生产的基础。比如关键的发动机，运–10最初阶段的保障来源于国内引进波音707时多采购的40台备份产品。该发动机的国产化研制进度一直很糟糕，故障和事故不断——事实上想想20世纪90年代末期"昆仑"发动机的表现，也就能知道，在80年代成功生产出大飞机用的大尺寸发动机并不现实。

出于这些原因，民航部门坚决抵制运–10是可以理解，而且也是正当的。强行将极不成熟的运–10进行大批量生产和投入使用，不仅会带来极大的额外成本（造价高、维护难、出勤率低），而且迟早带来灾难性事故的井喷，对于民航的运行是潜在的毁灭性风险。

这是工艺流程问题，还有批量生产的问题。工艺流程就是解决该如何一步步操作的问题，而能否批量生产则是判断飞机是否成熟的重大标志，更不要说最核心的发动机问题和飞控系统问题了。可这个世界上没有任何科学和工程技术是从天上掉下来的，没有对各种缺陷进行有针对性的改进，何来成熟可靠的设计与技术的进步？西方客机为什么今天能在可靠性和维护性上获得后来者无法企及的水平，就是因为西方客机研发团队对每一批次的产品都会根据上一批产品在实际使用中的缺陷反馈，不断进行针对性的设计修正和新的材料工艺开发。

几十年的积累，包括浩如烟海的数据库、强大而完善的设计试验体系、极为成熟的反馈—修改—使用—反馈的自我进化流程、高素质高水平的大规模技术人员群体，这才是波音和空客最难以战胜的地方。可笑的是，至今有很多所谓的"工业党人"以为只要投入资金，就能砸出技术成果——就算钱能买到同样的原料和设备，能买到别人的整个体系吗？能买到别人积累的几十年时间吗？事实上自主发展和引进国外先进技术不仅不是互相矛盾的事情，而且反而是互相支撑的。当年美国为什么突然推进了麦道客机与中国在上海的合作？就是因为运–10展现了中国已经开始初步具备大飞机的设计制造能力——虽然还非常稚嫩，但这已经形成了合作的资格和基础。而反过来，引进外方的先进技术体系，又可以很好地促进本国项目的基础发展。改革开放以后，我国就迎来了这样的转机——麦道出现。

麦道出现，引进合资学习

1978年11月，运–10在飞机结构强度研究所进行全机静力试验，证明飞机强度符合要求。与此同时，开展了全机四大系统地面模拟试验。1980年9月26日，飞机由机长王金大首飞成功，但直至翌年年初才向外公布。1978年，中国驻美联络处致电三机部，反映美国麦道公司愿以抵消贸易方式向中国出售 DC-9 或 DC-10 旅客机。如买其飞机，可同意出售 DC-9 专利，进行技术合作。8 月 23 日，三机部党组向国务院国防工业办公室及国务院报告了上述情况，并建议复电驻美联络处，约请麦道公司派人来华洽谈。

虽然，运-10 从首飞成功到 1984 年，共飞行了 130 多个起落、170 多个飞行小时，先后飞抵北京、哈尔滨、乌鲁木齐、郑州、合肥、广州、昆明、成都、拉萨等国内主要城市，并 7 次沿"死亡航线"飞抵高原城市拉萨，成为首架飞往拉萨市的自产飞机，但是，其实中央已决定搁置运-10，同年得知消息的上海飞机研究所 219 名技术人员联名上书国务院《不要花巨额外汇去组装 MD-82，建议在运-10 基础上发展我国民航工业》，而高层批示：此事已定，不要再议了。1985 年 2 月 11 日，运-10 在完成短跑道起降测试后返回上海。这次亦是运-10 的最后一次飞行。

就决策程序而言，运-10 下马仅有口头表态，没有经过充分的技术和经济论证，也没有履行集体决策程序，在无明确文件指令、无人签字、无机构盖章的情况下以停拨研制经费形式暂停。从严格意义上讲，运-10 没有正式下马，可以说是被搁置或者被暂停。在这里必须强调的是，不论运-10 是否成功，中美都会合作，中国都会引进欧美技术学习大飞机制造。

1985 年，中美开始合作生产 MD-82[①] 客机。过去组装是由上海飞机制造厂一家单位独自完成的，而后面的 MD90 项目由中航总组织上海航空股份有限公司、西飞、沈飞、成飞 4 家企业共同承担，这也是中国航空工业第一次实施国际通行的"主制造商—供应商"模式。而引进的 MD82 直接就让我们接触到了当时世界上最先进的客机，因而即便运-10 成功，也已然落后于时代，可以说它是上一个时代的产品和设计。

与麦道合作之后，对于 MD82 飞机，中方加工的零件数只有 2000 多项，而 MD90 机体国产化率达到 70%，中方生产的零件数有 4 万多项。中方 4 厂不仅要完成麦道自身应完成的大部分工作，而且要承担许多供应商所担负的工作。

在制造过程中我们还是主要责任方。MD82 是由麦道公司提供零部件和配套件，

---

① MD-82 是由 DC-9 衍生出来的型号。

我们按照麦道提供的工艺文件，在麦道的质量控制下组装的。而对于 MD90 飞机，美方只提供图纸和原材料（包括铸件毛坯），中方负责从零件制造到总装试飞的全部工作，并在质量控制和适航保证方面承担主要责任，这里需要强调的是发动机、机载设备及部分系统相关件由美方提供。

1987 年 5 月 23 日，中美合作生产的第一架 MD-82 飞机总装完成。我们的收获是巨大的，中方的收获主要可以概括为如下几点：第一，建立了国内首个民机合作生产模式和经美国联邦航空局（FAA）和中国民用航空局航空器适用司（CAAC-AAD）联合批准的质量保证控制体系。第二，掌握了先进的飞机构型管理技术，使得飞机在生产运行过程中能始终不断地满足工程更改，使反映不同客户要求的产品设计能够得到落实，并能保持正常生产。第三，建立了一套科学、系统和严密的管理指令系统，从而对项目生产经营活动的全过程实行了"法"治。第四，引进了"主制造商—供应商"模式，建立供应商管理控制系统，为国内民机合作生产走向市场经济管理探索出一条路子。第五，在国内民机生产过程中，最先推行了项目管理，初步探索出一套适合中国国情的项目管理模式。

而且通过合作生产，中方在管理工作和其他方面也取得了重要收获：第一，熟悉、掌握了大型客机总装生产的先进技术，其中包括大容积（300 立方米）气密试验、液密铆接、机载设备地面安装测试、大型复杂零件编程加工、镜面蒙皮拉伸成形、燃油导管机内焊接等尖端工艺和操作技艺。第二，发展了航空产品的补偿贸易。第三，成功地引进了麦道公司的先进管理经验，取得了飞机总装和零部件制造两个生产许可证；企业在飞机生产系统方面的管理达到了国内一流水平，具备高科技领域发展外向型经济的能力和条件。第四，经过实战培养了一支能够适应国际技术合作的员工队伍，这支队伍将在国内民用飞机的设计、制造、试飞、售后服务等方面发挥骨干作用。第五，建成了以飞机总装、全机试验、生产性试飞交付和飞机零部件转包生产为核心的民用航空工业骨干企业。

此外，通过 MD90 项目的实践，我国航空工业民机制造实现了三个第一：第一次实现民机完整项目的国际合作，以机体国产化率达 70% 的比例，生产出具有 20 世纪 90 年代水平的 150 座级干线飞机；第一次成功实施了国际流行的"主制造商—供应商"

模式；第一次在行业范围内建立了与国际接轨的项目管理、供应商管理、质量管理和适航管理体系。

与麦道项目的成功合作，使上海成为我国民用航空工业基地，我国的航空工业也获得了整体性的进步，在航空技术和管理上缩短了与世界航空工业先进水平的距离。也因此才有了下面的成果：1999年1月20日，首架MD-90-30干线飞机完成气密试验，提交FAA生产检验委任代表检查获得通过，飞机进入全机总装阶段。10月3日，首架MD-90-30干线飞机由美国飞行员驾驶，在上海大场机场首飞成功，11月取得FAA颁发的适航证。2000年2月24日，第二架MD-90-30干线飞机在上海大场机场生产试飞成功，3月7日获得该机的国际适航证。该项目（MD90）充分显示了中国在干线飞机的制造和总装技术方面已获得巨大的进步，达到了20世纪90年代的国际水平，并具备了小批量生产的能力，尤其验证了上航作为干线飞机主制造商的系统管理能力和总装能力。干线飞机的制造和总装能力，体现出国家航空工业的总体水平。

在运-10下马后的15年里，中国民用航空工业一直处于市场换技术的阵痛之中。我国在和欧美各国15年的合作中，通过给波音、空客、麦道制造机身零部件，学会了机身制造技术等。尤其是麦道，传授了107万份的核心技术资料（如何将DC9发展成MD-80/82飞机，涉及改进、试飞、验证设计的机密）。麦道派出上千人的队伍进行生产线和工业体系标准化的传帮带，一举将中国从两架飞机零件不能互换的手工作坊，带入了标准化工业大生产的门，可以说没有麦道就没有中国航空工业现代化。

从1980年到1998年，中国购买国外飞机共耗资150亿美元。截至2010年，中国拥有的1560架大飞机中，53%由波音公司制造，中国民用航空市场也随着市场换技术，逐步被波音和空客垄断。但我们并没有放弃这个市场，而是通过麦道逐步学习，也自主设计生产了ARJ21，它可以说是我们吃透了MD90以后的成果。2021年9月2日，ARJ21飞机的安全可靠性得到验证。工信部官网公布，截至2021年8月30日，ARJ21飞机机队的航线飞行时间累计超过10万小时，这证明了ARJ21的成功，也证明了我们已经有能力制造自己的支线客机。ARJ21最大的意义——在运-10夭折后，第一次把自主设计、组装生产、适航取证的流程走了一遍，积累了经验，为以后大飞机的研制打下了基础。

从国产运-10到C919

ARJ21已在国内多条航线上运营，而C919大型客机正在进行最后阶段的试飞，预计近几年可以拿到适航证服务大众。作为中国在21世纪推出的第一款以商用为目标的168座级单通道干线飞机，C919飞机从2008年11月项目启动开始，就受到外界的广泛关注。2015年11月2日，C919首架机总装完毕，原型机注册号B-001A，于中国商飞公司总装制造中心浦东基地厂房内正式下线。2017年5月5日14时，C919在上海浦东国际机场顺利首飞，中共中央和国务院在首飞成功后发出贺电。

C919全称COMAC-C9-19，C取自中国（China）和中国商飞（COMAC）的首字母，并寓意将与空中客车（Airbus）及波音（Boeing）形成"ABC"并行的局面；9与"久"谐音，象征"天长地久"；19指最大载客量为190个座位。C919客机的自主创新反映在5个方面：总体方案来自中国；自行主持气动外形设计并进行相关试验；机体从设计到制造完全由中国完成；来自不同供应商的系统由中国集成；由中国进行全面管理。未来，将有6架C919飞机投入试飞取证，国航、东航、南航等国内航空公司和租赁公司都有订单。

据了解，在C919大飞机交付使用前，需要考取3个证，分别是：型号合格证（TC），表明飞机设计安全适航；生产许可证（PC），表明飞机制造体系符合要求，可以大规模生产；单机适航证（AC），证明单个飞机处于安全可用状态，相当于汽车的"行驶证"。这些工作计划利用两到三年的时间完成，如果进展顺利，不久的将来，中国人就可以坐上自己设计制造的大飞机了。

除了乘坐国产大飞机的欣喜与自豪，C919的研制更具有长远的战略意义。它不是一个简单的产品，也不是一件普通的商品，大型客机制造被誉为"现代工业的皇冠"，对民用航空产业以及现代工业的带动作用十分显著。从航空产业角度看，以上海为龙头，陕西、四川、江西、辽宁、江苏等22个省市、200多家企业、近20万人参与大型客机项目研制和生产。C919大型客机带动形成的中国民用航空产业链、价值链、创新链能量巨大，同时推动建立了 16 家航电、飞控、电源、燃油和起落架等机载系统合资企业，提升了中国民用飞机产业配套水平。

一架商用飞机由 300 万至 500 万个零部件组成。从提升现代工业水平的角度看，这些零部件需要数千个供应商生产，能够带动新材料、现代制造、先进动力、电子信息、自动控制、计算机等领域关键技术的群体突破和诸多基础学科的重大进展。C919 客机零部件有很多国内供应商参与，液压系统的油箱、阀门以及起落架设备等都是国内生产的。通过 C919 这个项目，我们与供应商共同得到了成长。

曾经与友人聊天，当他听说我们现在乘坐的大型客机都是购买的国外产品时，脸上流露出十分惊讶的神色："什么？可是我们的战斗机在国庆阅兵时那么风光，载人航天也早把航天员送出地球了，怎么大飞机还要买国外的？"是的，其实我国国内目前运行的千架飞机都是从外国买来的波音等机型，但是在 2022 年，C919 大飞机的订单已经突破 1000 架，[①] 这就是迈出运 –10 这个第一步之后我们获得的成果。

从运 –10 到今天的 C919，我们经历了无数困难险阻。民用大型客机的研制生产为什么这么困难，需要几十年的探索和巨量资金、人力的倾投？因为上面搭载的不是货物，也不是一两个人，而是几十、上百条生命，容不得出现任何安全问题。除此之外，民航飞机对性能的要求也非常高，一架飞机在服役期间一般要经历 6 万个飞行循环（起降）、9 万个飞行小时，使用寿命 30 年或更长。即使是飞机上一些看似不起眼的零部件，也必须要稳定、安全地使用几十年。为了和世界航空市场竞争，我们造的大飞机还要比别人更安全、更舒适、更环保、更经济，才能有广阔的市场。

大飞机也不同于战斗机和军用飞机，其要求更严格。比如即便是美国，也生产过 F104 这样失败的飞机，号称"最强飞行棺材"。F-104 的坠机率为：西德 32%，荷兰 31%，比利时 37%，意大利 37%，加拿大 45%，日本 15%，美国未公开。作为美国海外 F104 的最大用户西德空军，拥有 2578 架制造总数中的 916 架，已知损失也最大。总共损失 298 架（含地面损失），116 名飞行员丧生，含 8 名美国空军飞行员，171 名飞行员成功弹射逃生，含 8 名在 F-104 上弹射逃生两次的飞行员。后来售给中国台

---

① 近探国产大飞机 [EB/OL]. (2019-12-06)[2022-05-01]. 人民日报海外版. http://www.xinhuanet.com/politics/2019-12/06/c_1125313790.htm

湾的247架各型F-104战斗机，在1998年全面退役以前，至少114架失事，造成66名飞行员丧生。就是这么烂的飞机，洛马公司硬是通过贿赂、政治诱惑，迫使各国（地区）空军购买大量F104这样的"寡妇制造者"。

对于运-10以及大飞机的研制，往往还有以"两弹一星"来类比的论调。"两弹一星"打破核霸权的威胁，关乎着整个民族、国家的存亡，是值得集全国之人力财力、不计投入成本地科研攻关的项目，但限于国家财力、轻重缓急，这种模式是无法在各大军民项目中全面套用的。举个简单的例子，在零部件的生产上，限于工艺水平存在着加工精度不足、尺寸超差等问题，在"两弹一星"项目中是可以通过优中选优来弥补的，但在强调成本经济性、要批量建造的民航客机上，就不能这样。

更何况在技术层面上，较于导弹、运载火箭等这类一次性或短时间使用的航空器，民航客机是要进行长时间、大强度、高频率反复使用的载客飞行器，在可靠性、安全性层面的技术要求显然更高、更苛刻。"两弹一星"精神是全国人民的共同财富，是要全国人民共同发扬的，但这种"集中力量办大事"的模式在全国上下铺开是不现实的。

我国提出发展自己的大飞机计划，是一个厚积薄发的决策，由于中国经济的发展，本国就有十分庞大的购机需求，这时来发展民用大飞机，就是很恰当的时机。在世界民用飞机的发展历史中，有很多可以借鉴的事件。比如，在20世纪60年代末期，苏联完全按照西方的适航标准来发展民用飞机，典型的代表就是图-154、伊尔-86、伊尔-96，这些飞机都完全达到了西方的各项标准，但是西方国家联合对它进行打压，根本不给它适航检验，不发许可证，这样一来，苏联就没有一架飞机能出口到西方国家，最后，这些飞机就会由于经济上的窘迫而下马。

再反观现在的中国大飞机计划，由于国内民用航空业的蓬勃发展，需求量是世界最大的，当中国宣布该计划之后，西方的各大相关企业都想争抢商机，连GE都要在中国开设工厂，生产配套的发动机。在商业利益上，试问哪个公司能抵抗这样强劲的需求？为此，中国在一些基础工业上，也做了长期的积累，比如，整机总装、机体制造、全球航空部件分包、航电系统、内饰材料等等，都已经有近几十年的积累。这样适时发展，才应验了什么是厚积薄发、水到渠成。

因而可以这么说，运-10没有"下马"，它的开始预示了我们今天大飞机的成就，它的积累奠定了后续的发展，它的基础是我们后续学习和研发的铺垫。在这个基本只有波音和空客把持的赛道上，硬挤出一条自己的出路，这都是从运–10开始的。如果要评价运–10，用周总理的这句诗便可以概括："面壁十年图破壁，难酬蹈海亦英雄！"

我们不妨按照最坏的情况假设一下：假如某天中国所有的进口大飞机都被断货了会发生什么？

大飞机断供，并不是说这些飞机就不能用了，而是说厂商将会停止向我们提供相关的软硬件支持，这些支持包括但不限于备用零部件、技术检查、系统升级、bug维修等等。短期之内，断货的影响还体现不出来，但从长期来看，断货将有可能导致大批飞机由于缺少合适的维修而停飞。

根据数据，中国内地的民航客机总计4000～5000架，波音737飞机占据了绝对多数，占比40%，其次则是空客的A320，占比高达25%——实际上数量居前五名的飞机加起来总共占了87%的市场份额[1]，而这些飞机全都是波音、空客两家的产品。因此，一旦断货，这些飞机停止运转只是一个时间问题。从这个意义上来说，拥有国产大飞机的重要性就在于，它不仅仅是一项集合了中国制造业最强力量的皇冠产品，也是中国航空工业撬动世界航空格局的一个杠杆，更是我们在极端条件下应对非常事件的定心丸。

---

[1] 中国内地飞机运营情况报告 [R]. 合肥：民航资源网，2014.

第十三章　中国研制优秀航空发动机的战略价值和障碍

　　作为苏联留给乌克兰的重要遗产，马达西奇公司在航空发动机领域有非常雄厚的资源和经验。身为超级运输机 An-225 的引擎提供商，马达西奇掌握了大型航空发动机的许多核心技术和资料。中国的航空工业部门对此有极浓的兴趣，所以中国民企——天骄航空早已计划通过投资的方式和马达西奇合作。然而，乌克兰方面却出于种种因素打断了早已订好的计划，强行终止了对中国企业的投资。天骄航空向国际仲裁提出申诉，要求乌克兰赔偿数百亿元，乌克兰方面则直接宣布对中国企业和个人进行制裁。

　　实际上，只要是和航空发动机有关的事情就没有小事。在国内的社交媒体上，关于航空发动机的讨论历史远比芯片话题要悠久得多。中国航空发动机的故事，至少从 2000 年前后就已经是中国科技和军迷圈子里的日常话题了。以至于只要谈到中国飞机，就必然有人说发动机不行；谈到发动机的问题，就必然有人说材料不行。

　　这种讨论热度直到歼-20 出来之后才逐渐降温，但仍然有相当大的市场。

航空发动机的战略价值

　　有句话说得好，"航发无小事"，主要是因为航空发动机属于"战略级"产品，其相关的技术也具有"战略级"的重要性。这个"战略级"，体现在政治、经济和军事 3 个方面。什么是"战略级"？那些能让小国变大国、弱国变强国、棋子变棋手、病夫变英雄的东西,就是"战略级"的东西。这些东西包括但不限于原子弹、航母舰队、隐身轰炸机、洲际导弹,以及航空发动机。

首先,我们算算航空发动机的政治账。

根据《中美贸易协定》,中国 2021 年应当从美国进口超过 2000 亿美元的产品,而其中占绝大多数的是工业制成品(manufactured goods)(见图 3-13-1)。而在工业制成品之中,我们能买到且价值最高的就是波音公司的客机。其实,客机我们已有前文提到的 C919,但它的发动机问题却始终悬而未决。国产的 CJ1000A(长江 1000A)型发动机迟迟没有进入量产,于是 C919 也不得不依赖于美法合资公司 CFM 提供的发动机。

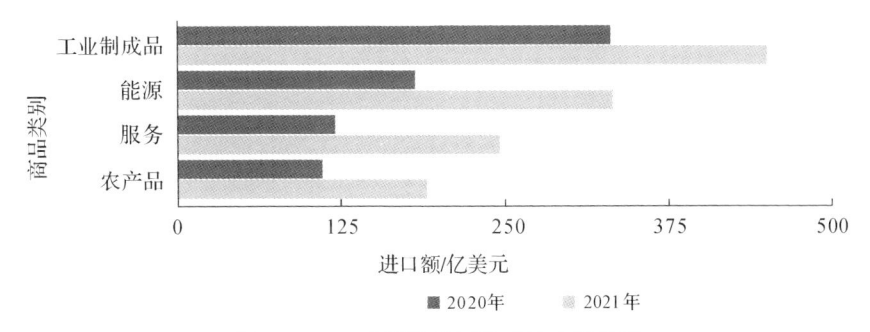

图3-13-1 中国从美国进口的商品分类

中国是美国飞机的最大进口国,美国向中国出口的第一大产品就是飞机和发动机。由于 C919 还没有完全进入实用阶段,我们仍然处于"依赖进口"的状态。而如果中国有了自研大型客机和发动机的能力,那么我们在相关谈判的时候就会更有底气。

政治账算完了,我们再来算算经济账。

根据北京航空航天大学校长、中国工程院院士徐惠彬的介绍:未来 20 年里,中国需要 5000~6000 架民用大飞机。如果完全依赖进口,将花费超过 1 万亿美元——这笔钱如果拿到今天的市场上,足够把波音、空客打包起来买 4 次。[①] 注意,如果要进口外国飞机,就要用美元来结算,那么就一定会动用国家的外汇储备,而今天,中

---

① 徐惠彬. 打造中国航空发动机叶片"金钟罩"[EB/OL].(2018-04-13)[2022-07-13]. https://www.ccdi.gov.cn/yaowen/201804/t20180412_169791.html.

国的外汇储备一共也就 3 万亿美元出头。咱们这么多年攒下来的家底，去外国收购点油田、矿山这样的不可再生资源不是更好吗？

能独立自主地生产航空发动机，除了能省钱，更能赚钱。

以美法合资的 CFM 公司 LEAP-1C 发动机为例（它也是 C919 的"候选"引擎），其单台价格在 1450 万美元左右，卖出一台 LEAP-1C 等于卖出了 1.8 万台 iPhone 12。而 LEAP-1C 的全球订单总量在 2018 年的时候就超过了 2 万台，相当于卖出 3.6 亿台 iPhone 12——这比苹果手机部门 10 年的销量总和还要多。

所以，如果我们也有这样一家能够在国际市场收割订单的航发公司，那么相当于我们又多了几个华为、小米。

经济账算完，我们算算军事账。

众所周知，现代战争的主战场已经从陆地转移到了海洋和天空——典型的例子就是海湾战争——夺取了制空权的美军，能够在任意时间和任意地点将精确制导炸弹丢在伊拉克军队头上。由此，这场战争不再是势均力敌的较量，而是成了一边倒的"攻击表演"。现代战争的精髓在空战，空战的核心是飞机，而飞机的命门是发动机。

因此，能独立设计和制造航空发动机的国家，往往也是能够独立设计、制造战斗机的空军强国。在高科技战争中，如果一方的装备可以独立自主，而另一方的装备只能靠进口，那么战争的结果其实在宣战之前就已经注定了。

我们的确可以买到先进的装备，但我们没办法买来一场胜利。目前，在美军战斗机群中，三代机和四代机平分秋色。而我军尽管也有经费方面的考量，但高端军用航空发动机的产能问题对中国空军和海军航空兵装备的更新换代也有很大的影响。如果我们能够有更大的发动机产能，那么装备更新换代的速度也必然会加快。所以，为了获得战场上的优势，我们必须有独立自主设计、制造高性能航空发动机的能力。

航空发动机虽小，但它和光刻机一样，也反映了一个国家制造业的水平。航空发动机和光刻机我们都造得出来，那别的东西我们只要稍微用点心思也肯定能造出来。这等于明确地告诉对方——不要逼着我买你的产品，逼急了我自己造，你一分钱都赚不到——这也就是为什么在国际政治、经济的博弈中，光刻机、航空发动机、科技产品和生产它们的厂商往往也扮演了很重要的角色。

因此我们说，航空发动机具有"战略级"的重要性。

研制航空发动机的难点

如此具有战略价值的东西，自然是没办法轻易获得的。航空发动机的研制困难，来自它特别的要求：在极端的工作条件下，满足极端的安全性。如果是民用的客机发动机，还要考虑噪声、寿命和油耗问题，也因为如此，民航客机发动机的技术研发难度实际上要比战斗机引擎高得多。

现代喷气式飞机的发动机工作条件有多极端呢？以航空发动机涡轮叶片为例：战斗机发动机涡轮叶片面对的温度，最高可以达到2000摄氏度，民航客机发动机涡轮叶片面对的温度，一般也都达到了1700摄氏度——这还不是最严苛的要求——毕竟，我们还要保证发动机叶片、轴承在这样的高温之下可以长时间稳定工作。

除了高温，发动机内部的涡轮叶片还在以每分钟数万转的速度高速旋转。高速旋转带来的是超强离心力，叶片末端甚至要承受其自身重量1万倍以上的离心力的撕扯，并且由于发动机必须持续工作，这种撕扯也必须持续数个小时。

如果用不锈钢作为叶片材料，且不说重量问题，不锈钢叶片在1400摄氏度左右就会开始熔化，到了1700摄氏度的时候，早就已经液化了。如果同时还施加了超强的离心力，那么整个发动机就会瞬间解体爆炸。

为了解决这个问题，人们就需要让发动机叶片能够抵御超高的温度，同时还能抗住超强离心力的撕扯。这就对设计能力、材料、工艺的水平发起了挑战。

首先，我们看看为什么设计能力这么重要。举个例子：为了解决叶片散热的问题，现在的主流方法是在叶片上钻孔，学名叫作气膜孔——通过孔洞里的空气流通带走一部分的热量（见图3-13-2）。

如果我是设计师，一连串的问题就朝我抛过来了：每一个叶片上要打多少孔？在什么位置打孔？打多大的孔？怎么打孔？更令人绝望的是，这些气膜孔还不完全是笔直的，中间可能还会有一定的弧度或者倾斜角，那么到底应该用多大的弧度？倾斜多少角度？这些问题的解决方案可不是拍脑袋就能想出来的，每一个孔洞的位置、形状、

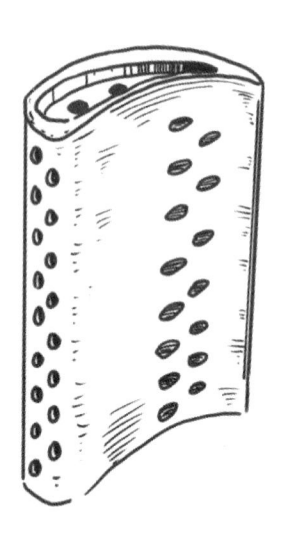

图3-13-2　航空发动机叶片气膜孔示意

大小、深浅、角度都需要经过严密的计算、建模和试验，光打孔这个问题就足够让几代科研人员花费几十年的时间来进行研究了。

航空发动机上有成千上万个零件，几乎每种零件都需要科研人员这样前赴后继式的努力。就算我们能够利用"逆向工程"制造出一个完全一样的发动机，也只能暂时和别人站在同一起跑线而已。如果我们不知道"为什么要这么设计"，那我们的技术恐怕只能停滞不前了。

再来说说材料问题。为了解决散热问题，还需要一种特殊的材料——热障涂层（thermal barrier coating）——用特殊涂层把叶片包裹起来，使叶片本身不接触高温。如果我是材料部门的负责人，那么接下来的问题足以让我崩溃：什么样的物质可以实现隔热需求？怎么合成这种物质？叶片在高速旋转，这种涂层会不会因为离心力而裂开或者脱落？

就算我们能从外国发动机的叶片上刮下一些碎片来进行研究，甚至就算我们有一大桶这样的"涂料"，也并不意味着我们就能够完美还原——可乐的配方就写在瓶子上，也没见谁能够完美还原。——怎么把这种涂层涂在叶片上呢？一层有多厚？涂几层？……当然这也肯定不是几个老师傅拿着刷子就能搞定的，也需要专门的设备和技术。

光是想想这些问题，就已经能感受到它的难度了。除了涂层，叶片本身所用的金属也有讲究。面对1700摄氏度的高温挑战，现在英美航发厂商普遍采用镍基合金来制造涡轮叶片，且还要辅助热胀涂层和气膜孔散热结构。暂且不论打孔和特种涂层的事，就单单这种镍基合金，就已经是纯纯的高科技产品了，全球从事高温合金的厂商加起来不超过60家，且集中在中、美、俄、英、法五大常任理事国和德国、日本这种科技强国手中。

只可惜，即便是德国、日本这种拥有先进高温合金制造能力的科技强国，如今也已经基本丧失了独立设计和制造大型航空发动机的能力——哪怕德国在精密加工领域是世界领先，哪怕日本在镍基合金领域的技术非常先进，但在航发领域，这两位就像是两个偏科严重的学生——一个科目考了满分，其他科目直接交白卷。

其实德国和日本有不少企业能做出顶尖的航发零部件，比如美国、英国的很多款航发的涡轮和压气机（都是核心部件）都是德国制造的，但你要让德国人自己整一台航空发动机出来，不好意思，不存在的。

日本也尝试过自己做整机，也造出了"F7"这种看上去很美的产品。但是在2013年5月，装备4台F7发动机的海上自卫队P-1反潜机在空中居然发生了"四发停车"的罕见事故——F7发动机的真实品质瞬间就暴露了——4台全部熄火的概率很低，但日本人居然"做到"了。

毕竟，全世界能够独立设计、制造靠谱航空发动机的国家，只有联合国五常。在这个领域，我们即便在某些细分领域落后，最后总分排名也是世界前五。

中国航空发动机的现状

"设计并制造航空发动机"本身就是一个非常艰巨的任务。但对中国来说，各种制裁和禁运，让我们的难度系数还要乘以2。不过，在经历几十年、几代人的努力之后，中国军用航空发动机水平已经仅次于美国和俄罗斯。各类技术相继追赶成功，除了少数型号需要从俄罗斯进口，我们已经基本实现了军用发动机的独立自主。以战斗机发动机为例，下一代国产发动机涡扇 15 的推重比在 10 左右，基本和俄罗斯土星公司的 117S 相当，已经接近号称"最完美发动机"的美国 F-135。

但在民用领域，因为要求更高且我国起步更晚，至今还没有实际量产。在民用航空发动机的市场上，还没有中国人的身影。不过，目前我们自主设计 CJ1000A 发动机已经开始进行各种测试了，如果能够投入市场，中国将成为"世界航发俱乐部"的新玩家。不过，纵观新中国航空发动机的发展历史，我们的确也走了不少弯路，犯了许多错误。技术上的成败，是科学的探索；但管理上的弯路，值得我们警惕。

第一个问题就是研发体系不够科学——在过去很长一段时间里，中国航空发动机的研发设计是从属于飞机研发的。这样做的好处很明显：作为从属于飞机设计的一个子系统，航发和飞机之间可以实现完美匹配。但问题是，那时中国的航空工业底子还很薄弱，研发发动机的时间远远长于研制飞机的时间，所以经常会出现"飞机等发动机"的情况。

以 20 世纪 60 年代、为 H-5 轰炸机升级而准备的涡扇 5 为例：1963 年 1 月，涡扇 5 发动机设计成功，但由于叶片加工的问题，涡扇 5 直到 1970 年才试车，1971 年才开始试飞。但很遗憾，随着轰-5 改进项目的取消，涡扇 5 发动机项目也被取消了。从西方的普遍经验来看，发动机的研发本就是一件需要非常长时间的事情。随着技术指标越来越高，对发动机设计和材料的要求也越来越高，研发时间直线上升。

由此可见，先进航空发动机的研发本来就是一件需要持之以恒的事情。所以，发动机的研究应当作为一个独立的领域进行发展，而不能因为飞机项目的中断而中断——不同时代多个型号的飞机使用同一系列发动机的情况即便是在财大气粗、技术先进的美军之中也很常见。目前，这个问题已经得到了妥善的解决。我们成立了中国航发集团和航发动力公司来专门进行航空发动机的相关研制工作，这表明中国的航发研发和设计也已经成为一个独立领域，不再从属于其他项目了。在经过了"聚焦主业、瘦体健身"的改造之后，航发动力裁撤了很多和核心发动机业务无关的业务，航空相关的收入占比从 2014 年的 55.98% 上升到了 2018 年的 85.33%。

第二个问题则是军民融合不够深度——出于保密和国防安全等需要，很长一段时间以来，中国航发从设计到制造都完全与民营经济绝缘。航空发动机的零部件都是由军工体系中各种以数字为代号的工厂负责制造的。而从全球范围来看,欧美的大型航发企业都很重视军民的协调发展。在过去,军/民用发动机之间的销售比值可达4∶1,但如今,情形已经完全逆转了。2017年,美国GE公司的民用航发收入是军用部门的5倍以上。

由此可见,尽管随着中国未来的发展,我们会有大批新式战机入列,会给相关军工企业带来巨大的收入,但不论是军工企业还是民营企业,如果现在不抓住机会深入研究航发技术,就很难吃到这波"民航红利"。今天,在航空发动机领域,中国的军民融合已经开始逐渐走入深水区了——军工企业的技术开始在民用市场上使用,民营企业也承接了相当一部分的军用订单。

美国航发对我们的启示

成功是有原因的,天上不会掉馅饼。今天,我们看到的是欧美厂商称霸世界航发市场,我们看到的是欧美厂商掌握了我们没有的先进技术;但这些结果的背后,也是欧美科研人员的付出。甚至我们可以说,因为超前的研究和较早的起步,欧美科研人员一定经历了比我们更多的挫折和失败。在这个领域,恐怕并不存在什么弯道超车,只有一步一个脚印的艰难前进之旅。

实际上,在航空发动机的研发历史上,和中国最为相似的其实是美国。尽管当年美国有着比中国领先一个时代的工业基础,但中美两国几乎都是在仿制别国产品的基础上掌握了独立生产可靠的喷气式航空发动机的技术。

后来,美国人成功地从"仿制者"蜕变成为"创造者"——以美国普惠(Pratt & Whitney)公司为例——尽管手中掌握了英国罗罗公司发动机(其实就是劳斯莱斯)的生产许可,但普惠公司认为一味地生产别人的产品没有前途,也无法给自己提供技术优势。于是从1946年开始,普惠投入巨资进行研发,拼尽全力解决技术问题,追赶竞争对手。当时,最先进的喷气式发动机的推力大概只有5000磅,普惠却把自己的目标定位在10000磅。在经过5年的研发之后,普惠公司率先提出了划时代的双转子方案,并于1951年推出了美国第一款推力达到10000磅的发动机——J57。

我们将美国发动机厂商视为竞争对手、视为追赶的目标，不仅要承认对方的技术优势，也应当对对手表示敬意——我们的科研人员为了发动机奋斗了60多年，很不容易，但同时，美国人又何曾停下脚步呢？中国航空发动机一路走来，在最近的10年里，才终于进入了一个高速发展的轨道。对于航空发动机这样的艰巨项目、庞大工程，它不仅需要先进的技术和科学的管理，有时候甚至还需要艺术家们所渴求的那种"灵光一现"。

北京航空航天大学的高歌教授年轻时候一直在青海沙漠地区的秘密基地工作。在沙漠地区，新月形状的沙丘几乎随处可见，但他发现了沙丘的奇怪特性——无论如何强劲的风暴，沙丘的形状永远都是新月的样子。于是，他从流体力学的角度开始了研究，用物理学和数学的方法解释了沙丘保持稳定的秘密，而后又将这种原理用在了航空发动机的火焰稳定器上，发明了"沙丘驻涡火焰稳定器"，极大地提高了中国航发的燃烧效率和火焰稳定性，极大地提高了国产航发的合格率，这项发明也在1984年获得了国家科技进步一等奖，钱学森都对此赞不绝口。

其实，中国航发一直都在进步：之前我们提到的热障涂层，其性能已经达到了世界先进水准，和欧美厂商产品的性能不相上下。甚至在20世纪60年代，我们领先于苏联，率先制成了更适合散热的空心叶片。

1954年8月16日，在湖南株洲的一家小工厂里，我们第一次在苏联老大哥的帮助下制造了自己的第一台航空发动机，尽管是一台早已落伍的活塞螺旋桨发动机，但也终于终结了我们没有自己飞机发动机的历史。科学，的确没有捷径可走，有的只是勤奋、付出、对规律的尊重和偶尔的灵光一现。我相信，中国航发在未来的某天必然能够拥有我们现在所期待的那种强悍性能，但如果要从跟随者变成领军者，那么就要做好付出更多、牺牲更多的准备。

航发领域，中国整体呈现的是"军强民弱"的格局——军用航发自给自足但民用航发仍然长期依赖于国外。这种依赖不是百分之几十而是百分之百，中国民航正在使用的客机的航空发动机，不论是进口的空客A320、波音737还是国产的C919、ARJ系列支线客机，都要依赖所有进口。假如进口航发被切断了供应，中国上到C919下到ARJ，所有的民航飞机的生产都必然终止。如果这一天明天就来，那么中国民航企业和大飞机厂商将遭遇重大的危机。但如果国产航发服役，那么这一天大概率将不会到来。

在这个关头，国产航发能不能顶上，恐怕需要看时间。目前，国产的CJ1000A发动机仍然处于测试阶段，估计会在2025年之前获得国家认证并使用，取代进口的LEAP发动机。

第十四章　民营航天，通向星辰大海的必经之路

不管是在中国、美国还是俄罗斯，航天发射长期都是由国营机构绝对主导的。虽然二战后人类航天起步很早、发展很快，但是时至今日，航天仍然更加像科研领域，而不像工业领域。

科研是指人类可以探索性地把宇航员送往月球，并带回一些月球的土壤供科学家做试验，但是并没有实现宇宙飞船、航天飞机、火箭、卫星的大批量量产，也没有实现把几万人送上月球或者火星。

美国卫星协会发布的《2021年卫星行业状况报告》显示：2020年环绕地球运行的人造卫星总数只有3371颗；2021年，全球一共只完成了146次火箭发射，发射航天器1846个，这已经是1957年以来的新高，其中我国完成航天发射任务达55次，发射航空器117个。全球航天经济的整体规模约为3710亿美元。

可以看到，航天要成为一个产业仍然有非常大的距离。国营机构因为担心出错，对于发射成功率有着近乎偏执的追求，甚至在很多国家的考核当中，发射成功率是最核心的指标之一。这导致了全球的航天技术迭代在冷战结束后长期处于较慢水平，一些能力甚至退步。

直到以低成本思维颠覆很多产业的埃隆·马斯克进入航天事业之后，全世界掀起了一股民营航天的热潮，极大地改变了行业的面貌，中国也有一批创业者投身民营航天事业，为中国航天事业带来了一些新的变化。

为什么民营航天如此重要

有了发达的国营航天,为什么还要发展民营航天?

长期以来,阻碍全球航天由科研变成产业的一个重要原因就是一个字:贵。

20世纪50年代,美国制造和发射一枝土星五号火箭的成本是1.8亿美元,一次性的。要知道,那个时候的1.8亿美元相当于现在的十几亿美元。此后,美国开发出了可以重复使用的航天飞机,希望降低发射成本。

笔者曾经去过加州洛杉矶附近实地参观过退役的"奋进号"航天飞机,那种震撼的感觉无法形容。这是人类科研的结晶,但又是一台不折不扣的吞金机器。根据NASA(National Aeronautics and Space Administration,美国航空航天局)的官方资料,当初整个航天飞机计划的预算是430亿美元,每次发射的成本是5400万美元。然而最终跑下来,整个计划最终耗资1137亿美元,航天飞机的准备和发射成本平均为7.75亿美元。加上试验机,美国一共只造出了5架航天飞机。苏联也紧随其后,跟进研发了暴风雪系列航天飞机,但是一直到苏联解体,苏联的航天飞机都无法真正投入使用,经费太高是其中的重要原因。美国的5架航天飞机,有两架出了事故("挑战者号"和"哥伦比亚号"),导致14名宇航员丧生,并最终成为其全面退役的导火索。

由航天发射的高成本而导致商业失败的最著名案例是摩托罗拉的铱星计划。

20世纪90年代初,摩托罗拉的工程师巴里·伯蒂格和妻子在加勒比海度假时,妻子抱怨说她无法用手机联系到她的客户。回到家以后,巴里和摩托罗拉在亚利桑那州工作的卫星通信小组的另外两名工程师想到了一种铱星解决方案——由77颗近地卫星组成的星群,让用户在世界的任何地方都可以打电话。由于金属元素铱有77个电子,这项计划就被称为铱星计划,虽然后来卫星的总数降到了66个。

摩托罗拉公司遍寻全球可以提供火箭发射的国家为它发射这些卫星——美国的"德尔塔2型"火箭、俄罗斯的"质子k型"火箭和我国的"长征2号丙改进型"火箭分别承担了铱星的发射任务。1998年5月,布星任务全部完成;1998年11月1日,正式开通了全球通信业务。这个项目花费了50亿美元,但是由于发射卫星的成本过于昂贵，使用这个系统通信的成本也非常高昂。而此时，在地面架设基站发射信号的移动通信模式在全球流行，这种通信方式虽然不如卫星通信覆盖的区域那么广，但是成本大幅降低，迅速击败了名噪一时的铱星计划。到1999年，铱星公司宣布破产时，它只发展了1万名用户。

在SpaceX出现以前，全世界火箭发射成本不等。

目前中国火箭发射主要以长征系列为主，比如长征三号乙型火箭载荷为12吨，单次发射价格大约是7000万美元，每千克发射成本大约是5800美元。美国火箭主力主要以德尔塔家族为主，以德尔塔4中型火箭为例，这款火箭每次发射成本大约是1.64亿美元，按照28吨的载重量来计算，每千克发射成本大约是5900美元。俄罗斯主力运载火箭主要以联盟—FG运载火箭为主，其每次发射费用大约是5000万美元，按照6.9吨载荷来计算，每千克发射成本大约是7200美元。欧盟的火箭发射主要以"阿利安5号"运载火箭为主，这款火箭每次发射费用大约是1.65亿美元，每千克发射成本为10313美元左右。日本的主力运载火箭是H-IIB运载火箭，载荷是19吨，每次发射成本大约是1.35亿美元，平均每千克发射成本是7100美元。

卫星制造的成本也居高不下，单颗卫星的制造成本常常要超过10亿美元。航天器制造和发射高昂的成本极大地限制了这个行业的产业化和商业化，长期以来，航天的应用局限在军事、通信、导航等少数领域。

航天发射的高昂成本，使得航天的商业化、产业化应用进展缓慢，航天发射长期停留在月球探索、火星探测、空间站实验这些科学研究性质的层面。在2003年美国航天飞机停飞后，美国一度丧失了载人航天发射的能力，丧失了维修哈勃太空望远镜的能力，不得不花费几十亿美元租用俄罗斯的联盟系列飞船接送国际空间站内的宇航员，这被认为是美国航天能力倒退的标志之一。而自从美国完成阿波罗登月计划后，就再也没有把宇航员送上月球，更不用说更远的火星等行星。

一言以蔽之，要搞航天，光有爱好和梦想是不行的，得花钱，而钱不能只来自政府拨款，更应该来自产业化和商业化。航天事业应具备自我造血的能力。

2022年爆发的俄乌冲突，使得人们对于航天产业化有了新的认知。

俄乌冲突爆发初期，乌军通信指挥系统被俄军大规模摧毁，与此同时，乌克兰后方的马里乌波尔等据点被俄军分割包围，无法有效实现通信和指挥。正在此时，美国民营航天公司 SpaceX 旗下的星链系统为乌克兰提供了 1 万多套通信终端，极大地扭转了局势。

有信息称乌克兰利用星链提供的通信服务，指导炮兵和无人机部队，精准地打击俄罗斯的军队，并且取得重大战果。而反观俄罗斯一方，其在乌克兰战场使用的是老式传统通信手段，效率低下，保密性差，导致频繁出现重大军事失利，光将军都在前线阵亡了好几个。

所谓星链系统，就是 SpaceX 公司推出的一项卫星互联网通信服务，该公司宣称将发射 4.2 万颗卫星组网实现地球范围内的互联网通信服务，总耗资高达上千亿美元。该系统的好处是不依赖于地面架设的移动通信基站，可以迅速在全世界任何地方实现互联网通信，例如乌克兰战场的移动通信基站被破坏后，使用星链提供的便携式地面接收终端，能迅速与卫星实行互联网通信，其速度据说可以达到 5G 网络的一半。简单来说，星链系统就好比把 Wi-Fi 架设到了太空，使得移动基站难以覆盖的大海、南极、深山老林、沙漠这些地方都可以实现移动通信。

这一项目对比之前摩托罗拉公司失败的铱星计划，最核心的一点不同就在于其背后的母公司——民营航天公司 SpaceX 通过长期把航天从科研推向产业化，极大地降低了卫星发射的成本。

首先和当年的铱星计划相比，星链的卫星发射成本大幅降低。该项目采用 SpaceX 的"猎鹰 9"系列火箭发射，每次可以发射 60 颗左右的星链卫星。采用可回收技术的"猎鹰 9"火箭，其发射成本只有其他国营航天火箭的四分之一到五分之一。

我们以"猎鹰 9 号"为例，这款火箭载荷达到 22.8 吨，但是单次发射价格只需要 6200 万美元左右，平均下来每千克载荷只需要 2700 美元，这个价格只相当于其他国家的一半到四分之一。

这就是民营航天的巨大活力——国营航天更加侧重科研和国防安全，商业表现较差；而民营航天则专注于商业化、产业化，让成本降低，从而使得航天能加速走进千家万户。

SpaceX 改变世界的秘密

美国人发展商业航天的初衷是想"降低发射成本"——因为以波音、洛克希德·马丁为代表的老牌垄断企业已经彻底把 NASA 搞烦了。从本质上来说，NASA 属于政府机构，主要负责管理和科研工作，经费来自国会拨款，本身的盈利能力有限，且没有生产大型装备的能力。

所以，NASA 如果需要一枚火箭，就需要到市场上进行采购。很长一段时间里，美国只有波音和洛克希德·马丁两家公司可以生产满足 NASA 需要的火箭。然后，NASA 就被波音、洛马给"宰"了。时间久了，NASA 便渐渐无法容忍这样的"黑店行为"。而解决这种问题的最好办法，就是引入竞争机制。然后，美国就出现了马斯克的 SpaceX 公司与贝索斯的商业太空公司"蓝色起源"（Blue Origin）。

从 SpaceX 的创立背景中，我们可以得到 3 条基本的判断：

（1）传统的、无竞争的航天发射市场会导致发射成本虚高；

（2）充分竞争的航天发射市场能为航天科研事业减轻负担；

（3）培育民营的商业航天企业是最简单直接的手段。

可以说，SpaceX 之类的商业航天公司的出现就是为了解决传统航天活动中长期存在的"高成本""低效率"难题。为了这个使命而生的 SpaceX，行事风格自然也和老牌企业不同。

SpaceX 开发火箭的速度，甚至比某些软件公司的开发速度都要快。从验证技术的"蚱蜢"火箭到"猎鹰 9 号"回收成功，3 年；从 5 吨载荷到 20 吨载荷，3 年；从只有 34 吨推力的初级发动机到世界第一推重比的发动机，5 年；从货运到载人航天，3 年；从研发超重型火箭到发动机试制成功，3 年……

SpaceX 的秘密就在于：它在用写程序的方法造火箭——不怕失败，快速迭代——炸了、烧了、解体了，完全没关系，就像写程序的时候出了 bug，删掉再来就行了。以最著名的"垂直回收技术"的研发为例，SpaceX 为了测试垂直起降性能，专门打造了一台名为"蚱蜢"的试验火箭。第一次，只能飞不到两米；第二次，也不过 5 米；

第三次，40米……"蚱蜢"火箭不断地在失败中得到改进，经过了无数次爆炸、燃烧、解体、坠毁，最后"猎鹰9号"火箭诞生了。

一改传统航天那种严谨严肃的氛围，SpaceX公司的整个气质都显得轻松愉快，就连用来在海上进行火箭回收的无人船也被取了一个正常人绝对不会起的名字"Of course I still love you"（当然我依然爱你）。

正如SpaceX前工程师大卫·金格（David Giger）所言："SpaceX was built on 'test,test,test,test,test'. We test as we fly."（SpaceX建立于测试、测试、再测试。不测试，我们就飞不起来！）

除此以外，SpaceX内部的行政手续也大为简化。一是因为这是商业公司而非NASA这样的政府机构，二是因为扁平化的管理和轻松的企业文化，每当工程师打算对火箭的某个参数进行调整的时候，不必像过去那样层层上报，获得批准之后再干活儿——他们可以原地直接对设备进行调整，所以研发速度直线上升。

SpaceX火箭的发射成本之所以成本低，是因为马斯克用他的"第一性原理"，将火箭和卫星的成本拆到最小单元，一一分析其成本构造，并且在生产制造环节有大量的一手技术研发和创新。

以卫星生产为例，传统的卫星采用定制模式，生产周期往往长达数年，制造费用也高达上亿美元。而特斯拉在美国佛罗里达等地建设等Oneweb流水线卫星工厂，则第一次解决了卫星生产的工业化问题。这一工厂采用汽车生产当中的模块化理念，将卫星生产分为四大模块。模块化的好处是找到卫星生产之间的通用型零件，减少不同卫星生产之间的重复劳动。例如SpaceX发现卫星生产当中的供电、数据管理、遥感测控、姿轨控、热控等系统可以重复使用，进而通过模块化开发出了一系列卫星开发的平台，因此新的卫星在生产的时候只需要重新设计和生产一小部分定制的模块就可以了。这个理念类似于乐高的搭积木，大量通用零件复用，使得卫星的交付周期缩短到5~6个月。

此外，"猎鹰9号"上还大胆地采用了"非航天级"的工业级元器件。尽管不像航天级设备那样能抗低温、抗高热、防辐射，但胜在价格便宜、量又足，而且只要运用得当也不影响使用——这也使得"猎鹰9号"的成本一降再降。

我们从马斯克的另外一家公司——做新能源汽车的特斯拉，和他做航天的思路发现了共同点，他相信物理学当中的"还原论"。

他进入航天这个领域的时候，首先把火箭成本拆解了一下，他思考火箭到底是用什么做的？火箭主要是铝合金、钛、铜和碳纤维制造的，这些原材料只占火箭成本的2%。他得出结论，火箭之所以贵，不是因为原材料贵，而是过去的制造商将这些原材料进行组合搭配的技术水平出了问题。这跟他在做特斯拉汽车时拆解电池成本，然后通过生产工艺改进降低电池成本的思维方式一模一样。

他同时发现，火箭之所以贵，是因为火箭只能用一次，大量火箭的机体发射一次后就报废了。此后马斯克致力于研究可回收的"猎鹰"系列火箭，并取得了巨大的成功，可回收的火箭使得他的火箭发射成本降低到了市面上原有火箭的五分之一左右，极大地降低了成本。

一位中国民营航天公司的创始人和笔者分析道，马斯克在干的事情，本质上就是福特当年发明T型车干的事情——把具有强烈科研属性的事情产业化，这使得航天产品第一次开始实现大规模量产。从这个角度来说，马斯克和SpaceX极大地推动世界航天产业的发展。

中国商业航天的发展

SpaceX在美国的快速发展，给了中国航天产业很大的刺激，近年来，不管是国营航天还是民营航天，在推动航天的产业化和商业化方面，都有了巨大的进步。

2014年11月，国务院出台了《关于创新重点领域投融资机制鼓励社会投资的指导意见》，首次提出鼓励民间资本研制、发射和运营商业遥感卫星。2015年，国家发改委、财政部、国防科工局又联合印发了《国家民用空间基础设施中长期发展规划（2015—2025年）》，再次提出支持民间资本投资卫星研制和系统建设。此后，中国商业航天的发展大幅提速。

之后，国内诞生了一批在航天商业化方面试水的公司，包括星际荣耀、蓝箭航天、零壹空间、深蓝航天这样的商业火箭企业，以及以微纳星空、银河航天、天仪研究院等为代表的商业卫星企业。

这些民营航天公司的创始人大都出自原来国有的航天系统——他们许多是科学家出身，但是又具有一定的企业家潜质，这是资本所看重的。

2019年7月25日，中国民营商业航天公司星际荣耀的"双曲线一号"运载火箭在酒泉卫星发射中心成功发射，并将两颗卫星送入距地面300千米的圆形预定轨道。这宣告中国民营商业航天运载火箭获首次成功。

2019年5月17日，国内首台80吨液氧甲烷发动机——蓝箭航天的"天鹊"（TQ-12）20秒试车圆满成功，这是继SpaceX的猛禽发动机（Raptor）、蓝色起源的B4发动机之后，世界上第三台完成全系统试车考核的大推力液氧甲烷火箭发动机。

2022年5月6日，另一家民营航天公司，深蓝航天自主研发的"星云-M"1号试验箭完成了1千米级垂直起飞及降落（VTVL）飞行试验。火箭在爬升和下落的过程中同时进行了横向移动，最后降落至离着陆场"靶心"位置不足0.5米的点位，"星云-M"试验箭成功回收。这标志着中国的火箭回收技术取得了一定的新突破。

与此同时，民营航天公司开始屡屡获得大额融资，估值也随之水涨船高，大批资本（主要是人民币基金）开始涌入这一领域，使得航天开始获得国有拨款之后一块新的投资来源。

然而，和美国相比，中国的商业航天仍然有很大的差距。

双方的最大差距就表现在资本实力上。

由于航天通常被认为是和国防军工紧密相关的领域，因此任何一个国家的商业航天领域，都是受政策严格管制的。

放到资本层面，就是民营航天公司，很难拿到外资、美元基金的投资，只能拿人民币基金的投资，这极大地限制了其融资范围。

因为资本市场发展成熟度的差异，人民币基金在运作成熟度上远不如美元基金，例如大部分人民币基金的退出周期只有5年，而A股上市对于公司净利润的要求非常苛刻，所以大部分人民币基金在投资的时候对企业利润等方面有较苛刻的要求，且相关条款和美元基金比起来，都相当不友好。人民币基金的市场规模和美元基金的比起来，也有较大差距。

这方面的限制导致了民营航天公司在融资时受限。目前全中国民营航天企业所有融资金额加总起来，和 SpaceX 一家比都有巨大差距。

资本实力的差距直接导致了中国民营航天企业在研发投入上与 SpaceX 有巨大的差距。说到底，航天是个烧钱的产业，动辄上亿美元的火箭和卫星，光前期的研发和实验费用，都动辄超过 10 亿美元。而要形成大规模的卫星组网，形成产业壁垒，动辄需要数百亿美元。

一方面，我们是全球发射火箭次数最多的国家；另一方面，我国商业发射次数连全球的 3% 都不到（SpaceX 一家占了 52%）。[①] 这说明：中国商业航天的航天资源利用率严重不足。所谓"航天资源"，指的是进行航天活动所必需的各种软硬件。软件，指的是相应的制度、法规、人才、教育、技术储备和工具软件；硬件，指的是火箭工厂、火箭发动机试车台、发射基地、辅助设施等。

商业公司想研制一款火箭，前期需要通过政府部门的审批、用专门的工具软件进行火箭设计，中期需要专门的"试车台"来测试火箭发动机的性能指标，后期需要合适的发射基地来发射火箭，并且还需要测控站来控制火箭的飞行姿态。

没有这些"航天资源"，别说上天了，连发射架都上不去。相反，美国航天企业能享用的"航天资源"则充裕得多。为了扶持马斯克的 SpaceX 和贝索斯的"蓝色起源"，美国政府可以说是"掏心掏肺"，技术转让、人员帮扶、新技术研发、发射任务合同、发射场使用权、辅助设备使用权等宝贵的资源都放开了等着各路商业航天公司来享用……给钱，给人，给技术，NASA 在近乎"溺爱"地扶持着商业航天公司。

2017 年，NASA 甚至将前期在航天领域的研究成果和工具软件公开发布，任由民营航天企业使用，就差手把手教别人造火箭了。和美国相比，我国的商业航天公司的境遇就显得有些"尴尬"。比起 SpaceX 的"NASA 亲儿子"待遇，中国的不少商业航天企业就像是"赘婿"——尤其是在早期阶段，很多企业不知道自己的主管机构是谁，也不知道怎么申报航天项目，想获得航天技术的专利、发射场地、辅助设备的使用权

[①] 王宇飞，吴慧敏，陈珺诚. 商业航天：千亿美元之蓝海，经济增长新动力 [R]. 北京：中金公司，2017.

更是面临各种问题。制度缺位，技术薄弱，资源缺乏，中国商业航天业绩和中国航天大国地位之间的种种"不相称"也就解释得通了。

要发展商业航天，可资源又不充足，不客气地说，中国的商业航天就像是"抱着金饭碗讨饭吃"。

目前中国商业航天的技术仍然明显落后于美国。第一是因为美国同行起步早，SpaceX 已经发展 18 年了，而我们大多数的商业航天企业都是 2015 年之后才成立的。第二是因为美国同行能从官方的航天资源里分到肉吃。1986 年，《联邦技术转让法案》允许政府科研单位向企业转让技术。SpaceX 这么多年来也参与过不少 NASA 的尖端研究。背靠大树好乘凉，马斯克站在巨人的肩膀上，SpaceX 能掌握世界顶尖的猛禽发动机技术也就不足为奇了。

从具体的技术来看，如果想超越 SpaceX，不论是商业航天还是计划航天，我们都需要攻克两个难关：大推力火箭技术和火箭垂直回收技术。SpaceX 的"大推力火箭"的推力极为强悍：一枚"猎鹰 9 号"火箭，在不进行回收的情况下，能将 22.5 吨重的货物送上近地轨道（LEO）。如果将 3 枚"猎鹰 9 号"并联组成重型"猎鹰"火箭，其有效载荷将达到可怕的 63 吨。之前提到的"星链计划"就是依靠"猎鹰 9 号"进行建设的——2022 年 1 月 7 日，一枚"猎鹰 9 号"火箭一次性将 60 颗星链卫星送进了预定轨道。

与之相比，我国目前最大的"长征 5 号"火箭的运载能力也只有 25 吨而已。SpaceX 的火箭垂直回收技术，则是一个能将现有游戏规则完全颠覆的突破。在过去，火箭是一种一次性的运载工具，但 SpaceX 却实现了火箭的垂直回收。这就把原来一次性的"工具"变成了可以多次重复使用的"交通工具"。SpaceX 的发射成本直接降低了一个数量级。在国际市场上，这一系列的技术差距使得我们很难与 SpaceX 展开竞争。

2015 年航天元年之后，商业航天企业纷纷成立。大多数企业都是通过集成已有的资源来研制火箭并组织发射。尽管我们提出了"军民融合"的战略，但国内民营航天企业的火箭、发动机仍然还在从头研发，计划航天系统向商业航天的技术转让程度并不高，更别说其中可能还涉及保密、利益等相关问题。

结果就是，我国民营航天企业研发的火箭"短小无力"——普遍运载能力只有 300～500 千克。

对于近地轨道的任务来说，这够用了，但对于未来的"太空争夺战"来说，这远远不够。于是笔者想起了《三体》里的一句话：任何超脱飞扬的思想都会砰然坠地，因为现实的引力太沉重了。

想让中国商业航天冲出大气层，就必须给民营航天企业提供"突破现实引力"的可能。

在中国商业航天的初级发展阶段，如果民营企业无法有效地得到来自政府和军方的技术支持，那么中国商业航天的发展进度将大幅度落后。

除了资源匮乏和技术落后，中国商业航天的另一个问题在于自身的定位：中国的商业航天到底要做什么？定位不清，方向不明，民营航天企业便很难在整个产业链上面找准自己的"生态位"。于是就会形成"一窝蜂"的状态——全民放卫星，全民造火箭——用专业点的术语就是：大规模、低水平、重复建设，导致了大量的资源浪费。

美国人在定位上很明确：NASA 负责深空探索，卫星发射之类的成熟简单业务全部交给商业航天来做。这样做带来的好处就是大家各自做各自擅长的事情，避免了重复建设导致的资源浪费。而中国，情况就比较复杂了。卫星发射业务是我们最擅长的业务，但从官方到民营企业，所有人都在做卫星的业务，于是就形成残酷的竞争。这也是现实状况带来的无奈之举：军队的卫星太机密、太敏感，不能交给商业公司进行操作。民营企业技术不靠谱，客户不敢把卫星交给民营企业负责发射。于是，国内绝大多数的商业发射仍然是靠传统航天部门来操作的。恶性循环，雪上加霜。

不过，我们仍然对中国民营航天企业充满了信心，因为中国民营航天企业虽然和国际绝对领先的 SpaceX 相比有很大差距，但是相对其他国家的民营航天企业，中国企业已经走在了前面。何况航天是需要长期产业积累和人才积累的，中国国营航天在过去几十年的积累，给中国民营航天企业带来了丰厚的发展土壤。

如前文所述，民营航天的最大突破在于降成本、商业化，而这恰恰是中国企业最擅长的。

在智能手机、平衡车、扫地机器人、无人机、空调、液晶面板等产业上，中国企业进入后，常常都是将产业成本数倍甚至10倍地降低。我们完全有理由相信，中国民营航天企业有机会在航天产品降低成本上取得重大突破，也许我们将看到中国产火箭和卫星的成本十倍甚至几十倍降低的一天。到那一天，航天的商业应用场景将会极其宽广，这是属于中国真正的星辰大海。

第十五章　大疆，全球无人机领域的王者

大疆又被制裁了。

一边是乌克兰战场上空本属消费级的大疆满天飞，开始引发业界讨论廉价民用无人机是否正在成为"游击队的空军"；另一边是 2022 年 3 月 12 日，美国设计软件公司 Figma 宣布封禁大疆公司账户，并连一点反应时间都没给，表示因无法登录而拿不到的设计文件，会在两周内通过邮件发给大疆。

Figma 并不是完全不可替代的设计软件，但国内的同类软件为了差异化竞争，大多有各自的侧重点，所以单一某个软件又很难完全替代 Figma。大疆此次面临的问题主要有两点：一是可能会被打乱研发设计的节奏，影响产品迭代的速度；二是可能需要增加成本，用以购买多个软件来替代 Figma。

在从 2016 年到 2022 年长达 6 年的时间里，美国对大疆的限制和制裁不断加码。但事实却是，大疆在此期间一直保持了消费级无人机市场 70% 以上的市占率，在北美的市场占比甚至一度到过 85%。

美国国防部前脚宣布军方禁用，美军后脚就"不听话"地花了几十万美元买大疆的无人机，还带动了伊朗和英国的军方购买潮。美国给大疆加关税，大疆反手就给美国本土销售的产品等比例涨价以保持利润率，市占率甚至不降反升。美国政府为了制裁大疆几乎算得上绞尽脑汁，但被制裁的第六年，大疆怎么依然活得好好的？

美国的制裁对大疆并无效果

2015年奥巴马的白宫记者协会晚宴,大疆戏份独占一分钟。那年1月26日,特勤局在巡逻时发现白宫南部的草坪上出现一架坠毁的四旋翼无人机,军方和特勤局如临大敌,最后却发现,这台小东西是因为美国政府情报人员酒后瞎玩,操作不熟练外加酒后脑子不灵光,误飞到了白宫。而他本人也不知道,竟回屋睡觉去了。这台进白宫如入无人之境的四旋翼无人机,就来自大疆。为此美国舆论哗然,时任总统奥巴马在之后的大半年里,几乎走到任何地方,都会遇到记者问他中国无人机的相关问题。于是,2015年度的白宫记者协会晚宴上,奥巴马干脆自己把这事拿出来调侃了一番,在大屏幕上放出了一张时任副总统拜登在白宫草坪上对大疆无人机挥舞棒球棍的照片,声称特勤局已经在白宫安装了全新的高精尖安保系统,想出了不再让别人乱闯白宫草坪的妙计。

晚宴上笑声一片,但无论是台上演讲的奥巴马,还是台下坐着的特朗普,抑或是照片上被做成"高精尖安保系统"的拜登本人,没人真的把这件事当成一个笑话来处理。从某种程度上讲,这张图片,并不是一个笑话,而是一种表态,甚至是一种预言。

2016年,美国议员开始以网络数据安全为由提案限制大疆;2017年,美国正式对大疆发起调查;2018年5月,美国国防部陆军部以备忘录形式,要求所有下属部队停止采购和使用大疆,禁用大疆的一切无人机产品。然而所有限制措施都没能挡住大疆每年300%~500%的业绩增长,大疆依然占据了美国消费级无人机市场75%左右的份额,一度被美国人寄予厚望3D Robotics也因为防抖云台的量产能力和GPS系统时常出现连按错误等问题,被大疆打得找不着北。

美军自己也对禁令颇有微词,备忘录发布的同年8月,美国空军特种部队向上打了个采购报告,表示我们试了美国本土的Tiny Whoop、Ebee、3DR Solo,但都无法满足需求。"由于作战任务紧急又缺乏本土替代品,希望特批采购35架大疆无人机Mavic Pro铂金版。"根据CNN披露的采购单等消息,陆军部禁令下达后的一年时间里,"不大听话"的海军和空军们,分别花费了近19万美元和5万美元购

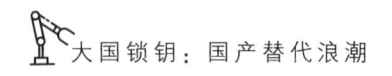

买大疆制造的无人机。

2019年，此前所有措施都没能生效的美国政府开始对制裁措施加码，国防部在《2020财年国防授权法案》里明令禁止联邦资金购买中国制造的无人机，商务部则宣布将大疆列入贸易管制黑名单，对其产品变相增加关税。大疆也没怂，反手对受影响的型号"涨价"处理，最多的涨了230美元，最少的也涨了120美元左右，美国普通消费者和相关公司也在用钱投票，为了在涨价前买到机器，带来了一波集中购买潮，一度将大疆的市占率推到了85%。

美国空军因为想采购一些已经停产的型号，甚至考虑过直接和大疆合作订单。但大疆一贯不做军品，包括美军在内的各国军方，其实都是通过公开销售渠道进行购买的，甚至有一些是士兵们自己在亚马逊上下的单。美军想要停产型号，大疆官方发言人利斯伯格的回应是：经销商可能还有库存，要不你们去问问？

2020年10月，美国内政部长下令停止进一步购买中国无人机，两个月后，大疆"喜提"美国商务部实体清单。但大疆在消费级市场上的优势，已经有点挡不住了。唯一给大疆带来过麻烦的对手3D Robotics已经被打得直接退出了市场，包括微软等在内的其他品牌最高市占率也不超过4%，而大疆在民用市场的全球市占率至今仍维持在70%左右。另一边，美国政府对大疆的围追堵截，和美国军方找不到替代品只能反复横跳的现状，让各国部队都开始注意起民用无人机在军事上的应用。

2020年7月，乌克兰国家边防局发了个消息，说通过边防局和英国大使馆的双边合作框架，从英方获得了总价约4.46万美元的10架无人机，用于空中巡视边界，保卫国土安全。结果大家一看图片，这10架无人机其实是大疆的Mavic，其系列里最贵的专业版也才12888元一架，10架加起来都没超过13万元，折合成美元是2万多。

从2015年那架四旋翼无人机坠毁在奥巴马执掌的白宫，到2022年拜登治下设计软件公司Figma宣布封禁大疆公司账户，7年过去，美国总统都换了3届，但大疆还是那个大疆，只是更强了。

大疆的技术竞争力

在对大疆制裁与反制裁的故事里，流传最广的是那段被加关税反手涨价的桥段，看起来好像特别燃，但平心而论，那其实是一个极为理性的商业决策，背后是大疆强大的技术力和有足够竞争力的优越产品。这不是凭一腔热血就能做到的事情。

用大疆公关总监谢阗的话说："大疆无人机能拆开的每一个零件都是自己生产的，底层代码都是自己的，无论是专利还是研究方法，任何无人机公司都很难绕过大疆。"而这种专利与技术的积累，并不是一蹴而就的。除了创始人汪滔，还有两个对大疆至关重要的人：一个是汪滔在香港科技大学的研究生导师李泽湘，另一个是哈尔滨工业大学深圳校区机器人方向的教授朱晓蕊。两个人在大疆走得只剩一个出纳的时候，一起给汪滔投了100万元，刚好又赶上哈工大（深圳）相关专业的第一届研究生毕业，才算给大疆解决了钱和人的问题。[①]

由于李泽湘和朱晓蕊都是做学术的，加上汪滔和最早一批来自港科大、哈工大的技术团队，大疆最初的班底就有极其浓厚的工程师氛围。大疆内部有很多人甚至觉得汪滔建立的研发体系可能是国内效率最高的，技术文档写得能当教科书。"有这种研发习惯的人很难不成功。"而事实也在验证这句话。

2009年3月，大疆做出了自己的第一款能量产的直升机飞控产品XP3.1，由于技术领先加上竞品很少，很快实现了商业上的盈亏平衡；2010年就迭代推出了第二代直升机飞控Ace One，重量从XP 3.1的700～800克降到了100克左右，单价也大幅降低，很快营收水平就稳定在了百万级别；之后又迅速迭代推出了新一代直升机飞控WooKong；紧接着又在WooKong基础上改出了自家的多旋翼飞控WooKong-M。

凭借WooKong系列，大疆直接迈过了年收入千万及单个产品收入体量破千万的门槛，进入了不差钱的阶段，从业务起步算起来，整个过程一共才用了不到3年。

很多人说大疆在无人机市场上的优势是先发优势，这句话只说对了一半。因为同

[①] 程曼祺．对话李泽湘：孵化大疆、云鲸后，怎么培养更多科技创始人 [EB/OL]．(2021-08-16) [2021-08-16]. https://baijiahao.baidu.com/s?id=1708217436151914561&wfr=spider&for=pc．

时代国内的无人机创业公司不止大疆一个，但没人能有大疆这样强的技术和人才储备，也就没人能跟得上那样快的产品迭代速度。大疆的优势，本质上是将研发团队的技术实力兑换成了产品迭代速率，再将雪球一点点滚大。

更重要的是，汪滔对技术发展路径的认知造就了他对产业趋势出奇敏锐的洞察力。他从一开始就判断无人机主要的3个技术难点在"飞控、云台和图传"，并为此制定了3个产品研发方向。其中图传的需求在当时还没有起来，且难度较高，所以选择先进行外包；资源被优先倾斜到了飞控和云台的技术研发上。而云台的研发，又成就了大疆的下一轮爆发，并成为大疆挡住海外创业公司冲击的重要技术优势。

和GoPro的商战，让大疆迅速成熟

2011年，印第安纳州曼西市举办的无线电遥控直升机大会上，汪滔结识了美国人科林·奎恩。奎恩当时经营一家做航拍的创业公司，想找一找有没有谁家的无人机能拍摄出稳定的视频画面，而这正是大疆的一个重点研究方向。

几个月后，大疆在德国纽伦堡的Toy Fair展会上发布了采用大疆自研云台技术的那款"禅思Z15"，这是全球首个民用的高精度云台，几乎在一夜之间引爆了业界。科林·奎恩则已经加入大疆，在美国成立了大疆的北美分公司，他持有48%股份，大疆持有剩余52%[①]。2013年1月，大疆发布了具有划时代意义的无人机产品：DJI Phantom，大疆"精灵"。

现在所有人都在说专业无人机市场和消费级无人机市场不一样，但在大疆"精灵"出现之前，压根就不存在"消费级无人机市场"。就像Apple Ⅱ开创了PC产业，特斯拉开创了新能源汽车产业一样，是大疆用"精灵"这款产品，开创了非专业无人机的市场，直接带动了2014年整个无人机产业的融资潮。高通和英特尔为此频频跑到中国找项目，出手就是5000万美元级别的资金。而负责美国公司运营的科林也是个营销奇才，提出了"未来无所不能"的广告语，并利用他参加《极限挑战》等综艺节

---

① 汪金红. 无人机江湖和汪滔的前半生[EB/OL]. (2018-07-27) [2018-07-27]. https://mp.weixin.qq.com/s/DIL21612JqSKYv54NXMcMg.

目积累的明星资源，在 Facebook 等社交媒体上大肆宣传 Phantom（精灵），进一步打破了普通消费者对无人机的认知壁垒。

那段时间也刚好是 GoPro 开始爆红的时候，从禅思到精灵，这两代产品都只有云台，大疆并没有自己做相机，而是默认搭载 GoPro。科林牵线希望大疆和 GoPro 深度合作，结果在谈判中对方要求拿走三分之二的利润，科林还答应了，这一下触碰了汪滔的雷区。这也算是无人机发展史上的一段公案，很多媒体后来在报道时简单将汪滔和科林之间的矛盾归于利益分配的问题，其实是不准确的。

回顾大疆起家的前半程，几乎所有的竞争优势，都是硬生生通过技术演进和研发迭代建立起来的。大疆内部研发部门的权重一直很高，过万名员工里有近一半从事工程开发工作，公司每年研发投入占比 15% 左右。汪滔曾回忆说创业之初其实没有什么特别清晰的商业逻辑，就是想做产品。这种略显懵懂的创业方式固然带来了很多问题，但背后是一个工程师对技术和产品近乎本能的追求，这就最终奠定了大疆以技术和产品为核心的公司文化。

大疆和科林最大的不同，在于二者对"一家公司最重要的是什么"这个问题，有着截然不同的判断。对于大疆和汪滔来说，一个只能起到营销作用的 GoPro 要切走利润的三分之二，恐怕是不可能接受的。在他们心里，也许只有决定了产品本身走向的研发和技术才配得到利润的大头，搞营销的不配。

这种矛盾在之后跟科林的谈判中表现得更加明显，科林觉得自己是开拓北美市场的最大功臣，甚至觉得自己塑造了大疆的企业形象，算得上大疆的二号人物，但汪滔给其的定位则只是一个区域营销和销售的负责人，以至于二者出现了巨大估值差，谈判破裂。

2013 年底，汪滔将北美分公司员工电邮账户全部锁定，解散大部分员工，所有北美客户订单重定向至中国总部，大疆把此后对美国竞争的主动权，牢牢地抓回了自己手里。科林反手将大疆告至法庭，最终双方庭外和解，科林拿到 1000 万美元和解费，按照当年红杉进入大疆的 15 亿美元的估值折算，这个价格应该更接近大疆方面的心理预期①。

而离职的科林火速入职美国另一家无人机企业 3D Robotics，扬言要让全世界认识 3DR，但入职后的第一款产品 Iris 就没能达到预期，被寄予厚望的 3DR Solo 则频繁出现 GPS 系统连接问题，连稳定飞行都很难保证。产品上市的时候甚至连防抖云台的量产都还没实现，直到几个月之后才把云台部件给补上。最终，Solo 在和大疆"精灵 3 Pro"的对决中溃不成军。3D Robotics 备货 10 万台，结果只卖出去 2 万台，直接导致公司宣布退出消费级无人机市场。

大疆则在和 GoPro 谈崩、踢出科林之后，很快发布了"精灵 3"，用上了其实早有布局的自研相机，加上"飞控、云台、图传"中的最后一项"图传"也不再使用外包的模拟图传方案，而用上了自己研发的数字图传，大疆完全实现了从硬件到软件的全方位的自主化。

2015 年，当奥巴马因为白宫草坪上那架坠毁的无人机发表各种言论，反思是不是该限制中国无人机的时候，其实消费级市场最激烈的战斗已经结束了。大疆所积累下来的技术实力，被兑换成了公司厚厚的竞争壁垒，不管是谁来，一时半会都很难动摇它的根基。

大疆成功的背后，是中国的无人机人才培养

2005 年 12 月某日，日本名古屋。日本海关的执法人员以"手续不齐全"为由扣押了一个即将被运往中国的集装箱。装在这个集装箱里的货物，是中国公司采购的一架崭新的雅马哈 RMAXL 181 型无人直升机。

后续事件的发展，出乎中日专家的预料。在 2006 年 1 月下旬，日本经济产业省告发了雅马哈公司，理由是"涉嫌向中国出售可转为军事用途的 RMAXL 181 型无人驾驶直升机"。日本静冈县和福冈县的警察联合日本海关随即对雅马哈公司进行了搜查，福冈县警方甚至宣称：中国的这家采购商和中国人民解放军有关。这个消息一传

---

① 汪金红. 无人机江湖和汪滔的前半生 [EB/OL]. (2018-07-27) [2018-07-27]. https://mp.weixin.qq.com/s/DIL21612JqSKYv54NXMcMg.

出来，中日双方的专家都震惊了。不是惊讶于这种飞机的性能和背后的交易，而是惊讶于日本警方的专业水准怎么能低到这个地步。

RMAXL 181 型无人机只是一种植保无人机，中国公司购买它虽然不是为了打农药，但也不过就为了航拍城市风光以及完成电视剧的创作，央视版《射雕英雄传》中的不少航拍场景就是这家公司的作品。在此之前，日本政府对它的出口毫不在意：除了中国，瑞典、澳大利亚、马来西亚都曾经购买过这种产品。而且，从军事角度来看，它根本不是一个武器，充其量也就是个"玩具"——这款长度不足 4 米，重量不足 100 千克的飞机，飞行高度也不超过 200 米，且只能装载 20 千克的载荷。这个指标，远远低于日本自己规定的"出口无人机的有效载荷不得超过 300 千克"的限制。然而，在日本官方的描述中，这种在市场上只能说"比较先进"的民用无人机，却成了"大规模杀伤性武器"的载具。

2006 年的中国，一个能够研制战斗机、核武器、弹道导弹的大国，却在农用无人机上被人"卡了脖子"，还被倒打一耙。其中的辛酸，不必多说，所有人都明白日本官方这是在"借题发挥"，而你无计可施。

世界很快就见识到了"中国制造"在无人机领域的力量。天道好轮回，当年肆意干涉中国采购无人机的日本，现在却需要大量进口中国制造的无人机。2016 年，大疆 MG-1 植保无人机进入日本市场，大疆也开始在日本建立独立的销售团队。相比起当年雅马哈的燃油动力直升机，大疆的旋翼机操作更简单，维护更方便，3 年之后就获得了市场的认可，在同类产品中拥有最高的保有量。

今日的无人机市场上，中国绝对是第一梯队的头号玩家。在军用无人机领域，美国人或许还能靠"全球鹰"和"捕食者"和我们较量一番，但在民用领域，特别是在消费市场，美国厂商的表现只能用"节节败退"来形容。曾经的美国无人机品牌 3DR 和 Lily，如今一个无奈宣布退出消费市场、一个深陷管理危机，甚至爆出了"把大疆无人机拍摄的画面说成是自己的"这样的迷惑行为。

中国拥有超过 400 家无人机制造商，世界上前 13 名的消费级无人机品牌中，有 8 个都是中国品牌。在商业应用方面，中国无人机厂商的表现也颇为亮眼。全球最受欢迎的 5 款商业地图测绘无人机，虽然看上去型号不一样，但都是大疆的产品。根据世界著名无人机软件供应商 DroneDeploy 在 2018 年所发布的报告：世界商业无人机的格局已经发生了巨大的变化，大疆持续领跑，占据了 85% 的市场份额，Autel、Yuneec 和 Parrot 等品牌也都相继推出了新款机型，参与了市场竞争[①]。

2006 年"中日无人机风波"发生的时候，我国专家估计：2020 年我们需要 2000 架无人直升机。然而截至 2019 年，我国注册的无人机数量已经超过了 33 万架。我们今日司空见惯的现实，已经远远超越了专家的预测。

2006 年的事情发生后，相关领域的科研人员就被动员了起来。农业科学院、农业科技大学开始设立农用航空的研究方向，决心研制中国人自己的植保飞机。其实不仅仅是民间的植保无人机，空军发展和国产大飞机项目也都在呼唤更多的新鲜血液。

资源一旦投入，很快就可以看见成效。2008—2012 年，中国高校开始着力培养农业航空方面的人才。除了农业航空，其他航空工程方面的专业也都成为发展的重点。那个时候经常上网的朋友，应该知道国内当年对于歼-20 和国产大飞机项目有多么关注。

国家一旦开始重点发展某个领域，这个领域的专业就会变得无比热门。20 世纪 90 年代财经、外贸、计算机专业的火爆，都离不开国家层面的推动。然后，中国教育界的某种经典现象再次如约而至——很多高校的航空专业开始"扩招"了。

随着一批又一批学生进入这个领域，中国的航空工程"人才库"开始充沛起来。很快，在 2013 年前后，航空专业就出现了"就业难"问题。人才越趋近饱和，各大科研院所招人的标准就越高：2011 年本科毕业的学生，毕业之后立刻就能在研究所里工作；而他们 2014 年读完研究生的同学，可能连面试资格都没有——因为这个时候，人才已经饱和了，科研院所连硕士研究生都不要了，只要名校博士研究生。所以我们就看到：大批学航空的学生在毕业之后并不从事相关的工作，而是跑到银行、券商、学校、政府机关等地方开始了新的生活。从宏观角度来说，这叫"人才自由流动"。

对航空航天之类专业的学生来说，进研究所是最正统的道路，但现在这条路走不通了，可生活还要继续，于是他们就开始涌向了像大疆、极飞这样的民营航

---

① DroneDeploy. 2018 Commercial Drone Industry Trends Report[R]. USA:DroneDeploy, 2018.

空器制造企业。

农业航空方面的学生也是如此。对于很多学生来说，大疆并不陌生。农业航空专业的学生在学校做实验，也往往需要自己购买元器件来做硬件，自己写飞控程序。那时候，大疆的产品已经在圈子里有了一定的名气，不少学生也会买一台大疆回去拆开，研究它的飞控。一来二去，当这些学生毕业之后发现自己进不了研究所，面临"就业难"的时候，却发现民营无人机企业在崛起，他们自然就转向了中国民营无人机企业的怀抱。于是，大疆、极飞之类的中国无人机企业就开始了大杀特杀的出海之路。

其实来大疆的年轻人，又何止学航空的呢？中国大学生实在是太多了：学物理的，可以来设计气动外形；学计算机和软件的，可以来写飞控程序；学无线电的，可以来改良遥控技术。这都是人才"溢出"带来的优势，我们有足够多的替补队员来补充岗位。

从中国无人机的发展历程中，笔者看到的是中国独有的一种产业人才培养路线。在探讨这个路线之前，我想先说一个概念：普通人才。事实上，我们的学校培养的大多数毕业生都是"标准化普通人才"，而非人才。所谓"标准化普通人才"就是那些学了4年专业知识，但又感觉好像没学什么，做了专业工作之后又能很快上手并且得到成长的人。

当他们成长起来之后，就成了真正的人才。我们常说"中国的学校培养不出来人才"，这句话没毛病——行业里的那些前沿趋势和深度见解，在学校里是不可能学到的。就算老师掏心窝子给你讲，你最多也就只能理解20%。这是因为，人才是通过大量实战经验打磨出来的。

至于那些在学校里就能大放异彩、做出巨大成就的人，那不是人才，那是天才。中国在校大学生数量世界第一，占了全球大学生的五分之一，其中的绝大多数最终还是留在国内工作。所以，我们可以认为：中国的学校正在给中国社会输出大量的"普通人才"，中国经济、产业发展的"总兵力"是充足的。

但要注意，"总兵力"充足不代表在各个阵地上的人都充足。工商管理阵地上的人都多到需要排队才能上前线了，芯片阵地上却有些青黄不接的意思。中国的大学每年都在扩招，每一年的学生都在说"就业难"，从某种意义上来说，这种现象可能是积极的。毕竟，大学生包分配、供不应求、被视为天之骄子的那个年代，中国的整体实力可真的不怎么样。

很多行业都像是一个放在水龙头底下的木桶：水龙头里哗哗地流水，木桶里的水也在不断溢出。进到木桶里的每一滴水都是新的，但流出木桶的每一滴水可能是新的，也可能是老的。某个行业的"标准化普通人才"积累到了一定的数量之后，就会形成"人才溢出"的局面。最显著的标志就是：开始出现了一大批毕业之后没有从事专业对口工作的人。而这批人中，可能就隐藏着那些能够利用手中知识在另一个赛道上夺冠的人。

当溢出的水越来越多，如果你在木桶外面再放一个盆子，你甚至能装比木桶里更多的水。前文中提到的中国植保无人机的发展，就是这个规律的真实体现。农业航空本就是一个颇为冷门的专业，当国家开始着力发展的时候，必然会造成这个行业的人才过剩乃至溢出。溢出的人太多了，再加上外面有民营企业这个盘子接着，事情就好办了。

打个比方，一份知识型的工作，实际的人才缺口可能只有100人，但国家花重金培养了1万人。第一批毕业的100人，很快就填补了这个缺口，剩下的9900人瞬间无事可做。结果，剩下的人里有的转行干了别的，有的自立门户把价格做低抢占市场。也有那么一批人，铆足了劲儿想要颠覆这个行业。

这就是中国式的产业人才培养路线：用数量来制造质量——新的热点出现之后，政府带头发展，学校开始扩招，学生大批进入。最终，人才"溢出"，进而引发创新。资源高度集中的体制优势，在此刻发挥了巨大的作用。然后，我们就看见，其中有那么一批不甘心的人，做出了一番惊天动地的事业。

从中国无人机的发展来看，完整的产业链几乎起到了决定性的作用。

2019年以后，美国国防部下属国防创新局曾出台过一个"蓝色无人机"计划，该计划宣称为美军和联邦政府部门提供替代中国产品的"安全选项"，一边封禁大疆，一边给另外5家公司开了白名单，号称这5家公司的无人机，是美国陆军和国防创新局合作了18个月挑出来的"最佳无人机技术"。美国内政部也挺配合，迅速停飞了约800架中国无人机，马不停蹄地跑去找这5家白名单公司买货重构机队。美国联邦贸易委员会还配合宣布打击"虚假美国制造"，规定真正的美国制造必须要满足3个条件：第一，产品的最终组装和加工必须在美国；第二，产品的所有重要加工在美国；第三，产品的绝大部分零部件产自美国。

结果最后发现，美国实际上根本没有无人机的供应链。无人机所需的相机、云台、机身、电池都是由中国供应的。被美国开了白名单的5家公司里，至少4家公司在电路板等零件上，依赖中国供应。在小型民用无人机的领域，美国其实拿不出能摆脱中国技术的替代产品。

而单以大疆的崛起论，以技术研发为核心的价值取向和大手笔投入，加上对产品的迭代和打磨，则是最重要的竞争壁垒。大疆公司的整套运行机制，几乎都是以保证产品研发为核心建立起来的。这就是大疆产品迭代速率和技术研发效率明显高于平均水平的关键原因，而在消费电子领域，只有不断革自己命的公司，才能成为真正的龙头。

同时，在中国无人机产业崛起的过程中，还可以看到深圳地区对产学研结合模式进行探索的痕迹。中国科技产业人才的培养机制，正在从这个产业的发展中不断得到改进和验证。它倒映了整个国家的工业发展和教育科研体系变革过程。

第十六章　"军转民"还是"民参军"

中国的军工产业是所有工业门类当中被西方制裁得最早，也是最彻底的。自20世纪90年代初期以来，西方国家就对中国军工产业实施了严厉的禁运措施，从那以后，中国就几乎无法从西方获取与军工产业相关的技术交流，从而被迫走上了一条完全独立自主研发的道路。

在20世纪80年代中美关系的"蜜月期"里，中国曾经从西方引进了一大批先进的武器装备和技术；甚至中国当时正在研发中的最先进的歼-8Ⅱ型战斗机也是由中美两国联合研制的。

1986年中国与美国政府达成协议，委托格鲁门公司帮助改进歼-8Ⅱ，这就是内部代号"82工程"且对外名为"和平典范"的合作计划。该计划的主要内容是，使用基于美国F-16A/B的机载雷达改进歼-8Ⅱ的雷达和电子设备，由美方协助修改机体结构，优化油箱以增大航程，加载意大利产空空导弹……美方声称，经过美国先进技术整合后的歼-8Ⅱ，其基本性能与美制F-16早期型号战斗机相当。沈飞于1989年向美方运送了两架歼-8Ⅱ样机和一个机头模型。然而，出于众所周知的原因，美国宣布终止和沈飞的合作。此后，美国虽然宣称根据合同愿意继续合作，但是要求在原项目的基础上增加2亿美元报价，这使得外汇并不宽裕的中方难以接受，该项目最终不了了之。让中国人十分气愤的是，美国竟然将这两架运送到美国的中国最先进战斗机开放给日本、韩国、印度、中国台湾的技术人员参观，这使得中国最先进的航空技术在潜在的对手面前暴露无遗。

1993年，以色列研发出了"费尔康"系列预警机，该机型采用了先进的电扫描技术，其性能与美国 E3 预警机不相上下，达到世界先进水平，但是造价却只有 E3 的三分之一。1996 年，中国与以色列和俄罗斯达成协议，由以色列利用费尔康预警机的技术负责在伊尔 -76 运输机上改装 4 架预警机。但美国从中作梗，使得以色列被迫在 1999 年终止了协议，并赔偿中国 3.5 亿美元。此后以色列将 3 架原本制造给中国的预警机低价转卖给了印度，使得印度不费吹灰之力拥有了世界一流的预警机，至今这几架预警机依然是印度空军的主力，对中国空军造成巨大威胁。

类似这样的"卡脖子"事件带给中国军工人极大的冲击。在西方严密封锁技术，封锁零部件，甚至封锁上游高端机床的情况下，中国军工人经过 30 多年的卧薪尝胆，成功开发出了包括歼 -20 隐形战斗机、运 -20 军用运输机、空警 -2000 预警机、"山东号"航空母舰、055 型大型驱逐舰、东风 -41 导弹、东风 -17 导弹、99 式主战坦克在内的具有世界先进水平的国产自主武器装备。

中国军工产业在如此严密的封锁下依旧取得如此多的突破，这有理由让大部分中国工业门类相信，中国有能力搞好自主创新。

那么，中国军工从严密的封锁中实行国产替代并且壮大，有哪些值得总结的经验？未来军工产业的发展趋势是什么？

中国军工的"独立自主惯性"

从 20 世纪 90 年代开始一直到 2020 年的这 30 年，是中国军工被封锁的 30 年，但却是中国军工历史上发展最快的 30 年，这绝非偶然，而是有很多内在外在的因素。其中最重要的一个原因可能是中国军工行业多年来形成的"独立自主惯性"，也就是说，我们对从国外引进的技术和装备，从来都不是准备大规模采购，而是为完全学会技术、自主开发做准备的。

20 世纪 70、80 年代中国在和西方的"蜜月期"中，引进了大量的先进技术和装备，包括美国黑鹰直升机、法国海豚和超黄蜂直升机、英国斯贝发动机、英国 L7 火炮、法国海 100 型舰炮等装备。即使是后来西方中断对华军事交流，这批当时引进的装备和技术也极大地提升了中国军工的实力。

20世纪90年代，苏联解体，中国很幸运地从俄罗斯、乌克兰等国"抄底"引入了一大批具有世界先进技术的装备和产品，比如苏-27战斗机、"瓦良格号"航母、S300防空导弹、现代级驱逐舰等。

我们以直升机为例，中国的直升机工业从20世纪80年代开始引入法国的海豚、超黄蜂这些具有当时先进水平的机型生产线，并基本实现了完全的国产化。中国的直升机工业，起步的点就是20世纪80年代的先进水平，后续又研发出武直-10、武直-19、武直-20等很多机型，可以说中国直升机的后劲很足。

再以战斗机为例，20世纪90年代中国从俄罗斯引进苏-27战斗机生产线，并实现了完全的国产化，这对于中国战斗机工业水平的提升非常明显。首先中国第一次开始理解重型战斗机的设计理念，在此之前，中国只能生产中型和轻型的战斗机。例如对于现代战斗机气动外形的理解，对于钛合金蒙皮的拉伸技术的理解，都是从引进苏-27生产线开始的。后续中国开发出了具有国际先进水平的歼-11BS、歼-16、歼-15、歼-20、歼-31等，都与当年从俄罗斯引进苏-27生产线密不可分。

笔者曾经和一些朋友探讨过：假设中国不被封锁，现在的军工是发展得更好还是发展得更差？答案是会发展得更好。因为发展得更差只存在于一种情况下，就是中国大量采购外国武器装备而荒废了自主研发。

但幸运的是，我们回溯中国近几十年来的军工技术引进思路，可以发现一个规律，中国引进国外装备和技术从来都是准备"引进—吸收—再消化"，而不是为了"造不如买"，大规模地采购国外装备以替代国产装备。也就是说，就算是西方敞开所有的武器装备让中国购买，中国也还是会坚持自主研发，引进国外装备的首要目的是学习、吸收、消化。

为什么中国军工业形成了这种共识和路径？我们认为这和中国近代历史上无数惨烈的教训相关。

在清朝的时候，李鸿章、张之洞等人发动了轰轰烈烈的洋务运动，从德国、英国等国引进了大批成熟的武器装备，比如德国克虏伯造的大炮，德国产的定远、镇远铁甲舰，英国产的先进步枪。但是后来的事实证明了这些进口的装备非常脆弱，受制于国际政治大环境以及国外后勤补给，在战争中爆发了很多问题。

民国时期，国民政府在全面抗战爆发前曾经大规模地引进德国的武器装备，组建著名的"德械师"，但日后日本与德国结盟，中国便不再能从德国获得装备和补给，这给抗战带来了巨大的影响。

新中国成立初期，中国曾经从苏联老大哥那边引进了一大批先进武器装备，比如米格-19 战斗机、图-16 轰炸机、T-54 主战坦克、AK-47 自动步枪等，在苏联的帮助下建立起了自己的军事工业。但是在日后中苏关系破裂后，中国就不能够再从苏联处获得先进武器装备和技术。

以上种种教训让中国的军工业几乎形成了一个共识，那就是国防工业绝不能够依赖国外，中国的军队必须以国产制式装备为主，中国必须形成独立自主的国防工业，所以中国引进所有装备的第一目的，本质上都是加速国产化。

我们从中国从俄罗斯引进苏-27 战斗机的过程中可以看到这种思维方式。苏联解体后，缺少资金的俄罗斯苏霍伊设计局希望中国从俄罗斯大规模采购苏-27 战斗机，后来在采购了一批苏-27 战斗机之后，由于空军对此型飞机非常满意，中国就提出俄罗斯必须完整转让苏-27 战斗机的生产技术，否则从俄罗斯采购的数量不会超过 48 架。当时正值苏联解体、俄罗斯经济最困难的时期，捉襟见肘的俄罗斯人最终同意转让苏-27 生产技术。苏霍伊手把手地教，沈飞拆开了学，终于把这型战斗机的设计和生产工艺完全吃透。后来沈飞在原苏-27 战机平台基础上，加上了大量国产航空电子设备，包括新型雷达、新型火控系统，极大地提升了国产苏-27 的战斗力。

2000 年之后，中国军工开始出现井喷式发展。发展得如此之快，有几个很重要的时代性因素。

首先是中国加入了 WTO 之后，中国经济长期保持飞速发展，中国 GDP 总量迅速跃居世界第二，军工领域得到了强有力的资金支持，这是最重要的因素。

其次是 20 世纪 90 年代冷战结束之后，全球领先国家尤其是美国的军工开始放缓了技术迭代步伐，这使得中国有了一段追赶的窗口期。中国军工过去 20 年的发展有一条很重要的脉络就是摸着"美国的经验"过河。因为美国的许多军工产品经过长期实战，被验证为较成熟的路径。例如美国开发出的 F-22 隐形战斗机，中国就对应开发歼-20 隐形战斗机。美国的黑鹰直升机好用，中国就对应开发可以覆盖全疆域飞行的武直–20……

此外，还有一个很重要的因素，国家近年来持续推动技改步伐，每年投入经费推动制造工艺的升级，例如采购了大批先进的数控机床，这对于提升国防工艺水平有着巨大的带动作用。

另外一个不容忽视的因素是，20世纪90年代末期开始高校扩招，尤其是理工科高校的扩招，极大地提升了中国军工产业的人才供给量。我们以航空产业为例，北京航空航天大学、南京航空航天大学、西北工业大学、哈尔滨工业大学、北京理工大学等院校的扩招，极大地提升了航空人才的后备力量。

我们对比下起步不算晚，且外部条件远比中国好的印度军工产业，就可以看出，以独立自主为主要方向的中国军工，已经远远把依赖外部技术引进的印度甩在身后。中国现在在国产战斗机、国产军舰、国产坦克、国产防空导弹、国产弹道导弹、国产军用运输机、国产直升机等各个方面，都远超邻国印度。无数血的教训证明，国防现代化是花钱买不来的，只有依靠自主研发。

"军转民"是上次冷战的主流

近年来，军民融合成为整个军工行业最热门的话题。

所谓军民融合，在二战和上一次冷战期间，大部分案例是军转民。最典型的案例有计算机、互联网、卫星、移动通信等。

军转民的底层逻辑在于，军事采购往往是不计成本的，因为国家安全是无价的。不管是美国还是中国，在国家危难之际都曾经成立过专项工作组，举全国之力攻克某个民用工业难以突破的科技门类。最典型的就是美国制造原子弹的"曼哈顿计划"，以及在二战期间推动青霉素的大规模量产计划，还有冷战期间的阿波罗登月计划、星球大战计划等。中国则有"两弹一星"计划等。许多企业靠着政府不计成本的订单支撑，不用过多考虑商业化前景，攻克了许多世界级难关，然后又在日后着手将这些科技转为民用，这是第一代军民融合模式。到1968年，美国参议员威廉–普罗科斯迈尔统计说，美国100多家大型工业企业的承接合同，直接、间接来自国防部的占据67%。甚至硅谷的诞生，都是军转民的产物。

一个有意思的案例是 1941 年太平洋战争爆发后，日本占领了全球橡胶的主产区——东南亚，使得美国 97% 的橡胶供应被切断。美国直接面临"卡脖子"的危机，因为缺乏橡胶是致命的，将使得美国的军用汽车生产瞬间陷入瘫痪。当时美国具有人工合成橡胶的早期技术，但是由于政府机构和民间企业在合成橡胶上长期扯皮而毫无进展。此后，美国在二战时期成立的"战时生产局"介入，把生产合成橡胶额外列入"第一计划"，迅速解决了合成橡胶量产的问题，并在战后给美国带来了一个强大的合成橡胶工业。

美国在冷战期间艾森豪威尔政府时期设立了两个对军转民影响极其深远的机构——DARPA（Defense Advanced Research Projects Agency，美国国防高级研究计划局）和 NASA。其直接原因是 1957 年苏联发射了世界第一颗人造卫星，美国感觉在冷战军备竞赛中处于下风，有了强烈的危机感。

DARPA 和 NASA 这两个机构走的都是例外拨款渠道，没有走常规拨款渠道，其活动和预算不需要对外公开，因为这两个机构有极高的自主权。

DARPA 的使命是在尖端技术的研发上对苏联保持领先。这个机构仅有一两百名工作人员，但非常精干，大部分都是来自各大学和科研院所的科学家。DARPA 自己不做科研，而是专注于项目管理，成立各种临时的项目小组，然后领导具体的大学、企业和实验室做科研项目。他们推动的具体项目包括隐形战斗机、导弹防御系统、推进燃料、新材料、计算机网络、芯片等。

DARPA 的项目管理体制非常先进，项目经理在通过某个具体研究项目（比如计算机网络）的立项后，会得到 3~5 年的项目周期去推动这个项目的研发，如果到期拿出产品或技术，则项目继续，如果拿不出来，项目就被砍掉。这种灵活的体制使得美国军方推动的先进技术层出不穷，包括全球定位系统（GPS）、互联网、半导体芯片制造、大型计算机、高能激光等。这些技术大量外溢到民用领域，为美国民营科技企业的发展提供了源源不断的技术来源。

可以说，美国的波音、英特尔、德州仪器、苹果、微软、谷歌、甲骨文、GE、惠普这些大型科技企业的发展，身后都有军方旗下 DARPA 的影子。

中国的军转民也有大量成功的案例。其中最值得一提的案例是解放军工程学院研发团队研发的"04"程控交换机项目。"04 机"在 1992 年成功进入市场，此后中国的程控交换机产业开始爆发。包括华为、中兴、巨龙等几大中国电信设备巨头的技术来源，都被认为跟这款军转民产品有关系。

毫无疑问，中国仍然需要在某些面临国家重大危机的领域，由国家和军方牵头攻克某些重点项目，比如卫星导航系统、大飞机、半导体等。这些项目一定程度上是不计成本的，需要在短时间内攻克，就像我们当年发展"两弹一星"一样。其可以是类似"两弹一星"这种成立重大专项团队，由较高级别官员挂帅，调集全国科研力量，短期攻关形式的研发。项目攻克后又可以将这些技术民用化。

北斗是一个很好的例子。在卫星定位这样涉及国家安全的领域，中国是不可能不自主发展的。北斗涉及卫星、导航芯片、模块、天线、板卡、算法等基础研发，如此庞大的项目，必须由国家牵头来攻克。基础技术攻克后，除了具有相当大的军用价值，相关技术和应用又可以开放出来给民间的手机、交通运输、户外探险等领域使用。截至 2020 年，中国卫星导航产业总体产值已突破 4000 亿元。预估到 2025 年，中国北斗产业总产值将达到 1 万亿元，年均增幅高达 20%。

不过，这种举全国之力攻克少数领域的做法，并不能常态化和大规模地成为主流，只能够限定在国家面临危机的少数领域。

"民参军"是未来的发展趋势

2022 年初，俄罗斯突然进攻乌克兰，从而震惊世界的俄乌冲突爆发。

本次俄乌冲突有个很重要的细节是，可供俄罗斯军队发射的精确制导武器数量很有限，包括伊斯坎德尔巡航导弹，还有战斗机与轰炸机投掷的精确制导炸弹。冲突发生前几天，俄罗斯一共只发射了数百枚精确制导导弹。精确制导武器的数量短缺是致命的，这使得俄军在进攻基辅、哈尔科夫这样的大城市的时候缺少精确打击火力。这些城市有大量平民，使得俄军在动用传统的非精确制导火力，比如火箭炮、重型火炮时畏首畏尾，极大地影响了俄军的战术进程。

很显然，发射数量少的最主要原因就是缺钱。因为这些导弹太贵了，俄军很早就具备了这些精确制导武器的研发能力，但是不具备大规模将其低成本制造出来的能力。

这次俄乌冲突对我们也有重要启示，那就是要想办法将军工产品，尤其是导弹这种易耗产品的成本降下来。降成本，是全球军工的重要课题。而军民融合，尤其是推动"民参军"是降成本的最重要措施。

自20世纪90年代冷战结束以来，全球军民融合的趋势开始转为"民参军"。因为冷战后全球各大国面临的军事威胁大幅下降，政府不计成本地投入军工项目研发的动力开始下降，以至于美国的航天产业在过去二三十年的突破是相当有限的，新式武器装备的研发速度也大幅下降。

而民用工业的快速发展，可以极大地摊薄军工产品的成本。我们以导弹当中用的芯片为例，假设为这型导弹单独研发一款芯片，累计采购量只有几千枚，其成本是极其高昂的。但是假设这型导弹可以采用民用工业很成熟的电脑、手机、汽车、工业计算机当中使用的芯片，由于这型芯片的采购量动辄就高达几百万枚，那么其成本将大大降低。

近年世界软件开发的趋势是大量使用中间件提升开发效率。所谓中间件就是A软件和B软件有50%的源代码是重复的，这50%的源代码大家可以开放共享，每个企业仅仅开发自己需要定制开发的那一部分就可以了。比如游戏软件的开发，大家普遍使用Ureal、Unity、Cocos2D等引擎作为中间件，这极大地提升了游戏行业的开发效率。过去动辄要几百人才能开发的一款游戏，现在十几个人的工作室就能开发出来。而将这型游戏引擎改一改，就可以用作军事模拟和训练。比如国外著名的武装突袭系列游戏，就可以用作军事模拟训练。

马斯克的SpaceX，直接将火箭发射的成本降低到原来的十分之一，其精髓就在于SpaceX大规模采用了民用工业当中使用的通用零部件。可见民营企业在降成本上的空间有多恐怖。这次俄乌冲突，马斯克提供的星链系统，也发挥了重要作用。星链的通信效率据说达到了5G的一半，为乌克兰军民提供了重要的通信保障。

我们以遥感卫星为例，有视频显示，有民营企业制造的卫星成功拍到了美国停在港口的航空母舰动态视频。之前国有企业和院所发射的类似卫星，造价动辄要10亿元，而现在民营企业制造的卫星成本可能不到它们的十分之一。因为这些民营企业制造的卫星，用途非常广泛，军事用途仅仅是其中一个应用，而应用场景的多元化使得产量大幅提升，而产量的提升则带来了成本的大幅下降。

民营企业在航天领域的成本之所以能低这么多，还跟容错机制有很大关系。不管是在美国还是中国，航天发射过去都是由国家主导的。在这种体制下，保证发射高成功率以求稳是很重要的诉求，一旦项目研发失败，相关负责人的仕途会受到较大影响。因此不管是美国还是中国，航天发射过去都追求航天级的材料和零件，其成本自然是居高不下。而民营企业追求的是小步快跑，可以容忍一定的发射失败，来换取低成本。民营企业有发达的风险投资机制，基金投资10个项目，往往成功的只有一两个，但是却有几十倍甚至上百倍的回报，市场化的机制可以很好地平摊项目失败带来的风险。

因此世界军民融合的发展趋势现在都是"先民后军"而不是"先军后民"。

我们再以大飞机为例，中国同时研发了军用的运–20大飞机和民用的C919大飞机，是运–20转民用更容易还是C919转军用更容易？答案是很明显的，民转军更容易。

军用运输机强调战场短距起降，所以要求发动机剩余功率大，更在意速度而不在意油耗、经济性、舒适性；而民用客机则很在意油耗、舒适性、安全性。所以运–20、伊尔–76这些军用运输机的机身离地面较近，一般采用上单翼（机翼布置在机身上方）。因为机身离地面近更有利于装载货物，且在简易跑道起飞时发动机不容易吸入沙石而受损。而民用客机一般采用下单翼，这样不会遮挡旅客视野，且机翼遮挡可以降低发动机的噪声。此外，民用客机对安全的要求也比军用飞机要苛刻得多。

军用飞机的采购往往更重视性能而对于价格不是特别敏感，而民用飞机则需要在竞争惨烈的全球市场搏杀，价格是生存的重要因素。

综上所述，在美国，波音的民用客机装上雷达天线就可以改装成预警机，装上加油设备就可以改装成空中加油机，装上电子对抗设备就可以改装成电子战飞机。而军用运输机成功改造成民用客机成功的案例并不多。

简单来说，民用工业低成本的秘诀在于标准化、开放、大批量可复制、低成本。这恰恰是军事工业的短板。

以俄乌冲突中发射的精确制导导弹为例，我们已经看到中国有几家民营企业开发出了精确制导的森林灭火弹。简单来说，同样的弹体，加个灭火装置就是灭火弹，加个战斗部就是军用导弹，军民两用并线生产，产量提升上去后，成本可以大幅下降。

中国的优势在于灵活，我们既有举全国之力攻关的军用大项目，也有灵活低成本的市场化民营工业，我们完全相信，中国的军民融合产业，必将在日后有巨大的竞争力。

扩展阅读

古人云"国之大事，在祀与戎"，国防和军事从来都是一个国家最重要的事情之一。自新中国成立以来，70多年的时间里，中国人通过坚持不懈的努力，终于为祖国建成了一个完整、强大、独立自主的军工体系，有力地保护了中华人民共和国的安全。

这里，笔者首推张召忠将军的《百年航母》一书。这本书共分上、下两册，详细介绍了航空母舰这种"大国重器"百年来的发展历程，不仅详细论述了航空母舰在海洋战略中的重要性，也详细介绍了航空母舰的建造过程和实战运用，是了解航空母舰这种顶级作战装备的重要资料。

沈海军的《中国航空史话》记叙了中国航空工业的发展史。该书详细介绍了包括战斗机、轰炸机、直升机在内的多种航空工业的核心机型，对普通读者非常友好，是一本优秀的中国航空工业科普书。

贝德勒·普耶洛夫斯基的《日落共青城》则是被军迷群体公认的一本关于中国引进苏-27战机的好书。这本书站在俄罗斯的角度复盘了30多年前那场中俄军事技术交流的内幕，探讨了苏-27对中国空军发展带来的影响。从这本书中，读者能够深刻感受到苏-27对当年中国空军的意义，也能知道为什么苏-27堪称是人类航空史上的"一代传奇"。

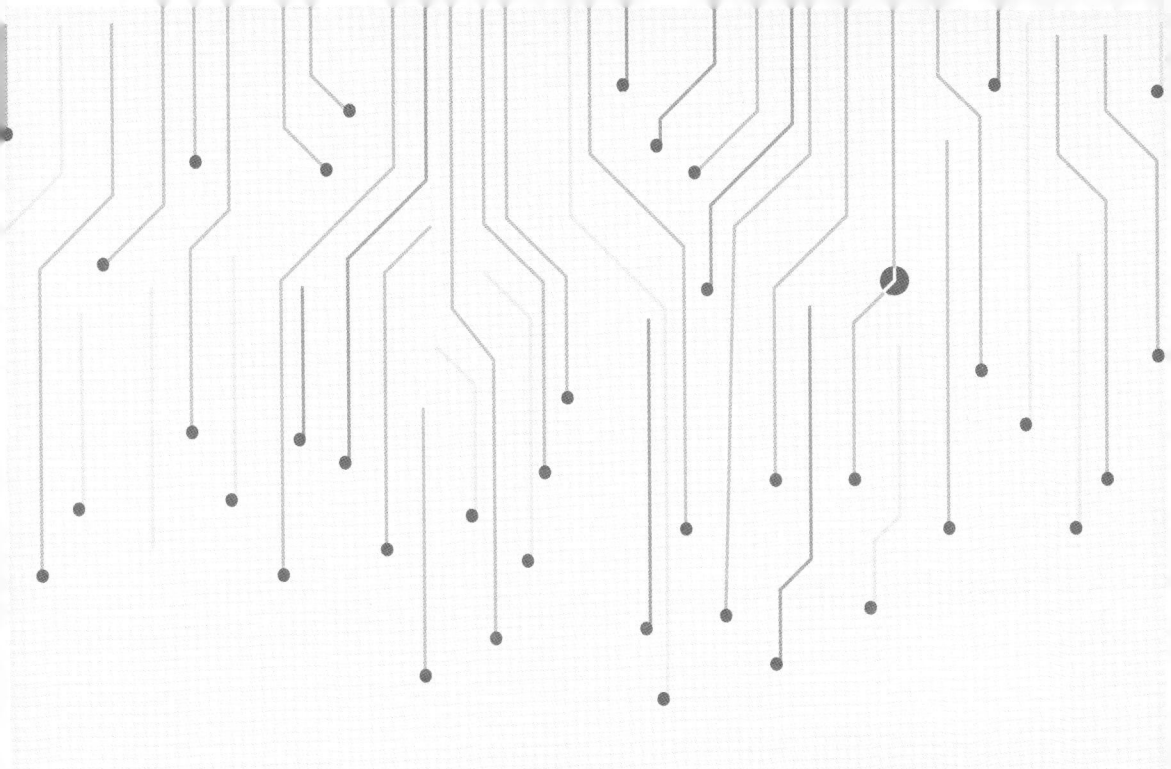

第四篇

高端装备制造业的国产替代

在今天，绿皮火车已经成为一种怀旧复古的文化符号，但对那时需要经常坐火车出行的人来说，绿皮车往往意味着一段糟糕、难受、不体面的旅行。20多年前，在笔者的少年时代，坐火车绝对不是什么美好的体验。拥挤的老式绿皮车里充满了阿摩尼亚[①]、脚臭、香烟和方便面混杂的迷幻气味。不论春秋冬夏，车厢里好像永远都是闷热的，哪怕窗外大雪纷飞，坐在车里的我仍旧会被捂出一身臭汗。漫长的旅途就像是在"腌肉"，而"调味品"就是车厢里的各种味道。因此，即便再困再累，回家之后的第一件事绝不是吃饭或者休息，而是跑到浴室给自己从上到下洗个干净。

除了糟糕的乘车体验，速度是早年间中国铁路的另一大痛点。很长一段时间以来，中国铁路旅客列车的平均时速只有50～60千米。几百千米的里程，往往需要一夜时间才能到达。如果只是速度缓慢倒也罢了，更要命的问题是停站太多。有些车次的列车几乎每站必停，哪怕是位于穷乡僻壤的小站也会停个十几分钟。然而，从改革开放到2000年这整整二十几年的时间里，恰恰就是这些晃晃悠悠的绿皮火车撑起了整个中国铁路。但进入21世纪后，绿皮火车再也撑不下去了。收入在提高，经济在发展，出行的方式越来越多样，人们渐渐无法忍受缓慢又难受的绿皮车了。于是，中国铁路开始了提速，开始推广快捷、舒适的空调特快列车（红皮车、蓝皮车）。但即便如此，中国铁路的速度还是太慢了，落后世界先进水准也太多了。

但令人惊讶不已的是，在此之后的短短10年之内，中国铁路突然崛起，迈入了世界一流水准。今天的中国铁路拥有世界上最长的高铁运营里程，拥有世界上最快的

[①] 一般指氨气，有时也指放屁的气味。

高铁运营速度，同时还先后打破了由日本人、法国人创造的高铁速度纪录。中国中车已经成为全球最大的铁路车辆生产商，掌控了包括地铁列车在内、全球超过一半的铁路车辆市场。

事实上，这种惊人的进步出现在了中国几乎所有的高端装备制造产业——铁路、电气、工程机械、造船……几乎每一个值得被称为"大国重器"的行业，都在那几年里得到了迅猛的发展——盾构机从当年的"完全依赖进口"转而走出国门，占领了全球60%以上的市场份额；国产绞吸式挖泥船作为航道疏浚、填海造陆的特种装备，甚至被国外列入"禁止出口"名单。

这些成功，离不开中国厂商手中的先进技术。在后面的篇章中，我们将以高铁、电网、工程机械为代表案例，详细介绍"技术引进"和"独立自主研发"之间复杂关系的具体表现形式，深入讲述帮助中国企业获得先进技术、取得成功的种种策略。

第十七章　中国高铁产业的国产替代

从 2009 年到 2019 年的 10 年之中，中国高速铁路的运营里程从零开始，增加到了 2.5 万千米。在这短短的时间内，中国从一个没有高速铁路的国家，迅速成长为了世界上最大的"高铁国度"——中国高铁的运营里程超过了全球其他国家高铁运营里程的总和。

这就是中国的"高铁奇迹"。

在中国高铁项目启动前的 20 世纪 90 年代，中国铁路的发展情况严重落后于西方发达国家——1993 年初，中国铁路客车的平均时速只有 48.1 千米，而欧美国家客运列车的平均时速则已经达到 80 千米。另外，由于铁路是中国最重要的交通方式，铁路发展滞后带来的负面影响，甚至已经演化成了影响全国经济发展的"运力瓶颈"：1999 年，由于运力不足，山西省积压的大量煤炭发生了自燃；华东、华中一带的大量工厂也因为运力紧张陷入停产；南方多地的水果因为无法外运，只能烂在库房之中。[①]

因此，在那个年代，长途汽车公司和航空公司纷纷崛起。替代运输方式的大发展，开始挤占铁路的市场份额——即便"铁老大"开始使用接轨市场的"浮动票价"机制也没办法阻止客运列车业务上的亏损。从 1995 年开始，中国铁路竟然遭遇了连续 3 年的业绩下滑。"铁老大"混成这样，属实不应该。

---

① 陆彩荣. 路越"辩"越宽 [N]. 光明日报，1999-01-19(1).

为什么中国一定要发展高铁

高铁出现之前的中国铁路,早已不堪重负,为了改变这种落后又赔钱的局面,当年的铁道部开始了轰轰烈烈的"大提速"行动——从1997年到2007年,铁道部在全国范围内先后进行了6次大规模"提速"行动。深受火车迷喜欢的各种国产铁道机车,几乎都是在这几次大提速的背景下设计并投入运用的。

但我们必须知道:"提速"的作用是有限的。早期的铁路和公路类似,客车、货车混在一起跑,一条轨道前一个小时开过去一列装满煤炭的货车,后一个小时可能就会开过一列满载乘客的客车。这种局面带来了两种结果:第一是调度问题——客车货车混在一起,整个线路拥挤不堪,为了安全又不得不彼此避让,不仅增加了后台调度的工作量,也降低了速度。以1992年的京沪铁路为例,其繁忙段运能缺口已经超过50%,由于京沪铁路是客货混运,货车和客车都堵在窄窄的铁路线上,时任副总理的朱镕基直呼:铁路运输的"瓶颈"制约问题太严重了![1]第二是设计问题——大量的既有线路在设计的时候其实也没考虑过高速列车的运行问题——以弯道为例,在传统低速铁路的设计中,线路的曲线半径大约只有1000米。这种设计只能允许100千米每小时左右的运行速度。

当然,解决方案也是有的,我们完全可以设计一款能够在低速线路上冲高速的列车——这就是传说中的"摆式列车",它就能在限速160千米每小时的轨道上跑到200千米每小时的速度且安然无恙——但问题是,铁路是一个庞大的系统工程,单纯的车辆升级意义不大。

举个简单的例子:列车驶过带来的疾风能卷起铁道下的道砟,导致严重的道砟粉碎化现象——原来拳头大小的道砟,最后变得稀碎——德国铁路的数据表示:每通过累计重量3亿吨的高速列车,铁轨下的道砟就必须全部更换。因此,对当时的中国来说,"提速"只能缓解问题,不能根治问题,唯一且终极的方案就是打破之前的一切,

---

[1] 高铁见闻. 大国速度:中国高铁崛起之路[M]. 长沙:湖南科学技术出版社, 2017.

从零开始设计、制造一条以高速列车为核心的铁路。

铁道部对于"客运专线"这个现实的需求有着非常清楚的认知。实际上，从改革开放初期开始，决策层就开始构思中国高速铁路的发展。1984年，铁道部第四勘察设计院编写了《高速铁路》一书，宣告中国正式开始研究高速铁路技术。1990年，铁道部完成了《京沪高速铁路线路方案构想报告》。但问题是，20世纪90年代的中国并不富裕，高铁项目又是典型的大投资、高科技、重资产项目。所以，当年的中国铁路界、科技界围绕着高铁问题展开了一场长达数年的大论战。

在这场旷日持久的论战中，支持传统意义上高铁的"轮轨派"、倾向于激进发展的"磁浮派"和认为中国不应该快速发展高铁的"缓建派"围绕高铁问题展开了极其激烈的交锋。最终，在决策层综合考虑下，一个折中的方案被确定了下来：中国不可以放弃发展高铁，但也不能一开始就大规模建设高铁，而是应该"小步快跑"地在局部地区试验高铁技术。于是，在那个充满了争论和迷茫的20世纪90年代，两条足以写入中国高铁发展史的线路诞生了。

两条特殊线路，成为中国高铁的"起点"。第一条线路就是"广深铁路"。打开中国地图，目光望向南方，我们就能知道为什么当初会选择广州到深圳的铁路作为实验线路——深圳再往南，就是香港，换句话说，深圳就是内地铁路的最末梢，在这个路段进行试验，不会干扰干线的车辆运转。而且，广深段铁路以客运为主，每天只有10列货运列车通过且都是夜间运行，客货列车自然分流，试验环境简单纯粹。

另外，20世纪90年代的珠三角地区已经颇为富裕，在此地试验高速列车，当地民众有钱来乘坐，还能顺便研究一下商业运作上的课题。广深铁路在中国铁路界还有最重要的意义，它是中国当时技术水平最高的线路，全线几乎所有设备都采用了90年代的最高技术标准。全封闭、完全电气化、三线并行只是小儿科，在那个内地还在用老式蒸汽机车的时代，广深铁路已经用上了法国进口的计算机调度系统——如此优越的条件，使得它成为早期中国动车组列车的试验场，早期的十几款国产动车组列车几乎都在此地进行过试验。

不过，广深铁路虽然出名早，但局限性也很强：它太短了——只有区区147千米。尽管路线条件优越，能满足绝大多数200千米以上时速列车的运转，但这条线路本质上仍然不是高铁，还是一条被魔改的"既有线路"。

更大意义上促进中国高铁发展的，是第二条线路——从秦皇岛到沈阳北的"秦沈客运专线"（以下简称"秦沈客专"）。不过，这里还有一个小插曲：秦沈客专的上马，多多少少有点深藏不露的意思——它诞生于"高铁论战"最激烈的时期，明明是按照高铁标准进行的设计，但为了避免过度曝光引来议论，只好谦称自己是"客运专线"。

1999年夏季，秦沈客专正式开工。当施工队伍开始建造的时候，人们才真正感受到了国家决定修建这条线路背后的雄心壮志：根据秦沈客专的设计标准，全线最小曲线半径为3500米，困难处3000米。而业内人士都清楚，普通铁路只需要1000米的曲线半径即可，即便是160千米时速的准高速线路也只需要2000米的曲线半径。显然，他们即将建设的根本不是什么普通的客运铁路，他们修的是货真价实、如假包换的"高铁"。因此，秦沈客专也就成为中国高速铁路"不愿提起的"起点。

十几年后在中国高铁建设中大显身手的十几个中铁系工程局，几乎全部参与过秦沈客专的建设。后来修建京沪高铁的技术专家里，有90%都参与过秦沈客专的设计。另外，为了完成秦沈客专的建设，他们还开发了多种新型工程建设装备、新型材料、新型工艺、新型电子系统……秦沈客专，简直就是一个"高铁迷你全要素训练基地"。也难怪很多人都将秦沈客专称呼为中国高铁的"黄埔军校"。

恰恰因为秦沈客专的成功，中国铁路"提速"的战略也从原先的"既有线提速改造"变成了"新建高速铁路"。

中国铁路的技术水平相对国外已经产生了"代差"，秦沈客专的顺利竣工，意味着我们高铁技术逐渐成熟。得益于秦沈客专的建设，中国的铁路工程师们掌握了从桥梁到轨道、从信号到电网等高速铁路专用设备的技术。随着高铁科技树上的一个个节点被相继点亮，我们距离实现高铁梦越来越近了。但当工程师们充满激情地勾画未来中国高铁壮美蓝图的时候，一个非常现实的问题摆在了他们面前：路有了，车呢？车怎么办？

当年的铁路人对这个问题的解决方案是：自己造！和普通铁路不一样的是，高铁必须使用动车组列车。通常我们在铁路上见到的列车，不论快慢，编组形式都是一样的，前面一个火车头提供动力，牵引着后面无动力的车厢前进。这种编组方式的好处就是简单快捷，只要车头拉得动，只管往后挂车厢即可。车头拉不动也不要紧，往前面再挂一个车头就可以了。但这种列车存在着一个致命的缺陷：因为全靠火车头来牵引，列车整体动力不足。

我们还没有富裕到车头无限多、随便用的程度，并不是所有线路的所有列车都有资格靠挂两个车头来拉的。对于一列客车来说，如果只靠车头来拉，加速过程就显得格外漫长。一旦遇到爬坡路段，速度衰减更是严重。更重要的是，传统列车到站后如果需要返回，往往需要让车头先脱钩，然后绕场一圈后再挂到另一端，这个过程可能需要几十分钟。

而动车组就不存在这样的问题。以今天全球闻名的国产CR400AF"复兴号"动车组来说，每列有8节车厢，按照"四动四拖"编组——8节车厢里有4节可以提供动力。因此，动车组多多少少有点"看着有点瘦，脱了全是肉"的意思——当年中国货运的主力机车、一看就孔武有力的"韶山4型改"的持续功率才6400千瓦，而看似轻巧精致的"复兴号"，其持续功率则可以突破1万千瓦。

在高速铁路上，动车组列车是唯一的选择。实际上，中国铁路界对动车组的研究早已有之。早在1958年，在吃透苏联柴油机技术的基础上，我们就独立研制成功了一款名为"东风一号"的柴油动车组，但由于当时底子太薄，"东风一号"故障频发，问题极多，最后不得不除名退役。值得一提的是，"东风一号"所使用的柴油主机DV12A的根子，就是苏联T-34坦克的主机V-2-34。夸张点说，"东风一号"其实用的是坦克发动机。

"东风一号"之后，我们又从匈牙利进口了几列NC3柴油动车组，但这款进口车的体验并不好，反馈极差，最后也只能用到报废了事。虽然上述这些也都是动车组，但不论是从性能指标还是技术上都过于落后。中国现代意义上高铁动车组发展的开端，其实是1997年。

1997年4月，铁道部正式下达了《200公里/小时电动旅客列车组设计任务书》，主要目标是研制一列运营速度为200千米/小时，最高试验速度达到220千米/小时，并能用于商业运营的电力动车组。任务下达，各方便立刻行动了起来，株洲电力机车厂、长春客车厂、四方机车车辆厂、唐山机车车辆厂、浦镇车辆厂、株洲电力机车研究所……这些中国铁路系统内鼎鼎大名的企业联合起来，花了两年时间，终于生产出来一款符合要求的产品——DDJ1 型"大白鲨"电力动车组。

但说实话，从外观来看，DDJ1 和传统印象里的动车组差距很大——更像是把一辆电力机车拆掉换脸，然后在尾巴上再加一个司机室。这一列车之所以如此重要，是因为它成功地验证了动车组所需的种种技术。几乎在与"大白鲨"研制同期，中国铁路界掀起了一阵研制动车组的高潮——谁都知道，中国铁路的未来必是动车组的天下。"NYJ1""春城""新曙光""蓝箭""中原之星"……铁路系统在这个时期内开展了十余个不同的研发项目。[①]

但很可惜，中国铁路的发展史最终证明：这些项目实际上扮演的都是"探路者"角色，它们为中国高铁动车组尝试了不同的技术路线和设计理念，几乎踩遍了所有的路，但自己最终却没能"上位"。而恰恰是这些没能"成功上位"的项目，成功地为中国铁路训练了大批拥有高铁动车组设计能力的科研技术人员。而这一批项目里最先进、最著名的，便是传说中的"中华之星"。

高铁前传："中华之星"

"中华之星"动车组，代号 DJJ2，是中国铁路史上的一个传奇。"中华之星"诞生于中国铁路大论战最高峰的时候：1998 年 6 月 2 日，当时的国务院总理朱镕基在两院院士大会上询问院士们"京沪高铁是否可以采用磁悬浮技术"。从此，中国铁路界就出现了关于高铁的两种意见："磁浮派"和"轮轨派"。前者以科技部为主力，认为中国应该直接采用最先进的磁悬浮技术，直接超越西方普遍采用的轮轨高铁；后者则是以铁道部为主力，认为磁浮技术风险大，且无法和现有线路兼容。[②]

双方的论战一日比一日激烈。很快，这种争论便不再局限于纸面的学术争论，而是演化成了现实中的较量，双方都急于靠具体的项目来证明自身的正确性。最终，"磁

---

① 高铁见闻. 中国全谱系动车组图解[EB/OL].(2014-08-12)[2022-05-01]. https://www.peoplerail.com/rail/show-1827-194152-1.html.

② 高铁见闻. 大国速度：中国高铁崛起之路[M]. 长沙：湖南科学技术出版社，2017.

浮派"们拿出了上海浦东机场磁浮线，而"轮轨派大本营"铁道部祭出的便是"中华之星"。2000年初，铁道部正式向国家计划委员会提交了《270km/h 高速列车产业化项目报告》，下半年，国家计委准许立项。

2001年4月，"中华之星"的研发工作正式开始了。作为"轮轨派"的"决胜兵器"，"中华之星"的规格相当之高——铁路系统内赫赫有名的4家大型机车车辆生产企业、4家核心研究所、2所相关大学全力投入了研发——因此，"中华之星"项目也获得了另一个颇有时代特色的代号"442工程"。

除了超豪华的技术团队，"中华之星"本身也是当年的顶级配置——全列总计11节车厢，动力集中在首位的动力车上，中间是9节无动力车厢。这9节车厢里包括2节一等座车、6节二等座车以及1节专用的酒吧车。是的，在那个绿皮车占据主流的时代，"中华之星"上居然带着酒吧车。

技术性能上，"中华之星"堪称是"集中国铁路百家之长"："中华之星"的动力系统，来自之前研究的DJ2"奥星"机车，总功率9600千瓦，单纯从力量上来看，已经逼近了今天"复兴号"的水准。"中华之星"的辅助电路已经开始采用IGBT芯片和计算机控制。"中华之星"的控制系统，已经实现了完全的计算机和网络化，可以实现实时采集车辆数据，利用网络通信控制车辆各个单元。"中华之星"没有辜负大家对它的期望——2002年9月，"中华之星"在北京酒仙桥附近的"环形铁道"完成最后的组合及调试。同年11月27日，"中华之星"抵达了秦沈客专，开始进行高速试验。

中国最强的线路和最好的列车，终于合体了。当天，"中华之星"便创下了中国铁路史上的速度纪录——时速高达321.5千米/小时 这个纪录直到2008年才被京津城际铁路的"和谐号"打破。"中华之星"的速度纪录当场便被上报了铁道部，当时的铁道部部长傅志寰听了很是激动，当即便决定第二天亲自体验一下，而意外便在此时发生了。

在傅志寰部长登车前，为了安全起见，项目人员对"中华之星"进行了一次空车测试。测试的前半段一切正常，但就在列车返程归来、距离基地只有数百米的时候，出大事儿了！轴温报警系统警报大作，系统显示，车辆的一根车轴的轴温高达109摄氏度，属于 A 级事故。所有人都震惊了。

停车之后，负责车辆设计的工程师甚至直接钻到了车底，用手持测温仪再进行一次检测——温度依旧居高不下。得知消息的铁道部领导只能决定：停止试验。[①]

实际上，轴温的问题还是其次的，真正值得我们深思的是检测系统：按照标准，轴温一旦高于车外气温 45 摄氏度时，系统就要报警，但人们接到轴温报警的时候，轴温已然高达 109 摄氏度。这是个不可思议的温度，因为它意味着车外气温应该有 65 摄氏度！别忘了，当时是 11 月底，地点还在中国东北！[②]

这意味着当时不仅仅是轴温有问题，甚至连检测系统都不太靠谱。谁也想不到，从 11 月 27 日到 11 月 28 日，只用了一天时间，"中华之星"便从巅峰跌落了谷底。2004 年，铁道部开始公开招标引进高铁技术，"中华之星"因为在试验中表现不佳，率先出局。

在此后的日子里，它只能在秦沈客专上空载往返，走完后续的考核流程。2005 年 8 月，"中华之星"正式在秦沈客专上投入使用，不仅不能跑高速，而且还被分配了一个"L517/518"的车次——L，即临时客车，是铁路客运谱系里地位最低的存在，这意味着这趟车随时都有可能被取消。2006 年，"中华之星"正式停运，后来几经辗转，最后被一分为二，分别保存在北京东郊的中国铁道博物馆和沈阳铁路陈列馆。从某种意义上来说，也算是给了这列"传奇列车"一个体面的结局。

以上的内容，就是从 20 世纪 90 年代到 21 世纪初期中国铁路发展的一个小小侧写。这段日子并不好过，其间充斥着各种挫折和痛苦。但我们应当铭记这个特殊的时期，因为对中国高铁而言，这是它蹒跚学步、准备发起冲锋的前夜。尽管这段时期我们设计的所有车型几乎都因为故障率高而最终未能"上位"，但从长远来看，这段波折对中国高铁未来的发展大有裨益。

首先，在这段时期里，中国从系统层面上掌握了高速铁路技术。广深铁路、秦沈客专，这两条铁路的改造、建设工作为我们点亮了高铁科技树上的一个个节点，大到

[①] 高铁见闻. 大国速度：中国高铁崛起之路 [M]. 长沙：湖南科学技术出版社，2017.

[②] 忘情. 也谈"中华之星"的下马 [EB/OL]. （2009-04-03）[2022-05-01]. https://www.cchere.com/article/2122476.

铁路整体应该怎么设计，小到该用什么样的桥墩、道岔、电线等设备，再到配套工程机械研制和人才梯队训练——多亏了这两条铁路，我们用最小的成本，完成了最大的任务。其次，在这段时间里，中国在动车组设计上交够了学费——铁路部门早早地就意识到，买是买不来技术的，技术只能靠学习和创新。并且，我们终于认识到了一个真理：想获得领先别人的技术，唯有创新这一条路可以走。

平心而论，以 2001 年的条件，我们真的很难制造出一辆堪用的高铁列车。技术不是天上掉下来的，也不是靠任务、命令或者"精神原子弹"就能逼出来的，技术离不开积累。纵观整个中国铁路发展史，正式的动车组研究和高铁研究几乎同步开始。换句话说，在 20 世纪 90 年代之前，我们根本没有在动车组技术上投入过什么像样的资源，也没有积累什么先进的技术，更没有训练一支具有动车组设计能力的科研团队。举个例子来说，业内人士都知道适合高铁的高速动车组应当使用"交流—直流—交流"的方式进行传动，但中国的交流传动技术直到 1996 年才实用化，落后发达国家 20 多年。

那些早期的动车组，几乎都是"部件国外进口，整车国内组装"，我们获得的只有那些重要部件的产品和图纸，既不知道"为何要这样设计"，也不知道"怎样制造出来"。但这一切都是值得的，这些不成熟的设计，这些只造了一辆便停产的样车，恰恰是完美的"技术平台"——"中华之星"上的很多设备的设计经验，都来自先前研制的"奥星""蓝箭"等不太成熟的产品。正是这一个个不成熟的产品，为中国高铁搭建了一个踏踏实实的阶梯，沿着这条阶梯一路上行，中国高铁最终迈进了下一个时代。

"跨越式发展"

中国铁路客车乘坐体验的剧变，始于 2008 年前后。2008 年之前的中国铁路，大概也就比今天的印度铁路好一些。2008 年之后的中国铁路，大概仅次于日本、德国，虽然没有它们那么发达和舒适，但不论是速度还是体验，都已经优于全球绝大多数国家。

在世界铁路发展史上，中国铁路的这种变化堪称奇迹。而带来这种"奇迹"的东西，就是著名的"和谐"系列——不仅有著名的"和谐号"动车组列车，还有"和谐"系列大功率电力机车（HXD），以及"和谐"系列大功率内燃机车（HXN）。归根结底，没有当时那场轰轰烈烈的技术引进，就没有今天的高铁时代。而如果没有当时中国铁路人对"技术自主可控"的坚持，也就没有今天独步天下的中国高铁。

2003年，铁道部提出了一个即便是在今天看起来都非常不可思议的宏大口号"跨越式发展"，即：利用发达国家的现成经验，在此基础上实现自己的发展及超越。同年，另一个重量级方案也走到了世人面前——《中长期铁路网规划》。这是一个在当时看来宏大到近乎吹牛的规划——中国高铁要"四纵四横"——在全国范围内建设数十条高标准的高速铁路，最终使中国铁路实现"客运高速、货运重载"的目标。短短几年之前，中国铁路人还在为是否修建京沪高铁的事情而争论不休，没想到几年之后，中国铁路人已经决心大规模修建高铁网了。这，就叫"跨越式"。

但对当时的中国铁路而言，要想实现"客运高速、货运重载"的目标并不容易。线路条件上的差距暂且不论，单从车辆上来看，当时中国铁路的车辆技术已经完全落后于时代——2002年，第五次大提速开始，一大批新锐车辆上线使用——但很遗憾，这些车辆几乎处于"服役即落后"的状态。而主要的瓶颈，就是中国电力机车的传动技术。当时，中国铁路基本已经完成了电气化，不论客运还是货运，动力更强的电力机车都已经成为主力车型，但仍然有一个问题困扰着中国电力机车——如何从"交直传动"跨越到"交直交传动"。

电力机车从接触网上输入的都是交流电，但这种电力是无法直接用在车辆上的。当年的中国铁路机车仍然采用传统的"交流传动"，利用整流器输出直流电，然后驱动车辆的直流电动机工作——这就是所谓的"交直传动"。而更先进的传动方式，则是"交直交传动"，也就是所谓的"三相传动"——整流器输出的直流电并不直接作用于电动机，而是通过逆变器输出成为适合三相交流电机的交流电。

牵引力 = 摩擦系数 × 黏着变量 × 机车重量，其中，摩擦系数、机车重量都相对固定，要想提高牵引力，唯一的突破口就是改善黏着变量。而突破这一环的方法，就是攻克"交流传动技术"——直流电机可以形成的黏着系数大约只有0.45，而交流电机最终能形成的黏着系数则高达0.9。举例来说，当年中国铁路货运的主力机车

SS4G，仍然采用交直传动，双机功率 6400 千瓦。而欧洲同期投入使用的 ES64 型电力机车已经运用了"交直交传动"，单机功率也是 6400 千瓦。

一言以蔽之：当时中国铁路机车技术与国外先进水平差距极大，必须立刻开始高速追赶。不过，志气虽高，但当时中国铁路的能力属实有限，如果坚持使用自研技术来追赶世界先进水平而非引进，恐怕中国的高铁时代要晚到来 10 年。

2004 年，当时的中央决策层在研究了中国铁路机车车辆问题之后，最终提出了一份名为《研究铁路机车车辆装备有关问题的会议纪要》的文件。也就是这次会议，定下了一个极度重要的原则："加快我国铁路运输装备现代化，要按照引进先进技术、联合设计生产、打造中国品牌的总体要求，力争在较短时间内，使我国机车车辆生产能力达到世界先进水平。"

中外高铁谈判之所以成功，是因为对方陷入了"内卷"。

中国"四纵四横"的高铁规划已经确定，而高铁相关的车辆却一直没有到位。因此，当铁道部宣布要搞技术引进之后，所有人都知道：市场上即将出现一个天文数字级别的高铁订单，中国将是全球高铁产业最大的市场。果然，中国提出一次性招标采购 140 列动车组列车——这是世界高铁历史上最大规模的一笔订单。从欧洲到东亚，全世界的先进高铁列车生产商都躁动了起来。

但对中国铁路来说，情况有点尴尬。尽管我们确定了"引进先进技术、联合设计生产、打造中国品牌"的总体要求，但落到现实中，要想保证执行不走样，我们也需要付出巨大的努力——稍不注意，就有可能走了"合资汽车"的老路——当年中国汽车产业也曾经和外国企业合作，也希望用国内广阔的市场换取外国的先进技术，结果，市场和技术都是别人的，我们什么也没有拿到。

之所以会发生这种事情，用今天的话来说就是"内卷"。当某家厂商为了获取技术，和外国厂商斗智斗勇、打得不可开交之时，另一家厂商却偷偷"卷"了起来。为了尽快生产更先进的产品占领市场，它们大幅度降低自己的底线，从而获得了外国先进产品的生产授权。短期来看，这种行为的确让企业赚了个盆满钵满，但长期来看，这种行为彻底毁掉了中国的本土汽车产业。

外国厂商绝不会轻易就将核心技术奉上，那些和外国厂商艰苦博弈的厂商之所以如此费心费力，就是为了获得真技术。而那些一心只追求短期利益的厂商，虽然和外国厂商迅速达成了合作，但从此彻底沦为了别人的组装厂。说白了，"技术引进"谈判的核心是"供需"——众多零散且需求相近的企业，彼此之间必然互相争斗，进而引发"内卷"——总有人不惜牺牲底线也要"卷"起来。而为了避免这种事情发生，铁道部的决策是：让别人去"卷"。

具体来说，铁道部在这次大规模技术引进之前就实施了所谓的"战略买家"策略。铁道部规定：全中国数十家铁路车辆生产厂商中，只允许外商和6家核心企业进行合作。一旦发现有这6家企业之外的中国企业接触外商，铁道部将立刻出手予以惩戒。另外，铁道部还公布了"高铁大单"的"投标资质"：第一，必须是注册在中国的厂商——堵死了那些想直接插手的外国厂商；第二，必须和中国企业签订了技术转让合同——堵死了那些还想把技术藏着掖着的外国厂商；第三，必须有200千米时速以上动车组列车的研制经验——堵死了那些没经验但想尝试一下的厂商。

这一番操作下来，国内市场上的本土玩家大幅度精简，形成了一个"意志上齐心协力，行动上整齐划一"的集体，杜绝了"内卷"的可能性，而外国厂商却为了获得和这6家企业合作的机会"卷"了起来。最终，外国厂商如果希望吃到这笔大单，就必须和指定的中国厂商合作，签署技术转让协议，否则就无缘于此。为了防止有人偷奸耍滑，铁道部还专门设立了一个名为"技术转让实施评价"的评估机制——它评估的指标是中国企业掌握技术的情况——只要中国企业没掌握核心技术，那么就不算完成了技术转让，就不能参与高铁招标。

简而言之，想进入中国市场，就必须留下技术。

中国人怎么学习"高铁技术"

铁道部公开招标，意味着中国高铁走出了"引进先进技术"的第一步，而"联合设计生产"的落实，就需要之前提到的"技术转让实施评价"作为保证——这套机制保证了外国厂商能倾囊相授，教会"中国学生"关于高速动车组的一切知识。

整个"教学"过程大概可以分为3个阶段：第一阶段，主要培养"中国学生"的设计能力——我们会派出一队技术人员前往国外学习相关知识，然后和外国厂商的工程师们一起搞设计。设计完毕后，我们还需要全程跟着，学习别人如何制造、组装。这个阶段结束的标志，是进口一列外国原厂原装生产的动车组列车。第二阶段，主要是培养"中国学生"的制造能力——外国厂商此时不会再发来整列列车了，只会发来足够生产两列火车的零件，然后由受过培训的中国工程人员们在本土完成组装。国外技术专家在这个阶段扮演的是"辅导老师"的角色，负责在生产制造过程中给我们提出指导意见。第三阶段，主要培养"中国学生"的自主能力——这个阶段，连零件都需要我们自己设计、制造、测试了。这也是3个阶段里最漫长的一个阶段，一列动车组列车有数万个零件，背后是几十、上百家厂商，在第三阶段，这些厂商也必须跑步跟上——否则，我们仍然只能靠国外进口的零部件生存。

三阶段学习的成果非常显著，中国迅速地获得了世界先进的动车组设计、制造能力。在短短数年时间里，与加拿大庞巴迪公司合作的CRH1系列，与日本川崎"联合体"合作的CRH2、与德国西门子公司合作的CRH3系列动车组、与法国阿尔斯通公司合作的CRH5系列动车组，同时在中国大地上飞驰了起来。但仅仅做到这样，恐怕仍旧无法让人满意。哪怕武广高铁开通之后，CRH3和CRH2C在上面跑出了时速350千米的世界最快运营速度，总还是感觉差了那么一点意思。毕竟，尽管是联合设计，可绝大多数东西还是站在别人的肩膀上设计出来的。最好，还是要有一个我们自己搞出来的东西。

实际上，"争口气"的需求倒在其次，在中国铁路的高要求下，即便是引进技术生产的列车也多少有些力不从心——京沪高铁设计运营时速高达380千米，而CRH2只能跑350千米。然后，CRH380系列便诞生了（380的意思就是"运营时速380千米"）。在笔者个人看来，CRH380系列的出现，是一个非常重要的分水岭。在它之前，中国铁路的要求低于引进列车的性能，引进列车完全可以满足我们的需要。而它的出现则表明，我们的要求已经高到了外国同行无法满足的地步。

为了满足中国高铁更高的要求，我们开始在CRH2的基础上进行磨改：动力上，CRH2使用的是三菱或日立公司生产的电机，最大功率9600千瓦。CRH380系列则使用湖南株洲电机厂或山西永济电机厂生产的电机，在最强状态下，功率可以达到

2万千瓦以上。外观上，为了追求更快的速度，CRH380的车头长度达到了12米，比CRH2还长了3米，整体看上去更加尖锐。因此，CRH380AL的试验速度远超先前CRH2的350千米/小时纪录，达到了令人生畏的486千米/小时，即便是运营速度，也可以满足京沪高铁380千米/小时的要求。

从此时开始，中国高铁列车的设计能力，终于进入了世界一流水平。

奠定地位的"超级列车"："复兴号"

尽管CRH380系列已经足够优秀，且已有的CRH1/2/3/5系列车也足以满足中国铁路运输的要求，甚至还经受了多次"春运"考验，但这一系列车型仍然留下了许多麻烦的问题。

前文已经介绍过，CRH1/2/3/5这几种车型的原型平台分别来自加拿大、日本、德国、法国。不同的国家、不同的厂商意味着这些车辆所使用的标准和零件也都不相同。但这些车辆却同时都在中国的高铁网上奔驰着——这简直是"后勤噩梦"——由于同时要为4种车型进行检测和维护服务，全国各地的高铁运用所、高铁维修中心都需要为这4种车型准备足够的备用零件，工人们要学习4种车型的相关知识，司机也要学习4种列车的驾驶方法。

这还没考虑到中国辽阔国土带来的超大温差及其他环境因素。以行驶从北京西到广州南的列车为例，隆冬时节北京的气温可以低至零下十几摄氏度，而同时广州的气温则可能为20摄氏度。如此一来，维护成本、工人负担大大增加，同时也增加了出错的概率，影响效率和安全。

从根本上来说，还是因为高铁的标准不统一——毕竟，这些列车都是引进技术的成果，尽管优秀，但标准还是别人的。只有统一标准，才能避免后勤维护上的尴尬局面。于是，中国铁路做出了一个重大的决定——研制中国标准动车组列车，简称：标动。

2012年，在中国铁道科学研究院的牵头组织下，联合中车集团及多家科研机构和企事业单位，"中国标准动车组列车"项目正式启动。标动的出现，意味着未来高铁司机、检修工人的负担将大大降低，同一速度等级之间的列车可以互联互通，实现灵活调度。这才是真正做到了"全国一盘棋"。2016年7月15日11点20分，两列相向而行的中国标准动车组在郑州到徐州的线路上以420千米的时速完成交会，两列火车之间掀起的"列车风"使得车窗在一瞬间承受了近2000帕的压强，但车内的人员和设备都未受到影响——这是世界铁路历史上最严酷的一次列车交会试验，也标志着中国标准动车组的超高性能和品质，更意味着中国开始朝着前所未有的400千米时速的高铁迈进。

2017年6月，标动正式亮相，并被命名为"复兴号"，代号CR400——它完全由中国工程团队设计、制造，中国标准总计254项，占比达到84%，80%的零部件为自主可控的国产产品，寿命和性能都远超之前的"和谐号"动车组。[①]

到2016年底，中国的铁路里程已经超过12.4万千米，高铁里程2.2万千米，比全球其他国家高铁里程的总和都长，拥有超过2500列动车组，每列车的造价在1.6亿元左右。如果在未来能够将其全部替换为中国标准动车组，将会带来超过4000亿元的国产替代空间。

2022年，中国中车已经成为世界铁路车辆领域毫无疑问的"头号玩家"，中国高铁也走出国门，成为代表中国制造业的一张"金质名片"——从"中华之星"到"复兴号"，我们走了整整20年。

[①] 国家铁路局. 时速350公里复兴号中国标准动车组[EB/OL]. (2018-11-02) [2022-05-01]. http://www.nra.gov.cn/ztzl/hd/cxdh/cxcg/zlj/zljj/201811/t20181102_146851.shtml

第十八章　电网系统的国产替代

半岛电视台之前拍过一个纪录片，叫"*Powerless in India*"，大概讲的是印度贫民窟电工帮其他小伙伴偷电的故事。其中有一段是说在印度，只有一些中产阶级甚至是贵族阶级，才能获得每天长达 18 个小时不断电的 VIP 待遇，这已经是很少数人才能获得的"特权"；以至于社交媒体上有些印度人听说同为十几亿人口的中国，能够实现 24 小时供电时，是根本不相信的。

中国电网供电覆盖人口超过 11 亿，覆盖面积高达 88%，如此大的供电规模，它的城网供电可靠率竟然可以达到 99.97%。农网供电可靠率低一点，多少呢？99.91%。而这样的成就背后，是中国历代科学家和电网工作者长达几十年艰苦而又卓越的工作。

"世界上最可靠的电网系统"

从电网稳定程度和技术实力来说，中国毫无疑问有着全世界最好的电网系统。中国近 5 年发明专利数量排名第一的不是华为，不是中芯国际，也不是任何一家互联网企业，而是国家电网。2021 年夏天，仅 7 月中国就有 11 个省市的电网负荷创了历史新高，广东、浙江、江苏三省的日用电负荷一度超过了 1 亿千瓦，任何一个省拿出来，都能超过法国、德国一个国家的用电负荷。而这个夏天，唯一出现了较大规模停电的城市，是被"7·20"暴雨袭击的郑州，而且郑州也在雨停后迅速抢修恢复了供电。

在能源领域，有一个著名的"能源不可能三角"：不可能既在发电端环境友好（清洁低碳），又在供给端稳定、安全、可靠，还能在消费端价格低廉、经济实惠。"能源不可能三角"的背后，是全球电力系统建设所面临的共同挑战：如何在提供清洁、稳定、可靠的电力供应的同时，还能实现成本的最小化？

如今看来，以特高压输电为电力调配核心技术的中国新型国家供电系统，可能是目前为止最有望突破"不可能三角"的国家供电系统。首先，发电端的环境友好取决于清洁能源的使用和技术的进步。根据国际可再生能源机构 IRENA 的数据，2019 年，中国陆上风电、太阳能光伏、水电累计装机规模分别占全球总量的 34%、35%、27%，均居全球第一。此外中国在核电领域也有不错的技术储备，水平跻身世界前列。目前在占到中国发电端核心地位的火电领域，中国也有目前全世界效率最高、最清洁的火电厂：上海外高桥第三发电厂（以下简称"外三"）。

外三在 2013 年就打破了原先由丹麦电厂保持的最低煤耗世界纪录，并且保持至今。其所使用的尖端技术虽然出于成本等原因，还不能更加广泛地运用在其他普通的火力发电厂里，但可以看出我们的技术水平已经处于全球领先梯队之中，且发展速度飞快，研发投入也相当可观。

其次，中国有全球独一无二的特高压输电网络，全球特高压输电的相关技术的主要标准都是由中国制定的。在核心技术的保驾护航之下，大开大合的全国性调度，构建了世界上最稳定的电力供应系统。2021 年 1—8 月份，全国跨区送电完成 4492 亿千瓦时。其中，华北送华中（特高压）35 亿千瓦时，华北送华东 457 亿千瓦时，分别同比增长了 13.5% 和 30.2%；而风电不给力的东北送华北 357 亿千瓦时，同比下降 13.0%。当时刚刚遭遇了普遍性暴雨的华中送华东 239 亿千瓦时，送南方 166 亿千瓦时，分别同比下降了 10.3% 和 10.2%。西北送华北和华中合计 1319 亿千瓦时，同比增长 17.4%；西南送华东 506 亿千瓦时，同比下降 16.4%（见图 4-18-1）。另有其他送电 1413 亿千瓦时。

西电东送，西气东输，南水北调……中国人在这种全国性大开送电大合的调度里，实现了开着空调吃着火锅，看着电影打着游戏的日常生活。

最后，能源消费和绝大多数消费领域一样受规模效应的影响，庞大的用户群体，加上高频的需求，对于降低成本和技术迭代都有很好的作用。尤其是在民用消费端，

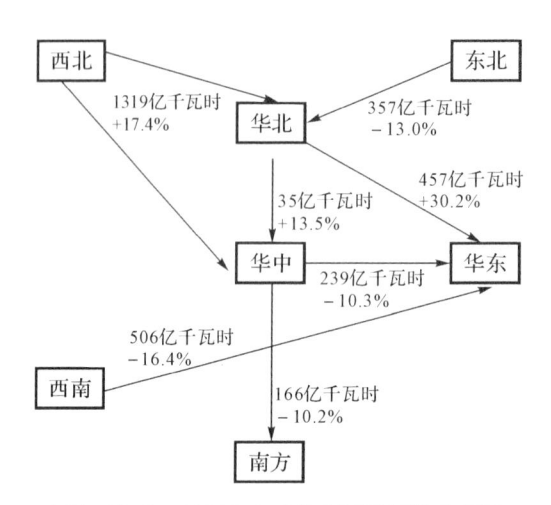

图4-18-1　2021年1-8月全国跨区送电情况

中国的电价实行的是"基准价+上下浮动"的机制，上浮不超10%，下浮原则上不超15%（2021年10月8日起，市场交易电价上下浮动范围已经调大到了20%）。这不是说不让你用价格调节供应，而是限制了电价的"暴涨暴跌"，通过缓涨缓跌留出调控的时间和空间，优先保证普通人生活成本的相对平稳。

反观西方，能源价格基本由市场主导，正常情况下可以通过价格在一定程度上促进供需平衡。可一旦供需错配的程度超过了正常水平，直接后果就是成本压力不断向下游传导，最终导致居民电价疯狂飙涨。更有甚者，一旦遇到类似得州雪灾的极端情况，稀缺性就立刻演变为一场流动性危机，市场调节机制彻底失灵，只有奇货可居的发电公司趁机大发横财。

可以说，中国通过统一指挥、统一调度，全国供电一盘棋的方式，加上中国一代又一代电力人和科研团队的付出和劳动，在制度和技术的双重加持下，才造就了今天在供应端和消费端同时具有很高稳定性的、全球最可靠的国家电力系统。

特高压输电建设的过程与经验

在中国国家电网的所有技术中，最具有代表性的是特高压输电技术。

中国国土辽阔，各个省区市之间的资源禀赋天差地别，所以本地的用电需求通常无法与之匹配。拿光伏来说，中国的太阳能资源主要集中在用电需求最低的西北部，而用电需求最高的则是光照资源贫乏的东南沿海地区。这导致在西北光照资源最丰富的新疆和甘肃两省区，在 2016 年特高压输电线路成型之前，弃光率一度高达 30%。也就是说，当地利用光伏发出来的电，有三分之一都被浪费掉了。怎么把这种资源禀赋和用电需求之间的区域性错配问题解决掉，是中国电力系统建设过程中最重要的课题之一。

今天我们从光伏角度来看特高压的决策，仿佛天经地义。毕竟，光照资源完全受限于地理条件，你不能把新疆的阳光装上火车，运到上海去照耀外高桥的太阳能发电板。所以看上去，特高压输电几乎是华山一条路，根本就没有别的选择。但在1978—2010 年，我国火力发电装机和发电量长期占比分别在 68% ~ 76%、75% ~ 83%波动（火电数据近似为煤电数据），其余几乎全为水电。[①]煤炭可不像光照一样严格受到地理限制，作为一种矿产资源，它完全可以从山西运到上海外高桥的锅炉里去烧。所以很多人认为，从经济成本和技术难度上考虑，与其建特高压电网，还不如把资源都投给性价比更高，还能解决问题的铁路建设。

另一方面，我国的电力技术基础向来薄弱，从技术到设备的落后幅度都很大。国网的专家有一次去美国特高压试验基地考察，美国方面不准记录、不准拍照，不给任何的数据，进门时还要搜身检查。一位试图使用相机的中国专家，镜头盖还没拿下来，就被美国同行大声呵斥制止。[②]

在种种因素的叠加之下，要选择特高压电网作为中国电力问题的解决方案，决策层和电力人面临的是政治、经济、技术等全方位的惊人压力，绝不是许多后人看来一拍即合、全无异议的轻松决定。

2006 年 12 月，中国首条交流特高压输电线路工程主设备研制的攻坚战正式开始。国网安排了特变电工沈阳变压器集团有限公司和保定天威保变电气股份有限公司同时推进项目，结果在 2008 年突击战的紧要关头，两家公司的变压器全部试验失败。一

---

① 王志轩. 四十年煤电脱胎换骨与新历史使命 [J]. 新能源经贸观察，2018(9):5.
② 古清生，黄传会. 走进特高压 [M]. 北京：中国电力出版社，2009.

位年逾 50 岁的总工在失败现场号啕大哭，那种不顾尊严、撕心裂肺的哭声，正是中国核心产业自主化探索过程中，探索者背负的心灵重荷的真实写照。①

2009 年 1 月，起自长治、途径南阳、终至荆门的中国首条特高压交流线路正式投运。2010 年 8 月，国网召开了特高压表彰大会，宣布核心技术国产化率达到 90%。对于特高压工程的建设者来说，这是一次里程碑式的胜利。但这条试验意味浓厚的线路，最大输送功率只有 283 万千瓦，离预期中的 500 万千瓦还有相当一段距离。国内一批电力领域的专家和学者，为此再次联名撰写报告，向中央提出这一工程耗资巨大却收效甚微、电网规模膨胀加剧国网垄断、交流特高压审批程序上有瑕疵等一系列问题。但最终，在中国越来越严重的大气污染问题面前，中央一边着力规范项目审批和工程监管，一边力排众议，坚持了特高压电网的建设方向。

2013 年 9 月 10 日，国务院印发《大气污染防治行动计划》，其中提出要让长三角关停部分火电厂，增加区外送电。在同年的中国社会科学院《气候变化绿皮书：应对气候变化报告（2013）》中，称这一年为"中国 52 年来雾霾天最多的一年"。

当时，国家电网最重要的项目，是将华北、华中、华东电网用特高压交流线路连接起来的世纪工程"三华联网"。其中，华东电网的"北半环"因为要走评审流程，已经搁置了一年之久。持久的论战，一度让用电大省江苏的代表在研讨会上大发雷霆，质问反对者：如果不能建，江苏一年至少 700 万千瓦的用电缺口怎么办？② 直到 2014 年 5 月，在国家大气污染防治政策的推动下，卡了将近两年的"北半环"才终于获准。另有 11 条特高压输电线路也在同期提上日程，中国迎来了特高压工程建设的最高峰。

同时期中国特高压电网的电气装备实现了 100% 的国产化，成为名副其实的"中国制造"。这场艰难而又跌宕起伏的电力装备革命，终于迎来了开花结果的时候。"特高压工程技术"也在 2017 年获得了国家科学技术进步特等奖。

2018 年底，中央经济工作会议明确将特高压列入"新基建"，自此中国特高压电网进入新的发展增长期。如今通过这张贯通全国的电网，每年有超过 5000 亿千瓦时电从西部送往全国各地。其中以光伏发电收益最为典型，自 2016 年以后，新疆"弃

---

① 古清生，黄传会. 走进特高压 [M]. 北京：中国电力出版社，2009.
② 张慧，范珊珊. 特高压僵局 [J]. 能源，2014(01):68-75+112.

光率"从 30% 下降到了 5%，甘肃下降到了 2.4%[①]，青海到河南的特高压直流工程则将 100% 输送可再生能源。弃光率大规模下降的直接好处，就是光伏发电的成本优化。可以说如今中国领先于世界的光伏和风电产业发展，都和特高压输电网络带来的利好有着不可分割的关系。

然而，在清洁能源的使用过程中，中国电力系统又迎来了新的挑战。

能源转型过程中的阵痛

即便是世界上最稳定的电力供应系统，也不是不会出问题。2021 年，在全球电荒的大背景里，中国也出现了一波大规模的"限产限电"，尤其是东北出现民用电被拉闸事件，引发了很大的舆论反响。

这一轮的限产限电，原因主要有两个：一是中国供电结构和异常天气的影响；二是由于经济转型和对煤炭产业的进一步规范监管，决策层做出的预判与最终的实际情况出现了一些偏差。中国的供电结构主要以火电为主，其次是水电和风电。根据国家能源局发布的数据，截至 2021 年 12 月底，全国发电装机容量约 23.8 亿千瓦，同比增长 7.9%。其中，风电装机容量约 3.3 亿千瓦，同比增长 16.6%；太阳能发电装机容量约 3.1 亿千瓦，同比增长 20.9%。[②]但注意，装机容量所代表的只是理论上的发电能力，而并不是最终实际的发电量。像水电、风电、太阳能这类"靠天吃饭"的能源，实际发电量非常受限于实时天气，装机量不仅不能代表实际发电量，有时候差距还非常大。以 2020 年为例，燃煤发电就以 49% 的装机容量，提供了 61% 的发电量；而风电和光伏以 24% 的装机容量，却只贡献了 9% 左右的发电量。到了 2021 年，因为气候异常，进一步加剧了这种装机容量、发电量之间的不匹配。2021 年 1—8 月，全国发电装机容量 22.8 亿千瓦，其中水电装机量上升了 4.9%，但全国规模以上电厂水力发电量还

[①] 2016 年西北弃光率：新疆甘肃超 30%[EB/OL]. (2017-01-22) [2017-01-22]. http://www.cena.com.cn/semi/20170122/84495.html.

[②] 国家能源局. 2021 年全国电力工业统计数据 [EB/OL]（2022-01-26）[2022-07-14].http://www.nea.gov.cn/2022-01/26/c_1310441589.htm

同比下降了 1.0%。其中的空缺，主要就是靠煤电填补的。

"今年夏季高峰期时，东北 3500 万千瓦风电装机一度总出力只有 3.4 万千瓦，虽然是瞬时小概率事件，但电力供应要保证全年随时随刻的稳定供应，矛盾非常突出。"国家电网电力调度控制中心党委书记董昱在 2021 年 9 月 27 日电力市场国际峰会上谈及风电不稳定性时说。自 2021 年 9 月 21 日之后，也就是民用电拉闸事件爆发的时间节点上，东北地区的风电实际发电量，还不到风电总装机容量的 10%。这部分空缺同样也要火电来弥补。新能源没能发出来的电力缺口，都指着烧煤填上，但是产煤大省河南、陕西、山西先后被暴雨洗礼，部分煤矿的开采、生产要停，影响更大的是一些运煤线路也受到影响或被迫中断。

这种异常天气对整体供电局面的影响，不只在中国出现了，在全球也很明显。2021 年欧洲风电、水电占比较高的国家，都面临巨额的发电量缺口，进而带来了全球天然气的供不应求、价格暴涨。2021 年，欧洲的电价就已经普遍比一年前涨了超过一倍。到这一年 7 月，意大利的电价已经涨了 166%，西班牙涨了 167%，德国涨了 170%，连法国这种以往电力供应明显过剩的国家，电价都涨了 134%。而美国的居民端电价也已经升到了历史新高的每千瓦时 13.9 美分。[1]

在能源和电力供应完全市场化的机制之下，发电端高企的成本，会不断向下游传导，甚至是放大。但中国为了保证居民生活成本的稳定，采取了"计划电，市场煤"的方式，把压力更多地交给了企业。然后再通过"价格上下浮动"的机制，配合减税降费等调控措施，帮助企业降低成本。比如在 2021 年拉闸限电的情况出现后，政府就很快调整了市场交易电价上下浮动的范围，从原先的 –15% 到 +10%，调大到了上下浮动 20%，并开始为煤电企业实施阶段性税收缓缴政策。

除了自然的原因之外，导致 2021 年这一轮限产限电的另一个原因，和中国目前的经济转型，以及对能源产业的规范建设，有不小的关系。

现在大家已经有了一个共识：碳排放权 = 发展权，所以能耗和经济增长是关系极为密切的一对数据，绝对不能割裂开看。在能耗指标里面就有一个非常重要的指标，

---

[1] 赵伟 . 海外电价飙升，"添火"全球大通胀 [R]. 西安：开源证券，2021.

叫作"单位GDP能源消耗",就是一次能源消费总量与国内生产总值(GDP)的比率。一般来说,这是个用来反映能源使用效率的指标,但其实它背后还有一个隐含的内容,就是可以在一定程度上反映出一个国家的经济结构。

第一、第二、第三产业中,能耗最高的就是第二产业,也就是制造业。作为第三产业的消费服务业,是天然的低能耗、低污染产业。一个国家的单位GDP能耗特别低,往往意味着这个国家的第三产业比较发达。2012年至2019年,我国以能源消费年均2.8%的增长支撑了国民经济年均7%的增长。这是一个低能耗+高增长的模型,背后的逻辑是,这个阶段中国的消费服务业占GDP比重在不断上升,而工业制造业的占比则在下降。

过去我们在第三产业占比上升、第二产业占比下降的情况下,对低能耗+高增长的模式非常适应。但事情变化的节点,就是2020年开始的新冠肺炎疫情。之后的一到两年,中国几乎成为全球唯一一个运转保持完好的大型制造业基地。而全球制造业订单以非正常的速度突然向中国集中,其所带来的直接结果,就是中国的能耗强度也出现了明显的上升。

2021年第二季度,中国的工业产能利用率达到了78.4%,是这个指标开始公布以来的最高水平。而单从用电量来看,2021年1—8月份全国全社会用电量54704亿千瓦时,其中:第一产业用电量660亿千瓦时,同比增长19.3%,不过基数太小,实际用电量的增长只有106.8亿千瓦时。第二产业用电量36529亿千瓦时,同比增长13.1%。但和第一产业刚好相反,第二产业的用电量占了全社会用电量的66.8%,基数太大,所以实际的用电量增长了4231亿千瓦时,是第一产业的近40倍、第三产业的2.5倍。第三产业用电量9533亿千瓦时,同比增长21.9%,实际用电量增长1712.7亿千瓦时。

疫情使得中国这两年的经济结构在很短时间内出现了一个明显的变化:高耗能产业成为经济增长的主力,低耗能产业的权重则出现了阶段性的回落。这是谁都很难准确预料到的情况。中国通过全国一盘棋的方式来保证供应+价格的稳定,前提就是需要进行计划和预判,但有预判就会有偏差,在2021年这个极为特殊的年份,疫情的反复,大大增加了中国能耗格局的不确定性。

我国的煤炭产能曾有相当长一段时间是严重过剩的,后续国家加强了对煤炭开采的监管,每年挖多少煤、用多少电,是有一个预估的。其中有个东西叫煤管票,是煤炭行业专用销售票，理论上有这个东西才能经营销售煤炭。拿了许可的核定内产能，我们叫表内产能。但煤矿生产的弹性非常大，有些可能核定的只有100万吨产能，但实际产能完全可以达到200万吨以上，所以超产在这个行业曾经非常普遍，最终产生了大量无法完全统计的表外产能。中国过去的煤炭供应，实际上是由表内产能+表外产能一起撑起来的，但表外产能的部分是个黑箱，谁也无法准确说出这些煤矿到底挖了多少煤出来卖给电厂，总之过去那些年是实现了国内电力供应的基本平衡。但不受监管的超产总会伴随安全、污染和贪腐等问题，从2020年开始，国家就在加大对煤炭产业的监管力度，加强了对煤矿开采的安全监察，产煤大省内蒙古也开始涉煤反腐"倒查20年"。2021年的《刑法修正案》，更是规定只要是有现实危险的违法超能力生产，哪怕还没有出现重大伤亡事故也要入刑。

这些针对煤炭产业的规范措施，极大地压缩了表外的煤炭产能，但也给决策部门留下了一个巨大的数据真空，没有人能具体说出本就不透明的表外产能到底会减掉多少，提前制订的产能计划与实际需求情况产生偏差，几乎是必然的。

总的来说，2021年中国出现的限产限电是多种因素叠加才出现的结果。而中国从来就不是神话自己永不出现问题的国度，出现问题我们就会很快调整，出现错误就会迅速投钱纠错。中国电力发展史上就有2003年电荒后促进加快发电项目审批进度，促进中国电力产业投资和技术进步的先例，最终在能源上保证了中国在2003年之后经济的腾飞。而在2021年"限产限电"事件之后，关于输电、发电、电价、并网、灵活性改造等方面的文件，也在陆续出台。

一个国家只有能够维持充足而相对廉价的能源的持续供应，才能形成一个社会持续发展的基础。中国的电力和能源产业结构固然也存在一些问题，进而产生一些阶段性的阵痛，但毫无疑问的是，中国绝不会简单地遵循海外的市场发展经验搞全盘"拿来主义"，而是一定会坚持自主探索、博采众长，通过不断的技术进步和产业升级来走出一条自己的路。

今天，中国已经实现了电力系统关键领域的完全自主。即使从明天开始停止进口所有电力设备，也不会对国内的电力供应格局产生太大影响。而在实现这一成就的过程中，有几个非常值得参考的经验教训。

其一，是一定要立足本土需求，坚持自主创新，不要迷信既有的先进技术。

中国拥有庞大的人口和广阔的国土，这意味着我们在很多领域都会出现和其他国家截然不同的产业需求，面临并无经验可以借鉴的技术难题。很多时候，海外现成的所谓先进技术，其实根本就解决不了我们所要解决的问题。以我们小浪底水电站的建设过程来说，这项工程几乎聚合了当时所有水利水电工程中能遇到的地质难题，最初进行全球招标时中标的3个海外项目组，开工没多久就遇到了塌方。后来国内的项目组决定自己接手攻坚。由于耽误了工期，外国专家预言，小浪底截流，最快也要推迟一年。但中国人接手工程8个月后，3条导流洞就全线贯通，半年后，中国人就抢回了被外商延误的全部工期。[①]

其二，学会利用市场优势，以项目为核心，构建自有的技术研发平台，以开放的心态进行技术、管理的经验交流。

以中国核电建设为例，由于欧美和日本等发达国家对中国实行了极为严格的技术封锁，中国核电建设的初期走得极为艰苦。秦山的一期建设过程中，中国人组织了上万个单位协作攻关，才解决了388项技术难题，最终实现交付。

而到了建设大亚湾核电站的时候，通过产业化的运作和一些商业博弈手段，引进了海外先进的建设和管理经验，把大亚湾项目活生生操作成了一个大型的学习实践基地。各地电力系统当时都把厂长和书记拉到大亚湾去培训，管理干部一批一批地跑去学习。以大亚湾项目实现的技术合作交流也都十分高效，给后来中国核电走上产业化道路，成为世界核电产业声量巨大的一方诸侯，提供了巨大的帮助。

其三，在特高压输电的建设过程中，运营商和设备商之间的合作模式，非常具有借鉴意义。

运营商指的就是国家电网，设备商中最突出的则是特变电工和许继电气。特高压工程能够成功，来源于二者之间的紧密配合、协作攻坚。国家电网作为运营商主导工程，承担了绝大部分论证工作，有效化解了各方利益博弈中产生的矛盾，顶住了外界的巨大压力，同时以电网建设为市场和技术平台，通过商业博弈，为设备商创造出了

---

① 国家电力监管委员会,中国电力报社,中央新闻纪录电影制片厂.百年电力[EB/OL].(2008-05-12)[2008-05-12].https://www.bilibili.com/video/BV1X64y1f7A5?spm_id_from=333.337.search-card.all.click.

稳定的市场环境与投资回报。而设备商则专注负责技术研发攻坚，背负着沉重的期望与压力，不断进行产品研发和迭代，最终实现了市场与技术的双赢。

在事关民生大计的重大工程中，这种运营商和设备商的合作方式已经多次被证明了价值，比如在高铁的建设过程中，铁道部对外资设备商因势利导，扶持南北车，就是一个非常成功的案例。

其四，在解决供需错配的过程中，不能迷信市场机制，而要充分发挥宏观调控的作用，始终立足民生、着眼全国，对长期目标保持充分耐心，在实现目标的过程中坚持灵活的调整机制。

第十九章　中国工程机械产业

古希腊物理学家阿基米德曾经说过著名的一句话："给我一个支点，我能撬动地球。"而工程机械产业在国民经济发展过程之中，起的就是一个杠杆的作用。工程机械（分类见表4-19-1）产业的整体规模并不算特别大，和汽车、芯片这样的大产业比起来只能算是个小角色。但工程机械产业撬动的价值却比汽车之类的产业大得多——像三峡工程和南水北调这样的国家级计划，其价值是不能用金钱来衡量的。

对中国这样的发展中国家来说，工程机械是刚需中的刚需。每一轮基础建设狂潮，都能给整个中国工程机械产业带来一轮盛世。但最近几年，各种大型基建项目相继完成，工程机械产业整体上也进入了一个发展较为平缓的阶段。

表4-19-1　主要工程机械的分类

挖掘机	叉车
装载机	轮式起重机
筑路机及平地机	塔式起重机
推土机	混凝土泵
压路机	混凝土搅拌车
摊铺机	混凝土泵车

资料来源：《中国工程机械工业年鉴》

中国先后从苏联和西方引进工程机械技术

中国工程机械产业的发展史背后是中国的建设史。新中国成立后，百废待兴。但当我们面对重建国家的重任之时，才发现我们根本没有什么工程机械来支撑建设。当年的中国别说生产挖掘机了，甚至连蒸汽机都没办法生产——当年林彪四野在东北调兵遣将用的蒸汽机车都是从"伪满"接收的日本货。中国当时毫无制造能力，甚至连维修能力都非常有限。因此，回看当年的建设历程时，我们会发现：我们总是在强调"人定胜天"之类的精神——原因无他，因为除了人的力量，当时的我们一无所有。宝成铁路、治理淮河、红旗渠……这些早期的伟大工程几乎都是靠中国千千万万的同胞填上去的。

对笔者来说，这样的历史背景甚至都不需要找别人的例子：笔者的爷爷当年就是修宝成线的铁道兵，奶奶二十几岁时也在长江边扛着扁担挑土修大堤。可是，人的力量毕竟有限。为了更好更快地建设国家，中国就必须打造自己的工程机械行业。中国工程机械的技术从哪里来？答案很简单——苏联！

在苏联的支持下，中国开始用测绘仿制的方法生产各种工程机械。仿制的对象为当年苏联使用的主流产品。1954年，抚顺造出了中国第一台机械式单斗挖掘机，原型是苏联的Э-504；1956年，长春造出了中国第一辆载重卡车，原型是苏联的ZIS-150；1957年，北京造出了中国第一台汽车起重机，原型是苏联的K51；1958年，洛阳一拖造出了中国第一台拖拉机，原型是苏联的DT54。

这些工程机械的性能不好说有多么强悍，但毕竟是苏联老大哥自己都在用的东西，绝对不会差到哪里去。作为一种获得技术的手段，"测绘仿制"的优点和缺点都很明显——优点是速度快，特别适合当年百废待兴、只争朝夕的中国，可以让我们在几年时间里就获得和世界主流水平大差不差的产品。缺点也很明显——知其然、不知其所以然——只知道应该怎样做，不知道为何要这么做。由于缺少独立的研究过程，虽然能够根据别人的图纸和样品仿制出来东西，但却很难在这个基础上做出突破和改进。

简而言之，"测绘仿制"保住了当年中国的工程机械行业下限，但也锁死了上限。

随着时代的发展,"测绘仿制"的"反噬"很快就来了——改革开放后,中国工程机械开始出海与外国厂商竞争,然后就被人家实实在在地教训了一番——技术上的差距,实在是太大了。

被这种惨败教训的不仅仅是工程机械行业,实际上,当时中国的各行各业都在国际市场竞争中吃了苦头。

已经掌握的技术太落后,研发新技术又来不及,于是,我们选择了第三条路——引进技术。

"引进技术"看上去似乎挺好,但在落实阶段却经常陷入失控状态。1979 年和 1985 年前后,各地为了引进技术差点直接把国家外汇储备给用光。更惨的是,钱花了,技术却没有学会——当时的中国市场根本不需要那么多的产能,大量生产线建成即停产,造成了严重的浪费。有的生产线早已落伍,地方政府花大价钱买来的却是淘汰的破铜烂铁——这种"高价收购外国垃圾"的故事甚至都成了八九十年代文艺作品里的经典桥段。

不过,工程机械领域的技术引进则非常成功。成功原因有两个。首先是外部环境有利——20 世纪 80 年代,国际工程机械市场风云突变,日本小松崛起,小松凭借自己在液压技术和价格上的优势杀得美国巨头卡特彼勒(CAT)丢盔弃甲,老地盘接连丢失,被逼入绝境的 CAT 只能选择开辟新的市场。而恰好当时中国正在快速发展,对外国工程机械和技术的需求极其旺盛,官方也在积极牵头,于是中外双方一拍即合。

其次就是引进技术的模式非常科学——1986 年,CAT 和我国签订了技术转让合同,国内的工程机械厂商分别负责一项或几项技术,政府主管部门则做好监督工作,统筹整个"引进—吸收"的进度——毫不夸张地说,当年我们简直是以倾国之力,把 CAT 的技术掰开了、揉碎了来学习。这轮技术引进让中国的工程机械行业获得了巨大的进步,虽然仍无法在国际市场上和外国巨头竞争,但在国内市场上已经有了足够的实力。

就这样,在引进技术和吸收技术的过程中,中国工程机械行业走过了整个 90 年代。当今中国工程机械行业的三巨头——徐工、三一、中联,都是从这个时期开始发力的。这个时期,中国工程机械行业基本处于一个低调学习的阶段,发展速度虽快,但背后却存在很多问题:行业整体标准严重落后,跟不上国际市场的要求;有的厂商直接仿制外国产品，毫无自主知识产权；绝大多数产品可靠性很差，败坏中国制造的名声；全行业低价内卷大打价格战……

时间到了 2008 年前后，事情发生了巨大的变化——引进的技术早已完全吃透，行业厮杀尘埃落定，相关标准和法规逐渐完善——中国工程机械行业的"内功"修炼完成。然后，"四万亿"计划出台，中国开始了大规模的基建计划——中国工程机械行业迎来了有史以来最大的一轮高潮。2010 年前后，中国工程机械的产量和销量双双达到了世界第一，终于到了冲击国际一线水平的时候。

冲击国际一线水平依靠什么？一个是经营水平，一个是技术。对已经站在"准一线"阶段的中国工程技术厂商来说，"引进技术"已经没什么意义了——值得被我们引进技术的厂商早已和我们"短兵相接"了，怎么可能会给我们技术？因此，在这个阶段，中国工程机械厂商获得技术的手段再度发生了变化——浩浩荡荡的收购行动开始了。

"买买买"的胜利：通过并购升级技术

2008 年，中联重科收购了意大利混凝土机械厂商 CIFA，保留了国外管理和生产团队。中联重科通过这次收购，借助 CIFA 之前的基础，成功渗透到了 70 多个国家和地区。2011 年，徐工集团也在欧洲进行了两次并购，分别拿下了荷兰 AMCA 和德国 FT，后来又收购了德国施维英公司。2012 年，三一集团收购了德国普茨迈斯特。同年，柳工集团收购了波兰 HSW 公司。

被收购的这几家都是什么来头呢？被中联重科收购的 CIFA，被徐工收购的施维英，被三一拿下的普茨迈斯特，这 3 家都是欧洲著名的工程机械"老炮"，3 家都是全球混凝土泵车行业的顶尖玩家。笔者从外国某工程从业者论坛上摘录了一段话，大家可以试着感受一下这几个品牌的地位。

We have 28 Schwings, 3 Putz and 5 Cifa's. As an owner CIFA has a better dollar for dollar buy and wear. A few of the ops that run the Cifa's don't care to run a SCHWING anymore. I had been a SCHWING man my whole life. I don't run a pump everyday anymore but I evaluate where every dollar is spent. I'm not saying one is better than the other. SCHWING has been the top dog for many years and looked away from the competitor but take into consideration the competitor caught up and in some aspects walked right by.

译文：我们有 28 台施维英、3 台普茨迈斯特和 5 台 CIFA 的泵车，作为一个车主，我想说 CIFA 的性价比真是太高了——开了 CIFA 就忘了施维英了。我之前一辈子都在开施维英，现在我很少自己开车了，就要计算我的每分钱都花在了什么地方。我不是说 CIFA 比施维英好，施维英是远超同行的顶尖高手这不假，但其他竞争者在别的方面的确也追赶上来了。

实际上，通过并购来获得技术优势的策略也是一种经典战术——还记得 20 世纪 80 年代时候 CAT 被小松吊打的故事吗？CAT 后来也走了收购路线——液压件打不过小松，不要紧，爷直接砸钱收购几个专门做液压件的公司就好了。现在，中国厂商已经紧紧咬住了国际顶尖玩家的 6 点方向——国际工程机械排行榜 Yellow Table2021 年给出的排名里，第一、第二分别是美国 CAT 和日本小松，三、四、五名则是中国的徐工、三一和中联。

平心而论，中国工程机械厂商这么多年走下来，一直都在"摸着别人过河"——最开始是苏联老大哥，后来是欧美日韩。摸到今天，欧陆的一些厂商都变成中资控股了，前方已经"摸无可摸"，我们已经完成"应收尽收"了——公开市场上能收购的都收购了，不能收购的要么我们看不上，要么就是别人的"亲儿子"——如今，摆在中国工程机械厂商面前的路只有一条：自研。

中国工程机械产业的"翻身之路"

中国工程机械几十年走下来，遵循"仿制—引进—收购—自研"的升级路线，技术上完成了从"一无所有"到"应有尽有"的飞跃。在这次艰难的技术"长征"的背后，则是中国工程机械市场格局的剧变。从技术发展时间线来看，改革开放之前的事情不谈，2001 年之前，中国工程机械行业处于低调蛰伏的状态，慢慢发育，慢慢学习。

2001—2008年，国内市场玩家相继进场，群雄逐鹿，开始进行残酷竞争。2008年后，国内竞争尘埃落定，"三分天下"格局确定，开始出海。

从历年《中国工程机械工业年鉴》的数据里也可以感受到类似的变化。1993年，中国液压挖掘机仅仅生产了2349台；整个20世纪90年代，中国液压挖掘机的单年产量都没有突破1万大关。但从2001年开始，事情开始发生了一些变化：2001年，液压挖掘机产量突破1.2万台；2002年，这个数字变成了20147台；2006年，49625台；2008年，82975台；2011年，仅仅销售出去的就超过了16万台。

与此同时变化的，是中国工程机械的进出口力度。20世纪90年代，中国工程机械的进口与出口之间的比例极为夸张（见表4-19-2）：1993年，我们进口了10087台挖掘机（同年只生产了2349台）、6291台推土机、4244台装载机。同年，我们只出口了381台挖掘机、617台推土机、236台装载机。进口与出口之间相差一个数量级。

表4-19-2 1993年中国工程机械进出口情况

分类	液压挖掘机/台	73.5kW（100马力）以上推土机/台	装载机/台	平地机/台	铲运机/台	叉车/台	压路机/台
进口量	10087	6291	4244	251	283	2628	335
出口量	381	617	236	24	45	2317	671

资料来源：《中国工程机械工业年鉴》，1993年

2003年后，中国工程机械的进出口格局开始发生转变。2003年时，我国的进口机械数量仍然很多，挖掘机市场进口量是出口量的35倍左右。但是到了2005年，情况逐渐发生变化，除了挖掘机和混凝土泵车，在其他品类上，我国成了净出口国。这种情况一直延续到了2012年前后，具体如表4-19-3所示。

表4-19-3 中国工程机械进出口情况

年份	分类	挖掘机/台	装载机/台	压路机/台	混凝土泵车/台
2003	进口量	28200	441	886	1492
	出口量	790	384	461	357
2005	进口量	18017	396	537	6070
	出口量	3839	4130	1457	692
2012	进口量	14005	507	379	223
	出口量	14939	44942	3560	2716
2016	进口量	13511	419	402	0
	出口量	13902	28468	1760	644

资料来源：《中国工程机械工业年鉴》，2003—2016年

随着中国大基建时代落幕，工程机械的进口需求暴跌，但出口却一直坚挺——相比进口额，中国工程机械的出口已经呈现出了数量上的碾压态势。2016年前后，当我们已经"应收尽收"，买到了所有能买到的技术之后，进出口格局已经基本稳定：挖掘机赛道，出口略高于进口；其他赛道，出口碾压进口；部分赛道，纯输出，不进口（见表4-19-4）。

表4-19-4 2016年中国工程机械进出口情况

分类	进口量/台	出口量/台	分类	进口量/台	出口量/台
挖掘机	13511	13902	叉车	9102	166789
装载机	419	28468	轮式起重机	4	2449
筑路机及平地机	9	3117	塔式起重机	23	2565
73.5kW（100马力）以上推土机	59	1627	混凝土泵	417	1779
压路机	402	1760	混凝土搅拌车	0	6297
摊铺机	515	730	混凝土泵车	0	644

数据来源：《中国工程机械工业年鉴》，2017年

当代中国工程机械市场的进出口比例如此倾斜，可见除了挖掘机，国内市场绝大多数赛道已经彻底被国产厂商吃透了，个别赛道甚至已经到了"针扎不进、水泼不进"的地步。但需要注意的是，国内工程机械厂商的进步虽大，却仍然和国际一线品牌有较大的差距。这种差距表面上是市场份额和收入的差距，实际上是产品质量和技术的差距。

工程机械行业有一个叫作 MTBF 的指标，中文叫平均故障时间，指的是一台机器前后两次故障的间隔时间。这个指标越大，说明两次故障间隔时间越长，可靠性越高。目前，国外产品的 MTBF 都在 1000 小时以上，而国产产品则只有 500 小时。国外产品的平均使用寿命达到了 12000 ~ 20000 小时，国产产品则普遍只有 6000 ~ 8000 小时。

中国工程机械工业协会每年都会出一本《中国工程机械工业年鉴》，每一本年鉴都会有一个专门的章节来讨论产品质量问题，会详细介绍国产每一大类工程机械的常见质量问题。2016 年，抽查了 767 台不同规格的国产挖掘机，在测试中，关键零部件损伤、松脱、泄漏等故障最为频繁，液压油管接头松动和管路泄漏是主要问题。

这反映了国产挖掘机的隐痛：液压器件是极其精密的机械，内部有各种沟槽和孔洞，制造和加工难度都很大。国产液压器件故障频发，设计问题是一方面原因，质量控制是另一方面原因。于是，为了保证产品质量，国内挖掘机的核心液压元件仍然依赖进口。类似的问题也表现在国产装载机、叉车、推土机等多种需要液压器件的产品上。因此，若想追赶国际先进水平，至少要搞定像液压器件这样的关键零件。

不过，也不必太灰心丧气。目前还没有被我们拿下的技术已经越来越少了，中国的工程机械零部件也已经远销美国和日本，中国产品已经占了美国进口工程机械零部件总额的 58.8%、日本进口工程机械零部件总额的 91.7%。虽然我们要从海外进口核心零部件，但国际市场也没少从国内进口。

总的来说，笔者认为中国工程机械行业这么多年的发展堪称"崛起"二字。从"一无所有"到"应有尽有"就是我们发展成果的最好证明。而在其中最让笔者关注的事情是我们如何获得这些技术。测绘仿制、技术引进、并购重组……这些都是获取技术的常见手段，但问题是，通过这些手段掌握的技术，或许并不落后，甚至堪称先进，但绝对没有未来——因为除了自己钻研，你无法获得一个还没有研究出来的技术。

笔者并不是说这些手段不好，相反，我们恰恰应该庆幸自己选择了这些手段。正是因为这些操作，我们才能解决有无问题，然后才有资格讨论超越。今天的中国工程机械已经站在了冲击世界顶尖水平的起跑线上，我们再也没有办法靠外来的技术提高自己了。因此，对于中国的工程机械厂商来说，谁最先在自主研发上实现突破和领先，谁才是中国工程机械行业未来的领军者。

中国工程机械产业在几十年的发展中实现了"从无到有""从有到强"，背后的主要推动力就是技术的进步。中国的技术从哪里来？早期靠引进，后期靠收购，未来靠自己。今天，在工程机械领域，没有人能"卡住我们的脖子"——中国的工程机械门类齐全且技术不俗，已经圆满实现了国产替代。但这背后的成功经验，值得所有行业学习。

在笔者看来，中国工程机械产业能如此发展，离不开以下几点因素。

其一，有庞大的市场提供资金。中国庞大的市场，是中国工程机械产业蓬勃发展的大背景——没有庞大的市场，就没有那么多建设的需要，也就养不出一个强大的工程机械行业。如果我们没有一个辽阔的市场，当年也没办法吸引美国CAT与我们合作。

其二，重视技术。早年间，中国工程机械产业也有过一段野蛮生长的时间。但随后发生的事情证明，工程机械的买家们看重的永远是性能和技术——中国企业也是从那时候开始了正向淘汰，并开始积极从海外获取新技术。工程机械产业的单车利润远远高于汽车产业，但这种利润是由技术产生的，因此，本土工程机械产业才会潜心攻关，推动中国工程机械产业发展。

其三，最重要的因素是，工程机械是一个工业品，竞争没有消费品行业那么残酷。因此，工程机械所面对的市场规模并不大，买家卖家数量都比较少，竞争逻辑也很简单。在某一个或几个细分市场上，中国企业完全可以做到先引进技术，然后消化、改进、升级，最后抢占市场，并在这个过程里积累自己的资本和技术力量。

第二十章　中国高端特种设备的国产替代

在贸易高度全球化的今天，海运成了国际贸易的一条重要通路，但其与公路、空运有着本质区别的点在于，世界上绝大多数水体都是自然形成的，因此在通过海运进行贸易之前就必须先确保航道通畅。尤其是对于我国而言，两大水体长江、黄河分别位列世界河流含沙量第四位与第一位，每年有大量的泥沙堆积在入海口。大量的泥沙堆积不仅造就了中国第三大岛屿崇明岛，还堆积起了一道拦门沙。拦门沙拦住的便是世界第一大港口上海港的交易航路。以目前长江的含沙量计算，每年将在入海口堆积大约6000万立方米的泥沙，相当于64个水立方。如不解决疏浚问题，世界第一大港上海港将成为名副其实的花瓶港口，而要疏浚巷道，建立港口，挖泥船就是必不可少的一项装备，可以说挖泥船的自主国产是保证中国航运安全和商贸港口经济活力的一个重要基础。

除此之外，作为一种工程船，挖泥船不仅可以清理拦门沙，还可以将多余泥沙填海造岛，其不仅是航运畅通和港口经济发展的保障，也是我国沿海国防安全的一个极其重要的助力。

以我国南海为例，自20世纪70年代以来，南海海域发现了大量的油气资源，但由于当时我国海军和空军很难实现对所有岛礁24小时的全域覆盖，大量南海岛礁被东南亚国家非法侵占，这使我国南海战略陷入不利局面。这些岛礁面积小，且往往因为潮汐起落无法始终保持在水面以上，十分不利于戍边部队镇守。而挖泥船则可以以天然岛礁为基础，填海造岛，建造适合人类居住生存的人造岛屿。2013年，国产挖泥船"天鲸号"就在南沙作业超过200天，接连打造了美济岛、渚碧岛、永暑岛、华阳岛、南薰岛、东门岛、赤瓜岛、永兴岛共 8 座人造岛屿。由于岛屿的形状酷似航空母舰，因此也被网友们称为"永不沉没的航空母舰"。外媒曾经多次报道认为巨型挖泥船带领中国船队在南沙群岛的填海造岛，成为中国海军远海能力的一项重要保障，从事实上改变了整个南海自二战以后的战略格局，是中国基建领域又一个"瑞士军刀"式的趁手工具。

从上海港到中国南海，巨型挖泥船也因其能改变自然地理条件的能力，而被戏称为"地图编辑器"。无论从经济层面还是军事国防层面来看，挖泥船的自主研发都是中国必将走上的一条道路。

中国如何布局自己的绞吸式挖泥船

虽然今天中国的"地图编辑器"已经有了举世瞩目的成就，但在 2006 年以前，中国大中型挖泥船还基本依赖进口，国际疏浚市场长期被荷兰、比利时等国的四大疏浚公司占据，大型挖泥船技术被国外垄断，美国甚至把挖泥船列为军方控制的范围，以便对中国施行技术封锁。整个亚洲、非洲的国家在疏浚行业都毫无话语权可言，更不要提将其用于填海造岛这种国防领域。

1966 年，为了建设天津新港，国家曾经特批了 170 万英镑，从荷兰买回一艘技术已经过时了的耙吸式挖泥船，价值约等于 4 吨黄金。到了 1985 年，中国又高价从日本进口过一艘绞吸式挖泥船。虽然这艘挖泥船每小时只能挖 2500 立方米，从量级上来说只能算是一艘中型挖泥船，却也已经是当时中国所有挖泥船中最先进的一艘。

中国开启自主研发挖泥船的进程，始于 2000 年前后。当时长江口的航道疏浚工作需要大型挖泥船，买新的太贵，且等待时间太长。上海航道局领导层基于成本和时间的考虑，打算采用国内外联合设计、国内建造、关键设备引进的稳妥建造模式。但在与外方洽谈的过程中，外商倚仗自己在疏浚行业的龙头地位，提出所有疏浚设备必须由他们供货，否则不同意提供基本设计的霸王条款，最终双方未能达成一致。而后，上海航道局定下了著名的"货改耙"方案，决定将一艘万吨级散装旧货轮，改造为 1.2

万立方米的自航耙吸式挖泥船。

2001年，中国船舶集团708研究所副总工程师费龙带着设计团队，开启了大型挖泥船"国轮国造"的历程，进行了大量的技术攻关和技术创新，如肥大船型线型开发、"一拖三"复合驱动技术，双轴发主电站，PMS功率管理系统，集成控制综合平台系统，高效主动耙头，溢流、消能新技术，预卸泥门、大型锥形泥门等疏浚设备的研发等。10个月后，作为长江口疏浚的主力施工船"新海象号"完工亮相，成为中国当时最大的挖泥船。

2002年，上海交通大学在中国交通建设集团、交通运输部长江航道局、中铁建港航局集团和其他大型疏浚企业的支持下，开始了大型绞吸式挖泥船设计技术的研究，以及专用疏浚设备的开发。上海交通大学也因此被称为"绞吸式挖泥船世家"。

2006年，前身曾是海河工程局发展而来的中交集团天津航道局，作为中国第一家专业疏浚机构，主导建造了3000立方米/时规格的绞吸式挖泥船"天狮号"。这是我国第一艘具有完全自主知识产权的挖泥船。随着它在南通港闸船厂顺利下水，我国大型挖泥船事业正式起步。

2010年，由上海交通大学与德国VOSTA LMG公司共同设计、招商局重工负责建造的挖掘效率为4500立方米/时的挖泥船"天鲸号"亮相。"天鲸号"装机功率、疏浚能力均居亚洲第一、世界第三。

2016年初，亚洲最大的重型自航绞吸船"天鲲号"的建造正式开工。

"天鲲号"船长140米，型宽27.8米，型深9米，设计吃水6.5米，总装机功率25843千瓦，设计每小时挖泥6000立方米，绞刀额定功率6600千瓦，配置有通用、黏土、挖岩及重型挖岩4种不同类型的绞刀，这意味着它不仅可以挖泥挖沙，就是50兆帕强度的风化岩石、珊瑚礁挖起来也会很轻松。同时"天鲲号"具有6.5米到35米的挖掘深度：浅挖时，提升桥架；深挖时，通过桥架转换加大挖深。这个设计理念是在挖泥船领域从未有过的，但实际建造难度也是呈几何级数增加的。

绞吸挖泥船的核心是绞刀，承载它的叫桥架。"天鲲号"桥架里面搭载了绞刀以及各种电机设备，总重量达1600吨，高度相当于14层楼高。

很难想象，这个1600吨重的桥架嵌入挖泥船船体时只允许有13毫米的安装间隙，这对桥架与船体的制作精度提出了极高的要求。船体和桥架由于体积过于庞大，都是露天制造的，白天作业时一面有阳光，一面没有，导致船体与桥架两侧的材料温度不同，由此产生的形变难以避免，如果正常建造，势必会导致最后的成品因精度不达标而报废。为了对抗白天光照不均匀的影响，找到钢板最稳定、最适合作业的时间段，工程团队对钢板采用了24小时跟踪测量，最后发现晚上某段特定时间钢材的变化最小、最稳定，于是工人们每天工作的时间就从深夜开始，持续了两个多月。

"天鲲号"采取分段建设再拼装的制作工艺，全船共分成96段建设，最终的分段误差只有±2毫米，桥架的拼接误差只有±1毫米。而一般船舶的建造拼接误差是±4~6毫米。

这个庞然大物造成之后，最终要与船体连接。常规挖泥船桥架与船体的连接处就是一副水平绞合点，而"天鲲号"设计了上下两副水平的绞合点。桥架与船体的连接处，共有12个绞点：船体6个，桥架6个。连接点的轴孔与轴必须严丝合缝，不能产生空隙。空隙太大，就会产生振动，加快轴和套之间的磨损，对桥架非常不利。

"天鲲号"最小轴孔的直径只有62厘米左右，大约是一个成年人身体的宽度。焊接工人钻进去，几乎没有移动的空间，对于在孔轴上方的焊接处，工人有时还必须躺着，仰面朝上焊。按工艺标准，铸件要加热到150摄氏度以上，然后工人再进入孔轴，完成焊接工作。150度，距离工人不到50厘米，这些对每位工人来说都是巨大的考验。产线实行轮班制，2~3人一班轮换作业，每个焊工只能工作10分钟。在狭小的孔轴空间中，穿常规的焊接防护服会加宽工人的臂膀宽度，提升作业难度，棉袄在这种情况下反而成了隔热工作服。但是即便有了棉袄的保护，工人们在仰面焊接时仍会有火花落在身上，生产部车间副主任沈超回忆当时完成焊接工作后，几乎每个焊接工人的身上都有伤疤……在中国焊工的不懈努力下，"天鲲号"的焊接交出了漂亮的答卷：全部焊接长度1.4765万米，通过2653张X射线探测，合格率达到了99%以上。

几乎和中国每一个基建领域的故事一样，"天鲲号"成功的背后，不只有设计、科研团队的不懈努力，也有着中国一批顶尖的焊接和施工工人的专注与付出。

作为我国首艘从设计到建造拥有完全自主知识产权的重型自航绞吸式挖泥船，"天鲲号"泥泵电机总功率 1.7 万千瓦，最大设计排距 15 千米，一天便可以在 15 千米之外堆出一个足球场面积的人工岛。更重要的是，它可以实现全智能化，一个按键，就可以实现自动定位、自动挖泥作业，极大地减轻了对操作人员的技术要求。

2017 年 11 月 3 日，"天鲲号"在江苏启东成功下水，这标志着中国疏浚装备研发建造能力进一步升级，已处于世界先进水平。船舶监造团队王健组长在接受采访的时候说："我可以负责任地说，我们在荷兰、比利时之后排名世界第三。"

是的，追赶的脚步还没有到停止的时候，即便已经在短短 20 年里完成了举世瞩目的成就，但客观来说，中国在疏浚领域和世界最强水平的差距依然存在。比如比利时 DEME 公司研发的"Spartacus 号"已经在 CSD 疏浚设备中首先引入了 LNG 动力，包含了一整套 LNG 动力推进系统和切割系统。欧洲四大疏浚公司 Boskalis、DEME、Jan De Nul 和 Van Oord 依然占据着海外疏浚市场的大部分份额，中国船舶工业和疏浚市场走向海外的征途才刚刚开始。

中国为什么需要国产盾构机

1974 年，南疆铁路东段（吐鲁番至库尔勒）开工，该线路上有一座被称为"新光 3 号"的"灯泡"隧道，全程长 3783 米，是南疆铁路 7 座螺旋隧道中最险、最难凿的一座隧道。

23 岁的周先民随铁道兵第四师二十团前往的就是这条"新光 3 号"隧道。当时物质依然匮乏的新中国能给这些铁道兵提供的，也大多是铁锤、钢钎、风枪等极其简单且有限的施工工具，基本上没有机械化的设备。南疆铁路的整个建设过程，基本都是靠人工挖掘。挖出来的东西再靠 4 个人一起推的手推车往外送，周先民就是其中的一名"除渣工"。恶劣的气候和地质环境，再加上机械化程度极低的人工挖掘方式，周先民在新光隧道的建设过程中送走了 25 名战友。在建设南疆铁路的 5 年间，一共有 268 名铁道兵长眠于天山脚下，周先民的老连长也因公殉职。

"一个团三四千人，干了五六年，（修）一个三千米的隧道"，这就是中国隧道建设的开局和起点。几十年后，战友遗体被抬进陵园的场景，还深深刻在周先民的脑海里。这些牺牲与负伤的中国铁道兵，给一代中国铁路人埋下了一个渴望通过大型机械设备安全洞穿隧道的梦想。而早在 1825 年，由布鲁诺尔发明的盾构机就已经用于伦敦泰晤士河隧道的修建了。

世界盾构机的发展历程分为 4 个阶段：手掘式（1825—1876 年），机械气压式（1876—1964 年），闭胸式土压泥水式（1964—1984 年），高智能多样化（1984 年至今）。挖掘泰晤士河的盾构机就是手掘式，被称为第一代盾构机。而从第二代盾构机开始，就已经用机械开挖代替了人工开挖。1984 年，海外盾构机技术已经进入了第四个时代进程，而周先民刚刚在"兵改工"政策下转业到中铁十四局，此后从 1984 年到 2005 年，他参与了包括京九铁路、青藏铁路等数个国家重点项目的建设，大多数的隧道施工都还在用以人工挖掘为主的矿山法，连使用三臂凿岩台车的都只有少数隧道，更别提盾构机技术了。

如果说，泰晤士河隧道是世界上第一条采用盾构技术挖掘的隧道，成为世界隧道工程史上一个具有重大意义的里程碑，那么属于中国的里程碑，就是南京长江隧道。

2005 年，周先民被任命为中铁建十四局集团南京长江隧道项目指挥部常务副书记，指挥隧道施工。这一年后来被称为中国大盾构元年，但在当时，大盾构施工到底是什么都没有人能说得清楚，这对中国人来说是一个几乎完全空白的领域。当时修建南京长江隧道的盾构机及技术，全部是从德国花高价引进的。周先民谋划要把南京长江隧道建成大盾构人才的"黄埔军校"，于是从盾构机订货开始就派出一批又一批的学员去向德国海瑞克公司的专业技术人员求教，请海瑞克的专家给学员讲盾构机原理，请广州有盾构施工经验的专家讲操作，实地考察广州南沙项目的施工。这种深度参与和学习，培养了真正意义上的中国第一代大盾构技术人才。一开始德国人制定的一个管道安装流程需要一星期，而中国工人们一个晚上就能完工。总装第二台盾构机时，德国专家认为最快也得 5 个月，中国工人却创下了 58 天组装完毕的世界纪录。盾构机的刀片磨损后需要更换，德方派来的技术专家组换一把刀片要用两天，两天收费 20 万元，而中国工人们学会换刀之后，一个组一天可以换 8 把刀片，一天工资只需要 5000 元，光换刀一项就给当时的施工节约了 14 天时间。

2008 年 12 月 13 日，南京长江隧道还曾经出现过一次危急险情，有外国技术人员操作失误将切口压力调高，致使泥水循环系统瞬时将顶部覆盖层击穿，长江水直接进入了盾构机开挖仓。外国的专家当时没有在现场参加救援会议,最终的抢险方案和操作都由中国团队完成,中途换泥浆管道时,几十个一直守在隧道里不肯离开的工人跳进泥水里,用 20 多分钟就换完了平时需要 1 个小时更换的管道,最终切口压力逐渐恢复,南京长江隧道战胜了一场灭顶之灾。

2010 年 5 月 28 日,南京长江隧道建成通车。此后中铁十四局的大盾构业务呈井喷式增长:2016 年,国内在建的大盾构和水下隧道项目有 20 来个,其中 12 个都是十四局在做。从南京长江隧道出来的人很多都被提拔到了总工、项目经理这些职位上独当一面。南京长江隧道成了中国大盾构人才的"黄埔军校"。

2000 年,盾构机的主要部件还需要进口。2004 年上海隧道研制出了国内首台全自主设计的土压式平衡盾构机"先行 1 号"样机。2006 年"先行 2 号"盾构机在上海下线,标志着中国具备了批量生产盾构机的能力。2008 年,中国中铁 1 号盾构机下线。这是中国首台具有自主知识产权的复合式土压平衡盾构机。从此,中国告别了完全依靠"洋盾构"的局面。

1992 年后,中国的国内市场全面开放,这促使中国的重工业高速发展,铁路隧道、地铁等项目大量上马,对盾构机的需求也迅速增加。1997 年,为建设西康铁路咽喉工程秦岭隧道,我国花 3 亿元从德国购买了一台全断面硬岩掘进机(简称 TBM),进场施工后开挖、出渣、衬砌,隧道一次成型,创造了当时全国铁路隧道施工速度的最快纪录。这与另一条线采用的人工传统钻爆法,形成了极其强烈的对比。这是国外现代盾构机第一次被引入中国,使得隧道提前 10 个月贯通,真正让人感受到了技术能给工程效率和施工安全带来的天翻地覆的改变,也一下子将我们与国外的巨大差距凸显了出来,那之后大约 10 年的时间里,德、日、美三国的盾构机霸占了国内 90% 的市场。

从 20 世纪下半叶开始,欧美、日本的企业在统治全球盾构机市场之余,就已经开始对中国进行各类技术封锁。而中国盾构机技术的进步,和这种背景下科技部的政策支持息息相关。2002 年,科技部高新司把盾构机列入"863"计划,同年中铁工程装备集团在河南新乡建成了一个与盾构技术相关的产业化基地。在国家专项资金支持,央企、国企牵头下,中国科研院所同多家企业从基本原理的技术链层面,到实际应用的产业链层面协同作战，将中国盾构机的设计和制造带入全面推进的阶段。2007年，科技部基础司也将掘进装备的基础研究列入了"973"计划，成为中国掘进装备发展的又一个重要政策支持。

现任中铁高新工业股份有限公司总经理的李建斌，是中国盾构机产业化的主要参与者之一。2008年，中国"中铁1号"盾构机下线，这是中国首台具有自主知识产权的复合式土压平衡盾构机。从此，中国告别了完全依靠"洋盾构"的局面。这台机器就是李建斌团队在国家"863"计划的支持下研制的。从引进到自己造，李建斌的团队用了8年时间。2009，李建斌带领他的团队开始了盾构机产业化的征程，设计团队由最初的18人，增加到了108人。由于我国各个城市地质差异巨大，单一的盾构机难以满足实际需求。为了建造适合中国各种地质环境的盾构机，李建斌团队在研究了日本、德国、法国、加拿大等国家的设备后，根据实际情况，设计出了盾构机在不同地质条件下工作的应对方案，最终攻克了超大直径、超小直径、极限工况下的装备设计、制造等关键技术，成功研制了一大批称得上世界首台或国内首台的产品。

中国如何布局自己的盾构机

2012年，李建斌团队所在的中铁工程装备集团有限公司（以下简称"中铁装备"）第一次参加国际竞标，即便占据了价格优势，国外业主单位仍然很有顾虑。最终，只有马来西业业主单位同意签下两台盾构机，而即便是马来西亚的业主单位，也对自己的担忧直言不讳。而中铁装备的回应，是通过针对性设计提升设备性能，让这两台设备将原先的计划工期缩短了43天，创造了马来西亚盾构施工新纪录。那之后，借助马来西亚项目的成功经验，国产盾构机开始纷纷走出国门，抢占世界市场，中国大盾构走上了产业化的快车道。中铁装备几经周折敲开了以高标准著称的新加坡市场的大门，凭借先进的技术、过硬的质量，获得了新加坡客户的认可和信赖，形成了品牌效应。2015年中国已出口19台盾构机助力新加坡交通建设。2015年中国盾构机又首次打入欧洲市场，意大利CMC公司采购了两台中铁装备研制的世界最小直径硬岩掘进机。

2019年，河南郑州中铁装备集团TBM产业中心，中国中铁699号大直径土压平衡盾构机顺利下线。这台机器将会被用于意大利北部米兰至维罗纳高铁线 CEPAV 项目建设。这条铁路线是欧洲核心走廊（地中海走廊）的一部分，将会通过西班牙、法国、意大利、斯洛文尼亚和匈牙利连接欧洲的西部和东部。这是我国高端隧道掘进装备首次用于欧盟核心区域。

2020 年 9 月 29 日，对中国中铁来说是一个十分重要的日子。这一天，中国中铁自主研制的第 1000 台盾构机在郑州下线。这一天，车间标语"造中国人自己的盾构，造中国最好的盾构，造世界最好的盾构"显得格外醒目。中铁从 1 号盾构机到 1000 号盾构机，用了 12 年。若从李建斌团队开始着手研制第一台设备算起，从 0 到 1000 的突破，他们用了 20 年。二十载春秋，见证了以中铁装备为代表的中国企业艰苦攻关的奋斗史，更见证了国产盾构从无到有、从有到优、从优到强的逆袭历程。今天，国产盾构机在国内市场的占有率达到 90% 以上，占到全球三分之二的市场份额，还顺便拉低了国外同类产品价格 40% 以上。据统计，2018 年中国盾构机出口量为 127 台，出口金额为 3.69 亿美元。市场占有率方面，铁建重工和中铁装备占据国内七成市场，就出口到国外的盾构机数量而论，这两家企业同样出类拔萃，其次是中交天和与辽宁三三工业。欧洲头牌盾构机企业海瑞克是占据中国市场最多的外国企业，但也只有 1%。国产化之后，盾构机的国际市场均价降到了 3000 万～5000 万元每台，西方垄断下几亿元一台的盾构机早已成为历史。世界主要盾构机厂商如表 4-20-1 所示。

2017 年，中铁公司总工程师王杜娟曾在记者会上表示："盾构机世界第一的品牌是德国的海瑞克，由于我们的技术积累有限，在轴承技术方面，还有差距。"3 年后的 2020 年 9 月 26 日，我国首台使用国产 3 米级主轴承的盾构机"中铁 872 号"在苏州始发，这是我国突破盾构主轴承自主技术研制瓶颈后，首次在轨道交通领域执行地下掘进任务。主轴承就是盾构机的"芯片"，其重要性不言而喻。主轴承的自产，让我们成为当之无愧的世界第一。

表4-20-1　世界主要盾构机厂商

不同区域	代表厂商
欧美地区	德国海瑞克、美国罗宾斯、德国维尔特
日本	小松、三菱、日立、石川岛播磨重工、奥村
中国	中铁装备、中国铁建重工、隧道股份、中交天和、辽宁三三工业、北方重工等30多家公司

资料来源：李建斌、才铁军，《中国大盾构》

引进国外先进技术，消化吸收再创新。中国盾构机的崛起之路，形成了国企主导、政府支持、顺应时代、精准创新的所谓"中国盾构模式"。同样的故事几乎可以在中国制造业的各个领域寻到踪迹。这种模式可以被称为中国制造业"翻身当家作主"的典范，已经或正在应用于中国制造业的多个领域：振华重工的港机设备目前在全球市场份额常年稳定在70%以上，中国大型挖泥船被列入禁止出口的名单。中国中车如今已经是全球规模最大、技术最先进、品种最全的轨道交通装备供应商。装备制造业是一个国家制造业的脊梁，只有掌握核心技术才能推动中国制造向中国创造、中国产品向中国品牌、中国速度向中国质量的转变。实业兴邦，相信在更多领域，将会有无数个"中国盾"出现。

我们不妨思考一个问题：造一辆汽车困难还是造一台盾构机困难？单独来看，以盾构机为代表的特种装备的技术难度远远高于传统的燃油汽车，不论是挖泥船还是盾构机，其技术难度、结构复杂程度都远高于家用汽车。但如果拆分其产业链，我们却会发现截然不同的情况——挖泥船、盾构机的"国产替代"往往只需要几家大型公司或科研院所出马便可以解决；而汽车行业若想在国产替代上有所突破，则可能需要全行业上中下游乃至国家政策和社会意识的共同作用。

实际上，在分析了如此多的"中国制造""国产替代"的例子之后，笔者渐渐总结出了一个不算太严谨的"规律"，即："中国特别善于发展这两种行业——第一种，新兴行业，特别是那些2000年之后兴起的行业；第二种，专门的、细分的行业，特别是产业链较短且消费属性较弱的行业。"

如果某个行业满足其中任意一条，那么你就可以在这个行业里找到重量级的中国玩家，如阿里、腾讯、大疆、科大讯飞……这些巨头都诞生于互联网、无人机、AI这种新兴产业；盾构机、挖泥船、特高压输电设备、超级计算机……这些高端设备都属于非常小众的细分行业。

如果某个行业能满足以上两条，那么你会发现中国玩家在这个行业里便处于一个"强大到不可思议"的地位，比如量子通信。

而两条都不满足的产业，中国玩家的存在感就比较低了——"中国弱势、西方强势"的航发、大飞机、半导体、燃油汽车……它们的产业链极其漫长且需要多年的深厚积累。

当然，这个"规律"并不能从学术上作为产业发展定律，但对有志于探寻"中国制造"和"国产替代"背后故事的读者而言，不妨把它视为一种分析方式。

第二十一章 中国机床为什么落后了

我们常说的机床，也被称为工业母机，主要包括车床、铣床、刨床、钻床、镗床、磨床、制齿机等多个类别。作为生产设备的设备，机床是整个工业体系的基石，也是工业制造产业最核心的环节。

早在15世纪就已出现了早期的机床，1774年英国人威尔金森发明的一种炮筒镗床，被认为是世界上第一台真正意义上的机床，它解决了瓦特蒸汽机的气缸加工问题。到了18世纪，各种类型的机床相继出现，并快速发展，如螺纹车床、龙门式机床、卧式铣床、滚齿机等，为工业革命及其后建立现代工业奠定了工具基础。可以说，机床的技术水平，决定了现代装备制造业的水平，进而决定了一个国家或地区的工业制造能力，对国民经济发展有基础性的作用，也是国家竞争力的重要标准之一。

同时，由于对国防军工的重要支持作用，这一产业也被各国归为战略性产业，日本、德国、美国等技术领先的国家常年对我国实施技术封锁，使得我国机床产业的发展过程充满了艰难与陷阱，在产品技术、质量和企业效率方面长期存在巨大差距。

1952年，世界上第一台数字控制机床在美国麻省理工学院问世，标志着机床数控时代的到来。今天看来，这是一个极具标志性意义的节点，可以说现代制造业的数字化，就始于数控机床及其核心数字控制技术的诞生与发展。

自那以后，机床产业的重大进步，就一直和电子信息技术的发展有着高度的相关性。工业化与机床进化史如表4-21-1所示。机床产品也正式确立了结构件、控制系统、传动系统、驱动系统和刀库、刀塔组件及其他零部件的主要结构构成。不过，由于当时还比较原始的集成电路性能和处理器能力，数控机床在之后大约20年的时间里，都未能进行大规模的商业化。直到20世纪70年代初，大规模集成电路（LSI）和微处理器（CPU）的问世，使得微电子技术迅速崛起，这才为数控机床的规模化生产和广泛的商业化应用创造了条件。美国、日本、欧洲随之迎来了数控机床的爆发式发展，在20世纪80年代初就相继实现了对机床产品技术的全面升级。1982年，日本山崎马扎克（Yamazaki MAZAK）公司就已经实现了旗下机床产品的完全数控化。

表4-21-1 工业化与机床进化史

时代	机床发展	时代特点	机床发展特点
工业1.0 1784—1870年	机床1.0	机械化 水力驱动 蒸汽驱动	机械动力 手动操作
工业2.0 1870—1969年	1870—1945年 机床1.0 1845—1969年 机床2.0	大规模生产 电力驱动	电力驱动 数字控制
工业3.0 1969年至目前	1969—1980年 机床2.0 1980年至目前 机床3.0	自动化生产 计算机技术	计算机数字控制
工业4.0 目前至未来	机床4.0	物联网 数字化	云技术下的数字控制

相比之下，中国数控机床技术的研发起步并不算晚，1958年，清华大学和北京第一机床厂就合作研发出了中国第一台数控升降台铣床（采用分离元件技术），比起世界第一台数控机床只晚了6年。但其后的20年，出于历史原因，我国数控机床技术的进步十分缓慢，中国的机床产业度过了启蒙的时代，迎来了一段充满艰难与陷阱的探索之路。

中国机床产业发展沿革

1949 年新中国成立时，国内基本上没有机床工业，只在上海、沈阳、昆明等地的一些机器修配厂有兼产少量的简易机床，对重工业起到基础作用的金属切削机床在这一年的产量只有 1582 台。用毛主席的话来评价那时候的中国重工业，就是那句著名的"现在我们连一辆汽车、一架飞机、一辆坦克、一辆拖拉机都不能造"。

而要造这些，就得先造机床。

于是，我国现代机床工业的发展，随着新中国的第一个五年计划（1953—1957）拉开了序幕。1952 年 9 月，重工业部召开了全国工具机会议，对当时的机床产业发展方向和工厂布局做了初步规划，此后按照苏联专家的建议，确定了全国 18 家机床厂的分工和发展方向，这就是著名的"机床厂十八罗汉"，为首的就是后来名震一方的沈阳机床厂，其前身是"伪满"留下的"三菱株式会社"，新中国成立后政府接手时，厂里几乎已经没有可用的现成设备，厂房也几近废弃，是工人们将散落的零部件捡拾回来，才重新组装好了厂里的皮带车床。即使是这种依靠皮带传动、根本无法满足高强度工业生产的过时设备，在当时也已经是国内的顶尖配置。而当时，西方国家的机床甚至已经逐渐开始"消费化"，一些简单的低端机床甚至成为类似于家庭五金工具一样的存在，中外差距巨大。[①]

"一五"期间，国家从苏联与东欧国家引进了 156 项重点工矿业基本建设项目，史称"156 工程"，这被许多后来的学者认为开启了中国现代工业制造业的进程。而工业母机就是"156 工程"的重中之重。沈阳第一机床厂就是 1950 年至 1953 年初第一批援建项目之一。1955 年 8 月，沈阳第一机床厂在苏联的技术援助下研制出了中国第一台机床，并实现了量产。"一五"期末，我国机床工业生产的品种已经相对齐全，且从业人员也具备了一定规模，技术人员所占比重超过 12%。1956 年，机械工业部又开始对昆明机床厂等 27 家机床厂、工具厂、附件厂分期分批进行技术改造，形成了

---

① 张曙，张柄生. 中国机床工业的回顾与展望[J]. 机械设计与制造工程,2016,45(01):1-11.

中国现代机床工具工业的雏形。到 1957 年底,中国机床产业累计生产通用机床 204 种,年产量达到 2.8 万台,先后给全国机械制造企业提供了 10.4 万台机床,满足了当时工业建设 80% 以上的需求。[①]

1958 年,北京第一机床厂与清华大学合作,试制出了中国的第一台数控机床——X53K1 三坐标数控机床。这不仅仅是中国的第一台数控机床,也是亚洲的第一台数控机床。这台机床的诞生,标志着我们成功填补了中国在数控机床领域的空白。相比世界第一台数控机床问世,也不过晚了 6 年。清华大学之外,哈尔滨工业大学的团队也成功研制了一台数控铣床,其采用电子管计算机编程、磁带记录控制,电磁离合器齿轮变速主轴传动,总体设计构思比起当时的世界先进水平毫不逊色。[②] 短短几年里,中国机床产业从无到有,进而掌握了当时较为先进可靠的生产技术,跨越了一个时代。

同时跟进的,还有相应的教育和科研体系建设。1952 年,教育部就批准哈尔滨工业大学按照苏联教育体制设立了机床与工具专业,学制 5 年,毕业后直接授予机械工程师资格。这个专业后来为我国的机床工具工业输送了一大批高级技术人才和管理人才。另一边,机械工业部于 1956 年到 1959 年间在全国各地推动建设了一系列设计处和研究所,包括大连组合机床研究所、北京机床研究所、济南锻压机械设计研究处、苏州电加工研究所、成都工具研究所、郑州磨料磨具和磨削研究所、广州热带机床研究所等等。这批研究所成立之后引领了我国机床工具的试验研究和产品创新近 40 年。

可以说我国数控机床的研究有一个很好的开局,可惜的是,随着外部环境的变化,本应进入全面发展期的机床产业一度出现了对产值规模的非理性追求,机床产量虽然不断提升,但企业管理混乱,产品质量急剧下降。一个突出的案例是 1970 年沈阳第一机床厂的 CW6140A 车床改型,不计算、不试验,42 天就完成了从设计到样机的所有过程,直到投产后才发现切槽时振动、床头箱发热等严重缺陷,不到一年就被迫停产。[③] 1977 年,我国金属切削机床的产量达到 19.87 万台,是 1957 年的 7 倍,1979 年

---

① 李健,黄开亮. 中国机械工业技术发展史 [M]. 北京:机械工业出版社,2001.

② 张曙,朱志浩,樊留群. 中国机床工业的过去、现在与将来——庆祝《制造技术与机床》月刊创刊 60 周年 [J]. 制造技术与机床,2011(11):8.

③ 张曙,朱志浩,樊留群. 中国机床工业的过去、现在与将来——庆祝《制造技术与机床》月刊创刊 60 周年 [J]. 制造技术与机床,2011(11):8.

机床拥有量达到278.4万台，居世界前列。但有学者预估，从1958年到1978年的20年间，全部保有量中质量较好的可能只占总数的三分之一左右。[①] 这种忽视产业发展规律、盲目追求速度和规模的做法给我们留下了极其深刻的教训。

与此同时，全球的工业发展并没有为了我们而停下脚步——二战带来的技术进步引发了工业大发展。为了最大限度地提高生产效率，人力并不富裕的欧、美、日等发达国家在对数控机床自动化的研究上几乎不遗余力。20世纪60年代，全球的机床都还在追求传统机床的"高转速、高精度"，最先进的不过只是电驱动、靠打孔纸带来控制的早期数控机床。但到了80年代，转速和精度已经成了基本配置，自动化生产大行其道，新式电子计算机和信息技术开始普及，之前的数字控制（numerically controlled）已经进化到了和今天非常接近的计算机数控机床（computer numerically controlled，CNC）。在这种信息技术的支持下，外国机床点亮了"多轴联动"的技能。

20世纪80年代，为追赶世界先进水平，全国各大机床厂顺应改革开放号召，开启了一场轰轰烈烈的转型运动。为了发展，中国机床产业做了两件事：第一是进行重组，第二是引进技术。各大国有企业合并，沈阳第一、二、三机床厂合并为沈阳机床集团。多家企业的合并让曾经的"十八罗汉"一片天，逐渐变为沈阳机床厂、大连机床厂、秦川机床厂、昆明机床厂四大天王称霸的格局。时间来到21世纪的第一个10年，中国成功加入世贸组织，制造业开始了一段强势崛起的上升期。而中国机床工业则在改革开放之后，借助国外技术力量，迅速提高了产品水平、工艺制造水平和管理水平。

2000年以后，国家实施振兴装备制造业的战略，将发展大型、精密、高速数控装备和数控系统及功能部件列为加快振兴装备制造业16项重点任务之一。在国家政策支持和市场需求的爆发推动下，我国机床工业迅速走出低谷，迎来了一段相对高速的发展期。特别是我国汽车工业的快速发展，使得机床产品需求旺盛，给产业带来了巨大机遇。

近20年，一方面，相比我们自己，中国在数控机床的设计和制造技术方面已经有了长足的进步，培养出了一批配套人才，通过利用国外的功能部件、数控系统配套，开始逐渐摸索出了自行设计和制造高速、高性能、5面或5轴联动加工数控机床的技术。

---

① 李健，黄开亮．中国机械工业技术发展史[M]．北京：机械工业出版社，2001．

但另一方面，在关键零部件和高端关键技术领域，中国厂商还有大量空白没能填补。在摸索的过程中，中国厂商遇到了无数困难，有短暂的高光，也踩过许多陷阱。许多重要功能部件，诸如主轴部件、滚动导轨和滚珠丝杠、数控系统等大量依赖进口支撑，与德国、日本、意大利等机床工业强国的差距仍然巨大。

黄金机遇期背后的数据陷阱

机械科学研究总院原副院长屈贤明曾说过："中国发展形成了制造业的巨大需求，没有哪个国家能满足如此大的需求，除了我们自己。"

自2004年开始，我国连续9年位居世界第一机床消费和进口大国，且同一时期国产机床的占比还在逐年提高。图4-21-1展示了2002、2004、2006、2009这4年中国机床市场进口/国产机床份额对比情况，可见国产机床比重快速提高。这是一段很多人都会怀念的日子，庞大的单一市场和廉价的劳动力，共同支撑起了中国机床产业的一段黄金发展期。

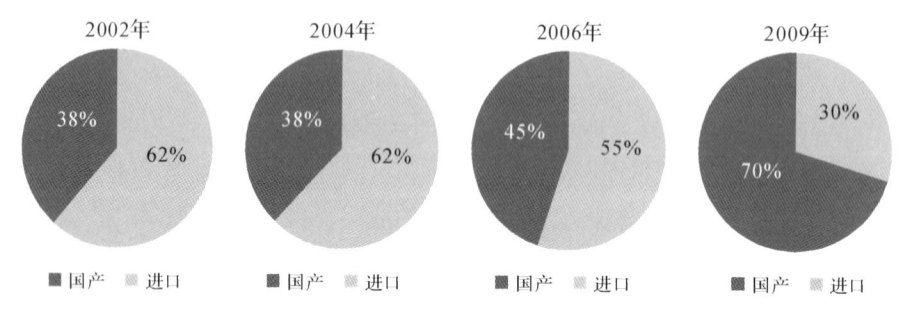

图4-21-1 2002、2004、2006、2009年中国机床市场进口/国产机床份额对比

2009年，国外机床产业受经济危机影响较大，我国跃居机床第一生产大国。据统计，这一年我国规模以上机床工具企业5382家，全行业完成工业总产值4014亿元，并生产金属切削机床580273台，其中数控机床143904台。一批高速、精密、复合、多轴联动的数控机床，以及大型数控机床新产品进入了国内市场。到2010年，我国金属切削机床产量为755779台，其中数控机床产量达到223897台，是2005年的3.6倍，

这标志我国机床产业进入了成熟发展期。2009年到2012年，按机床产值计，我国已经超越德国和日本，成为世界三大机床生产国之一。[①] 这一轮机遇期很大程度得益于国家在1999年开始实施并持续了10年之久的《财务部、国家税务总局关于数控机床产品增值税先征后返问题通知》，这是中国数控机床产业能够在这一阶段实现规模赶超的重要原因之一。

但"规模"本身是制造业中一个很容易埋藏陷阱的数据指标，如果仔细分析中国机床庞大生产消费规模背后的细分数据就会发现，其实我国机床产业始终没能跻身世界强国的行列。根据Gardner从2008年到2013年公布的28个国家和地区的机床贸易平衡统计数据来看，中国多年居于末位，是全球机床产业贸易逆差最大的国家。2012年的贸易逆差高达109.7亿美元，而出口率仅占产值的10%。海关统计数据表明，我国数控机床出口的平均单价为3.3万美元，而平均进口单价则为21.9万美元，出口单价约为进口单价的15%，按照比率计算，差不多相当于6.7台国产机床，才能换1台进口机床。[②] 到了2018年，这个状况也没有得到根本性的改善。这一年，中国实现机床进口额605亿元，出口额为225亿元，贸易逆差高达380亿元。其中进口的品类集中在数控锻造或冲压机床，以及立式加工中心，仅这两项就占到了总数的84%。而出口产品中占比最高的两项则是数控卧式机床和矫平机等。从价格角度来看，进口机床产品均价依然远远高于出口均价。2019年，我国金属加工机床的进口均价为12.39万美元，但出口均价则只有326.45美元。

2008年以后，西方国家受金融危机影响，许多企业陷入经营困难，这给来自中国的企业提供了并购扩张的机会。2008年底，天水星火并购法国索玛，只用了200万欧元就拿下了公司81%的股份，这在平时甚至连一台高档数控加工中心都买不到。背靠全球最大的单一机床消费市场，国内很多手握大量现金的机床企业开启了对海外企业的大举并购，根据2006年中国机床工具工业协会统计资料，此前9家被并购的海外机床企业中，有6家实现盈利，2家基本盈亏平衡，只有1家亏损。到了2012年，沈阳机床厂宣布以9.4万台机床产量超过了德国博世、美国GE、德国舍费勒、日本

---

① 张曙，张柄生．中国机床工业的回顾与展望[J]．机械设计与制造工程,2016,45(01):1-11．
② 张曙，张柄生．中国机床工业的回顾与展望[J]．机械设计与制造工程,2016,45(01):1-11．

山崎马扎克等老牌机床厂,成为全球产量第一的机床生产企业。大连机床厂也凭借自身的规模位居前十榜单之四。

然而,正在为了规模突破而陷入狂欢氛围的中国机床产业,事实上正在经历的,却是一场先发工业国对后发工业国基础核心产业的典型围剿。此时距离大连机床厂被爆出大量债务逾期,距离昆明机床厂被爆出连续4年财务造假,还有不到5年;距离沈阳机床厂宣布资金链断裂正式申请破产重组,还有7年时间。

此时还在被各大媒体报道为"中国机床双雄"的沈阳机床厂与大连机床厂,到底为什么会落到后来的境地呢?

一场驾轻就熟的系统性围剿

已经历经了两次工业革命的发达国家,对于自身的先进工业一直都有着体系严密的保护措施,出于维护优势地位的本能,总会在后进国家崛起的时候给其设置种种关卡。中国机床产业所遇到的,就是所有后发工业国都一定会遇到的一个典型困境:由于设备、技术和领先者存在代差,很难突破壁垒进入产业中能够获取巨额利润的环节。综观中国目前相对落后的工业制造业领域,包括飞机、汽车、高端机械设备、化工制品、医药产业等,都适用于这个模型。

这些产业的共同特点是核心技术早已进入成熟期,需要长期的工艺、经验、数据积累;同时依赖物理学、化学、材料学等基础学科作为底层支撑,其基础科研技术的应用成长曲线已经十分平缓,很难在短时间内取得突破;而且这些产业通常有着细分程度极高的专业供应链,固化现象明显,零部件与其上下游原材料供应商之间的关系紧密,专业性强,后进者很难从外部打入。

核心技术+基础科研+供应链的三重加持,会为一个行业的先发者带来极高的市场竞争壁垒。如果后进者在试图突破的过程中,不具备一些特殊条件,比如政府给本国工业提供特定的优待条件或者保护措施,那么其制成的工业产品由于缺乏竞争力,对内对外都很难获得销路。

这种情况下,摆在企业面前的其实只有两条路:一是靠并购等特殊手段,用钱或者市场交换技术并快速吸收，从而实现跨越式的发展。二是投入大量资金、人员、精力，同时还要保有极高水平的耐心和定力，从头开始自主研发。

表面上看，前者似乎更加容易，但捷径往往才是远路，这个看上去轻松"买买买"的办法，实际上一步一个套路，遍地都是陷阱，需要企业对外具备超常的博弈能力，对内具备极强的管理能力，才能达成最终的目标。

拿机床产业来说，西方发达国家在20世纪70年代末至80年代初，就已基本完成了普通机床向数控机床的升级，而我国则是在2013年以后才基本完成这一过程的。这种升级并不只是表面上的产业技术变化，还伴随着产业结构形态和企业商业逻辑的根本性变革。数控系统的可编程性，将机床工业带入了高度社会化分工的时代。作为机床核心技术的主要零部件和结构单元，开始逐渐被分到了各级供应商手里，演变为各自独立的专业化研发和制造主体。从"单厂全做"的产业结构，进化成了紧密联系的一整条配套供应链。高度垂直细化的供应链之上，企业对自身的定位和发展规划，都明显相较"一厂通吃"的产业形态出现了变化。同时，细分领域的高度专业化，也进一步加大了后进者追赶过程中技术研发的难度。从20世纪80年代到21世纪10年代，30年时间，海外数控机床已经完成了我们上述提到的核心技术+供应链固化的产业布局。

这就是为什么很多制造业的问题向上追溯，会发现"卡住了我们脖子"的，可能并不是其他横向的竞争对手，而是更上游的配套材料和零部件供应商。光刻机就是我们最熟悉的典型案例。而在机床领域，中国造不出高端机床的核心原因，也是上游配套零部件产业和数控系统无法实现国产化。

1996年，沈机耗资上亿元引进美国桥堡的数控技术，结果换来的是外方甩来的一份孤零零的源代码数据包，没有核心技术原理，甚至连使用的原理都没有解读，以致沈机照此开发出来的机床完全变成了废铁。1999年，大连光洋进口日本机床时，日本强加了一串"霸王条款"，要对装机地点和用途都进行严格限定，擅自挪动机床设备就会被自动锁死，给本土企业的使用提出了超高的门槛。2005年沈机买下德国希斯，结果德国政府以"本土重要知识产权不得外迁"的理由，断了沈机试图"偷师"的路。结果就是中国企业为了要技术出海并购，海外企业驾轻就熟地利用规则和本土法律，让你花了钱带走不良资产，技术却一点都不让你碰。2007年沈机还一度看上了一套数控技术的源代码，但专家一论证，发现这套东西光独立解读下来就要5年，等投入产业化又要5年，到时候技术早就换了不知道多少代，完全没有任何性价比和可行性。除此之外，海外5轴以上的机床技术更是长期对中国实行禁运，而一旦中国出现技术突破，外国厂商又会马上将技术下放，用成熟产品和你打价格战。一套系统性的围剿战术堪称驾轻就熟，最终将中国机床产业牢牢地排除在了能够获取巨额利润的高端市场之外。

2008年，世界机床企业前10强中，日本有5家，德国有2家，中国有2家，美国有1家。但到了2018年，全球前10强中，日本有6.5家，德国有1.5家，韩国有2家。沈阳机床和大连机床均已跌出排名，陷入了破产重组的境地。我国机床上市企业近半数处于亏损之中，2012年沈阳机床厂以规模登顶世界第一的时候，其利润空间也只有1.5%～1%。到了2019年，公司的亏损已经高达25.8亿元，另外两大知名企业秦川机床和日发精机都是在2019年才刚刚扭亏为盈的。

但即便在如此复杂的外部环境之下，平心而论，相比20年前，中国机床产业其实依然取得了相当长足的进步，并没有像很多其他国家的机床产业一样彻底被压垮，而是扛住重压，艰难地探索着属于自己的产业升级之路。这个过程主要得益于3点：一是政策始终对机床产业提供了很强的支持作用；二是庞大且还在高速增长的单一市场，在相当一段时间里提供了一个几乎可以容纳所有企业生存的巨大空间；三是机床工业也像中国所有制造业一样，享受到了庞大人口带来的红利。

20世纪90年代，中国机床工业国有企业的人均劳动生产率大致只有同期日本企业的1/35至1/30。相应地，中国企业的人均劳动力成本，则大致相当于日本企业的1/30至1/25。[①] 换句话说，按照中国机床企业效率，日本企业1个员工干的活需要中国企业30～35个人才能干完，而日本企业1个员工的工资，就相当于中国企业25～30个员工的工资总和。所以，中国突出的劳动力成本优势，使得本土企业在平均劳动生产率水平远远无法达到先进水平的情况下，依然得到了和海外巨头们竞争的

---

① 陈惠仁. 中国机床工业40年[J]. 经济导刊, 2019(2):11.

一战之力。直到今天，中国机床产业的劳动生产率水平依然和海外存在数倍的差距。

今天的机床已经逐渐演化成了主机本体、数控系统、核心功能部件3个关键体系，在经历2018年到2019年的破产重整潮之后，中国机床产业正在走向新的时代。

机床技术的终极，是软件

笔者在拆析一台机床的成本结构之后发现，一台中高端数控机床中数控系统的成本占比在55%～70%。而很多国产机床厂不愿意去发展高端机床的一个很重要原因就在于造不出高端数控系统，即便能造出来高端数控机床也是去造一个壳子，需要用国外的数控系统。机床厂几乎就是给配套产业打工，自己根本赚不到钱。

而数控系统的研发，则要涉及我们即将聊到的工业软件问题。一套机床的数控系统研发周期在10～20年，而这仅仅是从无到可用的一个过程，稳定性仍不能保证。笔者遇到的所有中国机床产业内部人士，都有一个共识，就是"给钱不如给市场"。从这个角度来讲，当今国际环境的剧烈变动，对于中国机床企业的发展来说未必是一件坏事。出于风险控制的需求，国内市场在产业升级的过程中，会越来越倾向于给本土厂商提供不断调试、共同成长的机会。国内也涌现出了诸如华中数控、广东数控等为代表的国产数控系统研发企业。根据《中国制造2025》提出的内容："预计到2025年，中国高档数控机床与基础制造装备国内市场占有率超过80%。高档数控机床与基础制造装备总体进入世界强国行列。"受政策影响，华中数控2020年归属于上市公司股东的净利润增长81.19%，企业营业收入增长45.95%。我们可以看到，政策在积极推动包括数控系统在内的一系列高端机床上游基础工业的国产化替代，相信在不久的未来，中国的高端机床产业能再次重返世界舞台。

今天中国的机床产业状况可以概括为"低端内战，中端争夺，高端失守"，高端领域差距过于悬殊，国内机床基本不具备竞争力。如果海外机床完全对中国断供，虽然在军用领域不会受到太大影响，但在民用领域，却会直接导致汽车、手机、航空航天等领域产能严重受损甚至是停摆。即便可以有国产产品实现功能替代，也会因为可靠性、稳定性、耐用性比不上进口机床，各个产业的成本暴增，产品质量严重下跌，企业不得不走向资金链断裂。

可以说，要实现中国机床产业的崛起，还有很长的路要走。而这个机遇期，就是近在咫尺的中国制造业升级。中国机床上一轮的爆发式增长，就来自中国制造业的蓬勃发展，而在中国制造业升级的过程中，则会出现一片以前从未有过的、巨大的市场空间。

回顾中国机床产业的发展过程，最重要的教训有两个。一是整个社会和产业环境对规模和产能数字的盲目追求，导致厂商放松，甚至是放弃了对基础理论和基础技术的研究积累。

厂商沉浸于扩充产能，做大规模，自然也就缺乏精力进行技术攻关和产品研发。这直接导致了在全球机床产业已经完成数控化升级，进入"做精"阶段的时候，中国机床产业却还停留在追求不断"做多"的阶段。看上去是跑在前面，其实已经被套了圈；表面上拥有全球产量最高的机床厂，背后却是平均 6.7 台国产机床才能换 1 台进口机床的单价比，和最高都没到 1.5% 的利润率。

二是发展一度存在计划经济时期的路径依赖，在竞争的过程中缺乏产业链思维和市场化研究。

机床和绝大多数大型高端制造装备一样，极为依赖长期的工艺、经验、数据积累。这类设备研发的过程，也可以说是对整个产业链上下游过往实操经验和数据的总结、调试、磨合的过程。中国厂商对产业链上下游相关配套产业，比如数控系统的研发、零部件供应商的培养，都缺乏主动布局的意识。最终一个环节出让主动权，便处处受制于人。今天所有机床产业的从业人员都会告诉你一句话，叫作"给钱不如给市场"，因为只要有市场，就能有自研产品积累经验的机会。

扩展阅读

在撰写本篇过程中，笔者参考了许多具有价值的文献资料。这些资料或数据翔实、细节充足，或思维开阔、天马行空。对于有志深度了解中国先进装备产业发展进程的朋友来说，大有裨益。

由中国工程机械工业协会编写的《中国工程机械工业年鉴》是笔者个人认为了解中国工程机械发展情况的最优秀资料。该年鉴每年更新一本，其中详细披露了中国工程机械产业方方面面的数据，包括但不限于进出口数据、生产数据、产品性能数据等。分析中国工程机械行业每年的数据变化，可以非常清晰地感知中国工程机械行业的发展脉络。

宁南山的《未来站在中国这一边》和本书在视角上颇为类似，都是聚焦于中国制造业的总体发展情况并以行业作为案例进行分析。宁南山在数据分析上下了很深的工夫，书中论述多有扎实、权威的数据作为支撑。不仅有对于宏观经济、政治经济大势的讨论，也有微观的、聚焦于个别产业和企业的研究。对于想了解中国制造业产业升级的朋友来说，这本书是一本优秀的"时事教科书"。

九边的《复杂世界的明白人》则秉承了九边一贯幽默可亲的口吻。和其他资料的严谨论述不同的是，《复杂世界的明白人》这本书更像是一个杂文集——它不仅包含了作者九边对于产业发展、地缘格局、中美竞争等宏大话题的看法，也谈及了对社会时事、当代职场等现代生活元素的感悟。

高铁见闻所著的《大国速度：中国高铁崛起之路》则是笔者个人认为最好的一本关于中国高铁发展史的书。这本书从性质上来说虽然属于"发展史"，但读起来却丝毫不觉得枯燥，反而有些"爽文感"。作者的文笔轻松诙谐。该书全面细致地记录了围绕高铁发展的种种事件，其还介绍了大量相关人物、机构的故事。对于想了解中国高铁发展的朋友来说，这本书绝对不可错过。

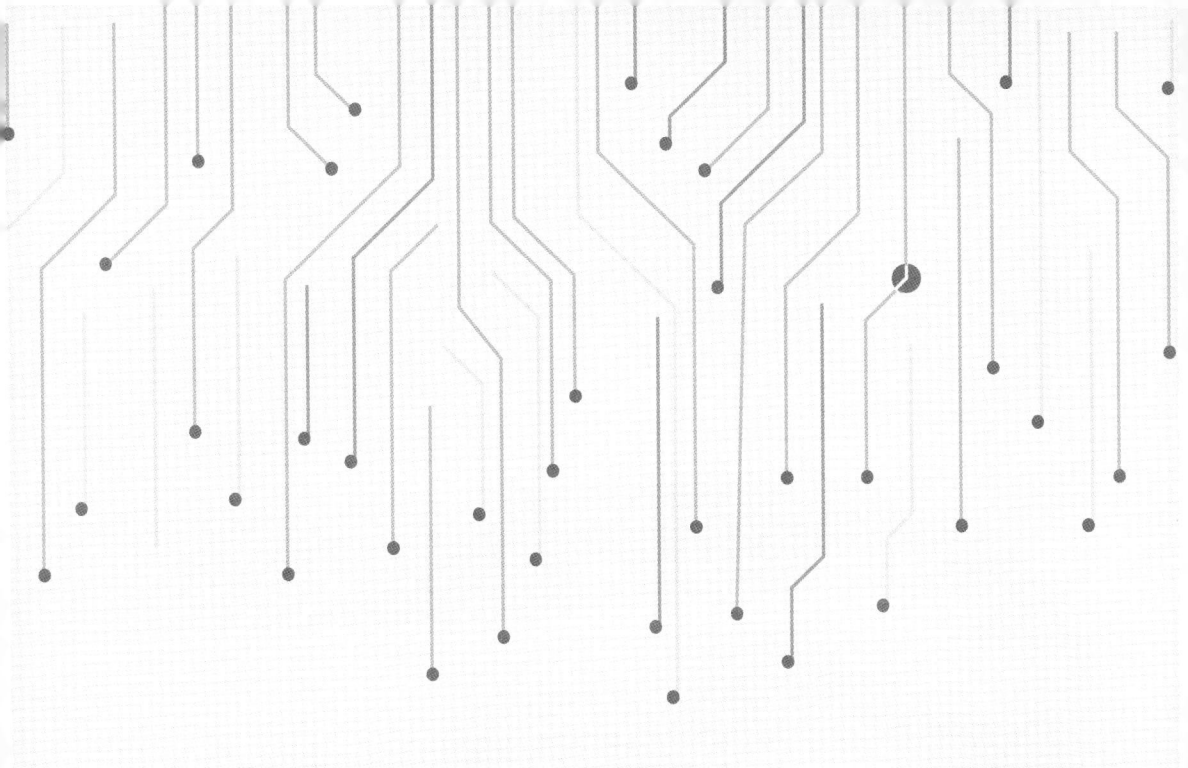

第五篇

软件与互联网

多年前，笔者出版过一本讲日本移动互联网的书《移动的帝国》。当时笔者花了一年半的时间，多次前往日本，拜访各种日本移动互联网行业的大佬和专家。因为日本被认为是全球移动互联网产业的鼻祖，2001年前后，美国人还在用老土的功能手机，日本就已经率先进入了3G时代，各种移动互联网应用领先全球，涌现了一大批叱咤风云的移动互联网企业。

然而在我们造访日本的2012、2013年前后，日本的同行们却这样评价自己，他们认为日本的移动互联网已经开始落后于时代，日本已经开始大量学习研究中国的移动互联网先进案例了。

当时笔者将信将疑；但到了2022年，笔者对此不再有任何怀疑。现在中国人打开手机，有全球领先的即时通信工具——微信，有火爆全球的短视频社区——抖音（海外叫TikTok），打开美团或者饿了么可以很方便地叫到品种极其丰富的外卖，在盒马上可以迅速买到各种生鲜类产品，约半个小时就会有人送货上门，出门的话有打车软件和共享单车可以方便选择，坐地铁直接用二维码就可以进站坐车，没有多少中国人出门还带现金，因为手机上的微信支付和支付宝已经普及中国最边远的乡村……

2014年前后，笔者和家人去德国旅行，当时有个在德国生活过很多年的朋友向我推荐，说可以研究下当时欧洲最大的互联网企业"Rocket Internet"，我满怀好奇地打开了这家公司的官网，结果赫然看到这样一行大字——致力于做中国和美国以外的最大互联网企业。当时我深刻认识到，在世界大部分国家的眼中，中国的互联网产业真的已经是全球领先了。

这种领先主要表现在：中国的腾讯、阿里巴巴、美团、拼多多、百度等互联网企业的市值，已经全球领先，多家中国互联网公司的市值跻身世界前10。从网民数量和互联网的渗透率来说，中国在世界上也是遥遥领先：光微信的活跃用户数就超过10亿人，这说明中国的互联网已经渗透到中国最普通的人群当中。同时，从商业模式创新上，抖音短视频、微信支付、共享单车、盒马生鲜、拼多多拼团购物等一大批互联网新型行业模式由中国公司首创或者做出重大创新。

我们没有任何理由怀疑，中国的互联网产业已经是全球领先的。

与此同时，中国的软件与软件服务产业，经历了多年的发展，也有长足的进步，中国的阿里云、腾讯云、华为云等云计算企业，都是相当有竞争力的企业，它们在与外资竞争对手的竞争当中展现出了十足的活力和后劲。

中国的游戏产业，也被认为具备了世界竞争力。腾讯是全球收入排名第一的游戏公司，中国产的游戏长期在苹果 App Store 和谷歌 Android Market 市场榜单中排名前列，同时有大量不知名但是很有活力的中国中小游戏开发者团队在全球应用市场中上传游戏并赚取美元。

这些成就绝非偶然，与中国独特的资源禀赋，包括许多偶然的时代因素息息相关。在这一篇中，我们将通过中国在互联网与软件产业上的案例展开分析，包括互联网、云服务、数字货币、游戏、工业软件等产业，试图寻找其中的一些共性规律。

第二十二章　中国互联网产业为什么能做到全球领先

1995年5月17日，第27个世界电信日，邮电部正式宣布向社会开放计算机互联网接入服务，他们在北京西单的电贸大楼里，设立了中国第一个入网受理点。普通人只要交纳一定费用，填写一张用户资料表格，就可以成为互联网用户。在这一年的国际大专辩论赛上，初赛第四场的辩题是"信息高速公路对发展中国家有利/不利"。支持者认为互联网给后发工业国带来了一个空前的现代化机遇，而反对者则认为，有害信息的无节制传播和很难保证的信息安全，会给治理能力本就不及发达国家的发展中国家带来更加严重的社会问题。

起源时代的论战——理论准备为中国互联网的发展扫清了障碍

辩论赛上两种观点的碰撞，其实也是一个时代的缩影。

在5月17日正式开启商业化之前，《人民日报》就已经刊登过多篇关于互联网利弊取舍的讨论文章，刊登这些文章的栏目当时就叫作"探索与商榷"，大量专家和学者在此各抒己见。中国科学院理论物理研究所的研究员何祚庥就认为：当时美国的电话普及率已经达到93%，而中国尚不到3%；美国的家用电脑普及率已高达31%，而中国根本谈不上电脑普及率。以中国所处的发展阶段，能在15年至20年内使电话普及率达到70%~80%，并以此为基础建成一个低速光纤通信网络，就已经是极大的成就了。所谓的"信息高速公路"不符合中国国情，更实际的是先在电脑普及率较高的教育和科研系统中，建设一条专用的电子邮路。

而经济学家、信息经济学创始人乌家培则在《对信息高速公路要全面理解》一文中指出，国家要发展，作为基础设施的信息传输网络的建设，本就应该是适当超前的。我国的现实却是信息传输网络的建设严重滞后，甚至尚未摆脱封闭、割裂、分散的局面，已经影响了经济发展和社会进步。因此对信息高速公路的宣传不应降温，而应升温。

这场始于民间的争论，却没有止于民间。中国政府在论战中很快意识到了这个话题的重要性，开始将对互联网的研究提到了国家层面，不再单纯地认为它只是一门新兴技术，而开始从政治、经济、社会发展的高度，来衡量和论证其对中国未来的影响。

1996年1月，国务院信息化工作领导小组正式成立，共有20多个部委参加，由时任国务院副总理邹家华担任组长。次年4月，由该小组组织的第一次全国信息化工作会议在深圳召开，来自34个省区市和48个国家部、委、办的相关官员以及媒体记者共175人参加了会议，其中单是省部级官员就有48位。与会人员再次就是否应该大力发展互联网进行了激烈的争论。时任邮电部部长吴基传在2009年接受《中国新闻周刊》采访时说，国家当时对互联网是有担心的。其一，互联网没有管制，在国家层面要担忧如何对爆炸性增长的信息进行治理，同时保证各个层面的信息安全；普通人则担忧海量垃圾信息带来的冲击之下，青少年教育应该如何应对。其二，互联网产业当时的盈利模式在全世界都很不明朗，在看不到明确获利渠道的情况下却要大举投入，这样的做法有没有巨大风险，在当时的条件下其实很难说清。[①]

如果仔细回看当时的文献和史料，你会发现许多草蛇灰线、伏脉千里的思想线索，此后贯穿了中国互联网产业发展的每时每刻。中国政府对待互联网监管，尤其是互联网主权层面的谨慎与远见，可说早有伏笔。类似的担忧从互联网社会化至今，其实始终和这个产业相伴相生。一如后来人们也讨论过"互联网+"是不是骗钱的噱头，"5G"是不是又一个产业骗局，也如今天人们围绕"互联网主权""人工智能""元宇宙"而产生的激烈论战，人类社会一切技术的变革都很难单独成立，没有一项技术能够避开起步阶段激烈的思想碰撞和随之而来的路线抉择。幸运的是，中国的决策者们在这个过程中抓住了最为关键的那个重点，那就是：随着科学技术的进步和社会经济的发

---

① 郭万盛. 奔腾年代：互联网与中国：1995—2018[M]. 北京：中信出版社，2018.

展,人类终将进入信息时代。

既然终将如此,那就放手去做。

激烈论战之后,那场深圳的会议最终达成了一致,认为互联网从技术上会很有利的意见占了上风,决定先发展了再说。在错过工业革命、电气革命之后,中国牢牢抓住了互联网的时代机遇,投身了这场盛大的信息革命。

当硅谷开始抄袭中国——世界互联网走向中美双寡头格局

同样是 1995 年,一个名叫玛丽·米克尔(Mary Meeker)的分析师在华尔街横空出世。作为摩根士丹利精心包装的王牌分析师,她几乎主宰了当时美国科技股的发行和互联网公司股价的涨跌,被著名金融杂志《巴伦周刊》称为"互联网女皇",米克尔每年所出的《互联网趋势报告》也被奉为泡沫时代的圣经。2000 年互联网泡沫破灭之后,米克尔一度销声匿迹,而到了 2004 年回归人们视线的时候,米克尔祭出的重量级复出之作,是一份多达 217 页的《中国互联网报告》(The Internet in China)。

这是美国主流金融界第一次大规模正视并看涨爆发前夜的中国互联网。在报告里,米克尔预测中国互联网公司的市值会在 5 年之内超过日本,并且认为中国会迎来一轮美国 20 世纪 90 年代那样的互联网增长机会。但她还是大大低估了中国互联网的增长速度,也误判了中国互联网公司在商业模式上爆发出的巨大创新潜力。

2004 年,中国互联网的用户数还远低于美国,但手机用户数已经成为世界之最,这给后来的很多事情埋下了伏笔。到了 2008 年,中国的网民数量达到 2.53 亿人,宽带网民人数达到 2.14 亿人,首次超过美国跃居世界第一;同时中国互联网络信息中心(CNNIC)在发布会上宣布,中国 CN 域名以 1218.8 万个的注册量成为全球第一大国家域名。从规模开始,中国初次呈现出了一个互联网大国的潜力,但当时中国的互联网普及率还只有 19.1%,依然低于当时的全球平均水平 21.1%。[1] 尚未彻底迎来爆发的电子商务全年总销售额还只有 1280 亿元,不到美国的零头。

---

[1] 中国互联网络信息中心. 第 22 次中国互联网络发展状况调查统计报告[R]. 北京:中国互联网络信息中心,2014.

但到了 2013 年，中国的活跃智能设备总量就从 3.8 亿台增至 7 亿台，有一半人口接入互联网，普及率已经增长到了 50%，网民数量超过 6 亿人，是美国的 2.5 倍。巨大的网民规模带来的是巨大的互联网消费潜力。同年中国的电商成交额超过了 2.6 万亿元，占当年社会零售总额的比例约为 10%，而美国电商成交额超 1.9 万亿元，只占其社会零售总额的 6.6%。① 这意味着中国的电商产业不仅依赖庞大的人口，在规模上超越了美国电商产业，也在普及率和国民接受度上，开始明显领先于美国。

电商领域突飞猛进的发展，伴随的是中国社会对移动支付的全面普及，而移动支付急剧提高的渗透率，则又进一步给中国传统本地生活领域的互联网化变革，提供了充足的条件。加上在算力焦虑之下，阿里和一批中国创业者已经投身中国云计算的浪潮之中，中国从 2004 年就已经存在的移动互联网用户优势，开始迎来了爆发。美团、饿了么、字节跳动、滴滴等一大批后来叱咤风云的互联网公司在 2011 年到 2014 年的 3 年间出现。2014 年中国国内规模以上的 116 宗风险投资（VC）当中，互联网占了 60%。互联网行业并购数目达 715 次，同比增加 162%，并购交易总额 1542 亿元，同比增加 236%（交易已完成的），其金额已经超过了过去十几年的总和，并购项目数与交易额占比，均从 10 年前的占全行业 10% 左右，提升到了 20% 左右。② 中国网络游戏的市场规模也很快超越美国，同时还在保持惊人的增长率，以 2014 年为例，中国移动游戏用户规模的增速为 46%，而美国只有 0.04%。

而在中国互联网市场上发生的激烈竞争，也进一步将全世界的目光都吸引到了中国互联网产业身上，从 2011 年到 2016 年，仅仅 5 年时间，中国就先后爆发了围绕团购的"千团大战"，围绕出行领域的"网约车补贴大战"和"共享单车大战"，以及上千个直播平台之间的直播大战，和手游产业爆发式增长后各大游戏公司的"天价买量竞赛"。资本助推之下极高强度的血腥竞争，引发了世界范围内的大规模讨论。中国互联网在竞争中展现出了惊人的创新活力，这也使它对世界互联网的影响力急剧上升。

---

① 张周平, 莫岱青, 姚建芳, 等. 2013 年度中国电子商务市场数据监测报告 [R]. 杭州：电子商务研究中心, 2014.

② 2014 年中国互联网行业并购专题研究报告 [R]. 北京：清科研究中心, 2014.

这种影响力反映在商业上，就是全球越来越多的公司开始学习和借鉴中国公司的商业模式和竞争策略；反映在资本上，就是中国互联网公司的市值开始跻身世界前列。

过去，中国乃至全球互联网产业的商业模式都是从美国复制来的，这种模式被称为U2C（USA to China，从美国到中国）。但从2012年移动互联网的优势逐渐爆发开始，这种局面已经明显发生了变化，中国正在成为全世界移动互联网众多商业模式的发源地。在硅谷，无论是科技巨头还是初创企业，都开始重新审视中国的科技行业，并纷纷试图研究、转化已经成功的"中国模式"，这种方式被称为CFC（copy from China，从中国复制）。这种趋势在电商、短视频、本地服务、共享经济方面都非常明显，美国互联网巨头Facebook对中国的模仿更是全方位的。

在移动支付领域，Facebook从2019年开始学习微信经验，在旗下所有的社交矩阵App里都添加了内置的支付功能，并将中国的二维码支付模式引入了美国。沃尔玛也开始在店内推出扫码支付方式，根据其官方发布的数据，扫码支付上线后仅仅8个月，活跃度就超越了安卓系统内置的谷歌支付，在美国排名第三，仅次于依赖手机搭载的三星支付和苹果支付。

而在直播电商领域，Facebook则推出了"周五购物直播"（Live Shopping Fridays）活动，和丝芙兰、A&F等时尚、美容零售商合作通过直播销售产品；同时在旗下的Instagram（照片墙）上也推出了Live Rooms功能提供实时购物服务，在Pinterest上开启了数次直播购物测试。电商巨头亚马逊同样借鉴中国的直播模式，在自家App中加入了Amazon Live功能。谷歌也很快跟上，推出了短视频卖货的试验性项目Shoploop。沃尔玛则干脆和TikTok携手开启直播带货。硅谷也冒出了一批初创的直播卖货公司，其中Popshop Live筹集了2000万美元A轮融资，Whatnot筹集了5000万美元B轮融资，而为直播带货提供SaaS工具的Bambuser等软件服务公司也一并爆火。

而Facebook对中国短视频社交媒体平台的模仿，更是不遗余力。2018年下半年，TikTok在美国爆发式增长，Facebook几乎是立刻就推出了一款照搬TikTok模式的应用Lasso。但Lasso发布后一年，全球仅安装了42.5万次，而TikTok在中国以外的市场同期被安装了6.4亿次。Facebook最终决定在2020年7月10日关闭Lasso，转而在美国和其他50多个国家（地区）推出了嵌入在Instagram上的应用程序Reels，但同样宣告失败。Facebook 之外，谷歌旗下的 YouTube 也在 2020 年 9 月推出短视频服务 Shorts，主要功能几乎也是照搬 TikTok，最后同样败下阵来。TikTok 在遭受美国监管严厉打击和两大巨头"copy"（复制）的夹击之下，依然高歌猛进，成为 2021 年上半年全球下载量最大、收入最高的非游戏应用程序，更是创下了环比增长纪录：2021 年第二季度相比第一季度消费者支出环比增长 39%，从一季度的 3.847 亿美元攀升至 5.346 亿美元。

除此之外，2015 年诞生于中国的共享单车和互联网外卖打法，也深刻影响了美国近些年一批初创公司的商业模式，激发了一系列领域的更新换代。

2017 年，Lime Bike 在硅谷成立，这家公司充分吸收了中国共享单车初创公司的成功与失败经验，一经推出就连续完成了两轮千万美元级别的融资。起家于网约车的巨头 Uber 在次年 4 月迅速跟进，收购了初创公司 JUMP，入局共享单车；另一家网约车巨头 Lyft 则紧随其后，在 11 月收购了当时美国最大的共享单车公司 Motivate，一举吃掉了当时美国 80% 的市场份额。此后"微出行"（Micro-Mobility）的概念开始风靡美国，并衍生出了共享助力车和共享滑板车等一系列形态，其中佼佼者共享滑板车公司 Bird，已经在 2021 年 5 月宣布将以 SPAC（Special Purpose Acquisition Company，即特殊目的收购公司）的形式上市，并宣布业务在 2021 上半年实现大幅跃升，比上年同期增长了 477%。

美国外卖行业的革新，也起源于对中国互联网外卖商业模式的研究与模仿。在中国互联网外卖平台风起云涌的 2015 年，美国其实已经有了一家历史超过 10 年的在线外卖公司。但这家名为 Grubhub 的公司始终停留在外卖 List（菜单）式的"原始时代"，只提供餐馆信息和外卖电话的搜索，并不提供其他服务。硅谷的创业者和互联网巨头们在研究了中国外卖平台企业自建配送网络+算法优化保证配送时效性的商业模式后，才终于诞生了以 DoorDash、UberEats 为代表的互联网外卖企业，并很快为美国外卖行业带入了爆发式的增长。

根据彭博社的研究数据，2018 年，UberEats 和 DoorDash 的市场占有率还远远落后于 Grubhub。但经过不到 3 年的发展，美国的外卖渗透率和线上化率快速攀升，截至 2021 年 6 月，DoorDash 以 53% 的外卖市场份额位居第一，UberEats 以 23% 位居第二。

疫情出现后，美国的外卖平台更是迎来了发展"黄金期"，入驻商家和消费者数量激增，DoorDash 在于 2021 年完成了美股上市，IPO 当天暴涨，成为 2021 年度最热门的股票之一。

资本用钱投票，中国互联网日渐增长的影响力体现在市值上。2014 年阿里巴巴于纽交所上市的第一天，市值就超过了 Facebook（2026 亿美元）、亚马逊（1504 亿美元）、eBay（648 亿美元）等美国互联网企业，总排名仅次于苹果（6063 亿美元）、谷歌（4041 亿美元）、微软（3894 亿美元），位于全球第四。

这一年，全球市值排名前 20 的互联网公司中有 6 家中国公司、9 家美国公司，其他公司则分布在日本、韩国和欧洲。但到了 2020 年，全球互联网市值或估值最高的前 20 家公司中，中国已经占了 9 家，美国占了 11 家，日本、欧洲、韩国的公司已经完全消失在了这个榜单里。全球互联网产业明显开始呈现出中美双寡头的趋势。

14 亿人的战争——中国互联网为什么发展得这么好

中国互联网能在进入商业化进程后立即迎来突飞猛进的发展，主要得益于两点：一是国家政策对互联网产业的保驾护航，二是庞大的人口造就了得天独厚的市场优势。

2012 年，已经是 PC 时代向移动时代交棒的一年，全球众多互联网公司都开始在策略上将资源向移动端倾斜，有些甚至提出了"移动优先"的口号。就是在这个时间节点上，美国众议院发布报告称，华为、中兴的产品威胁美国国家安全。奥巴马总统随后签署开支法案，禁止联邦政府机构采购带有中国背景的信息技术产品。没过多久，美国中央情报局（CIA）前职员爱德华·斯诺登将两份绝密资料交给英国《卫报》和美国《华盛顿邮报》，曝出了震惊世界的棱镜门。一场关于信息安全和自主创新的大讨论，自海外至国内甚嚣尘上。在此之前，一心发展的中国普通民众，甚至是很多互联网的从业者，都很少有人意识到，虽然中国互联网的商业化发展堪称狂飙突进，但其实我们的信息基础设施建设，几乎就没有国产公司的影子。

细究起来，这种落后其实和中国互联网技术本身的发展水平相关性不大。中国互联网的商业化起于 1995 年，且从一开始就发展得极为迅猛，在启蒙时间上和欧洲、日本、韩国基本同步，甚至还要领先一些。而美国虽然是互联网的起源国家，但其大规模社会化和商业化，也是在1990年之后的事情了，顶多比中国早了3~5年。所以中国在一开始缺乏国产信息基础设施软硬件的根源，还在于我们在计算机单机时代，乃至更久远的大工业时代，都落下了太多的功课。

如果从经济学的角度来说，在工业化的进程中，后发工业国在试图突破先发国压制强行工业化的过程中，往往都要面临一个局面，就是由于设备、技术与领先者存在代差，后发国最终制成的工业产品很难在一开始就和领先者具有同等的竞争力，自然也很难在这个过程中攫取高额利润。一旦市场完全放开，缺乏竞争力的产品对内对外都很难获得销路，最终形成债台高筑的局面；如果再遇上经济周期的打击，造成汇率崩盘，整个国家的企业就都丧失了对外融资的能力。失去了继续支撑强行工业化的资金，最终就只能被迫结束工业化进程。这就是即便是以开放自由贸易为核心目标的WTO，也会对发展中国家施行差别优惠待遇，允许发展中国家在关税等多个方面对本国产业施行一定保护性措施的原因所在。

平等未必意味着公平，要获取公平的发展权，突破中等收入陷阱，开放过程中实施一定的贸易保护措施几乎是必由之路。换在互联网产业上，道理也是相通的。对于在计算机技术领域落下了太多功课的发展中国家来说，这固然是一个空前的现代化机遇，但其伴随的危险和陷阱并不比传统工业领域少。甚至由于互联网天然自带"开放、自由、分享"的属性，要规范、治理和监管互联网产业，同时又不压抑其创新和发展，相比传统产业而言还要困难许多。中国的决策层在大方向上极具魄力地选择了"坚定大力发展互联网"，但在实际的监管落地中又展现出了相当的警惕与谨慎。这个过程中所建立的审查制度和市场准入机制，都经历了不少质疑，但从客观上讲，的确给中国本土互联网企业减轻了竞争压力，为本土企业争取到了构建竞争壁垒所需的时间。更难得的是，中国还在本土市场营造出了一个尽可能宽松和包容的产业环境，这种政策布局能够成立，还是因为中国拥有14亿人口及其所代表的庞大国内市场做后盾。

我们可以盘点一下中国互联网崛起的公司和其所属的领域，主要可以分为3个领域：社交和文化娱乐、贸易、生活服务。除去 Web 1.0 时代的搜索引擎巨头百度，以及搜狐、新浪、网易三大门户网站，过去30年诞生并还能存活至今的中国互联网巨头，几乎跳不出上述 3 个领域。即便是百度，其盈利模式中也有相当一部分来源于旗下的社交或娱乐产品，甚至喊出过 All in O2O（全押在 O2O 上）的口号；新浪则一早就以微博转型为社交平台，网易的主要盈利支柱则走向了游戏，搜狐一度重金押宝长视频。

可以说，中国互联网前 30 年的发展，基本都是以消费者驱动的形态出现的，中国互联网实际上承接了中国制造业的人口红利。电商和社交都是典型的例子，这些领域在中国互联网普及率还只有 20% 左右的时候，就已经动辄拥有 3 亿以上的用户数量，任何一个单一市场都不可能拥有这样庞大的用户群体。

这给中国互联网发展带来的直接好处有 3 个。一是高频，无论是交易的发生、App 的使用，抑或是电商、外卖的配送网络和共享经济的"拼单成功率"，高频的使用就意味着边际成本的降低，同时也是产品快速迭代的基础。在互联网这种对产品的快速迭代复制需求极盛，且商业模式往往依赖边际成本降低的产业来说，"高频打低频"几乎是不变的真理。

二是庞大人口带来庞大的资金量，简而言之，单靠韩国人肯定养不出一个三星，但单靠中国人养出一个阿里巴巴，则绰绰有余。而进一步说，互联网的连接属性天然就会增加资本的流转速率，从而获得一个比较理想的货币乘数，对整个国民经济产生巨大的推动作用。

三是海量用户产生海量数据。以 2015 年来说，我们每天可以从互联网上爬取到的中文内容的吞吐量，大约是 600 万条/天（图文）；美国大约是 200 万条/天，全欧共计 50 万～60 万条/天，印度共计 50 万～60 万条/天。这意味着互联网上一天所产生的中文内容的数据量，比当天其他所有内容数据量的总和还要多。这又为下一步云计算、大数据等新兴产业的发展，赢得了任何国家都很难获得的优势与基础。

2006 年的《时代》周刊在揭晓年度风云人物的那期杂志封面上，印上了一个白色的键盘和一个电脑显示器，显示器的中心，被写上了一个大大的"You"，在 Web 2.0 时代开启的节点上，《时代》周刊将年度风云人物颁给了全世界的网民。那一年，中国已经拥有了全世界第二的网民数量，但网络的普及率还不到 10%。

2021 年，中国的网民规模已经达到了 10.32 亿，互联网普及率达 73.0%，终于追上了 15 年前的美国。中国互联网的崛起之路背后的主角，并不是某一个或者某几个企业，而是 14 亿人的战争，你我都在见证。[①]

道阻且长——中国互联网对其他行业的启示

庞大的市场给中国互联网的发展提供了土壤，但要种出果实，唯一的路途就是自主创新。很多人在评价中国互联网企业的时候，经常会放大中国市场准入机制给海外企业带来的麻烦，而忽略了很多海外企业单纯是因水土不服而被本土企业所淘汰的事实。

以 Facebook 为例，其在被屏蔽之前的市占率就远远比不上中国本土诞生的人人网和 QQ 空间，语言隔阂对社交软件的推广相当致命，即使在互联网开放程度更高的日本和韩国，国内市占率第一的社交软件也是本土化的 Line 和 Kakao。中国庞大的市场和独特的文化，对所有海外互联网产品都提出了全方位的高本土定制化需求。而习惯了西方语境的很多海外巨头，在这方面多少是有些傲慢的，很少能真正倾听并理解中国用户需要什么样的产品逻辑。亚马逊、eBay、MSN 在中国的败北，几乎都是纯粹的商业竞争层面上的失败。中国在互联网发展过程中，固然对海外先进经验有很多的借鉴，但能够成功的原因还是对本土市场需求的深入挖掘和在技术上的开放学习、自主创新。

海外固然可能在整体技术水平上领先于我们，但并不总是能满足我们的发展需求，甚至往往会成为限制我们发展的瓶颈，只有从本土实际出发，坚持自主创新，才是技术突破和产业升级的可靠路径，这也是中国互联网发展的第一个经验。阿里云的诞生过程就是一个例子，庞大人口同时在线交易，不仅带来了其他国家难以获取的天量数据，也带来了任何国家都没见过的巨大算力需求，这才逼迫阿里巴巴投入以 10 亿元计的庞大资金来发展国产云计算和数据库技术。

中国互联网发展的另一个经验是对资本的运用。企业的融资方式，可以分为股权融资和债权融资。前者是投资方以资金换取公司股份，双方不存在借贷关系，投资方

[①] 第 47 次中国互联网络发展状况调查统计报告 [R]. 北京：中国互联网络信息中心，2021.

的目的是分享企业良好发展所产生的利润，赚取企业价值增长后的估值差价；而后者则是借钱发展，双方存在债务关系，商业银行等资金提供者的目的是赚取贷款利息。这种获取利益的方式差异，决定了两种资金来源在标的公司的选取逻辑上，就有着本质的差异。股权融资中，投资方与企业方利益共享，风险共担；而债权融资中，资金提供方的收益和企业方的发展并不直接挂钩。这种资金性质区别，意味着前者更愿意考察企业的发展前景，而后者则更注重自身的资金安全，形成了天然的风险偏好差异。

中国企业的传统融资渠道大部分是债务融资，由银行主导。为了将风险控制在合理的范围内，需要有足够的信用担保或资产抵押，或者至少有明确的盈利能力和盈利时间表。但这些条件，初创期的互联网企业都很难具备。

在本土股权融资渠道并不足够通畅的条件下，中国第一批互联网公司其实是在大量外资和美元基金的助推之下成长起来的。张朝阳创立爱特信时收到的第一笔风险投资来自麻省理工学院的教授爱德华·罗伯特，以及张朝阳在美国留学时的老师尼葛洛庞帝；王志东建立四通利方的时候也数次赴美游说美国风险资本，最终获得了华登集团领投，艾芬豪公司和硅谷银行家罗伯特·斯蒂芬跟投的共计650万美元资金，这才有了后来的新浪。

1999年7月12日，新华社旗下中华网在美国纳斯达克上市，最初的计划是发售420万新股，每股定价14~16美元，结果最终以每股20美元的定价发行，总融资额达到9600万美元，成为中国的第一支互联网概念股。那一年，三大门户之一的新浪先是在年初获得了来自高盛等10家投资机构的2500万美元融资，到了年底又完成了6000万美元的Pre-IPO融资，一时风头无两，将风险投资venture capital的缩写"VC"带上了各大媒体的封面报道。

中国的学者们也很快意识到了资本在产业发展中不可或缺的作用，1998年，时任全国政协副主席的成思危在全国政协九届一次会议上提交了《关于尽快发展我国风险投资事业的提案》。提案中说，当时中国一年有3万多项科研成果，仅有20%转化成了产品，建厂生产真正转化为生产力的不足5%，中国企业融资的间接融资占比过高，是形成这种情况的重要原因之一。提案指出，当代国际社会的竞争是综合国力的竞争，归根到底是科学技术的竞争，为了加快社会主义现代化建设，并在国际竞争中处于有利位置，必须借鉴国外风险投资的成功经验，大力发展风险投资事业，推动科技进步。这一提案被视为中国风险投资进入实际探索阶段的标志性事件，仅 1998 年下半年，我国成立的风险投资公司就达到 43 家，平均一个省 1.3 个。截至 1999 年 8 月，全国各个层次的政府创业基金达到了 100 多家。

中国的第一批互联网公司，几乎和中国的第一批风险资本同时起步。这种时代背景下成长起来的中国互联网产业，当然也遇到了一些很具代表性的问题。比如外资对中国本土商业逻辑的理解有限，经常会在经营管理上凭借既有经验对本土创业者胡乱指挥；再比如许多中国公司为了赴美上市，必须讲述"美国式的故事"，对标美国既有商业模式才能为西方资本所理解，导致很多中国本土成长起来的商业模式实际上无法获得资本的认可，融到符合心理预期的资金，或者获取符合公司价值的估值。在中美关系出现波动的今天，这种对企业价值评估的错位正在愈演愈烈。

任何一个产业的发展，都和其背后国家的金融体系和资本市场有着密切的关系。中国互联网产业崛起的历程，恰恰就是资本与科技相辅相成的最佳案例。

第二十三章　为什么云计算成了潮流

2009 年 5 月 22 日，一个名叫"中国云计算大会"的论坛在北京中国大饭店举办，虽然无论从论坛的名字还是举办的地点来看，这场论坛的"中国"烙印都很深，但如果看一看参会的企业嘉宾，会发现几乎都是微软、IBM、Salesforce、EMC、英特尔这些海外企业。

到了 2021 年，根据权威机构 Gartner 发布的 2021 年全球云计算 IaaS（基础设施即服务）市场份额数据，全球云计算市场占有率前六的厂商中，来自中国的已占三席。阿里云全球市场份额第三，市场份额达到 9.55%，华为云、腾讯云位居第五、第六位。而在国内市场，根据互联网数据中心（IDC）数据，2021 年上半年中国 IaaS 合并 PaaS （平台即服务）市场中，阿里云市场份额排名第一，占比 37.9%，腾讯云第二，市场份额占比 11.2%，华为云紧随其后，市场份额占比 10.9%。近年来才开始发力的华为云，已逼近腾讯云，而根据全球最大的云计算开源平台 OpenStack 公布的信息，其平台上的核心代码贡献 TOP10 中，也有 3 家中国企业上榜。中国已经成为全球云计算增长最快的市场。中国企业在云计算领域，已经打破了多年来亚马逊、微软、甲骨文等美国企业霸榜的格局，进入全球技术的第一方阵。

12 年之间，沸反盈天的消费互联网之外，另有一场关于数字基础设施的沉默较量正在暗潮涌动。目前全球市值前 10 的公司里除了沙特阿美和伯克希尔，另外 8 家都是科技公司，除了做硬件出身的苹果和特斯拉，以及 Facebook，其余所有公司都有云业务，其中亚马逊和微软的云计算业务占比已经开始压过自身的传统业务。而它们未来最重要的对手则大多来自中国。

互联网走完波澜壮阔的 20 年，所有彼此熟悉或并不熟悉的大型科技公司，不管是做通信的、做电商的、做操作系统的，还是做搜索引擎，又或者做游戏和社交网络的，最后都开始走向云计算战场，这绝对不是偶然。

"算力"是新时代的基础设施

众所周知，工业革命是从蒸汽机开始的，而蒸汽机的动力来源就是靠"烧开水"——制造蒸汽，然后把高压蒸汽转化成动能，从而带动机器。而后的核反应堆，其实就是一个高级的烧水炉子。可以说，"烧开水"就是制造业的"原型机"，而信息产业的"原型机"，则是"解方程"。

你看的高清电影，玩的 4K 画质的游戏，你每天用支付宝和微信支付的那些金钱，还有工厂里的生产线、机器手——毫不夸张地说，当代社会的绝大多数经济活动，背后都是数据的计算。而今天我们所熟知的"算力"概念，衡量的就是解方程的速度，即计算的能力。

1961 年，人工智能之父约翰·麦卡锡在麻省理工学院 100 周年的纪念庆典上说："如果我设想的那种计算机能够成真，那么计算或许某天会像电话一样被组织成公共服务……utility computing（公共计算服务）将是一种全新的重要工业的基础。"在他的构想里，计算资源应该如同电力一样，可以由供电公司提供，而不是谁要用电，还得先在家门口建一个发电厂。

当云计算在波澜壮阔的互联网历史中横空出世时，他的构想就正在一步步成真。今天，只要是与芯片、互联网相关的科技进步，八成都能在某种意义上和算力扯上关系。我们已经越来越清晰地看到，算力已经逐渐和电力一样，成为一种基本的公共资源。而在全球算力排行榜上，领跑者只有两个：一个是中国，另一个就是美国。

根据浪潮信息和 IDC 联合发布的《2020 全球计算力指数评估报告》，满分 100 的条件下，美国算力综合得分 75，中国综合得分 66，其余的国家，有一个算一个连及格线 60 分都没摸到。英法德日处于四五十分梯队，巴西和俄罗斯则只有 30 多分。算力，已经成了未来经济的新引擎——算力指数每提高 1 分，GDP 就会相应增长约 0.18%。

同样是这份报告，还有一组数据值得关注：从 2015 年到 2019 年，在这份报告的样本国家里，AI 计算市场的支出增长，有 50% 靠的是中国；目前中国 AI 算力占总算力的比重高达 14%，美国只有 10%。这说明，目前阶段中国是世界上最重视 AI 计算市场的国家之一，而中国的企业乃至普通的消费者，都更愿意为算力的增加而付费。

这和中国堪称天量的庞大互联网用户人群关系密切。中国是一个对智能手机、移动支付、电商等需求极度旺盛的国家，庞大的用户人群给产业的升级迭代提出了极高的要求。全国人民在"双 11"买买买而爆发出的惊人交易并发量，上亿用户一起在互联网观看比赛或晚会直播给通信设备和处理能力提出的挑战，让中国的企业和政策制定者，乃至最普通的中国消费者们，都更早地意识到了人类对于算力基础设施的迫切需求。而正是这种独特的环境，将中国云计算产业推上一条自主创新的逆袭之路。

高昂成本与本土需求，促使中国企业走向自主云计算

1997 年，一个叫冯星君的香港人接到上司拉里·埃里森（Larry Ellison）的电话，让他替自己取消和我国一位重要领导人的见面，而理由仅仅是：他在长城玩得太开心了，不想现在回去。冯星君接到电话差点发疯，最终以辞职为要挟，才打消了 Larry Ellison 这个傲慢而又荒诞的念头。

那是中国互联网崛起的前夜，还有不到一年时间，网易、搜狐、腾讯、新浪四大门户网站就会相继成立。而随着 IT 技术开始在这片大陆上成熟并流行起来，大量银行、医院、学校，以及企业，都希望将自己原来冗杂、繁复，需要人工处理的数据和海量的纸质材料电子化，把资料库房转换成机房，把数据和资料向服务器上转移。

那是中国企业真正意义上的第一代数字化转型。但在那个年代，中国在计算机科技领域仍然是个标准的"三无"国家：没有自己的操作系统，没有自己的芯片，也同样没有自己的数据存储和处理系统——从硬件到软件都没有。

无论是政企还是各类大型金融机构，乃至当时正处于黄金发展期的中国各大 IT 业巨头们，在数据存储和处理方面，都严重依赖着 3 家美国公司，也就是著名的 IOE 架构：IBM 的小型机（服务器）、Oracle 的数据库、EMC 的存储设备。Oracle 的中

文名就是"甲骨文",那个因为逛长城逛高兴了就想放我国重要领导人鸽子的 Larry Ellison,就是甲骨文的老板。

在此后十几年间,IOE 垄断了中国几乎所有政企、大型金融机构以及 IT 业龙头企业的相关业务。而与垄断地位相应的,当然是巨大的经济利益:当时一台 IBM 小型机的台面价在 300 万~500 万元,每两台小型机就要配一台 300 万元的 EMC 存储设备,包括甲骨文在内的各大商业数据库软件费用基本都在几千万元的级别,这还不包括每年高昂的运维费用。这也就意味着那一轮的数字化转型,事实上只有大型企业或机构在搞。因为只有它们才有能力构建自己的数据中心。

但即便是对于大型机构来说,这也绝不是一个令人轻松的成本数字。阿里巴巴可能就是最早感知到"算力需求"和"天价费用"巨大冲突的公司。2006 年,业务爆发的淘宝在需求逼迫下,一度开启了对 IOE 的疯狂采购,小型机先是一台一台买,到后来干脆一排一排买,但很快就发现即便是如此高昂的成本也无法完全覆盖业务增长的需求。2008 年王坚离开微软研究院到阿里巴巴,上来就给马云算了一笔账,阿里对于算力的需求以指数级增长,而其业务增长的速度远远跟不上需求增长的速度,这意味着如果 IOE 架构不改,光是买机器和软件就足以让阿里破产。

从某种意义上说,传统 IT 基础设施堪称高昂的成本,成为那个年代互联网创业者最大的拦路虎。那时其实很少有人意识到,阻碍中国互联网发展的最大瓶颈,不是行业竞争,也不是政策变化,而是我们没有自己的 IT 基础设施。在国外,对 IOE 架构率先发起挑战的,是亚马逊的 AWS,而在国内掀起了"去 IOE"浪潮的,则是阿里巴巴。二者都来自电子商务领域这并不是巧合,只是因为电商行业的特性,让它们率先感受到了成本冲突之下的"算力焦虑"。而中国庞大的人口基数,则让这种成本冲突和"算力焦虑"的爆发,比全世界任何一个地方都更加剧烈。

更重要的是,中国企业很快就意识到,它们所面临的挑战,实际上已经没有前人经验可以借鉴了。庞大的人口基数,意味着其他任何国家都不曾面临这样的技术难题。2008—2009 年,阿里巴巴每年都有 10~20 倍的业务增长,同期无论是 IOE 还是亚马逊,实际上都没有经历过如此大规模高并发的技术考验。不靠自己的研发,是无法用现成的技术满足这种爆发式的需求的。

同样的问题，也在中国自主创新的各个产业领域中显现。拿中国的高铁来说，我国地域广阔，各地气候相差过大，既有东北的极寒天气，又有南方的持续潮湿，还有西北的大量风沙。海外具有高铁技术的国家，没有一个能处理如此复杂的气候条件，所以我们国家从一开始就确立了技术引进+自主创新的路线，这才有了今天的中国高铁。而保证我们日常生活的南水北调、西电东送、西气东输这些宏大工程的背后，那些领先世界的自主创新技术，有很多都来自我们自身的本土化需求推动。有时候海外既有技术，并不总是能满足我们的发展，反而会成为限制我们发展的瓶颈。中国各个领域的发展历程告诉我们，只有自主创新，才能突破发展的天花板。

纵观中国云计算产业的发展，有两个起到关键作用的因素：一是政策的扶持，二是需求的推动。

2012年，奥巴马总统签署开支法案，禁止联邦政府机构采购带有中国背景的信息技术产品。之后不久，棱镜门事件爆发，这些因素促使中国对于自身信息安全的监管提出了更高的要求。具体到云计算领域，可以浓缩为两个原则：一是所有中国的数据，都必须留在中国；二是所有相关的技术服务，都希望能够由中国提供。

2015年12月28日，工信部发布《电信业务分类目录（2015年版）》通告，调整后的目录中，云计算服务被纳入电信增值服务，在中国提供云服务必须按规定申请电信增值服务许可证。但截至2020年底，IDC和云计算业务仍然属于外商投资负面清单，没有一家外国公司独立获得在中国运营的IDC牌照。微软Azure选择对国内厂商进行技术授权，由本土企业负责运营和销售，但遭遇了严重的水土不服。亚马逊AWS也因牌照问题在国内进展缓慢。这从客观上为中国本土云服务厂商的起步和成长争取到了宝贵的时间，也构建了一个相对友好的竞争环境。

而在需求侧，中国社会高速信息化过程中产生的海量数据，直接催生了中国云计算厂商的蓬勃发展。而这全球独一无二的数据体量，则给中国云计算厂商提出了没有前人经验可以借鉴的技术难题，使得中国厂商甚至没有买技术这条路可以走——必须坚持自主创新，才能解决本土问题。这是中国云计算在很短时间内就走上全球技术第一梯队的另一个重要原因。

今天中国的云计算市场中，本土厂商加起来的市场份额已经占到了大约80%，即使微软、亚马逊等海外云计算龙头全面掐断对中国的云服务，也不会对中国造成太大的冲击。

但从客观上讲，作为互联网规模排名全球第一的国家，我国云市场的总体规模却还不到全球市场的十分之一，这和中国企业的整体IT化程度尚未达到峰值有很大关系。而云计算支出在中国企业的IT支出中的占比，也依然较低。中国云计算的发展还处于相当早期的阶段，未来有巨大的发展进步空间。

第二十四章　中国游戏为什么能在海外"割韭菜"

2019年8月1日，全球数字娱乐盛会ChinaJoy的前一天。腾讯动漫在bilibili（以下简称B站）的官方账号上发布了一条动态：塞尔达120神庙全通，明天CJ我就不去了，怕认错展台。这不是《原神》被黑得最惨的一次。从2019年6月8日放出第一个宣传PV开始，这款游戏就被国内玩家和媒体黑得体无完肤，其中质疑其抄袭任天堂神作《塞尔达传说：荒野之息》的声音最为典型，以至于游戏还没上线就收获了一大堆的"名人名言"。比如"《原神》的上线将会是中国游戏最黑暗的一天"，比如"国产想要生，原神必须死"，再比如跑去CJ展台怒砸自己PS4的玩家"四狗"。

但任何风波都没能挡住《原神》的上线，也没能挡住它在上线后疯狂捞钱。一年后，腾讯去找米哈游提出投资。一位知情人士表示，腾讯那时的意思是，只要能入股，条件随便开。

可惜米哈游不差钱。

2019年9月底，《原神》上线，10月单月营收1.6亿美元，创了中国游戏出海创收的纪录。自上线后5个月，每个月的收入都在1亿美元以上。两个月后坊间开始流传一张图，说的是米哈游年会特等奖是1600个月的工资，一等奖则是徐汇区一套房。当然了，图是PS的，所谓徐汇区一套房也是假的。真相是米哈游手里一下子有了约50亿元量级的现金，正在上海资本圈里到处物色机构帮他们做资金管理。笔者和上海某券商资本市场部的朋友聊起这件事时，对方觉得事情多少有些讽刺："我们几年也赚不到这么多钱，他们一年赚到了，却要找我们来做资金管理。"

在此之前，米哈游已经开了几个神秘新项目，租了整栋新大楼，扩招了团队，甚至跟上海交大瑞金医院联合创办了一个脑机接口联合实验室，该花的都花了，钱依旧多得有点让人不知所措。

而米哈游和《原神》，也只是中国游戏产业逐渐开始领先世界的一个缩影。

中国错失电子游戏产业第一轮工业化

很多人喜欢指责中国游戏的商业化，好像赚钱是一种罪过。可产业之所以能够成为产业，不过就是一群人找到了用一件事赚钱的正确路径，并不断试图又好、又快、又持久地赚钱罢了。1972年，电子游戏之父诺兰·布什内尔创办了雅达利，做出了第一款能够验证电子游戏商业化可行性的游戏，游戏的原名叫"Pong"，机器被放在一家酒吧里，投币可玩，火到由于收了太多硬币，机器"不堪重负"，停止工作。这就是电子游戏产业的起点。

从1972年电子游戏产业的正式起步，到1994年中国第一款原创游戏《神鹰突击队》诞生，这中间经历了22年。这是整个电子游戏产业从诞生到长大成人的22年，其间经历了三代巨头、两次技术革命，还有一次产业中心的转移。

首先是两代技术革命。第一次技术革命，是从雅达利那种简单图形无卷轴无背景的电子游戏，发展到街机和FC（family computer，家用游戏机）的复杂图形有卷轴的电子游戏。画面技术的转变，伴随的是硬件设备从原始街机到小型卡带式家用电视主机的转变。

雅达利之前，人们根本没见过电子游戏，制造商们忽悠起玩家来，比30年后的中国页游厂商们都凶狠。1982年雅达利做了款大火电影《E.T外星人》的同名游戏出来捞钱，这个游戏的制作期只有6个星期，雅达利备了400万份卡带，但最终只卖掉150万份，剩下的250万份滞销卡带耗掉了巨额的制作和仓储成本，直接将雅达利拖得濒临破产，这就是游戏史上著名的"雅达利大崩溃"。这次冲击直接摧毁了美国的主机游戏市场。任天堂在几个月后的1983年7月，推出了划时代的FC游戏机，这就是我们后来所熟知的"红白机"。电子游戏的产业中心从美国向日本迁移。

第二次技术革命，是从任天堂FC这样的2D画质，发展到索尼PlayStation的3D

画面，这伴随的是卡带式主机向 CD 主机的变化。

1994 年，索尼和开发过《小蜜蜂》和《坦克大战》的 NAMCO（南梦宫）合作了旗下第一代家用主机 PlayStation。这是一台 CD 主机，同时期的任天堂还在做卡带主机 N64，硬件性能被 PlayStation 完爆。这种主机性能的代差，让当时任天堂最好的合作伙伴 SQUARE 转投索尼 PS，拿出了将 PS 硬件性能发挥到了极致的一代名作《最终幻想 7》（FF7），任天堂帝国崩塌，主机游戏进入 3D 时代。

现在的玩家可能很难想象 FF7 在当时给游戏界带来的震撼，形象类比大约可以等于现在拿出一个游戏仓，跟你说"脑机"已经成真，你现在躺进去就可以直接体验什么叫真正的"肉身开团"了。你的第一反应可能都不是惊讶，而是骂它欺诈。而 FF7 发行的时候，中国人才刚刚做出自己的第一款原创游戏《神鹰突击队》。从 1972 年到 1994 年中国游戏错失的 22 年里，单机游戏的大半辈子都已经过去了，实际上中国游戏厂商错过了整个电子游戏产业的第一轮工业化，这给后来网游在中国的强势崛起、抢占市场，埋下了伏笔。

被迫走向互联网化的中国游戏迎来时代机遇

1994 年 4 月 20 日，中科院以及北大、清华率先通过一条 64K 的国际专线，接入了国际互联网。这是中国第一次进入互联网，这一年被称为中国互联网元年。这也是中国第一款原创游戏诞生的年份。历史总是有某种冥冥之中的必然，从这个角度来看，中国游戏产业注定属于互联网时代，它们相伴相生，也相爱相杀。从 1994 年到 2000 年前后，国产单机有过一个爆发的阶段，出现过一大批完全可以和世界一流水准平起平坐，甚至领先世界水平的单机游戏。

《天地劫》《仙剑奇侠传》的剧情质量不亚于《最终幻想》。《秦殇》被海外媒体称为历史版《暗黑破坏神》；FPS 游戏《大秦悍将》的品质被国际知名游戏媒体认为"足以对打 Value 的现象级作品《半条命》"；《流星蝴蝶剑》海外版《铁凤凰》则在 2004 年的 E3 游戏展上拿了"最佳创新游戏"，同年的对手是 3A 级别的《魔兽世界》和《光环 2》。

但这轮爆发止于 2000 年前后。互联网浪潮之下，电子游戏作为一种数字产品，被破解的成本被大大地降低，被传播的效率则被大大地提高。人人都知道，中国单机游戏死于盗版，太多哗众取宠的媒体或者自媒体，将这一段历史说得好像"山寨"就是中国人的天性和原罪一样。然而事实是，全球的单机游戏产业，都在互联网技术的崛起浪潮中，受到过盗版产业的巨大冲击。瑞典甚至诞生了一个著名的民间反版权组织 Piratbyrån，创办了后来的全球第一盗版网站"海盗湾"，上面包含了游戏、音乐、电影、剧集、图书等几乎你能想到的所有盗版资源。这个组织为了能更好地规避监管，甚至一度试图募捐买岛，独立建国。

面临这样的局面，经历过完整工业化、在主机市场留下深厚积淀的外国厂商，选择依靠主机市场难以破解的优势，建立软硬件一体的闭环，用硬件提高盗版商破解成本，强行将用户留在正版生态环境之内。这就是 2000 年前后，全球主机市场迎来爆发性增长的核心原因。

同样的事情甚至不只发生在游戏产业，也发生在互联网冲击下，同样受到盗版困扰的传统音乐、电影电视和文学产业之中。其背后对应的是大工业时代背景下，西方发达国家已经完全成熟的唱片工业、电影工业和印刷出版业。苹果 iPod 联合多家唱片公司建立正版商店也是在这个时期，其最终成为硬件厂商和内容提供商对抗互联网盗版浪潮的过程中，最为成功的案例之一。

但错过了整个单机游戏工业化时代的中国单机厂商，面前却根本没有这条路。2000 年 6 月 15 日，国务院批准了文化部等七部委联合印发的《关于开展电子游戏经营场所专项治理的意见》，这就是著名的"游戏机销售禁令"。在全球游戏厂商都在试图用主机硬件生态对抗互联网带来的盗版狂潮时，这份"意见"直接禁止了厂商面向国内生产和销售电子游戏设备及周边零部件，彻底冰冻了中国主机市场的发展。

于是中国厂商们选无可选地走向了第二条路：网游化。

从性质上讲，单机游戏和联网游戏（包括端游和手游），其实根本就是两个物种：单机时代，游戏是一次性商品，买定离手，售后顶多也就是修修 bug、打打补丁，良心地再出几个 DLC（扩展包），而且 DLC 还是单卖的；联网时代，游戏则变成了一种服务。服务器维护，不断更新的游戏内容——新剧情、新任务、新地图、新职业，在生命周期以内的所有运营，都是商品价值的一部分。

从性质上讲，卖产品和卖服务，并不存在谁更高贵一点。但从商业模式来看，卖服务显然比卖盘更加先进：只要你还在接受我的服务，我就一直有机会让你掏钱。拿网游的吸金能力对比单机，属于降维打击，水平根本没在一个量级。有很多玩家和从业者，甚至是行业分析师，都喜欢把中国游戏的问题，归于搞单机的都去做网游了，这种结论显得过于表面化了。背后深层次的原因，其实是中国游戏产业起步太晚，错过了整个电子游戏的第一轮工业化进程，使得中国游戏产业面对互联网技术的冲击时，缺乏像海外巨头们一样有效的市场壁垒，最终不得不抛却单机市场，全面走向了互联网化。

但这并不是坏事，游戏的网络化是技术进步后的必然结果。在历史因素下率先走向互联网化的中国游戏，正在新的时代迎来一场罕见的时代机遇。

互联网时代的游戏产业逻辑

《原神》横空出世之后，笔者曾经和许多游戏产业的从业者和投资人进行过交流，最常被问到的问题就是：你觉得《原神》到底为什么成功？笔者的答案始终没有变：因为商业模式的降维打击。

要理解这一点，首先要知道目前游戏产业存在的几个趋势。

一是目前海外包括 EA、育碧、Rockstar、Bethesda 等在内的各大传统单机厂商，都在给自家游戏添加更多的线上内容，游戏产业的深度联网化是大势所趋。

二是需求多样化的背景下，会有越来越多的厂商尝试开发"开放世界"类型的游戏，以融合更多元素，获取更多玩家，同时延长游戏寿命。这不仅会带来游戏体量的迅速膨胀，也会大幅提升游戏制作的成本投入和技术难度，对游戏厂商的项目管理能力、成本收益结构、人才和技术储备等方面，都提出了更高的要求。

三是在物联网越来越发达的背景下，游戏作为一种内容产品，会越来越趋向于全平台化的数据互通，进一步走向终端融合。这条路走到最后，就是所谓的元宇宙。实现《头号玩家》式的沉浸式 3D 或许只是时间问题，这也就不难解释，为什么会有那么多游戏厂商都在进行"脑机"相关的研究项目了。

中国大量产业都是从渠道变革中获益,对传统巨头实现弯道超车的。而现在,这个故事正在游戏产业重演。

如果把游戏划分为主机时代、端游时代、手游时代,你会发现游戏对于玩家的准入门槛,是一步步降低的。主机时代最为明显,厂商完全是有意识通过成本高昂的硬件,来构建自身竞争壁垒的。这个时代诞生的巨头从早期的世嘉、雅达利,到后来三足鼎立的任天堂、索尼、微软,首要的身份都是硬件提供商,然后才是游戏内容制作方。它们通过制造硬件,控制了游戏的发行渠道,进一步制定了游戏制作的标准和竞争规则。

到了 PC 时代,经历一度盗版横行的混乱过程后,最终跑出来的大型渠道平台就是我们今天熟知的 Steam、Epic;进入手游时代之后,承担渠道职能的则变成了各大硬件厂商的应用商店。苹果抽成 30% 的"霸道",和国内各大手机厂商与游戏开发者之间的博弈故事都广为人知。

在渠道变革的大背景之下,原生于互联网时代的大量中国游戏厂商,也开始在成本收益结构方面,出现更加适应时代的变化。如果将其和欧美大工业体系之下成长起来的传统单机厂商做对比,你可以很轻易看出其优越性。

举个简单的例子。2020 年 12 月,跳票数次、万众瞩目的《赛博朋克 2077》正式发售。但发售后的口碑很差,让这次发售几乎变成了一场灾难,官方公告道歉,PSN(play station store,游戏商店)下架,各大平台开启退款通道,制作厂商 CDPR 的股价也随之暴跌,甚至连经营实体业务的 GameStop(游戏驿站)都开始支持实体版退款。这款游戏发售之前经历过数次跳票,以至于发售前一天从玩家到业界都还在祈祷"别再跳票";但上线没到一周,这种祈祷就变成了惋惜,很多人开始感慨还不如再跳票 3 年,至少能把游戏做完。

但延长制作时间,并不能解决根本问题。根据游戏制作方 CDPR 的财务报告,在《赛博朋克 2077》发售之前,其主要营收依然来自 2015 年 5 月发售的《巫师 3》和 2017 年发售的巫师系列相关卡牌游戏《巫师之昆特牌:王权的陨落》。作为"3 年不开张,开张吃 3 年"的精品游戏公司代表,CDPR 上市之后唯一还在推动的重点项目就是《赛博朋克 2077》,除此之外始终没有拿出新的作品说服资本市场提高公司估值。

从资金和成本层面考量，CDPR 已经不可能在没有新作的情况下继续针对《赛博朋克2077》进行 2 ~ 3 年的高强度开发了。

换言之，就算玩家愿意再等 3 年，CDPR 也等不起了。这个项目翻车的一大矛盾根源，就是构想中的《赛博朋克 2077》体量过于庞大复杂，以至于到了任何公司都不太可能一次性完成的地步。

我们反过来看米哈游。

《赛博朋克 2077》设定中的夜之城总共包含七大区域：沃森区、威斯特布鲁克、市政中心、海伍德、圣多明戈、太平洲以及恶土，最终上线的时候，虽然七大区域都在，但内部完成度不够，大量店铺和 NPC 无法互动，商店商品也十分单调，这些问题后续饱受诟病。

《原神》设定中的提瓦特大陆也有 7 个国家：蒙德、璃月、稻妻、须弥、纳塔、枫丹、至冬。虽然发布的时候一次性放出了七国预告，但游戏上线的时候才出了两个国家其中部分区域的地图。蒙德的雪山地图是在 1.2 版本放出的，第三个国度稻妻地图在 2.0 版本放出，其 DLC（可下载内容）渊下宫上线于 2.4 版本，属于璃月的层岩巨渊 DLC 更是在 2022 年 4 月的 2.6 版本才正式上线。米哈游的创始人蔡浩宇说：《原神》花了 1 亿美元研发，但上线后的维护成本可能每年都要再花 2 亿美元，比米哈游过去 3 年开发的总成本还要高。

简而言之，米哈游利用游戏的互联网属性，将一个体量极为庞大复杂，甚至远超其当时资金和技术实力的项目，切分为数个版本小项目进行管理，构建了一个更加健康、可持续的成本收益结构，才做出了《原神》这个现象级的产品。

站在 2022 年的节点上看，大工业时代延续下米的游戏制作逻辑和成本收益结构，将会越来越难以满足未来体量不断膨胀、制作不断精细化、复杂化的大型游戏项目的需求。而一边发作品，一边赚钱，再用赚来的钱不断更新完善作品，实现项目资金的自我循环，则是属于互联网时代的成本收益理念。这与传统美式 3A 大作[①]的成本收益结构和游戏制作逻辑，完全是两个时代的东西。即使很多中国厂商并非有意为之，

---

① 3A 大作指的就是大场面制作的高成本、高体量、高质量的单机游戏。3A 是指"很多时间"（a lot of time）、"大量资源"（a lot of resources）、"很多钱"（a lot of money）。

但由于原生于互联网时代，这些企业的财务架构和项目管理方式往往从一开始就有着天然的优势。

但一款游戏若在中国的互联网时代下诞生，也意味着其将面临一场极其残酷的竞争。过去20年，中国互联网行业的竞争堪称惨烈，而依托互联网建立的游戏行业，更是残酷到外国同行们无法想象的地步。以众所周知的"手游买量"来说，目前国内买量手游的注册用户成本已经飙到了60元以上，加上各种税和平台分成，一个用户进来，如果不充够100元钱，制作方就是亏钱的。如果再遇到分成比例更高的渠道平台，这个数字可能会飙到120～150元。小型手游公司一个月的买量成本基本都在百万元级别，占总营收的70%～80%。单机游戏再怎么花费时间、资源和金钱，投资成本还是有上限的。

如此之高的流量获客成本之下，国内的手游市场早已经不是印象中那种无脑躺赚的环境了，而是很快进入了比拼技术、美术、设计实力的阶段。从残酷竞争中跑出来的中国游戏厂商们多少都有一些堪称一流水平的硬实力在，同时还开发出了一系列新的商业套路，形成了一种用免费带来用户、用内容支撑付费的商业模式，这几年先后爆火的《明日方舟》和《原神》都是其中典范，其模式背后是一个产业从青涩走向成熟、从混乱走向有序的过程，其来路铺满了中国数以万计暴死的游戏和厂商。

除此之外，工业化较早、成熟度较高等原因，让海外主机和PC时代的游戏厂商们已经形成了相对固化的产业格局。这些行业巨头为了加大自身竞争优势，在过去很长一段时间里，都热衷于利用终端渠道优势，不断加深各个平台之间的壁垒，以至于传统游戏厂商和手游厂商之间泾渭分明。相比之下，中国厂商没有经历过主机时代，又在很短时间里就从宽带互联网时代进入了移动互联网时代，各个终端平台的厂商之间并未出现商业取向上的严重隔阂，这就给未来的全平台数据互通和终端融合提供了更好的条件。

海外在过去10年中涌现了一批优秀的手游厂商，比如做《部落冲突》和《皇室战争》的Supercell，做《太空狼人杀》的InnerSloth，做《怪物弹珠》的Mixi，还有《碧蓝幻想》和《偶像大师》的开发商Cygames。但这些以手游起家的厂商，普遍还没有开发"大型3D开放世界游戏"的技术实力，而有能力的传统主机大厂，又在商业模式上存在路径依赖，这给了中国厂商很大的机会。

如果说单机游戏产业的整套工业体系，是构建在主机之上的，那么中国游戏产业的整套工业体系，就是建立在互联网之上的，尤其是移动互联网。而人类，恰恰正在走向移动互联网的时代。

中国游戏的现状与未来

我们以前经常讲很多技术上"卡脖子"和突破封锁的故事，比如尽人皆知的芯片，比如稀有气体，再比如医疗器械……但我们很少讲另一个层面的垄断：文化垄断。目前，全球最有影响力的文化还是美国文化。但实际上，在文学、戏剧、古典乐等领域，没有童年的美国毫无优势。其能够在文化领域击败欧洲的关键，是抓住了文化产业变革的机会，在转折的时代，通过技术商业模式的领先，塑造了新的大众流行文化。其中最大的功臣，就是电影。

电影在 1895 年诞生，最初是默片，是戏剧的廉价替代品。但美国恰恰是抓住了这个更廉价且更易流行的新的文化形态，主导了电影领域的一系列技术变革，第一次成功地对欧洲进行了反向的文化输出。那之后，好莱坞迅速统治了全球的电影市场，美国的生活方式、美国的文化和意识形态，都是通过电影这个新兴的文化产品被输出到全球各地，并占领人们心智的。

而日本的第一次大规模文化输出，形式上具有相似之处，且恰恰就来源于游戏：1982 年雅达利大崩溃之后，创造了划时代的 FC 游戏机的任天堂崛起，用吃豆人 + 超级马里奥 + 塞尔达的游戏阵容，迅速占领了全球人民的心智。日本动画在西方的流行程度尚且有限，但日本游戏则在全球都具有极强的影响力，美国好莱坞至今都还在乐此不疲地改编"皮卡丘""索尼克"和《生化危机》。是的，《生化危机》是日本游戏，《实况足球》也是。里约奥运会的东京 8 分钟里，站在 C 位串起整个演出也是马里奥，宝可梦已经占据全球 IP 价值排行榜第一位超过 10 年之久，根据 2021 年最新数据，其 IP 估值比第二位高出了 100 亿元。

而如今，以《原神》为代表的中国游戏，正在成为中国文化输出中一股不可忽视的力量。海外最大的游戏在线聊天平台 Discord 创办以来唯一一个满员频道就来自这款游戏，频道总注册人数 73 万人，其中日均在线人数超过 20 万人。后来 Discord 给《原神》开了二区，开区第一天人数就超过了 14 万。一手推动了华尔街拔网线事件的海外贴吧 Reddit，也有《原神》区。且《原神》区至今仍占据了论坛第一活跃度的宝座，活跃人数峰值是 7 万人，《英雄联盟》一般只有 3.5 万人，就连搞笑版块的活跃人数一般也只在 5 万左右。你都能在 Reddit 上看到很多外国人进行汉服 Cosplay，中国区的游戏周边在海外代购被炒到天价。海外玩家为了获得一手消息从 YouTube 摸到 B 站，并颇为得意地开帖做 B 站使用教程。还有一些帖子会探讨人物背后的中国文化，有时他们甚至为了避免翻译不准确，会直接使用中文原文截图；YouTube 上还有人专门制作角色和地图名称的中文发音指导视频。

笔者曾经在谈论 TikTok 时提到，除了担心所谓的数据问题，美国政府其实更担心的是 TikTok 作为一个来自中国的 App，有可能打破美国对文化和价值观的输出渠道的垄断，而文化影响力的输出是无法用数字去简单量化的。根据《2021 年 1—6 月中国游戏产业报告》，2021 年 1—6 月，国内游戏市场实际销售收入 1504.93 亿元，同比增长 7.89%，其中中国自主研发的网络游戏国内市场实际销售收入 1301.12 亿元，同比增长 8.3%，保持了国内市场八成以上的份额。按照这个数据推测，2021 年中国游戏产业产值大约是 3000 亿元，这其实不算是一个特别大的产业，但它很特殊：它是文化产业。这意味着，虽然其在整个国民经济中占比确实很小，但它的衍生和联动效应会被数倍放大。

《原神》的巨大成功固然是个例，但也是一个号角。中国手游出海的成功率正在肉眼可见地提高，中国厂商正在逐渐找到收割外国韭菜的正确方式。以 2020 年来说，有 37 款中国手游在海外的年收入超过 1 亿美元，前 30 名的海外总收入加起来高达 92.4 亿美元，比 2019 年增长了 47%。其中日本市场贡献了 28 亿美元，同比增长了 81%。如果说以前中国手游出海，还是打游击、搞突袭，那么到了 2020 年，这场战役已经进入了成规模建制之间的对战。

2019 年全年，日本共计上线 275 款手游，其中：日本厂商做了 91 款，上过畅销榜前 50 的只有 25 款，成功率约 27%；中国厂商做了 65 款，进过畅销榜前 50 的就有 21 款，成功率是 32%。其中有些游戏国内玩家应该听都没听说过，比如 4399 的《魔剑传说》，一度还在畅销榜上挤进过前 10。[①]

日本老牌主机厂商世嘉和 *Fate/Grand Order* 的开发商 Delight Works，2020 年一起花了 30 亿日元（约合 1.8 亿元），做了个手游叫《樱花革命》。结果因为玩法老旧，美术和剧本尽皆平庸，上线后首月流水只有 7370 万日元，约合 466 万元，排在 iOS 销售榜单 200 名开外。

中国游戏厂商正在经历最好的出海时代。根据 2021 年 12 月中国音数协游戏工委与中国游戏产业研究院发布的《2021 年中国游戏产业报告》，2021 年，中国自主研发游戏海外市场实际销售收入达 180.13 亿美元，同比增长 16.59%。在中国移动游戏的海外地区收入分布中，来自美国市场的收入占比 32.58%。这意味着，美国玩家为中国的游戏产品贡献了约 374 亿元的收入。中国已成为世界上最大的游戏出口国。

回顾中国游戏走过的路，其实相当具有代表性：虽然出于历史原因在大工业时代错失发展机会，未能成长出成熟的产业化经验，但却也留出了巨大的发展空间，最终在渠道变革中找到机遇，开始飞速发展。

总结其关键：一是渠道变革红利，以及庞大市场所带来的驱动；二是率先拥抱互联网时代，尤其是移动互联网时代，中国厂商普遍构建出了一套更适应目前游戏产业发展趋势的项目管理体系和成本收益结构；三是残酷竞争使中国的游戏厂商在商业模式层面进行了大量创新，跑出了很多独一无二的打法。

但这些优势背后，也不是没有问题存在。

首先，由于竞争过于激烈，中国游戏在很长一段时间里都非常痴迷于数值策划，不仅热衷于引导玩家消耗更多时间，还有着全世界最成熟的引导付费系统。但过犹不及，作为一种娱乐项目，过分强调付费引导，有可能走向竭泽而渔。

其次，中国游戏产业实际上缺乏上游如各类游戏引擎、渲染技术的核心技术，从人才到公司都缺，这是很可能会对中国游戏未来产生影响的重要因素。同时中国游戏也缺乏像 Steam 这样的平台节点，对除了手游以外的传统领域的产业影响力依然有限。中国游戏产业想要真正占据价值链更加上游的位置，依然还有很长的路要走。

[①] 数据来自 B 站 Up 主"游戏 X 博士"。

第二十五章 "中国制造"的短板——工业软件

枭龙战斗机是中国第一款全面无纸化设计的战斗机,相比起传统战斗机的设计过程,枭龙的设计进度极其迅速。这背后,离不开工业软件的功劳。2018年11月,广东珠海。在珠海航展的飞行表演环节,来自巴基斯坦空军的飞行员驾驶着中巴联合研制的FC-1枭龙战斗机进行了精彩的飞行表演。FC-1枭龙战斗机,是中国航空历史中非常重要的一种战机——它不仅是中国与巴基斯坦联合研制的第一款战斗机,也是中国第一款全数字化设计的战斗机——从研制合同到首飞只用了短短4年时间,研制周期极短但性能却颇为强大。"枭龙"的研制之所以如此成功,背后离不开先进工业软件的辅助。

但对于中国制造业来说,工业软件却可能是最脆弱的一块短板。中国在工业设计软件上的表现一直呈现出一种"不温不火"的状态,在高端工业设计软件上更是一片空白——人们常说中国的制造业"缺芯少魂"——"缺芯"指的是缺少芯片,"少魂"则是指缺少工业软件。高端的芯片和工业软件是中国制造业的短板,也是中国发展高端制造业前必须攻克的一道关卡。越是高端的制造业,就越离不开工业软件的支持,《中国工业软件白皮书》中直言:失去工业软件市场,就会失去产业发展的主导权;而掌握工业软件市场,则会极大地增强中国工业体系的韧性和抗打击性,发展成为工业强国打下坚实基础。

工业软件是什么

我们不妨从一辆汽车的身上来感受一下工业软件到底是什么。在今天的世界，一辆汽车的诞生，是从 CAD（计算机辅助设计）软件开始的。当汽车公司决定生产一款新的车型，便会下达一份设计任务书，随即根据任务书设计草图。草图一旦通过，造型师便直接利用 CAD 软件开始设计车身形状，输出车辆的三维几何模型。另一种设计方式也和 CAD 软件相关，造型师们会用油泥制造一个车身模型，然后对这个模型进行测量，最后利用 CAD 软件结合实际的测量结果生成三维几何模型。有了三维模型，设计师们则可以利用多种 CAE（计算机辅助工程）软件来对车身进行分析，包括但不限于分析车身的空气动力学、人体工程学、结构强度等指标。车身上的每一条弧线的弧度、挡风玻璃的倾斜角度等参数都不是拍脑袋想出来的，都是依靠 CAD、CAE 软件计算出的结果。

CAD、CAE 就是工业软件家族里颇为典型的两类软件，而工业软件是一个庞大而繁杂的体系。根据其所在的环节划分，大致可以分为四类。第一类，研发设计，包括计算机辅助设计（CAD）、计算机辅助工程、计算机辅助工艺规划（CAPP）、产品数据管理（PDM）、产品生命周期管理（PLM）、电子设计自动化（EDA）等。第二类，生产制造，包括可编程序逻辑控制器（PLC）、分布式数控（DNC）、集散式控制系统（DCS）、数据采集与监控系统（SCADA）、高级计划与排程（APS）、环境管理体系（EMS）、制造执行系统（MES）等。第三类，运维服务类，包括应用性能管理（APM）、维护维修运行（MRO）管理、故障预测与健康管理（PHM）等。第四类，经营管理类，包括企业资源计划（ERP）、项目管理（PM）、供应链管理（SCM）、客户关系管理（CRM）、人力资源管理（HRM）、企业资产管理（EAM）、知识管理（KM）等。

实际上，由于工业软件的体系过于庞大，目前业内对工业软件还没有一个统一的定义，缺乏标准化的描述——根据工信部和业内人士的共识，我们只能说，工业软件是工业技术软件化的成果。根据工业和信息化部电子第五研究所《工业技术软件化研究报告》所言，工业技术软件化是一种充分利用软件技术，实现工业技术/知识的持续积累、系统转化、集智应用、泛在部署的培育和发展的过程，其成果是产出工业软件，推动工业进步。

从这个意义上来说，工业软件实际上是利用软件技术实现对工业技术、知识、流程的永久固定和随时复用。举一个较为肤浅的例子以便于理解，在工业软件出现之前，操纵机床加工金属的技艺往往掌握在以"老师傅"为代表的高级技工手中，多年积累的工艺知识只能通过口口相传的方式教授给下一代的年轻工人。而工业软件出现后，一个普通人经过短期的培训就可以在工业软件的辅助下，利用数控机床制造出精确程度不输给老师傅的金属器件。

根据《中国工业软件白皮书》的归纳，具备以下两个要素的软件即可视为工业软件：第一，软件中的技术、知识以工业内容为主；第二，软件最终的作用是直接为工业过程和产品增加更多价值。因此，诸如Office、PS、微信、Windows操作系统等软件虽然可以在某些场合满足工业生产环节里的某些功能，但并不属于工业软件。

基于上述内容，笔者个人对工业软件的"定义"是：工业软件是对先前工业知识与技术的总结与存档，使之前无形的知识、技术变成可以长期多次复用的"工业工具"和"效率倍增器"——这些知识和技术既可以是设计环节里的灵感，也可以是制造环节中的工艺，还可以是管理层面的经验。

从发展史上来看，工业软件起源于20世纪60—70年代，当时积极研发工业软件的力量几乎都是欧美军工巨头：洛克希德、波音、达索、NASA。工业软件发端于这些航空航天企业或机构，正是因为这些实体代表了那个年代工业的最高水准，也因为这些实体生产的都是超音速战斗机、大型喷气式飞机、导弹、火箭之类的复杂产品，它们尤其需要工业软件来帮助进行产品的研发。

以高铁为例，高铁列车在行驶中会受到极其复杂的空气动力学影响——除了迎面的空气阻力，还有因为高速行驶带来的升力、横向力以及各种方向的力矩。除此之外，高铁列车通过隧道时还会遭遇强烈的隧道压力波，两列高铁列车会车时也会产生强烈的压力波——高铁的空气动力学问题甚至可能比飞机更复杂。为了解决这些问题，就需要科学合理地设计高铁列车的车头造型——不仅要满足美学上的偏好，也要满足科学上的要求。这就必须使用计算机辅助工程软件来进行仿真分析，计算不同车头设计的空气动力学效果。

笔者认为，工业发展水平和工业软件是一种相辅相成的关系——高等级的工业发展水平催生了工业软件的需求，发达的工业软件促进了工业的进一步发展——越是高端的制造业，越能刺激工业软件的发展，也越需要工业软件。毕竟，工业软件，是设计、制造顶级工业品的基础。

中国工业软件现状

相较于世界一线厂商，中国工业软件仍旧存在一些较为严重的问题。其一是"品类不全"，管理类工业软件已经接近世界先进水准，但设计和工程软件则几乎是空白。其二是"有点无面"，只在某些单点技术上达到了国际先进水平，没有领先的通用工业软件。

另外，中国目前 95% 的研发设计类工业软件仍旧依赖进口。国产设计软件只能满足一些工业机理简单、系统功能单一、行业复杂度较低的领域——国产 CAD 软件主要用在模具、家具家电、通用机械、电子电器等行业。

随着最近几年我国开始重视工业软件发展，加大对工业软件的投资力度和研发强度，中国工业软件发展迅速，一部分核心软件技术取得了突破性的进展，拥有了一系列自主可控的工业软件产品。根据历史经验，工业软件水平实际是由工业水平决定的，工业软件的发展和工业转型同步。笔者认为，中国工业软件之所以会存在"品类不全""有点无面"的问题，根源在于中国工业的发展水平仍然落后于先进国家。

从 CAD 和 CAE 软件来看，全球市场规模在 86 亿美元以上，60% 以上的市场都被法国达索、德国西门子、美国参数技术 3 家控制，中国市场仅占 7.3 亿美元。即便在国内市场，95% 的市场份额也被这 3 家和美国 Autodesk 控制。更不容乐观的是，国产 CAD 软件目前仍停留在 2D 领域，且即便是 2D，国产化率也只有 11%，主要应用在建筑、机械之类的中低端制造业。而诸如达索、西门子之类的高端 CAD 软件则都已经迈入了 3D 时代，被广泛应用在医疗设备、高端仪器的制造上。CAE 软件方面，全球市场规模 81 亿美元，仍然主要由西门子、达索、ANSYS 等海外厂商控制，国产化率不足 5%。

在笔者个人看来，中国工业软件目前的局面仍然不容乐观。国产厂商在 CAD 和 CAE 软件的缺位只是表面，深层次的因素是中国制造业继续转型升级的客观现实——中国占了全球近三分之一的制造业产能，但中国工业软件市场只占全球工业软件市场不足 10% 的比重，这种"不匹配"，恰恰说明绝大多数中国制造业企业仍旧从事的是较为低端的制造工作，还没有发展到需要运用工业软件帮助生产的阶段。

华为的任正非在谈及芯片问题的时候说：搞芯片光砸钱是行不通的，还得砸数学家、物理学家、化学家，中国要踏踏实实在数学、物理、化学、神经学、脑科学各个方面努力，我们才能在这个世界上站起来。这段话放在工业软件也是说得通的——高端工业软件是工业技术和知识的凝结，而工业技术和知识的底层则是数学和物理学——中国企业不重视基础研究，也就无法获得适合工业软件成长的土壤。

第二十六章　案例分析：中国互联网为全世界带来了什么

华为"鸿蒙"，一个本属于 2025 年的产品

2020 年 9 月，东莞的松山湖，华为在全球开发者大会上高调地发布了鸿蒙 OS 2.0 操作系统。在美国人收紧绞索的前一刻仍然能够淡然自若地发布新产品，明明是一家处在包围圈中的企业却表现得像是一个胜利者，至少从感官上说，华为异常自信。

2019 年 9 月前后，鸿蒙系统面世。一时间，众说纷纭。有人认为这不过是一个 PPT 项目，只活在计划书和 PPT 里；有人认为这不过是一个营销噱头，神秘的鸿蒙系统，也就成了许多人口中的"连哄带蒙"系统。

今天，鸿蒙系统早已上线运行，身边许多用华为手机的朋友也都曾向笔者展示鸿蒙系统的功能，而在笔者看来，鸿蒙的功能反在其次，最重要的意义在于它代表了未来。

有不少人认为：鸿蒙是第二个安卓。如果它不是第二个安卓，那么就是山寨的安卓。这样的论调，毫无意义。

安卓的研发始于 2005 年前后，2007 年对外公开，2011 年才取代老迈的塞班系统，变成了主流操作系统。在这 13 年的发展过程中，安卓系统进行了多次迭代。每一次迭代都解决了之前的不少问题，每一次迭代都让安卓的性能更加强大。到今天，安卓系统上的 App 已经足够丰富，手机市场上一切主流、非主流的 App 几乎都支持安卓系统。更何况，现在市场上还有更早发布、更成功、体验也不差的 iOS，鸿蒙想要在

手机上超越 iOS 同样也是难如登天。2020 年才发布的鸿蒙，要靠什么才能在现在的手机市场上获得和安卓、苹果一样的生态呢？靠信仰吗？

所以，鸿蒙哪怕仅仅是"想"成为"第二个安卓"，都等于走向了注定失败的结果。鸿蒙如果想要成功，就不能再走别人走过的路。鸿蒙当然要把超越安卓作为自己的目标，但超越安卓并不代表需要成为"第二个安卓"。毕竟，"取而代之"的游戏，哪里有"开天辟地"有意思？鸿蒙当然没有走别人的路。

鸿蒙是一个属于 2025 年的产品，它本应该属于下一个 10 年。众所周知，安卓和 iOS 系统都是 2010 年前就已经开发出来的系统，哪怕它们现在已经经过无数次的迭代改进，哪怕现在我们所见到的终端都是搭载着或安卓或苹果的系统，但是它们骨子里的底层逻辑其实还是为了 4G 网络时代的终端和 App 而设计的系统，更直接一点，它们是为了手机而设计的。最简单的问题就是：一台苹果手机和一台苹果电脑，两者之间如何实现深度的数据、资源甚至硬件共享？它们的操作系统在设计之初是否考虑过要实现这种共享？这里的共享指的不是"隔空传送"这样简单的文件传输，而是更加深度、更加具有想象力的共享。

在开发 iOS 和安卓的那个年代，我们今天习以为常的许多设备还只是实验室里的样品，甚至只是论文里的一个概念和假设。安卓和 iOS 虽然靠先发优势获得了丰富的生态，但也因为先发吃了大亏——硬件的发展太快了，新的场景太多了，老系统已经跟不上了。今天的很多平板、手表和车机的操作系统则大多都是从安卓和 iOS 基础上衍生出来的特化产品（LiteOS 和 Android Auto）——纯正的安卓和 iOS 其实并不能很好地适应这些后来才出现的硬件。这种现象连苹果自己都看不下去了：初代 iPad 直接装 iPhone OS 系统，后来改成了 iOS，现在又变成了 IpadOS。面向那个年代的系统，终究是满足不了未来一个时代的需求。但鸿蒙不一样，鸿蒙属于"后生可畏"。鸿蒙诞生的时候，世界已经见到了 5G 的黎明，"万物互联"已经成为一个老生常谈的技术方向，"打造全平台适配的系统"早就成了基本共识。后浪总是会把前浪拍死在沙滩上，倒也不是因为前浪不行，只是因为后来者居上。

在了解鸿蒙系统为什么能够扛起"面向未来"这面大旗之前，我们要了解一些关于手机操作系统的基本知识。我们经常会听到人们说："我手机内存不够了，我要把原来的照片删掉"或者"我的手机内存只有128G，想换一个256G的高端机"。然而，此"内存"非彼"内存"。上面一句话里的"内存"，只是内置存储器的中文简称，功能上相当于电脑里的硬盘空间，一般也被称为机身内存或者ROM（read-only memory，只读存储器），它能够长期保存数据，就算断了电，重新启动后数据仍然保留。而真正的"内存"，也就是相当于电脑内存条一样的东西，一般被称为运行内存或者RAM（random access memory，随机存取存储器）。RAM是没办法长期保存数据的，一旦断电，上面的数据就会立刻消失。操作系统也是软件，操作系统也是要占用ROM和RAM的。并且，一款操作系统占用的ROM和RAM只会增加，不会减少。

如果手机是一个人，那么ROM就是他的书柜，RAM就是他的办公桌。每天下班（关机）之后，他会清理干净桌面（RAM），但绝对不会同时把书柜里（ROM）的资料也给清空。苹果手机的iOS系统，一般占据5~10G的手机储存空间。购买一款64G储存空间的手机，去掉操作系统所占的空间，实际上往往只有50多G的容量来存放自己的照片、音乐和App。这一点，安卓机的情况也大差不差。早期的安卓系统就像是一个邋遢的上班族，工作中的草稿、吃剩下的外卖盒子（垃圾文件、缓存）都堆放在桌面上。当需要做什么事情的时候，他就必须手忙脚乱地去清理桌面，为此耽误了很多时间。

而iOS系统则像是一个讲究的人，吃完外卖一定会顺手把盒子丢进垃圾桶（自动清除缓存和垃圾文件），免得占用桌面的空间。这也就是为什么早期安卓系统用了半年之后就开始疯狂卡顿的原因。不过，现在的安卓也讲究了，也能吃完东西随手收拾（清理垃圾文件）。处理速度已经和iOS不相上下。但不论是"不讲究"的安卓还是"讲究"的苹果，它们的桌面（RAM）上都会摆放一些永远不动的东西（操作系统的"基本功能"），而这些东西，也会占据一定的桌面空间。这种把所有重要的东西都放在办公桌上的方式，就是所谓的"宏内核"——在宏内核的操作系统中，重要的基本功能被集中在一起。这样的好处是想用什么伸手就可以拿，调用速度非常快。坏处则是如果有一个东西出了故障，别的东西也会遭殃——就像是办公桌上的水杯倒了，电脑和重要文件都可能被打湿。

鸿蒙和它们完全不同，因为鸿蒙是微内核操作系统。如果说iOS是个比较讲究的正常人，那么鸿蒙就是一个有洁癖超级的完美主义者——在它的桌面上，只允许有一台不超过 13 英寸的笔记本电脑。和宏内核相反，微内核系统的内核非常简单。它只保留最基本的功能，其他的功能全部分散，需要调用的时候再启动。因此，微内核的操作系统仅仅占用极少量的 RAM。对于不少手机来说，标明 6G 的 RAM 因为使用了宏内核的操作系统，实际的 RAM 往往只有 3G。但如果是微内核系统，可用的 RAM 则会在 5.5G 左右。

同样的额定 RAM，微内核却能够保留更多的可用空间，也就能节省下更多的计算能力。从理论上来说，不考虑镜头、外观和屏幕分辨率，微内核能够用较为低端的配置，实现较为高级的体验。但令人意外的是，现实应用中，微内核系统的效率却往往低于宏内核。形象来说：宏内核在办公桌前吃完饭，丢了饭盒就能抄起电脑继续工作；但微内核因为只在办公桌上保留了电脑，吃饭要到楼下食堂，吃完了才能上来工作。这就是微内核的一大弊端——应用程序和内核处于隔离状态，不同模块之间的通信往往需要内核来"搭桥"。具体表现就是：宏内核一点就开，微内核总是慢半拍。好在，根据华为在开发者大会上所公布的数据，鸿蒙系统的效率比国外的 QNX 系统和 Fuchisia 系统高 3～5 倍。

这就相当于让鸿蒙从一个洁癖患者，变成一个有闪电侠能力的洁癖患者。虽然内核和应用程序之间隔了一段距离，但只要调用得足够快，体验上就仍然不卡——据悉，鸿蒙系统的响应延迟降低了 25.7%，时延波动下降了 55.6%。[①] 在结合 5G 的情况下，延迟问题可以进一步降低。这将让鸿蒙系统在工业和交通领域非常有前景。

"模块化"是鸿蒙系统的另一大特色——"连接一切可能"，是华为对于鸿蒙系统的期待。这份期待背后折射的是华为的野心：一切能装系统的地方，都可能会装上鸿蒙系统；一切装载鸿蒙系统的设备，都会彼此连接。Windows 对应 X86 PC，iOS 对应苹果手机，在 4G 时代，系统和硬件之间大多是"一个萝卜一个坑"。这就是隔阂，这就是影响生产力的重大障碍。鸿蒙系统的愿望，就是要颠覆这种烦琐复杂的操作，实现多个终端的和谐共处——而和谐，Harmony，正是鸿蒙系统的英文名。

---

① 刘高畅，杨然，杨烨. 鸿蒙终现身，有何特性和机会？[R]. 南昌：国盛证券，2019.

2019年9月10日华为EMUI 11系统的发布会后,不少科技数码博主都制作了关于EMUI的相关内容。其中被反复提及的正是EMUI所实现的手机和电脑之间的"互联互通"——手机聊天里的图片可以直接拖拽到电脑桌面上,在电脑上下载的电影也可以直接丢进手机的播放器之中。尽管演示中的电脑是Windows系统,手机使用的还是基于安卓的EMUI,但我们有理由相信,当鸿蒙出世之后,这一切只会变得更加顺利。这就是微内核、模块化、分布式架构所带来的未来图景。手机和电脑之间可以彼此自由调动对方的资源,摄像头、键盘、桌面、屏幕、音响系统,成为一个个模块——用鼠标键盘打《王者荣耀》的日子不远了!

如果鸿蒙系统顺利落地,那么以后的生活中将充满各种"科幻场景":搭载了鸿蒙系统的智能镜子和手机互联,早上刷牙的时候可以顺便在镜子上浏览当天的新闻。需要在高铁上写报告但电脑没有网络,就把手机和电脑相连,电脑直接调用手机的浏览器、微信等各种App。需要参加视频会议,就直接将手机和电视相连,手机调用电视的屏幕、音响和摄像头。

今天,拦在鸿蒙面前的最大阻碍,主要还是安卓和苹果用10年时间构筑的超级生态。如果鸿蒙系统无法构建自己的生态圈,那么最终仍旧会走向失败。从某种意义上来讲,这是一场不同操作系统之间的生死斗。双方争夺的是成千上万的程序开发者。新生的鸿蒙如果想在这场决斗中幸存,就需要让开发者们有简单方便的方式来编写适合鸿蒙的App或者把原来的App移植到鸿蒙系统中来。

和鸿蒙系统一起面世的"方舟编译器"就是这场生死斗里华为使用的武器。程序员在编程的时候,使用的语言五花八门。但对于各种硬件来说,它们只听得懂0和1。因此,如果要让硬件看懂程序员的命令,就需要编译器来作为翻译,将"程序语言"转化成"机器语言"。

这里就出现了两种翻译方式。一种是"同声传译",也就是程序给出一个指令,编译器就翻译一句给机器。但这样的翻译方式效率比较低,准确度也很低。另一种是"一次性翻译",也就是在系统中安装一个"虚拟机",在程序安装或者系统空闲的时候,一次性把所有代码全部翻译完成。这样的效率很高,但安装时间比较长。

一般来说,这两种方式都能满足使用需求。但遇到"复杂动态语义",事情就麻烦了。

静态语义错误的情况下，当你说错了一句话，编译器会直接告诉你：你写的不是中文。但如果出现了"动态语义错误"，传统编译器则会告诉你：你写的确实是中文，但是中国人也不知道你想表达什么。在安卓系统内，传统的编译器就像是一个不太熟练的翻译，有时候很难把复杂的动态语义转换成"机器语言"，所以不少安卓机在系统内都设置一个"虚拟机"来进行模拟。

方舟编译器的出现在很大程度上缓解了这个问题。开发团队把方舟编译器调教成了一个身经百战的老翻译官，极大地提高了跨语言编译情况下的精度。所以，有了方舟编译器的加持，鸿蒙系统对于开发者而言就更加友好了。方舟编译器使得系统开发难度大大降低，程序员们只管写，翻译不出来算"我"输。根据华为消费业务 CEO 余承东所说：使用方舟编译器，一款安卓应用仅需 3 天就可以转换为鸿蒙应用。

综上所述，鸿蒙系统的几种"超能力"已经显现出来了。微内核，节省了算力，降低了硬件门槛，让低端硬件也能产生高级体验（言外之意：智能家居、车载计算机等不需要顶级芯片的设备也可以实现流畅体验）。分布式，打通了不同终端，让数据可以自由流动，硬件之间可以彼此相互调动（言外之意：电视、电脑、手机、车机、平板将实现"深度共享"，这种共享甚至可以是硬件级的）。方舟编译器，能让各种语言编写的程序适配鸿蒙系统。（言外之意：至少在国内市场，鸿蒙系统的生态丰富度风险不大。）

对鸿蒙来说，手机真的只是它的一个平台而已，鸿蒙要的是全局。

SHEIN 如何在欧美狂赚百亿美元

一年时间，收入 100 多亿美元，折合人民币约 635 亿元。在大众的视野之外，有一家公司正在以美国为代表的欧美市场上疯狂地赚钱。尽管在过去的几年里，这家公司始终都在极力地保持低调，但现在这种努力似乎已经不可能了。年收入 600 多亿元，约等于两个快手——规模太大了，赚钱太多了，看来是躲不掉关注了。作为一个数百亿营收的公司，它的业务却极其简单——这么多年，就只做一件事：卖衣服。

虽然"卖衣服"已经是一个传统得不能再传统的行业，但这家神秘的公司偏偏就是把它做到了极致——投资圈里有句话说得好："中国所有行业都应该重新做一遍"——不管这句话是否正确，但它的的确确在全球尺度上重新定义了"卖衣服"这件事。这家公司的名字叫SHEIN（希音），总部位于江苏南京，人们对它的评价很直白——"北美拼多多"。

"有毒""上瘾""停不下来"……SHEIN正在用一种中国人很熟悉的方式，在太平洋的那头收割着新鲜的美国"韭菜"。欧美市场对它的评价是"Shein is the future of fast fashion.（希音是快时尚的未来。）"

俗话说得好，"人红是非多"。网络时代的舆论是一个很有意思的东西——所有人都说你好，不一定代表你火了。但如果有人开始骂你，那你八成是真的火了。这说明你不仅有粉了，甚至还有了很多黑粉。SHEIN有多火？火到它已经开始挨骂了。如果要我作类比的话，欧美人对于SHEIN的批评烈度，约等于中国人对于拼多多的批评烈度。

某种意义上，它俩可能真的算是"近亲"——中国人怎么批评拼多多，欧美人就怎么批评SHEIN。一些中国人对拼多多的印象是：低端、廉价、劣质。巧了，不少欧美消费者也是这么看SHEIN的。一些中国人觉得拼多多的用户都是些低学历、低收入、贪小便宜的小市民，巧了，不少欧美人士也觉得SHEIN用户都是只图便宜、没有格局的小屁孩儿。这么一来，说SHEIN是"北美拼多多"一点也不为过——不仅挨骂的烈度不相上下，而且被扣上的骂名也大差不差。

然而，骂声越人，越能说明一个事实：拼多多和SHEIN是真的火。SHEIN的经营数据，佐证了这个观点。2017年1月，SHEIN在美国的月活跃用户总计只有49万人；2019年1月，这个数字变成了112万人；2020年1月份，全美SHEIN月活跃用户变成了288万人；2021年1月，SHEIN在美国的月活超过了750万人。注意到了吗？每一年的数据几乎都在上一年的基础上翻倍。和活跃用户数一起增长的，是SHEIN的成交额。2017年，SHEIN的销售额只有10亿美元；2018年，这个数字成了20亿美元；2019年，这个数字成了50亿美元；2020年，SHEIN的销售额突破了100亿美元。同样，每一年的数据几乎都在上一年的基础上翻倍。

即便是再怎么看不上SHEIN的人，也无法否认SHEIN在商业市场上的名利双收。

全球有 1000 多万用户在为 SHEIN 达成 100 亿美元销售额而买单，平均每 10 分钟就有一个网红在 YouTube 上更新有关 SHEIN 的穿搭视频。根据美国派杰投资公司的调查，SHEIN 在西方精致女孩的心目中排行第一，而这个榜单的第三名，则是被很多中国"一线城市中产阶级"奉为"战袍"的 Lululemon。

SHEIN 的主营业务是卖服装，更精确一点，应该叫"快时尚"。不要觉得这些东西距离我们很远——中国一、二、三线城市中，绝大多数商场的核心店铺都被各种"快时尚"企业占据着。

这个行业的"祖师爷"是西班牙的 ZARA。ZARA 当年做的事儿很简单——让买不起 PRADA 的人也能穿上有 PRADA 味儿的衣服——专业点来说，快时尚的价值就是在较短的时间内，将最新的潮流服装设计投入生产，并以较低的价格向市场推广。

所以，快时尚的消费者要的根本不是衣服，而是"当前流行趋势和格调满足后的快感"。这种消费心态，给企业提出了非常高的要求：第一，必须要够便宜，因为本来瞄准的就是那些"没钱又讲究"的消费者。第二，必须要够快，因为消费者追求的就是潮流，慢了就被别人抢走了。第三，必须要多样，因为必须要给消费者足够多的选择。ZARA 当年的套路非常"野"——LV、PRADA 之类的顶级品牌时装发布会结束之后，ZARA 直接就把别人的设计抄过来，然后立刻开始生产。

最多只要 3 个星期，ZARA 的服装就会从工厂生产出来，然后在 48 小时内，这些衣服就会出现在商店里。而传统时尚服装品牌走完这个周期往往需要半年时间。SHEIN 出现之前，ZARA 以及后来发展起来的瑞典 H&M 在这 3 个指标上做得无可挑剔，一度称霸全球快时尚市场 20 年。然后，SHEIN 就来了。SHEIN 把这行业彻底玩明白了，"便宜、迅速、多样"，这 3 个指标都被玩到了一个难以逾越的新高度。

以欧洲的收入水平来看，欧洲本土的 ZARA 和 H&M 已经把价格做到了一个非常亲民的水平了。ZARA 的老家西班牙，人均年收入在欧洲属于中等，大约是 2.7 万欧元，平均每月 2250 欧元。ZARA 平均价格 35.9 欧元，最经常看见的价格是 39.9 欧元，H&M 的平均价格 26.2 欧元，最经常看见的价格是 19.9 欧元。ZARA 超过 70% 的外套卫衣（hoodies）价格都在 35 美元以上，H&M 则有近 80% 集中在 20 ~ 35 美元区间。

按道理，这个价格已经算是很便宜了，估计欧洲人自己也感觉"差不多得了"，反正这么多年也都是这么过来的，早就便宜惯了。但是没想到，SHEIN 来了，SHEIN 上来就一套"军体拳"，把价格打到了个位数。设计不相上下，质量大差不差，价格只有你的三分之一，而且常年搞活动，动不动打折打到只要几分钱的地步……天天在免费的边缘疯狂试探，这让别人还怎么玩？仅仅做到价格低，对 SHEIN 来说还不算结束，它甚至还有一套专门的程序帮你省钱——用 30 美元以下的预算，就能配置好一身的行头。在 SHEIN 上面花 280 美元，它能自动帮你搞定一整年的穿搭方案，然后把所有的衣服发到你家。

之前已经说了，快时尚品牌必须更新得足够快——当年的 ZARA 作为行业标杆，更新频率是一星期两次，每年总计会推出 2.5 万款新产品。但 SHEIN 出现之后，一切都改变了——SHEIN 每天都会推出 700～1000 种新的产品，每星期更新大约 5 万款新产品。因此，业内其实都对 ZARA 的未来表示悲观。ZARA 并没有做错什么，它只是面对了 SHEIN 这样一个来自未来的对手。

在传统的模式下，ZARA 和 H&M 已经做到了极致，没有人能比它们更快了。但以 SHEIN 为代表的"快时尚 2.0"企业却从根本上对 ZARA 们形成了碾压——业内很多人都认为"快时尚零售"已经不足够形容 SHEIN 了，SHEIN 应该被归为"实时零售"。

SHEIN 的战术其实也很简单：现在大家都用手机了，那就直接从 App 上搜集用户数据，分析出用户的偏好，然后在 72 小时之内完成设计；设计完成后，就立刻安排生产，但每个款式就只生产 100 件甚至几十件。不为别的，就只是看看市场反应如何；最后，如果某个款式成了 TikTok 上的爆款，就立刻扩大生产，而那些没有成功的款式，就直接放弃。

从开始设计到第一笔交易，传统品牌需要半年，ZARA 需要 20 天，而 SHEIN 可能只需要 5 天时间。另外，SHEIN 几乎没有实体门店，销售几乎全部来自网络。所以，就算把跨国快递的时间算上，SHEIN 产品从开始设计到最后消费者穿在身上，中间最多只需要 14 天左右——换成 ZARA，现在可能才刚刚设计完成。

SHEIN 能做这么大，主要靠两个因素：一是靠珠三角的那些"幽灵工厂"，二是靠海外抖音 TikTok。前者决定了 SHEIN 的供应链，是 SHEIN 低价和迅速更新的保证；后者决定了 SHEIN 的渠道，是 SHEIN 能火的关键。

先来说说"幽灵工厂"。简单来讲，因为有"幽灵工厂"的存在，SHEIN 才能把服装生产搞成"点外卖"，所以它才可以做到"足够便宜、足够快"。SHEIN 能撼动 ZARA 和 H&M 的地位，恰似美团、饿了么挖了传统餐饮行业的墙脚。在外卖行业里，除了有名有姓有门面的正牌餐馆，还有大量的"幽灵厨房"——临街的一个大门面，大门敞开，没有招牌、没有菜单，也没有服务员。你只能看到里面有厨师在炒菜，有帮工在切肉摘菜，但大厅里没有桌椅板凳，只有小山一样堆起来的包装盒以及一次性餐具。

这种幽灵厨房基本不接待上门的堂食客人，只接受来自各种外卖的平台订单。外卖的优点，就是灵活机动。这种灵活性的物质基础是外卖平台 App——店家在上面能看到订单，骑手能看到派单，消费者能看到产品。本质上来说，外卖平台 App 其实是一个多方参与的订单管理平台。

SHEIN 不同于中国所有服装企业的地方就在于此，它开发了一整套属于自己的软件，在珠三角地区建设了一个这样的"外卖平台"——SHEIN 以保证市场销量为前提，给那些用传统管理软件的服装厂安利了 SHEIN 自己搞的订单系统，还教它们怎么让这套系统发挥出最大作用。而如果你想成为 SHEIN 的供应商，那么你必须安装 SHEIN 的订单管理软件。

于是乎，SHEIN 自己就成了顾客，珠三角方圆数百千米内的数千家服装厂就成了它的"外卖商家"。珠三角地区，可能有三分之一的服装厂都是 SHEIN 的"幽灵工厂"——当 SHEIN 需要快速生产某种服装的时候，它只需要像我们在美团、饿了么上面点外卖一样指派一家工厂生产就可以了。对工厂来说，它们什么都不用操心——只要按照 SHEIN 订单上的数量生产好然后发货即可。小工厂最怕订单不稳定，而 SHEIN 几乎给这些小工厂吃了一颗"定心丸"，给它们保证了订单量，再根据数据分析，精确生产数量，减少了堆积滞销的风险。

抖音的海外版本 TikTok，是帮助 SHEIN 成功的另外一个因素。作为一款常年盘踞在欧美手机下载量第一名宝座上的 App，TikTok 早就已经牢牢控制了人们的注意力。TikTok 作为 SHEIN 主要的广告投放渠道，搭载着 SHEIN 杀遍全球。尤其需要注意的是，全美的 TikTok 用户里有 62% 都是 10～29 岁的儿童、少年和青年人。这些人每天都要花费 50 分钟以上的时间来看 TikTok 上的内容。

年轻人喜欢快时尚，年轻人喜欢看 TikTok，所以 TikTok 就成了 SHEIN 的主要投放渠道。其他占据欧美年轻人时间的 App，不论是 Instagram 还是 Facebook，SHEIN 也都在上面布局。

在这个方面，SHEIN 给钱也毫不含糊，只要是稍微有几万粉丝的网红，SHEIN 照单全收。SHEIN 进军印度的时候，一次性就谈好了 2000 个网红的合作；进军美国的时候，同样的套路，也在美国招募了数千名网红进行合作。SHEIN 进入印度市场时策划了一个大学网红推广项目——你可以理解为让校花们先穿起来，然后再带动其他印度年轻人。

而根据 SHEIN 的合作模式，它对网红的基本要求是：在 TikTok 平台上有 15 万以上的粉丝。粗略计算一下，在人口只有 3 亿的美国，知道 SHEIN 品牌的人可能已经达到了 1 亿。最新的情况是，SHEIN 已经把中国"网红直播卖货"的这套手艺全套照搬到了欧美。这套路，简直就是中国网红经济的美国翻版。一边是"点外卖"式的"柔性供应链"，一边是新兴社交媒体上的高强度传播，SHEIN 在欧美市场的成功不是没理由的——以前是 copy to China（复制到中国），现在是 copy from China（从中国复制），毕竟，技术和思路，总是会从高水平的一端流向低水平的一端。

SHEIN 的火爆无法掩盖其低端制造的短板

SHEIN 的确是在欧美市场上获得了巨大的成功，但同样不可否认的是，SHEIN 在欧美市场上也遭遇了大量的批评。欧美市场对 SHEIN 最重要的指控就是"抄袭"和"过度消费"。2021 年，一个名叫玛利亚玛·迪亚洛（Mariama Diallo）的艺术家在 Twitter（推特）上发文表示：SHEIN 以 100% 照搬的方式剽窃了她的服装设计创意。在 Diallo 之后，另一个叫 Reclamare Ph 的设计机构也在网上表示 SHEIN 抄袭了它的服装，并号召粉丝抵制 SHEIN。另一家名为 Sincerely Ria 的品牌，也表示 SHEIN 不久之前抄袭了他们的连衣裙设计。

不过，被指控"抄袭"似乎已经成为快时尚企业必须经过的一步：ZARA、优衣库都是这么一路被批评过来的……全球范围内,你很难找到一个完全能够免疫"抄袭"指控的快时尚企业。另一个针对 SHEIN 的指控则是"过度消费"——一个叫 Michkeenah 的推特网友的言论被很多媒体采纳——他认为快时尚行业并非靠着那些在别处买不起衣服的人撑着,而是靠着那些纯粹仗着自己有钱而过度消费的人撑着,真正撑起 SHEIN 的人,其实是那些为了和网红保持一致而在 SHEIN 上花 2000 元买衣服的人。

不过在我看来,这些指控都是皮毛而已。因为不论是"抄袭"还是"过度消费",都已经是欧美市场上炒作多年的老话题了,每一个新品牌、每一款新产品的诞生,几乎都会面临类似的争论。如果你看关于 SHEIN 的东西够多,你就会发现,某些媒体甚至认为那些网红发的 SHEIN 服装试穿视频会导致地球毁灭——没有最离谱,只有更离谱。

在笔者看来,SHEIN 是其内部出了问题。SHEIN 所面临的本质问题是:在互联网技术的帮助下,SHEIN 似乎正在向着过去那个"低价占领市场"的时代加速倒退。作为一家快时尚企业,SHEIN 虽然靠着互联网技术取得了巨大的成功,形成了"超低价格、超多品类、超快更新"三大优势,但这三大优势的最后落实却还是靠着珠三角地区的密集劳动力。

为 SHEIN 劳动确实给很多人带来了财富和收入,改善了那些从湖南、湖北、四川背井离乡而来的打工人的生活。技术好的话,每个月工资可以破万,比很多白领的收入都要高。

但我们需要知道的是:在万元工资的背后,却是巨量的劳动。按照当前市场上的主流趋势,以一件外套来看,负责衣领的工人缝制一个衣领能赚 4 元钱,普通工人每天只能缝制 30～40 个衣领,一天就是 120～160 元的收入,一个月最多也就 5000 元左右。

这也就意味着,服装厂工人如果想取得高收入,不仅要练熟技术,还需要长时间劳动——往往每天都要工作十几个小时——这不论是对身体还是心理都是一种摧残。更值得我们关注的是,SHEIN 可能正在走一条"产业降级"的道路——没错,利用互联思维和技术,SHEIN 的确是打造出了成百上千个"幽灵工厂",在珠三角地区编织了一个非常灵巧的生产网络，但从实际生产过程来看，SHEIN并没有带来生产技术的革新，反而更加追求低价格。

类似的事情，我们见过太多太多：外卖、滴滴、快递……互联网思维和技术的大规模应用确实提高了生活的效率，但这种效率上的提升在最终落实阶段依旧是靠着人力。SHEIN的销量与热度是真实的，但它的问题也是真的。在笔者看来，SHEIN是一个奇妙的个体，它有着2020年最先进的大脑和神经，但却长着80年代的骨骼和肌肉——一个浸透了互联网思维的企业，却仍旧在使用大工业时代的生产方式。或许这就是我们需要进行产业升级的理由。这种现象的存在，也无时无刻不在提醒着我们：中国制造业的进步，应当永远在路上。

TikTok（抖音）有什么"武功绝学"

2020年7月30日，美国国会大楼。高悬正中的大屏幕被分为了数个传输画面，画面上分别是苹果的CEO库克、谷歌及其母公司Alphabet的CEO桑达尔·皮查伊、Facebook的创始人兼CEO扎克伯格和亚马逊创始人兼CEO贝索斯。这4家公司那时的总市值相加，超过5.7万亿美元，相当于英、法两国2019年的GDP总和。一名国会议员正襟危坐、皱起眉头、语气强硬地向这个世界上最有影响力的4位科技巨头提问："请你们回答，你们是否认为，中国政府窃取了美国公司的技术？"

这发生在美国总统特朗普表示必将封禁TikTok的几个小时之前。2020年所发生的一切，似乎都在创造历史。但扎克伯格在这场反垄断会议上炮轰TikTok的画面，注定将和整个事件一起，被载入现代商业社会的史册。我们见证了现代商业社会最明目张胆的一次"抢劫"。但绝大多数人还没有搞懂，这家中国企业到底掌握了什么样的技术，能让美国总统如此上心。

美国想要从字节跳动手里抢走的，到底是什么？先给出我们的答案：不只是所谓的"算法"问题，而是数据＋获取数据的能力。关于为什么争夺的焦点并不是字节跳动所备受推崇的算法问题，我们后面再谈。首先我们要弄清楚一件事：算法是什么。算法和程序，是两个概念。简单来说，算法就是"解题思路"，而程序，则负责把这个解题思路，翻译成计算机能听懂并执行的命令。

我们平时用来写程序的各种语言 C++、Java、Python，就相当于英语、法语、温州话。但不管你用什么话来叙述一道题目，1+1=2 是不会变的，同一个世界，同一个梦想。以一道简单的数学题来说，已知两个条件：a+b+c=1000，$a^2+b^2=c^2$，求：a、b、c 的所有自然数解。

题目不重要，我们有两种方法来解这道题。第一种，列举法，我把每一种可能性都列一遍，然后代入等式看是否成立。B 站有一个 Up 主做过实验，这个算法在他的电脑上，跑出最终结果，用时共计 1055 秒，约合 17.58 分钟。如果你是人肉计算，可能要算到明天早上。

第二种，把 c 替换表示为"1000-a-b"的形式，然后代入等式求解；同样是这位 B 站 Up 主，第二种算法在他的电脑上，跑出结果的最终用时是：1 秒钟。算法二是算法一的千分之一。

通常更好的算法，解决问题的效率更高，同时解决问题时所占用的资源更少。好算法如同"计算机界的袁隆平"，我一亩地上长出的粮食可以养活 1000 个人，你一亩地只能种出 10 斤粮食，可能连 10 个人都养不活，这就是公司之间的技术差距。摩尔定律我们耳熟能详：每块芯片上晶体管的数量每两年就会翻一倍，这使得电脑运行更快速，储存空间更大。但很少有人意识到，驱动各类系统的算法也进步了——美国总统科技顾问委员会的报告显示，在很多领域，算法所带来的进步，甚至超过了芯片所带来的进步。

站在这个角度，算法层面的优势，可以很直观地转化为一家商业公司的成本优势，这背后有惊人的商业价值。如果一家芯片公司可以估值超过 1500 亿美元，一家在算法领域优势巨大的公司为什么不可以？问题仅仅在于，字节跳动的算法真的领先到了独步天下的这个程度了吗？不用疑问，我们现在就可以回答这个问题：在人工智能领域，世界上还没有任何一家公司的算法能够领先到这个程度。也因此，美国人要抢的武林绝学，并不只是这套算法。

和普通人想象中不一样，字节跳动所依托的个性化推荐算法的基础架构，十来年前就是成熟的，这套基础架构从某种程度上讲毫无秘密可言。无论是头条、百度、谷歌，在中国、美国、欧洲、东南亚……几乎所有企业的个性化推荐系统底层的基础都差不多，甚至有相当多著名的基础算法，本身就是开源的。这种成熟，和两家我们再熟悉不过的公司有关，一是亚马逊，二是 Netflix。这二者对每一个推荐系统从业者，包括张一鸣，都影响至深。1998 年，亚马逊创始人贝索斯决定通过算法，让计算机自动为顾客推荐相关图书。亚马逊将人类推荐和计算机推荐所创造的业绩数据进行了对比，结果发现：人类惨败。

计算机智能推荐的业绩，一度占到了亚马逊总体业绩的 35% 左右。亚马逊成为个性化推荐算法与商业化应用最成功的早期案例。2006 年 10 月 2 日，Netflix 宣布了一场彻底改变个性化推荐技术格局的算法大赛：Netflix Prize 算法大赛。这次比赛，Netflix 公开征集电影推荐系统的最佳算法，并承诺，第一个能把 Netflix 原有推荐系统 Cinematch 准确率提高 10% 的参赛者，将获得 100 万美元的奖金。那一年，北京的房价，还只有 8000 元/平方米。100 万美元，你甚至可以在北京市中心买个 1000 平方米的豪宅，大小相当于两个半标准篮球场。这个竞赛后来被称为 Netflix 百万美元竞赛，吸引了全世界 186 个国家（地区）、超过 4 万个参赛团队参赛，大量经典算法在这次大赛中被开发出来，Netflix 接过了亚马逊手中的火炬，成为个性化推荐引擎商业化应用的又一个代表。

那一年张一鸣 21 岁，刚刚从南开大学毕业，进了旅游搜索网站酷讯，做垂直搜索编程。我们无法得知这次大赛是否在年轻的张一鸣心中种下了什么火种，但可以肯定的是，这两家公司都算得上"开宗立派之人"，在张一鸣后来的采访和演讲中，也反复提到过亚马逊和 Netflix。如今各大高校的推荐算法课程，都喜欢把互联网分为 3 个时代：分类目录时代、搜索引擎时代、个性化推荐时代。

分类目录时代的巨头是各大门户网站，搜索引擎时代的代表是谷歌和百度，个性化推荐时代的代表，在今天看来，是字节跳动。在 Netflix 百万美金大赛的 6 年后，2012 年 3 月，字节跳动在知春路的一幢民宅里诞生。那时，市面上有相当多的新闻软件，其中不乏巨头，如腾讯新闻、网易新闻、搜狐新闻。所有新闻分发类的 App，在应用端的呈现方式都相差无几。

但同样的外壳之下，今日头条却有着与其他对手迥然不同的底层逻辑和驱动力：

AI。从某种程度上讲，字节跳动一开始，根本就没想做新闻。在那个主流还在招收移动端开发人才的年代，创立字节跳动时的张一鸣，招得最多的人，是机器学习算法工程师。他要做的，是一套人工智能领域最前沿的应用：个性化推荐引擎——不是图片、段子、新闻，也不是短视频，就是推荐引擎。但光有引擎是跑不起来的，总得把其他部件补全。底盘、车身、电气设备……做辆整车出来，才能开上路。那构建什么样的应用场景，分发什么内容才好呢？很简单：试！

亚马逊和 Netflix 能够被载入史册的一个重要原因，就是它们都是个性化推荐系统商业化应用的进程中，无法绕开的重要节点。这里的关键词，不是"个性化推荐"，而是"商业化"。在字节跳动创立的初期只有几个工程师的情况下，张一鸣就和这个团队一起做过数款 App 试水，这些 App 搭载同一套推荐系统，但分发的内容和应用场景各有不同，目的就是要找到市场反响最好的应用场景。后来，从这十几个 App 里跑出来的，是搞笑囧图和内涵段子。这两个当家 App 和其他试水的 App，又共同支撑起了最初的今日头条。

个性化推荐系统一般分 3 个部分：特征、函数模型、目标。锌财经创始人、前猎豹移动全球内容总监潘越飞回忆，猎豹当时和今日头条是竞争对手，不同的是，头条上来就用算法分析，而猎豹那时还在用人工推荐系统。那时头条的人均使用时长是 20 分钟，而猎豹的人均使用时长只有 5 分钟。后来猎豹开始使用基于纯热点的推荐算法，人均时长增长到了 10~15 分钟；使用了与头条类似的个性化推荐算法之后，很快超过了 20 分钟。猎豹后来花了三四个月，试图进一步提升人均使用时长，但最终，这个数据定格在了 30~35 分钟的区间，头条这时的人均时长已经突破了 40 分钟。

原因主要在于上述 3 个部分中的第一个部分：特征。要让一套算法给用户推荐最合适他们的内容，首先要让算法理解这些内容是什么。机器对内容的理解越准确，后期做匹配时也就越精准，整个系统的成长性和可拓展性也就越高。潘越飞说，在初期阶段，对于特征的理解，看不出太大的差异，大家跑得都很快。但越到后期，这种细节处理能力，就会慢慢凸显出来，最终造成难以追回的差距。当今日头条上了视频的时候，它的人均时长一下子从 40 分钟，提升到了 1 小时 15 分钟。

"猎豹放弃了这个项目。"因为从图文到视频,几乎又要重新做一套新的特征工程。这个工程量惊人地大,大家在评估之后发现:"做不到了。"但字节跳动不一样。还记得吗?字节跳动一开始的目标,是做一个"个性化推荐引擎"。金庸在《倚天屠龙记》里说九阳神功,是"天下诸派内功不出其藩篱",字节跳动做的这套引擎,就想努力开发一套用之四海皆准的推荐系统架构。一如设计发动机,没有人会想要设计只有一辆车能用的发动机,我们都希望设计一台只要通过简单调试,就能装在所有车型上的发动机。

为了能够迅速试验迭代,找出更合适的应用场景,字节跳动用同一套推荐引擎,搭载过数款 App 进行试水,它的个性化推荐本就不是单纯为了图文形式而准备的。而当风口从图文转向短视频,字节跳动埋在血脉里的优势开始爆发出巨大的能量。抖音上线之后才开始追赶字节跳动,一切都已经晚了。

现在要回答我们一开始提出的那个问题了:为什么字节跳动一直被推崇的算法,在这场"抢劫"中,并不是美国最重要的目标?很简单:因为抢走了也没用。个性化推荐系统的核心目的是两个字:预测。比如世界上第一个机票价格预测网站 Farecast,它们就是通过分析行业机票预订数据,综合每一条航线上每架飞机上每一个座位一年内的综合票价纪录,来预测航班票价的。票价变动的原因有很多,但 Farecast 并不探究原因,只寻找规律。

我们说过,算法是解题思路,好的算法,可以节省时间和资源。但它最终决定的是效率,而不是准确率。决定系统推荐准确率的,是数据量。数据量越大,样本量越大,机器接受的训练量越多,最终做出的预测就会越准确。以 Farecast 为例,一开始这家公司预测的准确率并不是特别高,但到 2012 年时,公司积累了近 10 亿条价格纪录,其预测准确度就已经上升到了 75%,平均每张机票可以节省 50 美元。

TikTok 的先发优势,确保了公司对其他竞争对手保持数据量级上的碾压。不管是 Facebook,还是腾讯,巨头们的"钞"能力在绝对的数据量面前,都毫无疑问地失效了。即便是有完全相同的一套算法,包装成为另一个 App 和它竞争,也不可能达到同等的准确度。这就像练武,算法是见招拆招的武功招式,数据是经年累月的内功修炼。就算招式练给你看,内力不够深厚,你也发挥不出效果。自 2012 年至今,这套算法系统不断更新，字节跳动就像一个从出生起就不断修炼上乘内功的人，骨骼清奇，筋脉健壮，后天修炼的人很难追上它的进度。

有朝一日，骨格清奇的你去参加天下武林大会，前武林盟主发现你天赋异禀，再这样下去可能要威胁他的盟主之位，于是决定防患于未然，想要挑断你的手筋脚筋，废你武功。但又看了一会，他发现你这武功玄妙，废了可惜，于是决定做一回"丁春秋"，用吸星大法，把你毕生所学都给吸到他自己身上。再不济，至少给你种个生死符，不管你武功多高，最后都要听命于他——这就是特朗普。有幸的是，字节跳动有一个足够强硬的师门，最终如何尚未可知。

如果说数据是这个时代的石油，那么以 TikTok 的受欢迎程度，抢走这家公司，就等于掌握了一条连接着全世界油田的输油管道。有幸的是，过去多年间，中国科学家和软件工程师们通过智慧和努力，让这个管道现在掌握在我们自己的手里，不像半导体芯片和光刻机。2000 年，微软研究中心的米歇尔和埃里克，为了改进 Word 中的语法检查功能，做了一项试验。他们首先选定了 4 种常见的算法。

一开始：A 算法表现最差，准确率只有 75%；B 算法表现最好，准确率达到了 86%；最佳和最差之间相差 11%。接着他们开始给这些算法添加数据量。当数据量从 500 万个单词，提升到 10 亿个单词的时候，情况发生了彻底反转。A 算法一跃成为最佳算法，准确率提升到了 95% 以上；B 算法成为表现最差算法，但准确率也已经提升到了 94%；最佳和最差之间相差只有 1%。

这个试验结果意味着：即便算法不是最好的，只要我有压倒性的数据量，也可以在最终的准确率上和对手齐平。而刚好，我们的算法不弱，在数据量方面，还有着得天独厚的优势。以 2015 年来说，我们每天可以从互联网上爬取到的中文内容的吞吐量大约是 600 万条（图文），美国大约是 200 万条 / 天，全欧共计 50 万～60 万条 / 天，印度共计 50 万～60 万条 / 天。这意味着，一天中文内容的训练量，就超过了全球其他所有地区的总和。领先如此之多的"训练量"，要是放在热血漫画里，俗称：努力。

不同的是，动漫男主们的出身无论如何都不可能由自己决定；一个企业的起点，却可以由领先于时代的前瞻性思维所决定。乔布斯构建苹果产品矩阵的时候，核心的理念就是"数字中枢"，从 iPod 到 iPhone，再到 iPad，更像是一种产品上的迭代。

iPod 可以过时，但基于这个理念很快就有了 iPhone，每一个开创时代的现象级产品，背后都是一个领先时代的理念在支撑。欣慰的是，中国的企业也在努力用下一个时代的方式思考，做下一个时代的产品。比如华为鸿蒙，它做系统的逻辑就不是移动互联网的逻辑，而是物联网时代的逻辑。

你围追堵截，我可另辟蹊径；你废我武功，或许我不破不立。科技没有国界，但科学家有。我们不惧开放，但封锁也未尝不是我们的好机会。

扩展阅读

在关于互联网产业历史的书籍中，笔者首先推荐吴军博士的《浪潮之巅》。这本书是许多高校商学院和计算机学院的参考书，甚至是教科书。作者本身是著名的自然语言处理和搜索专家，也是硅谷风险投资人，具有很扎实的理论基础和成熟的产业视角，对科技公司发展壮大过程中风险投资、银行、产业规律各自扮演的角色有系统性的论述，对于了解互联网产业的历史和建立系统的产业分析框架很有价值。

此外，中央电视台 2014 年出品的 10 集大型电视纪录片《互联网时代》也很值得一看。制作组深入全球 14 个国家数十家大型跨国公司和科研机构进行采访，留下了与互联网各界近 200 位重量级专家学者们交流的珍贵采访和影像资料，对系统理解和分析互联网如何改变人类社会有很好的参考价值。

如果具体到中国互联网产业发展的历史和关键人物，笔者推荐林军的《沸腾十五年：中国互联网 1995—2009》和其续作《沸腾新十年：移动互联网丛林里的勇敢穿越者》，这一系列作品记录了包括马化腾、丁磊、张朝阳、马云、李彦宏、王志东、史玉柱、雷军、周鸿祎等一系列中国互联网早期创业者的故事。另一本《人民日报》记者郭万盛所著的《奔腾年代：互联网与中国：1995—2018》，则比较关注一些网络公共事件对监管和社会的影响，可以作为细节补充参考。

如果想要了解大数据对社会基础逻辑的改变，笔者推荐美国学者维克托·迈尔·舍恩伯格的《大数据时代》。作者是大数据系统研究的开山鼻祖之一，也是大数据商业应用的引路人。这本书的理论基础和案例资料都十分扎实，是难得生动易读的专业著作。

在关于国内互联网大公司的传记当中，笔者推荐吴晓波写的《腾讯传》，作者走访了大量腾讯公司的高管，还原了腾讯发展过程当中的一些关键节点，探讨了这家公司崛起过程当中一些独特的时代背景，值得一读。

李志刚写的两本互联网企业的传记《创京东》和《九败一胜》，也是难得的佳作。李志刚的书，采访很扎实，写作细致，这两本书分别讲的是京东和美团的故事，尤其是对刘强东和王兴两位优秀的互联网创业者的人生经历有很详细的记录，很值得一看。

关于阿里巴巴的图书很多，这边我们推荐阿里前高管语嫣写的《生长》一书，这是一本为阿里巴巴"正本清源"的书。市场上有不少以阿里巴巴为主题的图书，但唯有这本《生长》才能被称为"真经"。语嫣是阿里合伙人级别高管，她在阿里工作18年之久，曾经担任过淘宝商城、口碑网、聚划算等重要子公司的总经理，亲历了淘宝网从0到10的整个发展阶段，有她这样背景且写书的阿里人除了曾鸣教授以外只有她一个。所以如果要学习原汁原味的阿里案例，《生长》绝对是不二之选。

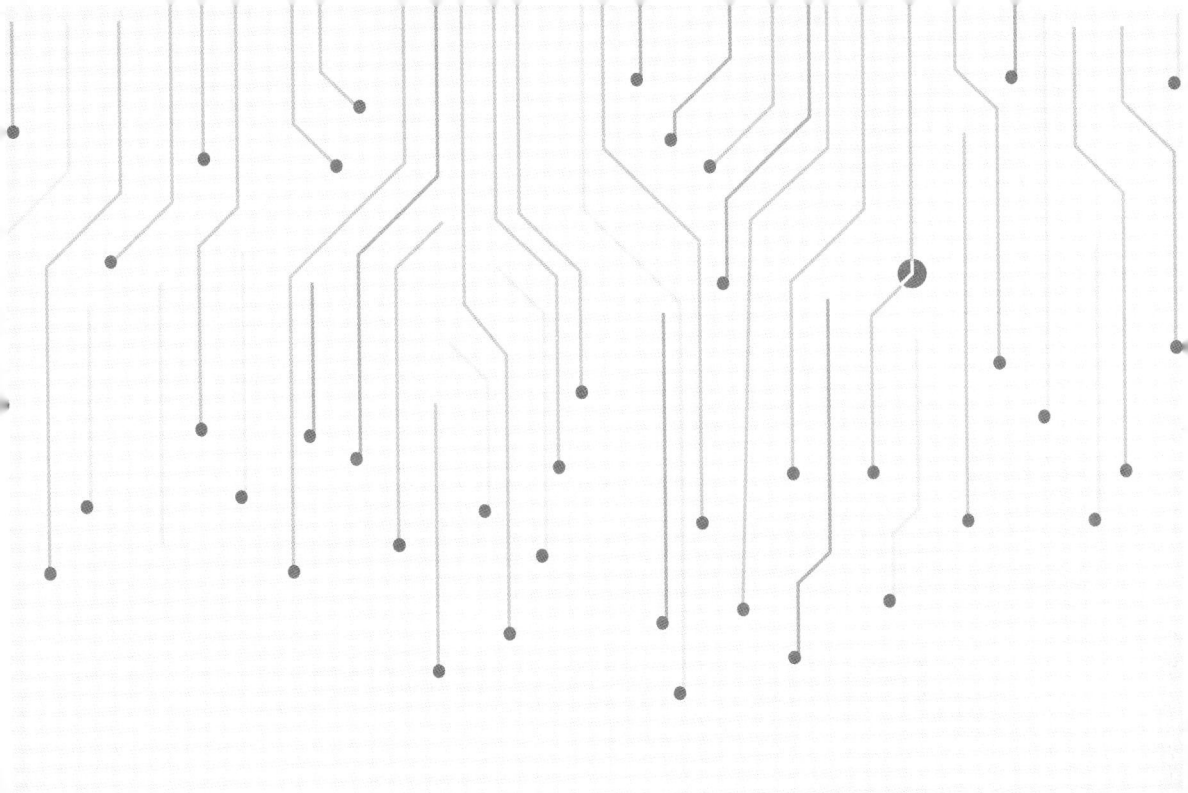

第六篇

中国的消费品行业

差不多 10 年前，我和一个上海的小团一起去韩国旅游了一周。

见多识广的上海人对于各种小众品牌如数家珍，他们对于同类商品在韩国免税店的价格与上海恒隆广场的售价差额倒背如流，在他们的带领下，我们整个团里的人，迅速从韩国的免税店和百货商场里面找到了意大利产的服装、法国产的皮包、丹麦和芬兰产的小众配饰、美国和日本公司出品的电子产品、韩国本地的食品……大家互相借着护照，在韩国的免税店里面蹭着各种仅限一人购买的购物福利。

等到回国的时候，团里面几乎所有人的行李箱都塞得满满当当，好几个人为此专门购买了全新的 rimova 牌子的旅行箱，两位上海中年妇女在机场露出极为得意的笑容，说道："这次真是买爽了。"还有一位刚刚当了父亲的中年男士，足足买了几十罐进口奶粉，这些东西价值不算高但是极为沉重，我就这样看着他凭借一己之力把这几十罐奶粉费力地搬到机场……

这可能是当时大多数中国人出国旅游时的典型场景，因为长期的物质匮乏，且中国产品相对于国外产品长期处于价值链中低端，所以中国人一有出国机会，就会疯狂购买进口商品，或者购买那些原本是中国产的国外牌子的产品，因为税务成本更低。

服装、箱包、化妆品、食品、家具、酒这些消费品的国产替代，是看起来最容易从技术上攻克，但是又最难以真正实现国产替代的一项。因为消费品的最大门槛在于品牌形象如何占据消费者心智，在这方面，那些早早占据高端市场的国外品牌，对于中国企业来说有着巨大的优势。

在很长一段时间里面，"日本、德国、美国的牌子品质就是好""用国外的消费品就是有档次的表现"，是很多中国人的潜意识观点。

这个现象并非偶然。日本学者三浦展在其畅销书《第四消费时代》中曾经详细论述了日本也曾出现过类似的现象。在日本经济快速发展的20世纪七八十年代，日本人同样疯狂追逐着国外品牌的商品，热衷于LV的包、杰尼亚的西装、奔驰和宝马的汽车、香奈儿的香水，最高峰的时候日本人曾经占据全球消费品购物40%的份额，就像今天的中国一样。

然而随着日本社会的发展，日本社会开始迅速进入以无印良品、优衣库这些极简风、售价低廉的本土消费品主导的时代。

中国的情况比日本要复杂得多，中国的上海、深圳、北京这些发达城市，其经济发展水平和消费观念，已经越来越接近于欧美、日韩等发达地区，而中国广大的内陆地区的人民，经济水平和消费观念还只相当于20世纪六七十年代的日本。到2022年前后，中国广义的中产阶级人数，就已经突破4亿人，仅这部分人群的市场容量，都是相当惊人的。

中国巨大的国内消费市场，以及多层次的消费人群分布，给中国消费品的国产替代留下了巨大的发展空间。这些年来，新消费、新国货开始成为一股新的创业浪潮，一大批新国货品牌迅速发展壮大。

我们纯粹从投资和财务报表上来看，消费品产业也许是比大多数高科技产业更好的生意。以可口可乐和百事可乐为例，这种碳酸饮料生意被乔布斯蔑称为"卖糖水"，但是这种卖糖水的生意却是实实在在的好生意。表面上看起来，像台积电、三星这样的高科技公司的净利润每年通常高达数百万美元，但是这些公司的现金流通常都很差，因为它们每年需要迅速把赚来的钱用于研发、买设备、扩建新工厂，且在高度不确定的技术迭代当中，任何一次技术变革对于这类公司来说，可能都是灾难性的，例如摩托罗拉和诺基亚就在智能手机的技术变革当中轰然倒下。而可口可乐这种公司，其最值钱的资产是其在消费者心智当中建立起的品牌形象，这类公司的现金流情况往往非常好。可口可乐的CEO曾经形象地这样描述：假设明天全世界的可口可乐工厂全部着火，他们也可以迅速在第二天重建企业。

从这个角度来说，一个经济高度发达的国家，也一定需要实现主要消费品的国产替代。在这一点上，我们的邻国日本是非常值得我们研究和学习的，日本本土消费品公司开发出了大量适合日本国民消费的产品，例如三得利啤酒、明治奶粉、资生堂化妆品、力保健和宝矿力水特功能饮料、美津浓和亚瑟士运动鞋等。

也许在不久的将来，中国人会不再热衷于花大价钱购买进口消费品，而会产生中国的可口可乐、中国的雅诗兰黛、中国的耐克、中国的卡夫、中国的惠氏、中国的宜家、中国的三得利……

第二十七章　今天，我们还在为"三鹿"还债

2008年9月8日，甘肃岷县的医生发现了一个极其不寻常的现象——14名婴幼儿患上了肾结石。肾结石这种病本身倒不罕见，一般高发于青壮年群体，但出现在婴幼儿身上，却实属罕见。而且同时在一个县里出现了14个，这完全突破了当地医疗工作者的专业认知。如此重大的消息很快便流传开来，3天之后，9月11日，全甘肃省总计发现了59名得了肾结石的婴幼儿。

最终，59名婴幼儿病例都指向了同一个东西——一款售价为18元/袋的三鹿奶粉。3天之后，国务院启动了国家安全事故Ⅰ级响应。Ⅰ级的意思是，发生了特别重大的食品安全事故。三鹿集团当即被停产整顿，整个上下游供应链都被有关部门里三层外三层地检查了一遍。最后的结果是，三鹿生产的奶粉里，的确存在着能够导致婴幼儿肾结石的化学物质——化工原料三聚氰胺。全国范围内总计有超过5.3万名儿童受害，其中有数千人发病。相关责任人很快便得到了法律的制裁，制造和销售三聚氰胺的3个不法商贩被判处死刑，其他人员的刑罚最高死缓，最低也是有期徒刑5年。这就是当年震惊中外的"三鹿毒奶粉事件"。

事情到这里还没结束。有关部门对市面上所有的婴幼儿奶粉进行了一次全面的检查，这次检查的结果实际上比"三鹿事件"更令人震惊：当年全国109家奶粉企业生产的491批次产品之中，有22家69个批次都被查出了含有不同含量的三聚氰胺。换句话说，"违法添加三聚氰胺"并非三鹿集团或者个别不法商贩的侥幸行为，而是某种程度上的"行业潜规则"。因此事件的影响，中国奶粉产业的口碑彻底破产。

"三聚氰胺事件"在一个月不到的时间里就把中国经营多年的奶粉产业打成了"粉

碎性骨折"。那之后，中国奶粉市场便成了外国品牌的天下。中国家长对国产奶粉的信任感荡然无存，许多不差钱的"宝爸宝妈"不介意花额外的高价从港澳台和海外代购奶粉。

中国代购买家每天运送3万箱澳洲婴儿奶粉回国。在那个时候的网络舆论场里，"买国产奶粉"几乎和"虐待儿童"同罪。

直到今天，"三聚氰胺"依旧是粘在国产奶粉身上撕不掉的标签。不论是在知乎、微博还是小红书，有人谈论国产奶粉的地方，就有人提起三聚氰胺。如果说"人心里的成见是座大山"，那么"三聚氰胺"一个能顶三个，就是"三座大山"。现在你到外网和那些对中国有偏见的人"痛陈利害"，"三聚氰胺"和"毒奶粉"依旧是他们用来指责我们的经典话术。难受吗？难受。冤枉吗？并不。13年后的今天我们还在为"三鹿"还债。

中国奶粉产业链的结构性问题

毁掉国产奶粉产业的，其实不是三鹿。一个整天抽烟喝酒熬夜蹦迪纵欲过度的肥宅，背后早就有一千种疾病在对他的身体虎视眈眈。或许他最后会被某种疾病盯上，但我们都知道，杀死他的不是某种疾病，而是他自己那套作死的生活方式。

这个道理，放在当年国产奶粉行业上也一样。当年中国的奶粉行业实在太过于混乱无序，背后早就已经被种下了一千颗地雷。真正值得惊讶的不是为什么会有人丧心病狂地往小宝宝的奶粉里添加"三聚氰胺"，而是为什么中国奶粉产业竟然能拖到2008年才爆雷。毁灭中国奶粉产业的不是别的，正是当年中国奶粉产业自己的病态结构。2020年，全中国500头以上规模的牧场占比为54%。再往前推6年，2014年，这个比例只有30.7%。"三鹿事件"发生的2008年，规模以上牧场在中国市场上的比例，不会超过20%。[①]

也就是说：全国80%以上的奶源，全部都掌握在小型牧场甚至散户手中。奶粉

---

① 吴立，蒋梦晗. 原奶价格进入上行通道，利好奶牛养殖龙头！[R]. 武汉：天风证券，2021.

产业是现代食品工业的分支，现代工业的精髓其实就三个字——"标准化"。但在当年的中国市场上，一个奶粉厂的采购员出去采购原料奶，迎接他的不是有限的几家大型牧场，而是成百上千个小农场主和散养农户。最大的问题就在于：这些"散养户"缺少严格的检测和质量管理程序，提供的原料牛奶质量参差不齐。

我们都知道，喝牛奶泡奶粉，喝的其实是蛋白质。蛋白质作为牛奶里最重要的营养物质，是我们衡量一款牛奶或奶粉好坏与否的重要指标。在以往的实际操作中，不论中国还是外国检验人员主要都是采用间接的"定氮法"来测定蛋白质。这种测定方法的原理来自蛋白质的化学结构：蛋白质必然有氨基，氨基必然带氮元素。在没人作弊的情况下，牛奶里的氮元素水平越高，就说明牛奶里的蛋白质水平越高。结果，偏偏就有人找到了"作弊器"——三聚氰胺。

三聚氰胺（$C_3H_6N_6$）是一种用尿素加工而来的化工原料，价格极其低廉，一吨才不到 9000 元，但它却是目前人类认知范围内含氮量最高的化合物。只需要将一点点三聚氰胺加在牛奶里，牛奶里的氮元素水平就会飙升。所以在检测仪器眼里，"毒牛奶"的氮元素含量极高，看上去似乎"富含蛋白质"。

根据官方调查，正是一些本身牛奶质量不合格的不法奶站商贩为了蒙混过关，才往牛奶里添加三聚氰胺。虽然这些不法分子早已被正法伏诛，但中国奶粉产业的口碑也彻底砸了。后来的事情，我们就都知道了。工业产品的水平和产业链整体水平正相关，即便 99.9999% 的奶农都是勤勤恳恳的劳动者，但没有规矩约束的千万散养农户作为一个整体，对奶粉产业来说依旧绝对是灾难——疏于管理的"小农"式养牛和"二道贩子"式的奶站，骨子里就不适合现代奶粉工业大生产。

荷兰乳品产业的"小农"也很多，但荷兰乳制品质量全球闻名。这不是因为荷兰人"仓廪实而知礼节"，而是因为荷兰对小奶农们实行了极其严格的"连坐"制度——工厂派出专人开着大罐车来找奶农们收购牛奶，每个奶农提供的牛奶都会被取样登记，更绝的是，取样设备上还装了 GPS 定位，能直接锁定农户家门口。荷兰乳制品协会（NZO）的安全制度包含了实验室检测、协会突击检测、运输车驾驶员检测。一旦某个农户的牛奶出了问题，整辆车的奶就全部作废——肇事者还要赔偿其他人 3 天的牛奶产量，总计经济损失可以高达 1 万欧元。如果某家农场的牛奶一年内出了两次问题，那么不好意思，整个圈子都会知道你的劣迹，这门生意你就别想再做了。

当年的"奶粉大崩溃"，不仅是奶粉行业的垮塌，也是消费者信心的崩盘，更是中国奶粉落后的产业结构和管理水平被客观规律"教做人"的结果。很多人谈"三鹿"的时候特别喜欢往良心问题上引，笔者认为这样未免有点太简单幼稚了。当时中国奶粉行业的整体素养和监管水平都有大问题，出现恶性事件只是一个时间早晚的问题。病态的产业结构给中国奶粉埋了一千颗地雷，"三聚氰胺"只不过是碰巧被踩响的那个。就算当年中国的奶粉产业能躲开"三聚氰胺"，恐怕也躲不掉下一颗地雷。

奶粉产业链全解析

国产奶粉行业想翻身，打"民族牌"是没用的。消费者的信心当年就已被透支出赤字了，国产奶粉到今天都还在替三鹿还债。国产奶粉想和进口奶粉，特别是进口高端奶粉"掰手腕"，只有提高产业链水平一条路。所谓"奶粉产业链"其实就是一罐奶粉送到消费者手上之前的"前半生"。这个前半生，决定了一款奶粉的好坏。

制造奶粉的工艺并不算太复杂，简单来说就是向一个高温干燥的环境中喷射雾化的牛奶。水分蒸发之后，把留下的固体粉末收集起来，就成了奶粉的原料。所以，制造奶粉是离不开牛奶的。奶源，是奶粉产业的上游。奶牛是这里的核心资产。

养牛的门道，那可就太多了。开一家奶牛场，你不仅需要投入场地建设成本，还需要以每头2万~5万元的价格购买奶牛。然后，你还必须为奶牛们准备饲料、接种疫苗、请防疫站的兽医们过来给奶牛治病，最后为了能够"再生产"，你还需要给奶牛"保媒牵线"——要么采购冷冻的种牛精液，要么租借或者购买种牛。

另外，在中国养奶牛，还要面对很多其他的问题。首先，中国虽大，但不产奶牛。中国的本土牛都是老黄牛，主要用来拉车耕地或者吃肉。南方水牛奶倒不错，但数量太少且不能在北方生活。所以，中国奶牛只有两个来源：要么直接进口外国奶牛，要么让外国奶牛和中国本土黄牛杂交培育新品种。今天我们在国内见到的奶牛，基本都是近代以来引进的荷兰荷斯坦奶牛和中国黄牛杂交生产的后代——"中国荷斯坦奶牛"。值得一提的是，这种奶牛也是中国唯一一个奶牛品种，这也就意味着：我们在作为奶源核心的奶牛上没有太多的选择权。

没有选择权的话,很多时候也就只好妥协了。相比起欧美发达国家的奶牛,中国奶牛的问题不小。第一,单产不足。中国一头奶牛一年的产奶量只有 4500 千克,而世界平均水平则是 6000 千克,欧美发达国家的奶牛单产可以突破 8000 千克。不过,这个问题最近已经得到了很大的突破——头部畜牧企业在技术加持下,奶牛单产已经可以达到 1 万千克,超越欧美,但小型企业的水平还达不到这个级别。[①]

第二,种公牛落后。中国目前还不能大规模培育种公牛,90% 的种公牛都依赖进口。个别地区的种公牛数量极度萎缩短缺,接近断档。奶牛不怀孕就没有奶水,怀的不是优质品种,下一代的产奶水平就会大打折扣——种公牛的存量直接影响中国的牛奶产量。

今天的婴幼儿奶粉基本上都是"配方奶粉"。而配方奶粉的黄金标准则是天然母乳。对婴儿来说,牛奶的营养是完全不够的,母乳中含有对婴儿发育至关重要的 DHA、乳铁蛋白、核苷酸、牛磺酸等物质。所以简单来说,所有奶粉厂商的任务就是利用现代科技,设计各种配方,还原一个不论是营养成分还是口感都无限接近于母乳的产品。

于是,越接近母乳的产品,配方也就越强大,配方越强大,价格自然也越高——配方的研发能力,成为奶粉厂商击败对手的核心竞争力。

销售渠道,是产业链的下游,母婴店是当前的核心。在目前的中国奶粉市场上,母婴店是毋庸置疑的核心销售渠道。2018 年的时候,从母婴店里卖出去的奶粉就已经占到了总体的一半以上——100 罐奶粉,有 52 罐都是从母婴店里卖出去的。与此同时,因为特别简单方便,电商渠道也成为奶粉销售的重要途径。母婴店之所以能够成为中国奶粉销售的核心渠道,是因为它最专业——母婴店能够给"宝爸宝妈"提供较为专业的奶粉知识,消费者的体验也非常舒服。而且,母婴店的奶粉品种也比较丰富,给了消费者很大的选择权。

商场超市在专业性和服务质量上被母婴店吊打,在便利性上被电商网购吊打。在这个逻辑下,传统商超渠道在奶粉销售上的衰败就显得非常自然。

---

① 张晓春. 行业比较系列四: 原奶价格上涨, 行业景气抬升 [R]. 无锡: 国联证券, 2021.

我们可以把中国奶粉产业的发展分为 3 个阶段：前三聚氰胺时期，三聚氰胺时期，后三聚氰胺时期。三聚氰胺事件发生前，国产奶粉靠着便宜的价格牢牢占据主动权，控制了 95% 的市场份额——直观的印象就是：90 后、95 后几乎没人吃过进口奶粉，00 后里也只有少部分吃过。三聚氰胺事件发生后，国产品牌彻底失去信任，放任外国品牌长驱直入。"三鹿事件"发生的 2008 年，中国总计进口"洋奶粉"14 万吨。次年，这个数字突破了 31 万吨；又过了一年，2010 年，进口奶粉突破 48 万吨。到了 2011 年，"洋奶粉"的攻势已经不可阻挡——仅 2011 年上半年就进口了超过 30 万吨。对于 10 后的小朋友来说，吃"洋奶粉"长大才是常态。

今天，我们已经进入了"后三聚氰胺时期"——对国产奶粉来说，恐怕这也是最好的时代了——中国消费者已经有了足够的奶粉消费知识，账户里的钱也足够满足他们"精致养娃"的愿望，"卷起来"的中国家长很乐意把宝贵的资源全部倾斜在下一代头上。最重要的是，10 多年过去了，"三聚氰胺事件"的影响正在渐渐消散。

"逆袭"路上，自建奶源依然存在挑战

2016 年的时候，中国品牌还只能"窝"在市占率前十榜单的后五名里，飞鹤、雅士利、伊利 3 家市占率加起来都没有雀巢多，外国品牌里最弱的一个都比国产冠军能打。但到了 2019 年，飞鹤的市场占有率杀到了第二名的位置，和雀巢只差 0.2%，甩第二名法国达能 3 个百分点。

国产厂商已经开始势均力敌地和外国品牌"掰手腕"了。从市场占有率上来看，国产品牌的市场占有率从 2014 年开始就已经逐渐逼近进口品牌了——现在已经实现了"五五开"。不需要任何人鼓吹，清晰简单的市场数据就可以证明：国产奶粉，已经从伤痛之中爬起来了。从价格上来看，国产奶粉的价格已经卖得比欧美品牌更贵了。国产品牌的优惠折扣价比外国品牌的原价还要高，而且，卖得非常好！这说明什么？这说明国产奶粉已经完全脱胎换骨了啊！曾经的国产奶粉只能靠低价来占领市场，但今天的国产奶粉已经可以走高端路线了。

消费者从来都是"用钱投票"的，昂贵的国产奶粉这么多年下来还能在市场上继

续保持,说明消费者是买账的。

从中游来看,奶粉配方并不能难倒中国企业,毕竟飞鹤的配方奶粉已经能打爆一票"洋奶粉"了,卖得那么贵还能抢占市场份额,那说明飞鹤的确还是有点东西的。下游方面,各种终端店铺也很喜欢国产奶粉,原因主要有两个:第一,销售国产奶粉的利润会更高。同样卖出去1000元钱的货,卖国产奶粉,店家最低赚150元,最高能赚400元;卖"洋奶粉",不好意思,最多也就赚100元。谁都知道该怎么选择。第二,国产奶粉更"新鲜"。对消费者来说,他们拿到的产品更新;对经销商来说,存货周转会更快。卖国产奶粉的时候,4月进的货,6月就能卖出去,货架上摆的都是最新出厂的产品。而进口"洋奶粉"的货龄则要老得多,甚至有不少是在货架上滞留超过10个月的。

在规范监管、产业升级的大背景下,中国奶粉品牌正在逐步走出当年的阴霾,在国内市场收复失地。到了2020年,中国奶粉行业CR3[①]达到38%,集中度水平已经回到了"三聚氰胺事件"以前的2007年,产业整合提升的趋势明显。其中,飞鹤2020年市占率为14.8%,已经超过了雀巢的12.8%,成为行业第一。而4年前,飞鹤、雅士利、伊利3家市占率加起来都还没有雀巢多。

"每一次事故的背后,都有上百次发生事故的隐患",这句话可以作为当年"三聚氰胺事件"的最佳注脚。今天,中国是世界第二大奶粉生产国、第一大奶粉消费国、第一大奶粉进口国,各平台的销量冠军榜里,都有中国品牌的身影。但在舆论层面,时至今日,"三聚氰胺"依旧是中国奶粉消费者绕不过去的"心结"。很多人在提起这一事件时,总喜欢把一切都甩锅到"缺乏良心"和"幕后交易"上,这逻辑固然具有震撼人心的戏剧效果,但其实既没有现实意义,也没有指导效果。

中国奶粉产业从沉沦谷底到翻身逆袭,其实只是中国经济发展从量变到质变的一个缩影。既然问题起于产业结构的畸形、管理技术的滞后,那么中国奶粉产业重整旗鼓、走上复兴,就必定要建立在全产业链现代化、标准化、科技化的基础之上。集中

[①] CR3是指业务规模前三名的公司所占的市场份额,也称为行业前三总量。CR是英文concentration rate的缩写,意思是"集中度"。行业集中度是决定市场结构最基本、最重要的因素,集中体现了市场的竞争和垄断程度。

度的提升，也意味着中国奶粉产业的横向整合已经出现了明显的成果。本土企业产业链半径小、需求理解更深入的优势逐渐体现出来。但上游奶源对所有奶粉企业来说都依然是个持续的挑战。

在整合散乱奶源方面，监管部门于2013年下令，要求奶粉企业需要自主建设可控的奶源，以推动乳制品行业散乱奶源的横向整合，由此给中国大型畜牧业企业的发展提供了一个机会窗口。今天，伊利旗下的奶源提供商，有辉山乳业、优然乳业、赛科星、中地乳业、西部牧业。蒙牛旗下，有现代牧业、中国圣牧、富源乳液、中鼎牧业。此外，掌握大量奶源的还有四川新希望、广东燕塘等企业。当然，也少不了恒天然、澳亚牧场这样的外企身影。

而在奶牛的核心资产上，随着中国人的消费水平逐年提高，对乳制品的消耗量也在逐渐增加。包括奶粉在内的中国乳制品企业对原料奶的需求越来越高，但中国本土原料奶的供应增长却很缓慢——国内奶源的自给率只有60%，剩下的则需要从新西兰和美国进口。与此同时，中国的奶牛数量正在下滑。2014年还有840多万头，到2020年就只有600多万头了。虽然这几年单产的确提高了，但奶牛总数的减少仍然非常不利于总体供应。

未来，从消费产品的研发，走向更上游的基础产业的技术提升，例如农业、种植业、畜牧业，最终形成产业联动，将会成为包括奶粉产业在内的中国广大消费企业面临的一个重要课题。

第二十八章　国货美妆离真正崛起还有多远

央视财经报道，2017 年，全球男性——注意，仅仅是男性——在化妆品市场上就花掉了 4000 亿元。这个数字要比 2017 年全人类为手游花掉的钱，整整多出一倍。这是个听上去有一点反常识的数据，但，是真的。化妆品市场规模之大可见一斑，但如此之大的市场，却几乎没有中国人的身影。曾有一位美妆达人向笔者抱怨："你说做不出芯片，我也就认了，连个好用的口红都做不出来，算是怎么回事？"

说这话的时候，她正在试生日收到的故宫口红系列，评曰：不好用。话音未落，便下单了两支 YSL（伊夫·圣罗兰）。你看，钱就是这么被法国人赚走的。2018 年是国潮起飞元年，故宫就是其中最重要的代表之一。完美日记则是新国货在美妆领域的代表企业。以这一年为分界线，国产美妆在两年内的市占率增长了 15%，一举超过海外大牌，将国产美妆产品在 2019 年的市占率提升到了 56%。

2020 年 11 月 19 日，仅仅创立 4 年的完美日记在美国上市，很多人把这次上市看作国货美妆崛起的标志，但在笔者看来，这顶多算是一场尚未完成的复兴。中国化妆品产业距离真正的崛起，还有很长的路要走。

被战争和金钱毁灭的中国化妆品品牌

根据分类，所谓化妆品，主要可以分为三大类：护肤品类、彩妆类和香水类。其中，护肤品因为受众人群基数远高于后两者，分掉了 75% 左右的市场规模。国产化妆品不是没有辉煌过，20 世纪 80 年代，彩妆和香水的品类在中国还没有太大的发展，中国的护肤品市场则基本被国产品牌所占据。90年代出生的人几乎都能脱口而出一句"大宝天天见"。大宝、小护士、丁家宜、美加净……这些如今看来年代有些久远的名字，不仅和大白兔奶糖一样是一代人的童年记忆，还曾经统治过整个中国化妆品市场。

今天我们看到的是中国品牌与国际大牌之间近乎无从追赶的差距，但如果将时间拉回到19世纪的末期，中国人在化妆品行业上的开端，其实丝毫不逊色于任何人。1898年，中国第一家现代化民族化妆品企业广生行成立。广东商人冯福田给广生行定下的经营理念一共有10个字：广德，厚生，聚人心，行天下。每一个字都透露着旧时老派商人的儒雅与责任感。

那时的化妆品某种意义上还属于奢侈品，只有外国人和上流社会名媛们才买得起，而广生行的出现打破了这个格局。1905年，广生行推出了"双妹牌"花露水和雪花膏。双妹雪花膏的诞生时间和国际知名品牌基本保持在了同一时段，让这一品类发扬光大、享有盛名的旁氏雪花膏只比广生行的双妹牌早了一年。而"花露"二字，取自欧阳修《阮郎归·南园春半踏青时》中那句"花露重，草烟低，人家帘幕垂"。当时颇具盛名的上海中西大药房，研发出一种装在绿色玻璃瓶里的花露水，logo是一个拉着舞衣款款答礼的女孩。产品被命名为"明星花露水"，随即成为风靡上海的国产香水。

直到40年后，战时的西南气候炎热、蚊虫太多，这才有了后来主打消毒、驱虫等功效的特效花露水，这一产品线分支被保留至今。1937年7月7日，卢沟桥事变爆发；11月12日，上海沦陷。广生行整套供应链都建在上海，因此过得格外艰难。创始人冯福田南下广州，最后去了香港重起炉灶。广生行一分为二，香港那一脉早早在联交所上市，把业务集中在了香港和东南亚，不再专注化妆品行业，而是做起了地产和金融。

上海这一脉在战火中举步维艰，待到中华人民共和国成立后百废待兴之时，才与上海明星厂、东方化学工业社、中华协记化妆品厂等著名工厂，合并组建了上海明星家用化学品厂，这就是后来的上海家化。今天说上海家化，可能知道的人很少，但如果我说"美加净"，知道的人就会多一点；说"佰草集"，知道的人就会再多一点；说"六神"，那就几近于无人不知、无人不晓了。这三个品牌都有同一个"妈妈"：上海家化。

从中华人民共和国成立后到20世纪80年代，是中国企业统治中国市场的时代，但随着改革开放的一步步推进，外国化妆品开始进入中国，情况开始发生了变化。1981年，北京市友谊商店、北京饭店等9家大型商场、饭店开始销售日本化妆品品牌资生堂的化妆品、香皂、牙刷用具等产品；1985年，美国护理品牌强生进入中国；1989年，美国护肤品牌OLAY正式进入中国市场。

1990年，美国护肤品牌雅芳投资2795万美元成立了中美合资的广州雅芳，正式全面入驻中国市场。1995年，外资彩妆品牌美宝莲进入中国市场，并于广州设立了其在中国地区的第一个专柜，彩妆热潮逐渐兴起。1996年底，法国化妆品品牌欧莱雅正式进军中国市场，并于1997年在上海成立中国总部……

资生堂、强生、雅芳、欧莱雅……日本、韩国、美国、欧洲，全球最具盛名的化妆品企业纷纷跑到中国"支起了麻将桌"，而它们"赶走"中国玩家的方式也十分"朴实无华"：拿钱砸。

2002年开始，高端市场增长率放缓，外资品牌开始凭借强大的资本实力和品牌优势，大肆收购中国的本土品牌，从而切入中低端市场，进一步实现本土化战略。这一年大宝和小护士分列中国护肤品市场的第一名和第二名，排在它们后面的是为了更接地气把品牌名换成了"玉兰油"的OLAY；除此之外，国产企业中丁家宜的市占率也在前10，高端市场上中国品牌羽西名列前茅。

然而，2003年和2004年，欧莱雅先后收购了小护士和羽西；2008年强生收购了大宝；2011年，法国科蒂收购了丁家宜。海外巨头直接用收购解决了本土对手，其中最具有代表性的就是欧莱雅对小护士的收购。彼时的欧莱雅在中国的销售额仅有15亿元，主要限制有两个：一是缺乏大众护肤品类的布局，二就是渠道终端过于依赖百货商场。而小护士本身就是典型的大众护肤品品牌，又在全国拥有28万个销售网点，自带庞大销售网络。

收购后，小护士的广告大幅削减，专柜陆续被撤，产品反而从自身庞大的销售网络，逐渐走向了欧莱雅传统的渠道终端：百货商场。路径相反的是欧莱雅旗下的自有大众化妆品品牌卡尼尔，被收购后，小护士的渠道直接为卡尼尔服务，小护士的销售额不断下跌，卡尼尔的销售额和市占率却不断上升。外界关于欧莱雅收购小护士是为了给卡尼尔"清场"的猜测从未停止，欧莱雅中国也不厌其烦地一次又一次否认，但无论嘴上怎么说，被收购的小护士，的的确确是被玩废了。

小护士的命运是无数被收购的中国企业的一个缩影，尤其是中国日化企业的一个缩影。从最早的汉高收购孩儿面，庄臣收购美加净，到后来的小护士、羽西、丁家宜，再到后来的美即面膜，中国化妆品品牌被收购后的命运一遍又一遍重演，几乎没有几个得到了好的结果。

大宝算得上其中比较幸运的品牌，保留了厂牌和独立运营，发展一直十分平稳，但其品牌也已经泯然众人；美加净被曾经辉煌的上海家化买了回来，可上海家化自己却陷入了一场旷日持久的控制权争夺战，高层与股东之间错综复杂的矛盾层出不穷，企业也被内耗拖累得无暇他顾，七年三换掌门人，业绩迟迟没有起色。

在并购之外，耗费巨资的广告营销铺开，没见过这个架势的中国企业纷纷在海外巨头们撒钱式的广告之下节节败退。无数品牌被这场以资本为基石的血腥竞争干脆利落地干掉，湮没在了历史长河之中。对于中国化妆品来说，一个优秀的开始之后，是一场战火中的举步维艰，进入和平年代之后，中国企业又在压倒性的"钞能力"面前被打得几乎没了还手之力，直到 2016 年。

渠道变革带来了复兴的机会

2016 年 11 月，李佳琦离开南昌天虹商场里美宝莲的那一方小小专柜，开始了自己的直播生涯。对于科技产业来说，变革的核心永远是技术；而对于消费行业来说，变革的核心则始终是渠道。这是中国化妆品行业吹响复兴号角的前夜，李佳琦在欧莱雅与美 ONE 合作的"BA（美容顾问）网红化"项目里谋得一席之地。同年，淘宝直播上线。

淘宝直播和李佳琦们像是直播带货行业的土壤与种子，在那个不太冷的冬天相遇。直播初期，李佳琦每天播满两小时，公司给他们补贴一倍的工资，从四五千元变成一万多元。但直播只有几十个人看，卖不出东西，公司很快停掉了补贴，同事们纷纷退出，只有李佳琦还在苦苦坚持。

2017 年，李佳琦离开南昌，孤身去了上海；也是 2017 年，如今两大风口之上的国货美妆品牌——完美日记和花西子相继成立。从零粉丝到一亿粉丝，李佳琦用了 3 年；从创立到纳斯达克 IPO，完美日记也用了 3 年。直播带货的种子在中国电商平台肥沃的土壤中飞速生长，渠道变革将整个化妆品行业的逻辑推向进一步的重塑。

时间再往前推几年，2010 年，淘宝迎来第二个"双 11"购物节，商品交易总额（GMV）规模从 2009 年的 0.5 亿元暴增至 9.36 亿元，此后 4 年网购市场占社会商品零售总额的比例暴涨，2014 年中国的电商行业就已经全面超越欧盟、日本等经济体，部分领域甚至已经超越美国。

2015 年开始，电商行业的基本盘被稳定了下来，增速出现逐渐放缓的趋势。竞争稍缓，淘宝开始了对新一轮变革的探索。韩国美妆博主 Pony 的化妆教学视频就是这一年在中国爆火，这让整个行业看到了新的机会。

对于化妆品行业来说，其产品性能不像科技产品一样，总是有着各种各样的硬性指标来衡量，顶多是有些"成分党"喜欢扒产品成分表，而最终都要回归到那句"效果在用户"上，而"效果"这个词，常常跟"气质"这个词有异曲同工之妙，简而言之，近乎玄学。彼之蜜糖，吾之砒霜，也是经常出现的情况。

于是产品能否成功的一个重要因素，就是品牌力，实现品牌力的重要手段，就是营销：如何让别人看到你、理解你、记住你，这才是企业的核心竞争力之一。20 世纪 90 年代之后，中国化妆品企业的溃败，固然有大量品牌被并购的原因，但也有在营销上完全打不过海外巨头的因素存在，甚至后者还更重要。

欧美等发达国家由于自然条件所限，发展起来的是工商文明，形成了大批历史悠久、底蕴深厚的品牌。

中国则是典型的农耕文明国家，商贸发展在数千年的政治体制挤压，以及近代的战火与动荡之中举步维艰，既没有时间也没有空间能做出那么多"百年老店"。海外企业在品牌建设和营销体系上的经验和能力，品牌所沉淀下来的文化和底蕴，都是中国企业在短时间内很难正面突破的东西。

但机会，永远都是在变革中诞生的。汽车进入新能源时代，将中国在发动机和变速箱上的技术劣势一笔勾销。消费行业从线下到线上的渠道变革，则将对新渠道一无所知的传统化妆品企业，拉到了与新兴化妆品企业同一条起跑线上。越新的企业，对于变革的趋势就越敏感。这反而会成为一种优势。伴随电商崛起的，也有中国的化妆品企业。2013—2017 年，在护肤品及彩妆领域，外资品牌市场份额连续 4 年负增长，而国产品牌的市占率目前已经超过了 56%，在时间上略微滞后于电商平台的崛起，但在大时间阶段上几乎同步。

2016 年，行业将种子撒入土壤，如今的李佳琦，从种子长成了参天大树。从线下到线上的变革，带来了巨大的流量红利，微信公众号、小红书、抖音、直播带货纷纷爆发，完美日记就跟着这些全新的营销宣发渠道，跟着这些平台上大量被"生产"出来的 KOL（关键意见领袖）一起，在过去的几年里成为现象级爆红的国货美妆品牌。

更具有新时代特征的是花西子，这个牌子相对完美日记要低调一些，但却与李佳琦绑定得更深入。如果统计一下 2018 年到 2020 年李佳琦直播间出现最多的美妆品牌，花西子很可能是第一名。坊间传言，这家公司甚至给过李佳琦 100% 的返佣，典型的"流量和营销成果归我，钱归你"。

这是一场渠道变革带来的时代机遇，中国化妆品企业趁势吹响了复兴的号角，正在一点一点将市场拿回来。2020 年 3 月，花西子的销售量同比增加了 300 倍，5—7 月的线上 GMV 一度开始超过完美日记；618 大促，花西子以 2.35 亿元成交总额登上了国产美妆成交额排行榜的榜首。

2020 年 11 月 19 日，完美日记背后的母公司逸仙电商在纳斯达克上市，成为首个在美股上市的中国美妆集团，股票代码"YSG"，发行价为 10.5 美元每股，开盘后猛涨逾 75% 至 18.4 美元，收盘时市值高达 122.45 亿美元（约合人民币 806 亿元）。

很多人把这次上市看作国货美妆崛起的标志，但在笔者看来，这顶多算是一场尚未完成的复兴，国货美妆距离真正的崛起还有很远的路要走。

中国化妆品产业的未来展望

成功是很难复制的，天时地利人和，每一样都具有不可逆的偶然性。科技行业不会有下一个苹果，互联网不会有下一个阿里或腾讯，国货美妆也很难再有下一个完美日记和花西子。2018年是国潮起飞的元年，故宫就是其中最重要的代表之一。以这一年为分界线，完美日记和花西子迎来爆发式增长的时代，但增长的背后是隐忧。

首先，很多人拿腾讯报告中提到过的56%国产市占率，认为中国化妆品企业已经实现了数据意义上的超越。但这个56%的统计口径是"销售量"，而不是销售额。这意味着，中国化妆品品牌复兴的第一个阶段，依然是我们见惯了的性价比+差异化运营，薄利多销，甚至是赔本赚吆喝。中低端市场+高营销成本换来了高出货量，然而咬下了市占率却没赚到钱。

其次，在化妆品的三大类别中，护肤品在化妆品行业市场中占比最高，超过70%，现象级的完美日记和花西子切入的则是彩妆领域，占比在20%左右，这种市场格局已经有很长的历史。彩妆领域最吃视觉效果，也就是最吃营销，新兴企业在渠道变革中产生的优势，助推了品牌的起飞，但放在整个产业中看，对整体市场的影响力没有想象中大。

2015年至2019年，彩妆、香水行业年复合增长率分别为15.7%和14.2%，护肤品行业2015年至2019年年复合增长率则是11.5%。也就是说，彩妆行业相对还处于高速发展期，而护肤品行业已经逐步进入成熟期，不要说如今互联网流量红利正在过去，即便是没过去，就这个市场目前所处的阶段来看，竞争的关键也会开始向更专业、更看重质量和效果的方向转换。

化妆品产业固然依赖营销，但产品不好，营销的点可能都找不出来。如果你一直处于低价打性价比的阶段也就算了，但凡想往高处走，想要提高产品单价，消费者有能力比较同质化产品，价格拉不开差距，质量和效果就会成为决定性因素。以完美日记来说，根据其招股书中的员工构成，市场人员有249人，线下美妆顾问有1196人，线上销售和客服有1056人，加起来一共2501人，营销、销售人员占到了其员工总数的75%，而研发、产品、供应链，加起来一共只有113人，占比只有3.4%。

2019年，完美日记研发费用投入2318万元，占总营收的0.8%，雅诗兰黛同年研发费用投入2.3亿美元，占其总营收的1.6%。从产品研发这个角度来说，这就是典型的"比你优秀还比你努力"，如果未来不能加大研发投入，如今看来最有希望实现超越的彩妆领域，在产品上的差距根本不可能凭空消失，只会越拉越大。

品牌建设是一个多方位的工程，广告营销只是其中之一，产品还是最大的核心。没有产品，任何营销都无的放矢。和完美日记这样典型的价格屠夫式选手不同，花西子的立足点，则相较而言更精准一些，从一开始就打了"东方彩妆"的招牌，产品矩阵的铺设也更谨慎一些。药监局化妆品备案网站显示，完美日记备案了1553款产品，而花西子则为288款。完美日记百元以内的产品占比为93%，花西子则为56%。

LVMH的传奇掌门人伯纳德·阿诺特说，时尚产业的品牌建设就是"你必须让人们对并不真正需要的东西产生欲望"。故宫文创的爆红正是对这句话的一份中国证据。而在产品研发能够保持高水准、高投入的前提之下，花西子这样围绕着中国博大精深古文化做文章，构筑品牌文化壁垒，甚至每一款产品都要搭载一个中国古文化典故的方式，也不失为一种"中国式"的解决方式。

化妆品行业永远跟时尚行业有不可分割的关系。LVMH大中华区的总裁吴越曾经和李佳琦有过好几次对话，已经长成为现象级主播的李佳琦曾经在直播间里给LVMH旗下的迪奥、娇兰、纪梵希等一系列高奢化妆品带过货，见过了大半个娱乐圈的明星，但依然坚持自己只是一个网红。他曾经只是近乎本能地向前跑，生怕停下来就被淘汰掉，后来在和全球各大化妆品品牌的高层的交流过程中，才慢慢有了自己的梦想："我想要以后去所有的商场，也会看到李佳琦的品牌，跟雅诗兰黛在一起，跟香奈儿在一起。"

中国化妆品122年的经验与教训

从1898年广生行成立到2020年新消费里的美妆品牌代表完美日记到纳斯达克上市，这中间经历了风云变幻的122年。其间中国日化品牌经历了毫不逊色于国际水平的惊艳开端，受困于战争年代产业被摧毁的艰难与痛苦，也走过改革开放后被套路繁多满是陷阱的合资、入股、并购忽悠得一地鸡毛的弯路，才终于走到了天翻地覆的渠道变革的风口。

这中间最重要的两个关键词，一个是资本运作，另一个是产品研发。

日化产品作为消费品，其对供应链、渠道、营销等方面的需求，和产业成熟后以不断进行品牌并购为主的扩张方式，决定了其发展对资本运作的高度依赖。就拿20世纪90年代开始那些被吞并掉的中国化妆品企业来说，表面上似乎是竞争理念和商业经验的差距，根源上还是中国不足够强大的经济底盘和中国脆弱落后的资本市场。

举个可能很多人没有意识到的例子，今天你能在各个媒体上看到中国的企业打出对标海外企业的"名号"，比如瑞幸是中国的星巴克，爱奇艺是中国的Netflix，完美日记是中国的欧莱雅等这种对标的口号，其实基本都出自中国品牌背后的美元基金的手笔。由于中国资本市场还不够发达，在一级市场，尤其是VC领域，人民币基金一直都占比较低，话语权也不高，这就使得国内这批新兴企业在寻求融资的过程中，必须要讲美元基金听得懂的故事才行。美国人可能不懂完美日记，但一定懂欧莱雅；可能不懂B站，但总会懂YouTube；可能不懂阿里巴巴，但是必然知道亚马逊。但问题是，这种对标实际上是在磨灭中国品牌身上的中国烙印，淡化了中国本土发展过程中的需求和故事，对于中国消费品牌的建设来说绝不是一件好事。

除此之外，作为消费品企业发展的核心，品牌建设也并不等于品牌营销，它是一个多方位的工程，最大的核心永远都是产品。而产品背后，则是完整的上游化工业配套体系。

今天几家上市的国产美妆品牌的研发投入，基本都只占到了总营收的1%左右，研发人员占比也普遍低于海外巨头。上游更是缺少巴斯夫这样的化工业巨头，在香料、添加剂等领域差距巨大。仅从这个层面看，国货美妆的崛起也不可能现在就到来。但回顾经济人口增长和文化自信这两样日本化妆品行业崛起时最重要的推动力，我们都已经有了。国货美妆崛起的契机已经摆在了面前。完美日记的联合创始人陈宇文曾说："如果有一天，我们有机会能成为中国美妆集团里比较领先的一个集团，其实我们并不想成为什么中国的欧莱雅，我们希望能成为世界的完美日记。"我们也希望国产企业都不再需要成为中国的某某，而是都能成为世界的"中国风"。

第二十九章　中国医美行业，隐藏着千亿级的市场

一位 27 岁的年轻女性，躺在医院冰冷的病床上。她成了植物人，没有人知道她什么时候能再醒来。几天前，她还和我们一样在享受青春年华的美好。几天之后，寻常的生活对她而言竟成了一种奢望。她是一名受害者，一名不幸遭遇"黑医美"机构伤害的受害者。而这样的受害者，全中国每年会有数万人。

从 2015 年开始，中国的医美行业开始进入了高速增长时期。在无数人赚得盆满钵满的背后，却是每年有数万人出于种种原因在"黑医美"机构中损伤致残，甚至，致死：有的是因为被毫无资质的麻醉师过量麻醉，有的则是因为使用了不合格的填充材料引起感染。如果"黑医美"的"害命"尚且还能用"非法行医"和"医疗事故"来做掩饰，那么"黑医美"在"谋财"这件事上的贪婪就是狼子野心、昭然若揭。

努力变美是一件高尚的事，但无良的"黑医美"硬是以一己之力让它变成了"沾血的镰刀"。进价不过数十元的水货材料，经过一番包装后，竟然以几千元的高价卖给消费者。大量的"黑医美"机构恰恰正是医美行业不透明暴利的罪魁祸首。中国医美产业虽然风头正盛，有着巨大的市场，但从产业发展的角度来看却显得有些"病态"。这种"病态"的根源，就在于中国的医美产业实际上的"不自主"。

医美仪器和材料，尚未自主生产，有资质的医生，不能满足需求。因为上游仪器和材料的"不自主"，所以消费者只能在"高价进口正规材料"和"伪廉价地下黑材料"之间做选择。因为有资质的医生不能满足需求，所以大量的消费者被毫无水平和责任感的"黑机构"骗过去做了手术。只有当正规的国产医美仪器和材料厂商崛起，只有当中国的医学院训练了足够多的医生，中国的消费者才能够真正放心大胆地去享

受"安全且有性价比"的医美服务。

从世界范围来看,美国和韩国是医美产业最发达的两个国家。美国医美产业比中国的医美产业早诞生 50 年,如今已经进入了成熟阶段。韩国医美产业相对中国也起步较早,中国目前的发展水平仍停留在韩国 20 世纪 90 年代到 21 世纪 00 年代的水平。近些年来,中国医美产业发展迅猛,但仍处于成长期,还有很多没有补齐的短板——整体来看,我们和世界先进水平还有 10 年的差距。首先,我们应该知道:医美 = 医疗美容;整容 ≠ 医美。医美,就是用医学手段来对人体的外表进行修复和重塑,让人变得更好看。容貌是先天的,美丑妍媸,各有定数。但医美产业的出现,让美貌这种"命运的馈赠"成为货架上人人可以购买的商品。

在古代,这就是"逆天改命"。现代的医美产业已经非常发达,随着医疗科学的进步,人类对"美"的掌控也越来越深入:眼睛没有神采?有眼睑整形术,俗称"割双眼皮";五官扁平?有隆鼻术,如果觉得填充假体不自然,还可以做"肋骨鼻"。

当然,上述的种种都属于手术类的医美项目。这类项目阵仗大、风险高,一个不小心就有毁容的风险、登上法制节目被全网群嘲的风险;而且花钱多,动不动就要几万、十几万元。总体来看,这类项目已经开始走下坡路了。安全方便的非手术类医美项目,才是当前的主流。比起"动刀子"的手术类项目,非手术类医美项目便宜、安全、短时间内还可以随时调整,自然而然就成为消费者的第一选择。

最妙的是,非手术类项目的疗效并不长久,大多只有不到一年的有效期。等你慢慢体会到医美带来的各种福利的时候,它的效果也在慢慢消散。消费者自然而然地会选择复购。

半永久、玻尿酸、微雕和线雕……这些渐渐随处可见的名词,就是医美行业全方位渗透的结果。

中国医美市场的迭代发展

中国的医美行业在疯狂地扩张,这种扩张已经持续了很多年,并且将继续扩张很多年。中国医美产业扩张的动力,来自社会对于美貌的追逐。从 2012 年到 2019 年,中国医美市场的规模扩大了6倍。中国人越来越有钱,这是尽人皆知的事情。有钱之后,自然是要把钱花在提升生活品质的地方。于是,数以百万计的男男女女选择了医美。

巧的是,与此同时,在中国医美行业增幅最大的那几年里(2015—2018),抖音、快手、B站也在急速发展。短视频经济的重要分支是"网红经济","网红经济"的重要分支是"颜值经济","颜值经济"的代表就是一夜爆红的"温婉","温婉"本人正是医美行业的资深VIP客户。那几年,"颜值"成为中国互联网世界的"超级印钞机"。只要你颜值足够,在抖音上跳一曲简单的舞蹈就能收割上亿流量,在直播间里随便聊聊天就能在一夜间收到价值数十万的礼物,接着就是变现、带货、上热搜,一气呵成,训练有素,成为"网红中的豪杰"。

长得漂亮就有钱赚,于是,年轻男男女女为"颜值"付费的意愿空前高涨。

2018年,中国医美产业的消费者数量接近两千万,仅在20~30岁的区间里就有1000多万人,而全中国在这个年龄段的人口,也就只有2亿上下。

但在一片繁花似锦的背后,中国医美产业也暴露了自己的"底气不足"。

面对千万级的医美消费者,中国的医生不够用了。每10万个韩国人里,有9.3名整形医生;每10万个巴西人,有2.6名整形医生;而每10万个中国人里,只有0.3名整形医生。

2018年,中国有1800万医美消费者,其中有58%的人接受的是手术类医美项目,大约1044万人。而那一年,中国共有7419位有职业资格的整形医生。平均下来,2018年,中国每个整形医生要给1400名客户做手术,每天要做4台,且全年无休。

如果我们用产业视角来看待这个数据,能够轻易地得出结论:中国医美产业的"产能"严重不足,以至于每一个医生都在全负荷、满功率运转。产能不足,就要补。公立医院的整形医生,显然满足不了医美的需求。于是,成千上万个民营医美相关企业随风而起。不过,在目前的市场上,一名正规的整容医生每年的收入可达百万元,很多"野鸡医美"出不起这样的价码,所以就只能雇用那些同样没有资格的"野鸡医生"。

经过这么多年的野蛮生长,中国的医美产业终于走到了世界前列。如果把那些不太正规的医美机构一起算上,我们已经成为世界第一大医美市场了。只是这样得来的第一名真的好吗?至于为什么大家觉得韩国医美行业更发达,这主要还是渗透率的问题。

比起中国同行，韩国医美产业的手伸得更长、赚得更多。以区区 5000 万人口，硬是做到了和我们一样的市场规模，人均消费更是完全碾压。

中国医美产业的确庞大，但实际上却脆弱不堪。在医美产业链上，上游是培养职业整形医护人员的院校和器材、耗材生产商，中游是各种各样的医美机构，下游则是各种医美信息平台。除了下游，上中游的发育状态都不太令人满意。

先来说中游的医疗机构。中国的医美产业和"网红经济""颜值经济"有分不开的关系。我们甚至可以断言：只要"网红经济"还能提供红利，医美行业的饭碗就能继续端下去。不过，和"网红经济"关系太过于密切的产业大多也都沾染了一些"通病"，这一点，医美产业也不能例外。这种通病，叫作"浮夸"。什么是浮夸？吆喝大于本事，就是浮夸；光说不练假把式，就是浮夸。"网红经济"下的不少产业都难以摆脱"浮夸"的风气，毕竟，网红们和网红店们都是靠流量吃饭的。

于是，我们就会惊奇地发现：那些和"网红经济"关系密切的行业里，十个有九个把成本大头花在了"营销推广"上面。收割流量、争夺客源，才是这些产业最专注做的事情。

对作为行业中间环节的医美机构来说，情况也大差不差。2019 年，从平均数据来看，中国医美机构 30%～50% 的成本都花在了获客和营销上，而医疗服务方面的成本只占 15%～25%。硬件方面，药品和器械的成本也仅仅占到 20%[①]。

在医美机构 30%～50% 的营销推广成本中，最低六成，最高九成，花在了传统广告渠道上面，互联网平台的引流则相应只占了一到四成。不过现在更多的机构都在向互联网平台迁移，传统渠道的权重正在慢慢下降。

事实上，营销费用的占比足以影响一家医美机构的盈利能力。和香港的医美机构进行对比，结果就非常明显了：内地的医美机构的营销费用占比平均达到了 34.86%，而香港医美机构的平均占比只有 9.48%。

对处于中间环节的医美机构来说，问题不仅仅是"过度营销"这么简单。更大、更致命的问题出在了从业人员的资质上。改变容貌的需求是客观存在的，由于正规机

---

① 崔文亮.需求驱动医美服务终端快速扩容　大型品牌连锁终端有望迎来集中度提升实现无边界扩张[R].成都：华西证券，2021.

构的数量和价格仍然无力满足,那么就必然催生出各种没有资质却吹得天花乱坠的"野鸡医美机构"。

"野鸡机构"的"野",已经突破了想象力的底线。众所周知,正规大学的医学本科要读 5 年。而"野鸡医美机构"的"医生"的培训,甚至不到 5 天。一个只有高中文化的女孩,在看到医美产业的商机之后,毅然花费了数千元的巨款和几天的时间,跟着"导师"开始学习注射玻尿酸、埋线和注射肉毒素的手艺。在她为期几天的"培训"之中,他们上午学了手艺,下午就在同一批学员身上开始了实操。"培训"结束后,小妹顺利地从草台班子手上拿到了"草台班子证书",算是正式出师,然后租了个房子也搞起了属于自己的草台班子。

在"导师"的指导下,她学会了从社交媒体拉客到宰客的"全流程 SOP（standard operating procedure,标准作业程序）"——把低价买来的垃圾材料,提 10 倍价格后注射给用户。医美行业的"颜值经济"让小妹脱离了打工生活,顺顺利利地年入百万。某些"野鸡机构"还会对消费者使用"幽灵整容"的套路,手术前说是资深的名医来主刀,实际站在手术台面前操刀的,可能是一个完全没有资质的水货医生。

再来说说上游的器材厂商。器械、耗材、仪器的生产商,是整个医美产业链的上游玩家。尽管医美行业的毛利率很高,水非常深,但是上游硬件供给的价格仍然会对最终的服务价格产生影响。

医美产业所需要的耗材种类繁多,常用的有以下几种:填充修复皮肤用的透明质酸和胶原蛋白,用来去除皱纹的肉毒素,用来填充假体的硅凝胶、膨体聚四氟乙烯等等。然而,这些耗材的市场尽数掌握在欧美厂家手中,比如,美国 BOTOX 掌握了全球 80% 的肉毒素市场。

好了,问题来了,是因为我们生产不出来这些耗材吗?

怎么可能? 硅胶、肉毒素和胶原蛋白又不是光刻机,中国怎么可能生产不出来! 中国医美耗材厂商丢失市场,根子在于我们没有"标准"。没有"标准",就没有信誉可言。毕竟是要花几千、几万元打进身体里的东西,谁也不希望它来路不明。绝大多数的医美耗材在国内都有相应的厂家可以生产,而且保证物美价廉,价格能便宜一半。但是我们没有"标准",很长一段时间以来,我们都没有开发属于自己的、公开的"质量认证体系"。

好在我们现在也已经颁布了很多医美行业的管理方法和行业标准。国内成熟的药品耗材企业也逐渐出现了，典型的厂家比如复星医药、华熙生物。医美器械方面，我国仍然在追赶中。医美器械是医疗器械的一个分类，美国作为医疗器械行业的顶尖玩家，在医美器械方面自然也是老大。世界前9名的医美器械厂商中，有4家来自美国，3家来自以色列。

其实，国产上游厂商没有发育起来的锅，一部分要甩给不健全的评价体系，但主要还是要甩给中游的医美机构和资本。中国正规的医美机构只有1万家，不正规的倒有8万多家。正规市场需求不足直接让上游的正规厂商丧失了发展意愿，也让正规厂商在价格上没有了竞争力。原价几十万元的进口医美器械，山寨产品只要1万元，而且和"山寨运动鞋"一样可以贴标，甭管是GE还是西门子，想怎么玩都可以。

这么一对比，黑心作坊几乎没有什么负担：反正都是假冒伪劣，卖一个回本，卖两个赚了，卖三个血赚。于是，劣币驱逐良币的故事就开始了。鉴于上游材料、器械厂商的窘境，投资者也不会有什么兴趣。转身再看看下游疯狂的消费市场，任何具备专业素质的投资人都知道应该选什么，在早期就布局上游产业的，要么是心怀天下，要么啥都不懂。所以，在这个流量至上的时代，更多资本冲进了下游的医美App，毕竟只有占领了千万计的消费者，才算是吃到了"颜值经济"带来的医美产业红利啊。

上游厂商啥时候能起来？恐怕只能等到产业成熟了。美国的发展基本上也是这么个套路——在经历了20世纪90年代的疯狂增长之后，2004年开始，美国上游医美厂商迎来了自己的"红利期"。

最后是下游的医美平台。在看了上面的内容之后，我们对于中国医美行业存在的问题有了一些基本的认识：技术上并不存在"卡脖子"，上游的压力并不大，最核心的问题就是消费者和医美机构之间的信息不对称——消费者急于改善自己的容貌，但同时也被那些骇人听闻的"野鸡医美"吓得花容失色，正规的医美机构也"风评被害"，不得不想方设法改善自己的形象。于是，就形成了一种恶性的循环：消费者不信任医美机构，医美机构则必须花更多的成本来获取客源，挤占了本应该用于升级设备、提高服务的资源。

所以，医美O2O平台就出现了。O2O，online to offline 的缩写，指的是将存在于线上的各种服务信息、资源转化为线下实际的消费和到店服务。简单来说，医美平台相当于一个微信群，把机构、消费者、医生和厂商都拉了进来，大家以后就不再需要那些"中间商"来赚差价了，同时各个方面都明确了自己的任务：平台负责吸引和服务客户；机构负责提供手术服务和培养医生。从医美机构的角度来看：以前拉客户都是靠既贵又低效的广告，找不到客户不说，各种广告还让自己成为被人吐槽的对象。

现在有平台来负责营销事宜之后，机构要做的就是把自己的服务做好，把自己的"治疗方案"做成品牌、做成金字招牌，靠口碑来吸引人。这样就解决了营销费用过高的问题。

对于平台来说，平台直接把医生和机构拉到了消费者的面前，也节约了传统中介的人力成本，同时还增加了平台的收入渠道——不少平台现在还提供专门面向医美消费者的"消费信贷"——贷款整容。只能说，有的操作，只有我想不到，没有别人做不到的啊。

按理说，医美平台的作用是促进信息对称、改善医患关系，是一种存在于医患之间进行服务的第三方。但现在，各大医美平台的同质化现象越来越严重了——直观的表现就是：医美平台App的界面和淘宝、京东、拼多多没什么差别，甚至和这3个电商平台极为相似。

在目前阶段，O2O的医美平台还是没有解决医生信息不透明、医美价格不透明的问题。尽管增加了诸如淘宝"买家秀"和小红书"笔记"式的用户评论，使得人们对医院和医生的水平有了比起先前更直观的认识，但如果缺少第三方权威机构的评价意见，单纯依靠个体消费者主观的评价恐怕仍不能令人信服。

毕竟，水军无处不在，他们既然可以在淘宝上刷单，也就可以在医美App上刷好评。中国医美市场的主要客户是谁？

在中国，谁在做医美？答曰：年轻人

中国的医美用户多为年轻人，25 岁以下的用户占据了 50% 以上的份额，36 岁以下的用户占据了 96% 的份额[①]。

除了年轻女性，近几年，中国的年轻男生也加入了医美消费者的大军之中，且比例正在快速增加，已经超过了 10%。

中国城市女性的就业比例远远超越一众欧美发达国家，也远超隔壁的日韩。就业就意味着有独立的收入，有独立的收入就代表着能自由支配。

在中国的高薪女性群体（月入超过 3 万元）之中，有超过 90% 的人表示愿意整容，而其中更是有 5% 的人一度花费了半年的薪水用于改善自己的容貌。

对中国的消费者来说，在最开始的时候，"医美"是一种投资。

2015 年，当中国的"网红经济"和医美产业刚刚开始起步的时候，医美平台上有接近 50% 的消费者出于"工作需要"而选择接受医美服务，更有接近四分之一的消费者将其视为一种取悦伴侣的手段。

而今天，为了工作而选择医美的人只占了 26%，更多的医美消费者做医美的目的只是取悦自己。从 2015 年到 2017 年，中国消费者对医美的认知显然是更加成熟了。

现在，在不少人的眼中，医美已经成为一种类似"健身"和"读书"的生活方式。它们的共同点就在于：消费者将其看作一种对自己的投资，是一种提高个人价值的手段。但由于目前国内医美服务的价格仍然偏高，只有经济较为发达的一线、新一线城市消费者才能够较为方便快捷地接触医美医疗资源。

如果没有互联网经济带来的"颜值经济"，恐怕也就没有中国医美行业这些年来的平均 20% 增速的野蛮生长。

颜值经济带来的"美貌红利"驱使人们走进医美机构，而医美机构也确实让消费者"脱胎换骨""改头换面"——不论是网络变现还是在现实里都享受了更好的待遇，消费者也确实吃到了"颜值经济"的红利。

---

① 乱象丛生 中国医疗美容行业洞察白皮书 [R]. 上海：艾瑞咨询, 2020.

但我们都清楚："颜值经济"总有走不下去的那天，到那时医美行业不一定能全身而退。

尽管现在中国的医美行业还远远没有到达瓶颈期，仍然保持着上升状态。但当"颜值经济"退潮，当整个医美市场开始萎缩，遍地的医美机构必然会陷入比今日更加残酷的竞争之中。整个产业都难逃洗牌的风险。尤其在中游环节，随着人们对安全和隐私的需求越来越强，背景深厚、专业程度高、掌握大量经验丰富医生的大型机构将开始对小型机构进行大规模的兼并。

和发展不充分的中游机构相比，中国医美产业的下游却非常"繁荣"。O2O的平台已经成为集合了社区、短视频、电商、问诊咨询于一体的"超级平台"，几乎是淘宝、小红书、丁香医生的集合体。在这些平台上，除了一般的服务，甚至还能提供医疗保险、整容贷款。在某个医美App的社区中甚至还有人专程去银行贷款10万元做医美。

中国的医美产业在互联网的扶持下确实繁荣，但这种繁荣笔者并不认为是健康的。

在笔者个人看来，随着中国人的生活越来越好，人们对于提高自己生活体验的需求也会增强，医美的需求也会随之上涨。但在此之前，中国的医美产业必然会经历一段痛苦的、从"粗放野蛮生长"到"精细正规发展"的转型时期。

而不管如何，上游的器械、材料生产厂商的技术壁垒都是最高的，这也就意味着面临着最低程度的风险。市场越走向规范，正规国产厂商的日子就会越好过。与其想着如何在"整合"前夜的产业链中游上分一杯羹，倒不如放长线钓大鱼，想办法在上游布局。

说到底，现在的中国医美产业并不缺少那些想在中游割消费者韭菜的"镰刀"，但却很缺乏能够踏踏实实在上游做好技术、整合全球市场的企业。即便是那些已经靠着"性价比"在国内市场上实现"农村包围城市"的厂商，打开它们的财报一看，你会发现，研发费用所占的比重依旧少得可怜。

中国医美产业需要在上游实现"国产替代"

从上下游的角度来看，产业链中游的医美机构所面临的问题，主要是医生资质和数量的问题，但这些问题很难从技术层面进行改进，只能依靠持续培养合格的医美医生。各路资本已经在这些环节上面划分好了地盘，短时间内不会出现大规模的厮杀和兼并。

而在医美产业链的上游，国内市场对于进口医美医疗产品的依赖度仍然很高，外国品牌不论是价格还是占有率都远远高于国产品牌。这就相当于给中国企业指明了"进攻方向"。

外国产品占有率越高，价格越贵，越能显示出一个产业渴望"国产替代"的急迫。根据其他产业国产替代的一般模式：国产产品对进口产品的替代通常都是"性价比"先行，先利用超高的性价比抢占低端市场，再以此为跳板进行研发升级，追赶先进技术。

2014—2018 年，中国玻尿酸市场的年均增长率高达 32%，但正规厂家生产的正品仅占有 30% 的市场，且整个行业的定价都非常离谱——最便宜的玻尿酸一毫升只要不到 500 元，而最贵的居然高达一毫升 1.3 万元。正规的玻尿酸厂家主要集中在韩国、美国、瑞典的 4 家厂商手中，占据了 70% 的正品市场份额。国产厂商，如华熙生物和昊海生物，都纷纷打起了性价比牌，大搞"农村包围城市"的战术。在品质不弱于国外产品的基础上，硬是把价格做到了只有进口产品三分之一的水平，华熙生物的玻尿酸产品价格最贵也只有 11.4 万元/千克，而进口产品最贵可以达到 33.1 万元/千克。

肉毒素产业上，情况则不容乐观。肉毒素本身是一种烈性神经毒剂，一克肉毒素就足以杀死成千上万的人。但在极少量使用的情况下，肉毒素却可以缓解皮肤衰老形成的皱纹。目前，世界上只有英国、美国、中国等少数国家能够生产肉毒素。但在中国医美市场上，70% 的肉毒素都是非正规产品。如此剧毒，却又疏于管理，以至于不正规产品成为主流。这不仅仅对正常的市场秩序不利，更严重威胁了消费者的生命安全。之所以非正规的肉毒素如此流行，恰恰就是因为国产肉毒素厂商还没有完全发力，还没能实现国产替代。

目前，中国市场上只有美国 BOTOX 和兰州生物的"衡立"获得了授权。由于正规产品的价格始终高居不下，导致不少人出于"低价"心态冒险注射从韩国走私而来的、未经认证的"粉毒""白毒""绿毒"。这也恰恰说明，面对客观存在的需求，如果国产品牌不能挺身而出实现国产替代，那么中国消费者将面临双重风险：要么被迫使用高价进口品牌产品，要么只能退而求其次，选择假冒伪劣的"水货"。

综上所述，从整个产业链来看，中国医美的产业下游已经非常发达了，不论是商业模式还是用户的渗透率，各项指标都很有竞争力。问题主要出现在产业链中上游，基本可以总结为3点：人才培养机制效率太低，监管规范尚未跟上市场发展，配套医疗器械国产化率较低。三者叠加，最终形成了中国医美产业目前黑作坊横行、安全性不足、产业整体成本结构中营销占比畸形偏高的局面。

而更进一步说，这里的人才培养体系和医疗器械的国产化率提升，都是整个大医疗体系之下的针对医美方向的细分课题，真正限于医美本行业的直接问题，还是配套材料产业的投入和监管体系、行业规则的发展与制定。在资本大规模进入之后，国家也的确开始重视医美行业的相关管理办法，制定行业标准，国内也陆续出现了一批逐渐开始成熟的药品耗材企业，典型的厂家比如复星医药、华熙生物。相信未来这个千亿级别的市场，会得到长足的发展。

第三十章　新消费流量退潮时，才发现有人在裸泳

从 2016 年到现在，"新消费"一直都是一个热词。这些年，中国的"新消费"攻势极其猛烈，无数资本都涌向了"消费"这个传统却又新潮的赛道。光是 2021 年上半年，全国范围内就有 270 多起消费领域融资事件，总金额 305 亿元，金额之大，令人瞠目结舌。以一个叫 Manner 的咖啡品牌为例，它成立于 2015 年，之前一直都静静地在上海深耕。2018 年，它开始被资本盯上，先后获得淡马锡、字节跳动等明星资本的关注。

2021 年，Manner 咖啡彻底爆发了，6 个月，4 次融资，目前已经披露的单笔融资额就高达 19.2 亿元。需要注意的是，整个 2021 年上半年，全国咖啡行业一共 14 次融资，总金额也不到 44 亿元，Manner 一家就占了全行业近一半的融资。

还有人认为，Manner 可能是星巴克最大的对手。

只从融资角度来看或许有点太抽象了，从品牌和销售上来看会更惊心动魄——在"新消费"最鼎盛的 2019 年，天猫平均 0.63 秒就会有一个新品上市，平均每 16 分钟就会有一个新的品牌诞生。另外，这种"火爆"也并不止步于网络空间，在线下的大街小巷里也出现了它们的"近亲"——似乎就在一夜之间，"网红店"突然就布满了中国的大街小巷。

很多在当地社区只做街坊邻居生意的餐馆，一夜之间就成了"网红"；很多在大学门口多年持续性半死不活的小店，摇身一变就成了"匠人"。现在回望那时候，只能用"疯狂"来形容。然而现在，"新消费"似乎有些动力不足了。新消费减速，已经成为共识。当潮水退去，我们才发现谁在裸泳。

消费品生意的核心在于渠道

中国新消费发展的底层逻辑是什么？答曰：渠道。一切消费品牌，不管是卖童装的还是卖泳装的，都必须要考虑渠道问题。市场上，企业在渠道方面的一切努力，最后都不过是为了解决两个问题：第一，如何让消费者知道我的品牌；第二，如何让消费者买到我的产品。第一个问题，在网络普及之前，电视广告是最好的解决方案。电视广告时代，最经典的模式是这样的：我在电视上看到了广告，记住了品牌；然后未来某天我去逛街，看到了这个品牌的产品，进而产生购买。

这看上去很简单，但实际执行起来却异常困难。首先，为了让我知道你的品牌，你要确保我在电视上看得见你的广告，所以你必须选择一个绝大多数人都会看电视的时间段，在绝大多数人都会看的那个频道上进行投放。其次，你要确保我能买到你的商品，所以你必须把货物铺到任何一个我有可能出现的地方。对于饮料、零食这种全民消费品，厂商往往恨不得把自己的产品铺满全中国每一个村口的小卖部。所以，在这种模式下，只有资金雄厚的大企业才能玩得开。因为只有大企业才有钱投放央视黄金时段的广告，也只有大企业才能动员足够的销售代表和经销商深入基层。小品牌根本没有发展机会，只能在局部地区苟活。

这种模式下的典型赢家就是宝洁这种"欧美巨头"。首先是"有钱投广告"，2005年到2007年，宝洁连续3年都是央视黄金时段的广告标王。其次就是"有人走基层"，上到北上广深，下到小镇山村，都能找到宝洁旗下的产品。宝洁最辉煌的时候，在中国快消市场上占据了47%的市场份额。但现在，时代已经完全变了。

说到底，渠道其实就是一场关于"注意力"的生意——人的注意力是有限的，20年前只有电视能承接消费者无处安放的注意力，所以电视广告才能大行其道。网络普及之后，瓜分注意力的玩家数量空前爆发，抖音、快手、B站、微博、小红书、微信，都是"注意力吞噬者"。为了了解我们的注意力都去了哪里，笔者统计了身边几位朋友的手机使用时间：每人每天平均16小时的清醒时间里，有接近一半时间都在看手机——果然不出所料，微信、抖音、小红书、B站是吸走最多注意力的平台。

电视都没人看了，电视广告也就蔫了。所以，同样是面对"如何让消费者知道我的品牌"这个问题，2021年的游戏难度远低于2001年——由于抖音、B站之类的平台已经牢牢抓住了你的注意力，所以你必然会长期使用这些平台。而只要你在这个平台玩得足够久，就一定会从自己的兴趣和趣味出发，关注一些"优质内容创作者"（网红）。而"网红"本身恰恰就是一个"大号人群过滤器"——商家只需要对接相应的网红，就能接触到相应的人群。相比起电视广告的"无差别轰炸"，网络营销完完全全就是"精确制导"，这两者之间的效率是有代差的——在传统模式下，一个新项目启动的成功率只有10%；而在天猫平台，一个新项目的成功率达到了60%。

另外，网购的普及和物流基础设施的发展也从根本上改变了中国消费者的消费习惯。关于"如何让消费者买到我的产品"这件事，现在的游戏难度也极度降低了——直接上链接就行。综上所述，渠道毫无疑问是中国新消费最底层的发展逻辑——抖音、快手、小红书、B站、微信等渠道带来的流量红利就是这一轮新消费热潮的根本动力。但天下没有不散的筵席。流量冲你而来的时候有多爽，离你而去的时候就有多难受。5年前，获得一个新客户要花100元，很多人还嫌贵，今天，这个价格已涨到了500元。

相比起当年"随便投放一点点资源就有大把流量"的美好时光，今日的新消费品牌需要竭尽全力才能获得一点可怜的流量。事实上，很多人心里都已经产生了一丝丝"得不偿失"的感觉。为了攫取流量而付出的"营销成本"已经普遍性地成为新消费品牌的"头号放血槽"。完美日记2021年一季度的财报显示：营销费用和营收的占比已经达到了72%——每100元的销售收入的背后，是72元的营销费用。

我们不能被销量、规模之类的表象蒙蔽双眼而忽略了企业的内核——在笔者看来，甭管数字有多好看，依赖投放来拉动销售的新消费公司都是无根之木——空有一身虚胖的肥膘，骨子里的发展模式就不健康。在流量红利丰厚的时候，它们或许还能保持体面，但当流量的大潮退去，我们才会发现：原来是它们在裸泳！反而是一些小公司，或许规模和数据看上去平平无奇，但却拥有制造流量、获得注意力的本事——这些小公司可能更值得我们关注。只靠流量是不行的，没有流量也是不行的。收视率是电视时代的流量，流量是网络时代的收视率——这两个东西的本质是一样的——都是用来计算注意力的指标。

中国人的注意力被谁抢走了

站在 2021 年 8 月的时间点上,我们可以批评一些品牌对流量的"过度依赖",但在 2017 年,流量真的就是新品牌的"决胜法宝"。餐饮行业也是这种"流量拳法"的"重点关照"领域——开店、花钱请网红"探店",网红在小红书、抖音上推荐你这家餐馆——一气呵成。

然而,当所有人都学会这套拳法的时候,事情就变味儿了。好了,现在大家都知道你喜欢投抖音和小红书了,所以 MCN(多频道网络)就来了——MCN 直接流水线培养一批网红,手里握着上亿用户,就等着品牌来找。MCN 的出现,意味着整个流量产业链正式落成:品牌靠消费者购物赚钱,MCN 靠给品牌宣传赚钱,平台靠分成赚钱。

然而,到了现在这个阶段,销量增速开始减缓,平台的增速也在减缓,流量不再"取之不尽、用之不竭",而是有了一个定数,可此时此刻,仍然有大批品牌入场——僧多粥少,"卷"起来了。之前我们说过了,流量的本质是注意力,而消费者的注意力很多时候都聚焦在网红身上。平台和 MCN 是流量供给方,品牌是流量需求方,现在的市场是"供不应求",流量价格必然升高——这是最基本的经济学原理。

所以,谁能开发新的、性价比更高的"流量密码",谁就是下一个"完美日记"。

现在比较有希望成为新版"流量密码"的是私域流量运营,接下来,也许就是看谁玩私域玩得好了。之前完美日记所实施的那套战术把重点都押在了抖音、小红书这样的公开平台之上,属于"公域流量"。私域流量则是将流量纳入自己的管控之下,当获得新用户的成本日渐升高时,维系老用户便成了最好的解决方案。

听上去很玄乎,但实际上的操作却非常简单——建个公众号,组个微信群,然后让客服加用户的微信。事实上,微信才是中文互联网宇宙里最强的"私域流量神器",微信的私聊、群聊、朋友圈极其封闭,无法用任何公开手段触及,是 100% 纯粹私有的。更重要的是,微信已经成了现代人的关系网,完全覆盖了我们的朋友、同事、亲属、同学。

某种意义上，对品牌方来说，掌握了一个用户的微信，就等于掌握了他的人际关系网。另外，微信的黏性也很大——以微信群为例，只要社交氛围搞得好，群友在群里面聊得开心不吵架，几乎不会有人退群，反而会不断地拉自己的朋友进来。在私域流量的语境下，一个好的微信群应该被看作企业的优质资产。相较于现在已经高不可攀、营收占比五成以上的流量成本，私域运营的模式无疑更便宜、更健康、更持久。

"大而全"，还是"小而美"

回到了最初的那两个问题：第一，如何让消费者知道我的品牌；第二，如何让消费者买到我的产品。今天，电商的普及已经将第二个问题完美解决，中国市场上的常规商品已经不存在"买不到"的问题。中国消费品牌未来最重要的任务只有一个："如何让消费者知道我的品牌？"所以，你必须知道：谁才是你的消费者。

理由很简单：圈层化、地域化可能是目前影响新消费品牌知名度最大的因素，你必须知道什么圈层、什么地区的人才是你的目标。在当今中国消费市场，你不可能让所有人都认识你，但你只要能在小圈子、局部地区里获得知名度就可以算成功——小圈子、局部地区，价值可能会更大！比如，MENG、明华堂、年轮公园。

这几个牌子，可能很多人都没听过，但并不影响它们在圈子里的地位。MENG是模型圈子里公认的国产高端品牌，同样是塑料坦克模型，同尺寸下，MENG的产品普遍可以卖到200～300元，而日本的TAMIYA品牌的产品中，只有最高端的产品才有机会和MENG比价格。明华堂是汉服圈子里公认的高端品牌，明朝款式的女款汉服，一套下来需要1万元，仅一件上衣就要4800元，和欧美奢侈品品牌不分伯仲。年轮公园是美式复古爱好者圈子里知名的高端家居品牌。一个黄铜晾衣架，价格可以高到3800元；一盏双管荧光灯，价格也可以高到3600元。

实际上，这些圈子还可以无限细分下去：汉服圈子里，可以分出明制的、宋制的、唐制的；模型圈子里，可以分出玩高达的、玩坦克的、玩军舰的；复古圈子里，可以分出美式复古、日式复古、国潮复古……中国的社交网络过于发达，相比起商家苦心经营的"KOL矩阵"，各种基于兴趣而结成的微信群、QQ群、论坛在很多时候向消费者传递了更多的品牌知识。

新消费的人群里，很大一部分人都属于这种情况——在电视和传统电商的时代，主流渠道上的信息没办法满足他们个人趣味上的需要，但随着抖音、快手、B站、小红书等社交媒体的扩张，他们找到了同志，找到了属于自己的组织。

很多时候，新消费满足的恰恰就是之前没有被满足的那群人的那些欲望。如今，中国的新消费已经走入了下半场。铺天盖地的流量狂潮已经渐渐平息，连抖音、快手的增长曲线都已经趋于平稳——短时间内，中国人的注意力分配格局将不会再改变了。

在笔者看来，新消费品牌不应该和大趋势对抗——注意力的分配已经趋于稳定，流量市场已经确定供不应求，就不要再下血本去买流量、赌博似的去搅弄风云了。对投资人来说，流量退潮之时也是一个复盘梳理的好时机——或许，健康的"小而美"才是中国新消费最好的模样。

扩展阅读

在关于消费经济学的研究专著中，笔者首先推荐我国消费经济学主要创始人尹世杰教授的《消费与产业结构研究》。这本书对消费需求与经济发展、文化教育、信息产业和生态产业之间的结构性关系，都有深入、系统的研究和论述，对于宏观理解我国的消费产业结构很有帮助。

中国学者刘慧的《现代消费经济学》则在基于中国的理论体系的前提下，广泛借鉴了西方经济学和国外现代有关消费的学说，系统梳理了政策文件、前沿案例，对于读者联系国内实际，理解国家消费经济政策和产业趋势，都有不错的参考价值。不过这两本书的缺点，是作为理论学术著作，相对有些枯燥。

天图投资合伙人李康林的《新消费时代》则以案例为主，这本书从投资和创业视角详细拆解了全球18个很具有代表性和借鉴意义的品牌案例，通过介绍这些案例，循序渐进地揭示了消费品品牌的成长规律和路径。

三浦展的《第4消费时代》则是对日本社会消费产业的变革进行解读的作品，如果和我们正在经历的中国消费产业的变革进行对比，会有很多有趣的结论。他的另一本著作《极简主义者的崛起》，承接前作进一步对很多具体的新消费行为与新消费人群进行了观察和解读，对于理解消费变革背后的社会变革很有参考价值。

著名管理学家大前研一的《未来消费新形态》则是预测未来消费热点的重要作品，其提出的"低欲望社会"是消费产业研究中相当广为人知的一个概念，作品《M型社会》《低欲望社会》《低智商社会》都很有代表性，分析了许多宏观经济理论无法全面覆盖的新形势下出现的新问题。

除了这些全面聚焦产业和社会的作品，更直接了解某一个具体行业生态，或某家企业的方式，是直接阅读龙头企业的创始人撰写的相关作品。比如耐克创始人菲尔·奈特的自传《鞋狗》，就十分有助于理解今天中国社会出现的"球鞋文化"及其背后的商业策略。"7-Eleven"创始人铃木敏文的《零售的哲学》和《零售心理战》，则以便利店这种业态为核心，解读了整个零售产业的经营逻辑。

后记　国产替代的终局：中美"双操作系统"？

在本书行将结束之际，我们开始思考一个更为宏大的命题：假设我们从一个几十年的周期来看，国产替代发展的终局形态应该是怎样的？

笔者认为无非这样几种结局：

（1）国产替代失败，中国技术升级失败，全球主要产业依然被美国等发达国家掌控，中国继续被"卡脖子"，中国掉入中等发达国家陷阱。

（2）中国取代美国成为世界大部分产业规则的制定者，形成事实上的中国标准主导全球。

（3）中国搞中国标准，美国搞美国标准，其他小国家在中美两个体系中选择站队，接入了美国标准，就不再接入中国标准。

（4）中美两国各搞一套产业标准，其他小国家在中美两个体系中自由接入，同时接入美国标准和中国标准，和中美两国同时做生意，中美之间既有竞争又有合作。

而我们认为，第一种和第三种结果，对于中国来说都是非常糟糕的，而要取代美国实现第三种结果，难度则非常大，不仅需要中国付出十二分的努力，还需要美国犯战略性的错误才有可能。其中，第四种结果是中国很有机会努力并对自己相对有利的终局。

不久前，我们看到富士康创始人郭台铭的一个观点，非常有意思，大概的意思是，未来的世界，会形成中美"双操作系统"格局，像富士康这样的企业，应该同时接入中美两个系统。

实际上，当今的国际规则，大部分是美国制定的，其他大部分国家和美国之间的

后记　国产替代的终局：中美"双操作系统"？

关系，类似应用开发者和苹果（或者谷歌安卓系统）之间的关系。

当今的国际贸易大部分是采用美元结算的，英语是国际通用语言，互联网、半导体、操作系统等产业标准大都是由美国制定的：美国掌控着世界主流专利体系并且随时可以利用这一体系对其他国家进行技术禁运，美国的媒体主导着全世界的议程设置，好莱坞的大片主导着全世界的文化输出，美国的高校吸引着全世界最优秀的人才……

当其他国家和美国发生冲突的时候，你可以理解是平台上的开发者和平台拥有者的冲突。辛巴最多的时候其旗下账号曾经占到整个快手总流水的40%，但是当辛巴和快手关系搞僵的时候，快手开始打压辛巴家族，结果是依赖单一平台的辛巴很难抵御这一打击。类似地，当依赖于美国系统的其他国家要和美国发生冲突的时候，这些国家几乎毫无招架之力。

但是国际手机主流操作系统，有安卓和苹果两大系统并存，安卓相对开放，苹果相对封闭，两大系统互相竞争，其他中小开发者同时接入安卓和苹果两大系统，并且可以迅速在两大系统之间切换。比如当腾讯开发了一款备受欢迎的新游戏时，哪怕苹果系统应用商店率先将该款游戏上架，它也可以迅速用发达的中间件和服务极快地推出安卓版本，用户可以同时玩苹果版本和安卓版本，其差距极小。类似的案例还在汽车行业发生，中国内地和美国的汽车方向盘在左边，日本和英国、中国香港的汽车方向盘在右边，同一个厂出的同一款车，比如丰田凯美瑞，只需要在日本出售右方向盘版本，在中国出售左方向盘版本就可以了，两大系统切换很方便。

这个思路为我们描绘了将来中国产业界可以为之努力的方向，也就是世界形成中美两大产业标准，互相竞争，但是又不是完全老死不相往来，其他中小国家在中美两大标准之间自由切换，同时接入，两边做生意，两边都不得罪。

笔者认为，这一结果是有机会实现的，且是在中国能够看到的产业出路当中相对对中国最有利的。

例如，中国的互联网产业，本质上是与美国形成了"双操作系统"模式，美国有Facebook，中国有腾讯，美国有亚马逊，中国有阿里巴巴，美国有谷歌，中国有百度，美国有Uber，中国有滴滴打车……

实际上，互联网产业的中美双操作系统模式，就有很特殊的时代背景，首先互联网这个产业太特殊，中国对于外资互联网公司有着很严格的限制，例如Facebook、谷歌在华业务有诸多限制，这给了本土的腾讯、百度等公司巨大的市场空间，经过20年的发展，中国的互联网产业毫无疑问具有了世界级竞争力，在全世界仅次于美国，不仅能够很好地服务本国市场，还在海外取得了一定的成就。

那么，其他产业有没有可能复制互联网走过的"中美双操作系统"模式呢？笔者认为是很有可能的。

例如芯片产业，长期以来，我们的整个产业链都落后于国外厂商，不管是芯片设计，还是光刻机、光刻胶、EDA软件都比国外落后一些，但是这个产业又非常讲究产品迭代，只争朝夕，这使得领先者的地位越发领先，马太效应越来越强，追赶者与领先者的差距越来越大。但是在中美科技战开始后，中国许多产业被迫开始用国产芯片、国产光刻机，这给了许多中国厂商以机会，中国第一次有机会搭建一个相对完整的半导体产业链，并且形成自己的标准。

2021年9月底，法国战略研究基金会发布了一篇报告，题目是《增强"软连接"：中国的标准制定改革与国际雄心》，专门分析中国在标准制定问题上的能力和前景。该报告认为，虽然中国已经是全球第一大工业国，但中国在国际标准的制定当中，仍然只是一个新手。报告指出，中国目前只占国际标准的1.8%，而美国、英国、德国、法国和日本占这些标准的90%~95%。

另一份国外智库推出的名为《数字丝绸之路和中国对中国标准设置的影响》的报告也指出，中国在5G通信技术、物联网、人工智能、电网等产业上具有国际产业领先地位，但是很多时候并没有转化为中国在国际标准制定上的市场份额。

中国可能是全世界对于国际标准最重视，也是最想在国际标准制定上取得突破的国家，这可以从政府部门接二连三推出的关于推动国际标准制定的文件当中看出，例如《国家标准化管理委员会关于印发2021年全国标准化工作要点的通知》《中华人民共和国国务院关于印发深化标准化改革方案的通知》《中华人民共和国标准化法》《标准联通共建"一带一路"行动计划（2018—2020年》等。未来10年，中国的标准在国际上的接受程度如何，将是评估中国实际产业地位的重要试金石。

需要指出的是，中国和美国最终形成"双系统"模式，一定要以在经济领域竞争

后记 国产替代的终局：中美"双操作系统"？

为主，避免变成美苏冷战那种纯军事对抗，因为军事对抗的结果大概率是双输，而经济的竞争，则有可能是双赢的。

例如，中美在互联网产业上的竞争，对于世界就是双赢的结果。中国企业字节跳动打造的备受欢迎的短视频平台抖音，在国外的版本叫作TikTok，火遍全球，给全世界的消费者带来快乐，而字节跳动本身在融资的时候也有大量美国资本投资。

同理，美国的波音和欧洲的空中客车，在民用大飞机领域的良性竞争，形成了事实上的"双系统"结局，也大大造福了全球消费者。在竞争下，两大航空巨头都有危机感，不停升级自己的技术，投入研发，打造越来越好的客机。

从产业层面，未来在互联网、半导体、移动通信、新能源汽车、航空航天、工业软件、生物医药、节能环保、重型装备制造、新材料、卫星导航、人工智能、数字货币等领域，都很有可能形成中美"双系统""双标准"的格局。

在更大的国际关系领域，比如货币、语言、文化、意识形态等领域，要形成中美"双系统"的格局，难度似乎要比产业层面大得多，不过这并不是本书所探讨的重点。笔者认为，第一步在产业层面，许多主要的产业形成事实上的中美"双系统"，是有较大可能的。

当今世界，中国是120个国家的第一大贸易伙伴，是另外70多个国家的第二大贸易伙伴。在如此庞大的经贸往来背景下，当世界主要国家都与中国有着事实上的经贸、科技密切往来后，要想完全孤立中国、"卡中国的脖子"，再形成类似20世纪美苏冷战那样的完全对抗和"脱钩"，就不容易了。

美国商会中国中心在一份名为《理解中美脱钩：宏观趋势与工业影响》的报告中对于中美经济"脱钩"情况下对美国的损失也做了定量估算，其结果同样是非常惊人的。该报告估算，在中美贸易"硬脱钩"的情况下，美国经济将在10年内损失超过1万亿美元的潜在增长。

在投资方面，截止到2020年6月，美国在中国的直接投资达到2580亿美元，假设算上资本收益、商誉和再投资收益，估算美国在华投资实际价值高达7640亿美元。假设中美完全"脱钩"，该报告估算美国在中国的直接投资存量将下降一半。历史上，美国跨国公司在海外每运作1美元资产都会增加美国的GDP总量。该报告指出，假设美国在中国的直接投资下降一半（1240 亿美元），则可能使得美国 GDP 每年减少四分之一（5000 亿美元）。这两项成本加起来，对美国每年的影响高达 5500 亿美元。此外，中美双边证券投资存量高达 3.9 万亿美元（不包括中国持有的美国国债），假设中美资本发生"脱钩"，美国居民和投资者将不再享受中国市场带来的高额回报，同时美国吸引到的中国证券投资也会大幅减少，这些资本将可能流向其他地区。

该报告列举了美国航空业的例子，假设中美经济发生"脱钩"，美国向中国出口的飞机在 10 年内将减少 2772 亿美元货值，美国航空产业会有 16 万～22 万名员工失业。要知道，航空产业在美国的平均薪资是 8.6 万美元，远高于美国平均 4.9 万美元的薪资水平，这是不折不扣的高收入人群。同时，失去中国市场可能使得中国商飞等中国本土航空企业未来变成波音新的强劲竞争对手，因为它们将有可能填补美国公司撤退带来的巨大市场空白，这并不是美国想看到的。同时，2019 年中国购买了美国大约 705 亿美元的半导体，约占美国公司全球销售额的 36.6%，中国是美国半导体公司最大的单一市场。报告指出，如果中美"部分脱钩"，美国半导体全球份额将下降 8%，如果全面"脱钩"将下降 18%。而这部分份额，将大部分被中国半导体公司吃掉。

中国是美国学校最主要的生源来源地，中国学生（本科及以上）每年光在美国花费的学费和生活费就高达 138 亿美元（2018 年数据，来源：美国国际教育工作者协会），该报告认为，来自中国的留学生的减少将使美国的创新受到影响。

以上分析表明，美国国内的精英对于中国"脱钩"有着很清醒的认知，这种"脱钩"绝非两国产业界、人民的福祉。同理，中国国内也要保持清醒的头脑，任何时候都不要轻易走美苏冷战那种"双操作系统脱钩"的产业道路。中国一定要防止一种极端局面的出现，那就是美国通过类似美苏冷战这种军事对抗，胁迫其他大部分发达国家与中国形成事实上的"技术脱钩"和"经济脱钩"，这将是非常糟糕的一种结局。这意味着中国要自己从 0 开始造光刻机的所有零部件，自己研发飞机发动机所需的所有零部件，自己开发所有的工业软件，自己研发大部分发明专利……

同理，假设中国与其他国家继续保持高频度的经济往来，那么日本、韩国、德国、法国、新加坡、泰国、沙特阿拉伯、巴西、阿根廷这些国家，是否愿意像美苏冷战那样必须在中美两强中间选一边站，而不与另一强往来呢？相信大部分国家是不愿意的。

这就像大部分移动应用开发者，它接入安卓系统，不代表它就不想接入苹果系统。

美国多家智库推出的关于对华技术封锁的报告建言说道，对中国出口管制的真正对象应该是技术，而不是产品。以半导体为例，美国的真正目标是要防止中国尖端半导体设备设计和制造的本土化，简单来说就是芯片可以继续卖给中国，而光刻机和光刻胶、EDA软件不能卖。这种策略一旦真正开始推行，对中国来说将是巨大的挑战。因为中国要想完全自主创新搞大部分高科技产业的全产业链，将是极其艰难的。以光刻机为例，这种复杂的精密设备需要数十个国家的5000家企业紧密合作才能制造出来，世界上没有任何一个单一国家能完全独立自主造出光刻机。有人打过一个比方，中国要完全自主造出高水准的光刻机就相当于如果你要吃一盘清蒸鲈鱼，你要先自己挖个鱼塘，然后自己养鱼、自己捕鱼，还要把烹饪鱼所需的佐料如葱姜蒜都种出来。这种脱离国际分工体系的完全独立自主，其代价是十分高昂的。这是中国不愿意看到的局面。

中国越是被国外"卡脖子""技术脱钩"，越是要扩大开放，越是不能闭门造车。中美"双系统"模式的精髓，是要积极在产业和经济上接入日本、韩国、新加坡、泰国、德国、法国、俄罗斯、印度、巴西、阿根廷、印尼、越南、土耳其、捷克、波兰、西班牙、意大利、荷兰这些国家，开门做生意，我们让这些国家在中国赚到钱、获得利益，同时中国也能从与这些国家的经贸和技术往来当中不断发展自己，这是与上一次美苏冷战不同的局面，也是中国可以努力实现的方向。

这也是本书想最后向业界传递的信息。